Wolfgang Max Faust

Dies alles gibt es also

Alltag   Kunst   Aids

Ein autobiographischer Bericht

edition cantz

VORBEMERKUNG

Dies ist kein Buch »über Kunst«, sondern ein Buch »mit Kunst«. Dokument einer Erfahrung, die Kunst und Leben miteinander verbindet. Ich habe es geschrieben, weil ich immer noch eine Untersuchung zur Gegenwartskunst verfassen wollte. Dazu wird es nicht mehr kommen. Das Leben will es anders.

Wolfgang Max Faust

INHALT

Wenn ich jetzt sterben müßte,
würde ich sagen:
»Das war alles?«
Und: »Ich habe es nicht so
richtig verstanden.«
Und: »Es war ein bißchen laut.«

KURT TUCHOLSKY

DAS ERSTE BUCH

TEIL EINS

Dienstag, 9. Juni 1992: Berlin. Wieder ein herrlicher Sommertag

Solange es mir gutgeht. Schreiben – für mich und andere.

* * *

Werden, wachsen, sich verändern, ausweiten, in Beziehung
setzen, leer werden, sprechen, schweigen, stammeln, suchen,
finden, sich angreifbar machen

* * *

*Reiche und arme Länder streiten beim Umweltgipfel um Geld.
USA lehnen Verpflichtung zur finanziellen Unterstützung ab.*

* * *

Strahlend blauer Himmel. Auf dem Balkon blühen Geranien,
Fuchsien, Nelken, Schleierkraut, Petunien. Ein Pfauenauge tän-
zelt auf dem Heliotrop. Rhythmisch senkt es den Rüssel in die
kleinen Blütendolden.

* * *

Gestern abend ein Konzert im Schauspielhaus. Olivier Messiaen. Die flirrende Musik der »L'Ascension« schafft eine
seltsame Zeiterfahrung. Statt eines Vorwärtsschreitens auf ein
Ziel hin ein Kreisen in Zeitschleifen. Stillstand in der Bewegung.
Erfüllte Gegenwart. Die Sätze des Werks: 1. Christus, seinen
Vater um Verherrlichung bittend. »Vater, die Stunde ist gekommen. Verherrliche deinen Sohn, damit dein Sohn dich verherrliche.« 2. Frohes Halleluja einer Seele, die sich nach dem Himmel
sehnt. »Wir bitten dich, o Gott, gib, daß auch wir selbst mit
unserem Geiste im Himmel wohnen.« 3. Jubelschall der Trom-
peten und Zymbeln. »Aufgefahren ist der Herr im Schall der
Posaunen. Ihr Völker alle, schlagt in die Hände, jubelt Gott mit
frohlockenden Stimmen!« 4. Gebet Christi, zum Vater aufstei-
gend. »Vater, ich habe deinen Namen den Menschen offen-

bart... Ich bin nicht mehr in der Welt, sie aber sind in der Welt, und ich komme zu dir.«

* * *

In der Konzertpause Alf Bold getroffen. Er sieht sehr leidend aus. Aids prägt die Zeichen des Sterbens seinen Gesichtszügen ein. Nur die Augen sind so lebhaft wie früher. »Den ›Zarathustra‹ will ich mir nicht antun. Weißt du, was Strawinsky mal über die Musik von Richard Strauß gesagt hat?...« In den nächsten Tagen werde ich Alf anrufen. Ich würde mich gerne mit ihm treffen.

* * *

Heute mit dem Spritzen der zweiten Serie von »Iscador Quercus« begonnen. Zwar gibt es noch keine gesicherten Erfolge für die Aids-Behandlung mit »der Mistel«, doch mein Arzt Dr. Girke hofft auf eine ähnliche Wirkung wie in der Krebstherapie. Der »erweiterte Heilbegriff« der Anthroposophie gefällt mir. Statt eines isolierten Reparierens der Blick auf den ganzen Menschen. Ein bißchen Magie ist zum Glück auch mit im Spiel. Die Mistel – der Krebs: ein Denken in Analogien, das die Signaturen in Mikro- und Makrokosmos nachzeichnet.

* * *

Die Vergangenheit muß neu erfunden, die Zukunft zum Besseren verändert werden. Beides macht die Gegenwart aus. Erfindungen hören niemals auf. – John Cage

* * *

Mich erfinden. Ernst machen mit dem, was ich weiß: Es gibt eine innere Stimme. Es gibt ein stummes Wissen. Es gibt keine Probleme, nur Veränderungen. Jeder Mensch weiß alles. Es gibt Wunschlinien und Wege. – Bejahen.

* * *

Notiz zum Katalogtext für Olaf Metzel: Kunst läßt sich nur als ein kontextuelles Phänomen begreifen. Sie ist nicht das »ganz andere«. Jede ihrer Differenzen ist eine Maske. Wir schrecken davor zurück, die Kunst mit dem Alltag zusammenzudenken. Die Einheit von Kunst und Leben aber ist nicht Zukunft, sie ist stets Gegenwart. Teil einer Wirklichkeit, mit der sie sich sichtbar und unsichtbar verbindet.

* * *

Dorith rief an. Sie kann jetzt aus Österreich DDC besorgen. »Den reinen Stoff. Von Hoffmann-La Roche. Er ist bedeutend sicherer als das Zeug, das du dir auf dem Schwarzmarkt in Amsterdam besorgt hast.« Und dann: »Kennst du ›Padma 28‹, ein tibetisches Kräutermittel? Eine Kundin nimmt es anstelle von AZT. Die Wirkung soll ähnlich sein. Ich werde dir die Informationen schicken.«

***

Hoffnung? – Wenn ich von neuen Medikamenten und Therapien höre, werde ich immer nervös. Ich gehe nicht davon aus, daß mir das Leiden erspart bleiben wird. Ich rechne mit einem baldigen Tod. »In zwei Jahren... oder auch viel früher.« Doch diese Formel denke ich nun auch schon seit langem. Die ersten Zusammenbrüche hatte ich in New York im Sommer 1983. Seit 1987 weiß ich, daß ich HIV+ bin. »In zwei Jahren...« Ich schiebe die Zeit vor mir her. Doch alles wird anders werden, wenn die Symptome der Krankheit sich in den Körper einnisten, wenn die Angst auftaucht, wenn die Psyche das Sterben begreift. Aids-Kranke entwickeln eine eigene Zeitrechnung: das Absinken der T4-Zellen, die ersten Durchfälle, der Nachtschweiß, die Retinitis, die Toxoplasmose, die PCP...

***

Gegengedanke: Es gibt ein richtiges Leben im falschen.

***

Was früher für mich eher ein Gedankenspiel war, entwickelt sich – seitdem ich von meiner Situation weiß – in Lebensformen. All das, was <u>man</u> nicht tut, zieht mich zunehmend an. Ich entdecke neu die Faszinationen des Körpers, die Ausweitung der Erfahrung, die Lust des Kreuz- und Querdenkens. Alltag, Arbeit, Eigenzeit – die Verbindungen werden wichtig, die gelebten Bezüge zwischen Denken, Fühlen, Handeln. Noch bin ich ruhig. Das Schreiben gibt mir einen Halt. Doch ich ahne, daß sich dies ändern kann. Jeden Tag.

***

Amare me.

***

Barbara H. kam vorbei. Seit Jahren bittet sie in unregelmäßigen Abständen um Geld. Sie ist nur noch ein Wrack. Tablettensüchtig, nikotinsüchtig. Gegen Ende ihres Studiums verlor sie jeden Halt. Sie konnte nicht mehr zwischen ihren literarischen Phantasien und dem Alltag unterscheiden. Die Realität wurde zur Fiktion. Nun vegetiert sie vor sich hin.

....

Mittwoch, 10. Juni: Blauer Himmel, weiße Wolken

Heute bei meinem Augenarzt zur Kontrolluntersuchung des Augenhintergrundes. Die Retinitis ist das früheste Zeichen für eine Zytomegalie, eine HIV-spezifische Hirnerkrankung. Mit Tropfen werden die Pupillen erweitert. Langsam verändert sich die Welt. Alles wird unscharf. Die Konturen der Dinge verschwimmen. Die Farben werden grell. Die Sonne schmerzt. Mit einem Lichtstrahl und einer großen Lupe blickt Swatja ins Auge. »Nach oben sehen, nach rechts, nach links, nach unten... Ohne Befund.« Ich hatte es so erhofft.

***

Im Wartezimmer saß neben mir ein junger Mann. Er war gereizt und aggressiv. »Seit sieben Jahren bin ich ›positiv‹. Ich hasse diese ewigen Untersuchungen. Wenn ich mal wirklich etwas habe, stürze ich mich aus dem Fenster.«

***

Gestern der »Healing Circle«. Ich leitete die Kundalini-Meditation. Extremes Schütteln aus dem Becken heraus. Bis zur Erschöpfung. Jeder fand für sich eine andere Form: Vibrieren des ganzen Körpers, Wirbeln mit dem Kopf, zuckender Leib und starre Arme. Hinter den Mustern der Bewegung erahnt man die Biographie.

***

Mitten wir im Leben sind mit dem Tod umfangen.

***

Atelierbesuch bei Karina S., einer Studentin aus der Baselitz-Klasse. Das Malen von Bildern hat sie aufgegeben. Nun formt sie kleine Objekte aus farbigem Papiermaché. Gittergeflechte, Kugeln, ein »Schwarzes Ei«... Wieder ein Déjà-vu-Erlebnis. In Varianten habe ich das alles schon einmal gesehen. Die Entscheidung, Künstler zu werden, wird heute offensichtlich immer weniger ein Akt der Befreiung. Sie ist eine Begrenzung, Einfügung in eine Rolle, die sich überlebt.

***

Anruf von Klaus Ebbeke. Eigentlich wollte er meinen Freund Eckehard, der Pfarrer ist, sprechen. Schon seit vierzehn Tagen weiß ich, daß sich Klaus wegen seiner Aids-Erkrankung das Leben nehmen will. Er plant dies präzis, nüchtern, endgültig. Eckehard soll die Traueransprache halten. Klaus gibt mir keine Gelegenheit, über seine Situation mit ihm zu reden. Sein Entschluß, in der nächsten Woche – am Dienstag – aus dem Leben zu scheiden, steht fest. Die Ruhe, mit der er den Termin erwähnt, macht mich hilflos. Eine Anspannung im Kopf, im ganzen Körper. Nur nichts denken, nur nichts denken... Klaus: »Wir sollten uns noch einmal sehen. Komm doch am Sonntag zum Tee.« Ich werde hingehen.

***

ich habe gegen meine natur versucht und gegen meinen instinkt (!) den optimistischen standpunkt einzunehmen. ich habe viel versucht. ich habe gegen mein besseres wissen behauptet: das leben ist wert gelebt zu werden um seiner selbst willen. wie dumm, ein vorwand diese unangenehme prozedur nicht vornehmen zu müssen. es gibt keine schuld, keine sünde, nicht gut, nicht böse, keinen gott, keine möglichkeit, nur den schein für den schein leben zu können. wozu der mensch als ethische fehlkonstruktion mit ethischer einstellung behaftet sein kann? ein scherz. es ist grässlich, dass die hoffnung wie ein böses geschwür bis zur letzten sekunde wuchert. die dinge bleiben wie sie sind. idealismus ist unangebracht. unter diesen auspizien vertrete ich (natürlich nur für mich, da ja ich mit dieser meinung behaftet bin) als richtig, der. falsch, für. ich bin einfach nicht einverstanden, würde gerne den menschen gegen das tauschen wofür er sich hält oder fälschlich für möglich hält zu erreichen. so betrachtet will ich gerne den anfang machen, das gute beispiel. – Konrad Bayer

***

Impfversuch gegen Aids in Paris aufgenommen: Am Pariser Pasteur-Institut haben erste Impfversuche mit dem Ziel einer Immunisierung gegen das Aids verursachende HI-Virus begonnen. Der Direktor der französischen Aids-Forschung, Professor Jean-Paul Levy, sprach am Mittwoch von einer »wichtigen Etappe, die eine Wende im Kampf gegen Aids darstellt«. Einzelheiten über den entwickelten Impfstoff wurden der Öffentlichkeit nicht mitgeteilt.

***

Bonn und Washington wollen Belgrad isolieren. Schlacht um Sarajevo wieder voll entbrannt.

....

Freitag, 12. Juni: Grauer Himmel, kühl

Zehn Stunden geschlafen. Wetterumschwünge machen mich immer schlapp.

* * *

Wirre Träume. Mit Angelika Uebel besuchte ich noch einmal Klaus. Obwohl wir in seiner Wohnung waren, trafen wir ihn nicht an. Labyrinthische Wege durch ein Stadtviertel mit vielen unübersichtlichen Wasserkanälen. Wir konnten Klaus nicht finden.

* * *

Oft bin ich völlig erschöpft, besitze ich keine Kraft mehr. Doch ich habe gelernt, damit zu leben. Je genauer ich mir den Alltag einteile, je aufmerksamer ich die Dinge tue, die zu tun sind, desto ruhiger bleibe ich.

* * *

Notiz zum Katalogtext für Olaf Metzel: Kunst heute ist Kunst im Zeitalter der Überdehnung der Moderne. Die Energie, die sie bisher bestimmte, verliert sich. Der Prozeß wird nicht aufzuhalten sein. Im Gegenteil. Es kommt darauf an, ihn mit aller Deutlichkeit in den Blick zu rücken. Zu akzentuieren sind die Verluste, die mit dem Verschwinden der Kunst verbunden sind. Herauszuarbeiten sind aber auch die Befreiungen, die der Abschied der Kunst enthält.

* * *

Auf dem Weg zur Heileurythmie. Die Zeunepromenade: Der »Falsche Jasmin« verströmt einen betörenden Duft. Feuchte Erde. Kindheit.

* * *

Wie schwer mir in der Eurythmie oft die Koordination von Hand- und Fußbewegungen fällt. Wenn ich daran denke, wie ich mich zu bewegen habe, komme ich aus dem Rhythmus.

* * *

Lebensformen. Wer »positiv« ist, lernt, daß für ihn alle »norma-len« Verhaltensweisen fragwürdig werden. Das gilt auch für

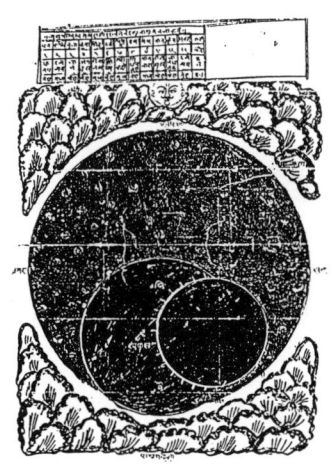

meinen Umgang mit der Medizin. Schon seit Jahren lebe ich »zweigleisig«. Die Methoden der Schulmedizin, wie sie mein Arzt Manfred L'age vertritt, akzeptiere ich. Doch ich ergänze sie durch alternative Formen der Heilkunde, des Tantras, der Meditation, der Atemtechniken. Das sind für mich keine »Strohhalme«, an die ich mich klammere. Ich weiß, was mir bevorsteht. Das Sterben meiner Freunde hat es mir gezeigt. Doch ich suche Wege, mich »ganz« zu erfahren.

* * *

Seit den frühen großen »Upanishaden« betrachtet die indische Philosophie die Gleichsetzung Atman = Brahman (das persönliche Selbst ist dem allgegenwärtigen, allesumfassenden ewigen Selbst gleich) keineswegs als Gotteslästerung, sondern ganz im Gegenteil als tiefste Einsicht in das Weltgeschehen. Das Streben aller Vedanta-Schüler war, kaum daß ihre Lippen Worte zu formen unternahmen, darauf gerichtet, sich diesen größten aller Gedanken wirklich einzuverleiben. – Erwin Schrödinger

Samstag, 13. Juni: Kühl, grau, regnerisch

Heute beginnt in Kassel die Documenta. Ich werde sie erst im August besuchen, wenn ich bei einem Kolloquium der Gesamthochschule meinen Vortrag halte: »Die Aufgabe des Kunstkritikers heute ist es, der Kunst bei ihrem Verschwinden zu helfen. Wir sollten dies mit Liebe, Verständnis und Dankbarkeit tun.«

* * *

Documenta: »Trotz großer Fülle sehr, sehr wenig. Rummelplatz der Beliebigkeiten. Die 9. ›documenta‹ gleicht der Erklärung eines Bankrotts.« (Frankfurter Rundschau) »Disneyland mit Avantgarde-Touch. Eine Bilanz unserer Gegenwart?« (Die Welt)

* * *

Nationale Mahn- und Gedenkstätte Sachsenhausen: »Kranzniederlegung zum 50. Jahrestag der organisierten Ermordung von Rosa-Winkel-Häftlingen im Klinkerwerk des KZ Sachsenhausen im Jahre 1942.« Eckehard fährt hin.

* * *

»S.I.N.N. – subjektiv, international, natur, natur.« Margaret Raspé hat wieder in ihrem Garten am Rhumeweg eine Kunstausstellung mit über dreißig Beteiligten inszeniert. Viele angestrengte »Eingriffe«, viele Einfälle.

* * *

Deutschland wird wieder Waffen an die Türkei liefern.

* * *

In der Nacht: die Lust am eigenen Körper. Tantra-Erotik. Der Atem steigert die Energie. Einswerden von genitaler und analer Erregung. Ekstase: »So wie es ist, ist es richtig, so wie es ist, ist es richtig, so wie es ist, ist es richtig, so wie es ist, ist es richtig, so wie es ist, ist es richtig, so wie es ist, ist es richtig, so wie es ist, ist es richtig, so wie es ist, ist es richtig, so wie es ist, ist es richtig, so wie es ist, ist es richtig, so wie es ist, ist es richtig, so wie es ist, ist es richtig, so wie es ist, ist es richtig ...«

* * *

»Es gibt eine innere Stimme.« In der Ekstase verstummt sie, verflüchtigt sich ins Allgefühl. Nur manchmal taucht sie – wie ein Mantra – als Formel auf, die nicht das Ich denkt.

....

Sonntag, 14. Juni: Früher Morgen. Helles Sonnenlicht

Zwei rote Rosen für Klaus gekauft.

* * *

Das »Iscador«spritzen war heute schmerzhaft.

* * *

In einem Tagesspiegel-Artikel fragt Tilman Krause: »Wo bleibt der deutsche Aids-Roman?« Für Krause hat Aids »eine Kulturrevolution ausgelöst, deren Ausmaße wir noch gar nicht abschätzen können. Seit der Umwälzung von Lebensformen in den sechziger Jahren haben wir vermutlich nichts in gleichem Maße Einschneidendes erlebt. Wie reagieren nun Künstler und Intellektuelle in diesem Lande darauf? Die Antwort muß kurz und bündig lauten: Überhaupt nicht.«

* * *

Doch: Brauchen wir »Romane«?

* * *

Besuch bei Klaus. Auch sein Freund Jonathan aus Dublin war da. Klaus geht es eigentlich recht gut. Bisher hatte er noch keine komplizierteren Gesundheitsprobleme. Lebhafte Gespräche: Avantgarde-Musik, das Coming-out, Tokio, Fetischismus, Hubert Fichte, Fassbinder, New York, die »Sub« in Berlin... Nach zwei Stunden ein langes Schweigen. Dann Klaus: »Nun heißt es Abschiednehmen. Du weißt, wie ich mich entschieden habe. Das Haus ist bestellt.« Ich akzeptiere es – wie alle seine Bekannten. Mein Gefühl aber war »Ja« und »Nein« zugleich. Ich sprach nicht darüber. Bei der Umarmung an der Etagentür schlug sein Herz so laut, daß ich es hören konnte.

***

Schwarzer Tee mit frischer Pfefferminze: Marrakesch.

***

Unruhe, Sehnsucht. Ich hoffe, daß Ali kommt. Breitbeinig steht er vor mir. Ich nehme seinen Schwanz in den Mund. Langsam schwillt er an. Füllt mich ganz aus. Wir bewegen uns nicht. Er ist ganz in mir. Tiefes, gleichmäßiges Atmen. Minutenlang. Die Wollust des Verschmelzens. Nur der pulsierende Blutkreislauf steigert die Empfindung, führt langsam zum Höhepunkt. Sich verströmen.

....

Montag, 15. Juni: Verschleierter Himmel

Der Besuch bei Klaus beschäftigt mich noch immer. Soll ich ihn anrufen? Was gibt es zu sagen?

***

Anruf von Wolfgang R. Ich schildere ihm meine verstörte Situation. »Wenn du das Gefühl hast, du mußt noch etwas mit Klaus besprechen, dann versuche, ihn zu sehen.«

***

Mit dem Taxi zu Klaus. Er war nicht zu Hause.

***

Fahrt in die Auguststraße in Ost-Berlin. (Wie trist hier alles noch ist!) Im Rahmen der Kunstaktion »37 Räume« zeige ich im koscheren Lebensmittelgeschäft »Kolbo« die Partitur von John Cage zu »4'33" (No. 2) 0'0". – Solo, das auf jede Weise von jedermann aufgeführt werden kann.«

***

*Was ich denke & was ich fühle, kann
meine Inspiration sein, doch es ist dann auch mein
Paar Scheuklappen. Um zu sehn, muß man
über die Vorstellung hinausgehn, und dazu
muß man absolut stillstehn wie
im Mittelpunkt eines Sprunges.*

John Cage

***

Meine Distanz zur Kunstszene nimmt zu. Ich entdecke in der Gegenwart nur wenig, was mich anzieht. Seit Jahren wird die Szene zur Beschäftigungskultur, die vor allem dazu dient, einen Betrieb aufrechtzuerhalten. Vor dem Hintergrund der Wirklichkeit, die uns umgibt, kultiviert der Kunstbetrieb eine »splendid isolation«, auch wenn er sich der Wirklichkeit zu öffnen versucht.

***

Explosion/Implosion. Mit einer enormen Energie hat sich die Kunst seit dem Ende der 70er Jahre ausgeweitet. Sie ist zu einem gigantischen gesellschaftlichen Phänomen geworden. Gleichzeitig fällt sie in sich zusammen. Je größer der Radius ihrer Wirkung, desto geringer wird ihre innere Kraft.

***

Ost-Berlin: Im hektischen Immobilien-Monopoly, das im Scheunenviertel, in der Spandauer Vorstadt, in Berlin-Mitte gespielt wird, übernehmen Künstler und Galeristen eine Rolle à la New York: »First the artists then the Yuppies.«

***

Fahrt zum Halleschen Tor, dann nach Hause. Mehrmals versuche ich, Klaus anzurufen. Er meldet sich nicht am Telefon. Erst gegen 19 Uhr erreiche ich ihn. Ich sage Klaus, wie sehr ich ihn mag und daß ich den Zeitpunkt, den er für seinen Freitod beschlossen hat, für »zu früh« halte. Darauf Klaus: »Es klappt sowieso morgen nicht. Es gibt Probleme mit der Ausstellung des Totenscheins. Jetzt wird alles erst einmal um eine Woche verschoben. Wollen wir uns treffen? Ruf doch am Freitag an.«

Dienstag, 16. Juni: Ein Sommertag

Um sieben bin ich aufgestanden. Jetzt sitze ich auf dem Balkon. In diesem Jahr wächst alles üppig. Die Blüten des Oleanders, der Datura, des Agapanthus öffnen sich. »Paradiesgärtlein«. Das Bild aus dem Städel in Frankfurt liebe ich seit meiner Jugend.

* * *

Verweilst Du in der Welt, sie flieht als Traum; Du reisest, ein Geschick bestimmt den Raum; Nicht Hitze, Kälte nicht vermagst Du festzuhalten; Und was Dir blüht, sogleich wird es veralten.

* * *

Notiz zum Katalogtext für Olaf Metzel: Die Parole von Joseph Beuys »Jeder Mensch ein Künstler« ist fatal. Sie suggeriert, daß dem Künstler nicht nur sein Werk, sondern auch sein Leben exemplarisch gelingt. Doch heute – im Enden der Moderne – zeigt sich: Kunst wird zur Garantie fürs ungelebte Leben.

* * *

Am Nachmittag kommt die neue polnische Putzfrau, ein junges Mädchen. Ich räume auf. Meine Ordnung ist oberflächlich. Geordnete Unordnung. Ich weiß: »Die Dinge« wünschen es anders.

* * *

Francis Ponge: »Le parti pris des choses.«

* * *

Ernst Mach: »Die Dinge sind Erfahrungskomplexe.«

* * *

VIVRE sans temps mort!
Jouir sans entraves
Sous les pavés, la plage
L'homme fait l'amour avec la chose

* * *

Im Haus schräg gegenüber wird der Dachstuhl ausgebaut. Lautes Hämmern der Zimmerleute. Ein Geräusch, das ich gerne höre.

Mittwoch, 17. Juni: Weiße Wolken ziehen über den blauen Himmel

An Klaus und seinen geplanten Freitod denkend, lese ich in Ciorans »Die verfehlte Schöpfung«: »Der Tod ist das Aroma der Existenz. Nur er leiht den Augenblicken Geschmack, nur er bekämpft ihre Fadheit. Wir danken ihm ungefähr alles. Diese Dankesschuld, die wir ihm dann und wann abzutragen geruhen, ist, was es hienieden an Tröstlichem gibt.« – Ciorans Weltbild war mir immer unangenehm. Es ist eitel.

***

Gegengedanke: Wir haben die Kunst, damit wir an der Wahrheit zugrunde gehen.

***

In der U-Bahn. Der neueste Graffiti-Vandalismus: Mit Glasschneidern werden die »words« in die Scheiben geritzt. Manche Wagen, manche Bahnhöfe sind überall mit Graffitis bedeckt. Reaktion – auch – auf den legitimen optischen Vandalismus, der uns umgibt. An Plakate mit riesigen McDonald-Hamburgern haben wir uns gewöhnt. Sie sind Zeichen einer Machtstruktur, die wir für »natürlich« halten.

***

Über die Straße schlurft ein alter Mann mit Stock im Zeitlupentempo. Robert Wilson: »Death Destruction & Detroit«.

Death Destruction & Detroit. – Nicht durch Inhalte oder Geschichten will uns Robert Wilson in seinem Theater faszinieren, sondern durch Ausdrucksformen, die Analogien zu den Strukturen unserer Traumerfahrung besitzen. Deshalb finden wir die Ambivalenzen, die unsere Traumwelten enthalten, ihre konstruktiven und destruktiven Elemente, ihre lustvollen Verzerrungen und schmerzlichen Desillusionierungen, ihre Amoralität und ihre Begriffslosigkeit in Wilsons Theater wieder.
In »Death Destruction & Detroit« erleben wir den Zerfall einer Person in das Ensemble ihrer ›Zeichen‹, ebenso wie ihren Aufbau als ›Gestalt‹. Wir begegnen der Sehnsucht nach Selbstverwandlung ebenso wie der nach sprachlosem Wissen. Wir werden den Mustern individueller wie kollektiver Mythologien konfrontiert. Wilsons Theater verzichtet *nicht* auf Bedeutungen. Doch es ist ein Theater der verstreuten und – im Sinne der Benennbarkeit – leeren Bedeutung. Es will nichts auf den Begriff bringen, auch sich selbst nicht. Deshalb ist es eine Art Ausdrucksmaschine, die tradierte ›Inhalte‹ verzehrt, um mögliche neue Bewußtseinszustände zu entwerfen.
Wilsons Theater präsentiert keine Abbilder, aber auch keine Sinnbilder. Es vermittelt Bewußtseinsstrukturen, alltägliche, vor allem aber verdrängte. Und es zeigt im Bereich der Kunst – spielerisch, ironisch, ernst – die Veränderbarkeit dieser Strukturen. Wilson stützt sich hierzu auf den Tagtraum als Modell. Zugleich rückt er seinen Versuch in die Nähe gegenwärtiger ästhetischer wie

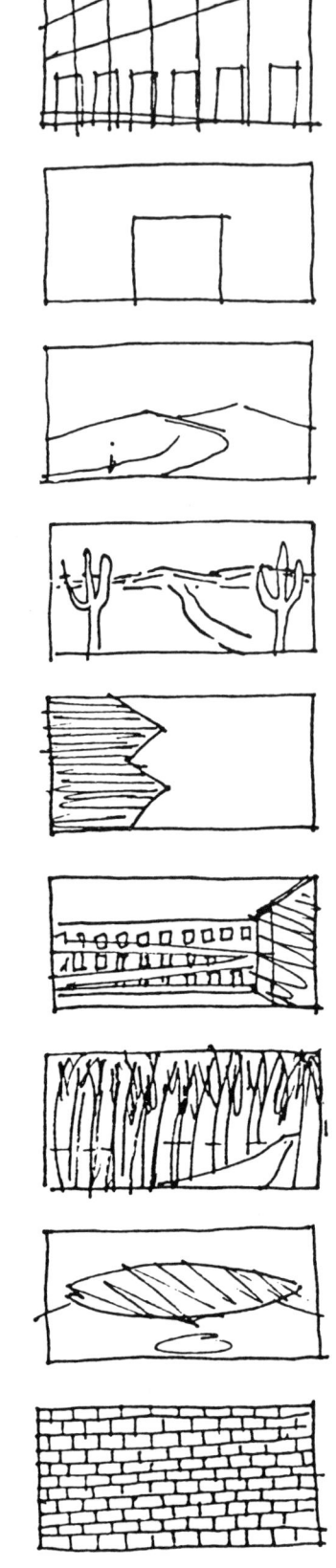

philosophischer Konzepte einer »Geschichte vom Ende des Menschen im Enden der bürgerlichen Subjektivität«.

Wilson zeigt ein ›dehumanes‹ Theater, so wie Foucault eine ›dehumane‹ Philosophie entwirft. Doch dieses ›dehumane‹ Theater erscheint zugleich als eine positive Erweiterung unserer Vorstellung von den Möglichkeiten des Menschen. In »Death Destruction & Detroit« gibt es keinen faszinierenderen Moment als diesen: Vor dem Hintergrund des berückend schönen ›danse macabre‹ der neunten Szene liest eine alte Frau, eine Laienschauspielerin, »ihren« (von ihr selbst verfaßten) Text:

»Manchmal sehe ich mich in meinen Träumen wie ich koche. Keineswegs bloß einen Brei für Kinder, sondern komplizierte Gerichte. Einmal wachte ich mitten in der Nacht auf und schrieb das Rezept auf, das ich gerade anwandte. Es war eines für Königskuchen. Alle Zutaten stimmten: Butter, Eier, Zucker, Mehl, der Saft und die geriebene Schale von Zitronen, Mandeln, Rum, Rosinen, Mondamin, Backpulver, Mandelaroma und Salz. Nichts war am Verhältnis der Zutaten zueinander falsch, bloß das Salz. Statt einer Löffelspitze voll hatte ich ein Kilo Salz geschrieben. Ich wollte Königskuchen mit einem Kilo Salz machen.«

Nach der Rezitation ohne Steckenbleiben faltet die Laienschauspielerin das Blatt zusammen und schiebt es in ihre Handtasche. Sie lächelt. Sie ist glücklich. Sie ist verwandelt.

....

Freitag, 19. Juni: Ein Hochsommertag. Der Rasen vor unserem Haus ist verdorrt.

Kohl räumt Rückschläge in Ostdeutschland ein.

* * *

Vorgestern in Hamburg. Einladung zur Diskussion im »Kunstverein«: »Aids – Das Image verbessern«. Eine Rahmenveranstaltung zu der von Stephan Schmidt-Wulffen organisierten Ausstellung »Gegendarstellung – Ethik und Ästhetik im Zeitalter von Aids«. Die Schau präsentiert Arbeiten von Künstlern und Künstlerinnen aus New York. Ich finde meine Vorbehalte bestätigt: Das Ästhetische drängt sich vor. Was gezeigt wird, ist vor allem »Kunst«. Folgenlosigkeit ist – trotz Engagement – vorprogrammiert. Nur die Fotos von Nan Goldin erreichen das Desaster Aids. Die beiden Portraits, die sie von Alf in New York und Berlin gemacht hat, rührten mich zu Tränen.

* * *

Das Symposium. Die Gesprächsrunde verlief wie üblich. Statements, Meinungen, Aneinandervorbeireden. Es entwickelte sich kein gemeinsamer Nenner. Das Thema Aids ist amorph. Individuelles trifft auf Weltentwürfe, Politik mischt sich mit Alltagserfahrungen. Gerade dies Unabgegrenzte jedoch provoziert. Aids reicht an die Grunderfahrungen der Existenz. Davor aber haben wir Angst.

* * *

Selbstbild/Fremdbild. Über Aids spreche ich in der Diskussion sachlich distanziert. Wie schon seit Jahren. Daß ich selbst »positiv« bin, wage ich nicht zu erwähnen. Wie ich damit lebe, wird nicht zum Thema.

* * *

Während der Zugfahrt nach Hamburg erzählt mir Michael von seiner Arbeit in der Deutschen Aids-Hilfe. Bis 1995 sollen die Bundesmittel für die Organisation »auf Null« reduziert werden.

* * *

Pornoshop in Hamburg. Auf zwölf Videos »action«. Eine neue Ästhetik taucht auf: statt des kontinuierlichen Abfilmens einer Sexhandlung ein schneller Zusammenschnitt von Details. Sie sind weder einem ganzen Körper noch dem Zeitverlauf der Aktion zugeordnet. Die Videoclip-Ästhetik als permanenter Zustand der Erregung. Rhythmisch sind die Orgasmen über den Verlauf verteilt. Diese Videos kennen kein Vor- und kein Nachspiel.

* * *

Bei der Rückfahrt nach Berlin erzählt mir Manfred Salzgeber einen Witz, den ich schon kenne. Ein Sohn besucht seine Mutter. »Mutter, ich habe zwei Nachrichten für dich. Eine schlechte und eine gute. Die schlechte ist, ich bin schwul. Die gute, ich habe Aids.«

* * *

Waldbrände an der Bahnstrecke nach Berlin.

* * *

Im Zug: David Hammons und Mike Kelley ist die neue Ausgabe der Kunstzeitschrift »Parkett« gewidmet. Die beiden amerikanischen Künstler zeigen das Dilemma, in das die aktuelle Kunst mit ihrem Versuch gerät, gesellschaftliche Realität einzubeziehen. Wenn der schwarze New Yorker Hammons in eine Galerie riesige Eisblöcke stellt, über die Pelzmäntel gehängt sind – Titel: »Cold Shoulders« –, dann besitzt das genau den »social touch«, den der Kunstmarkt goutiert. Auch Mike Kelleys »Junk Sculptures« (Skulpturen aus Abfall) mit ihren pornographischen, skatologischen, perversen Anspielungen funktionieren als gefällig frivole »Sammlerkunst«. – Die Texte in »Parkett« sind – wie üblich – Panegyrik, Verherrlichungsprosa. Kritische Distanz kennen sie nicht.

* * *

In Berlin: Klaus geht nicht ans Telefon. In den vergangenen Tagen habe ich oft an ihn gedacht. Ohne Dramatik, ganz ruhig. Ich hoffe, daß er es nicht tut.

....

Samstag, 20. Juni: Sonne

John Cage: »Mitte der 40er Jahre brauchte ich aufgrund persönlicher Schwierigkeiten, die zur Scheidung mit Xenia führten, Hilfe, die man normalerweise in der Psychoanalyse findet. Stattdessen habe ich mich mit fernöstlicher Philosophie beschäftigt. Zen zu praktizieren heißt, die Dinge realistisch und letzten Endes humorvoll zu sehen.«

* * *

Muerichu Venta da majore in Venesia i. Carncuale

Christopher-Street-Day-Parade auf dem Kurfürstendamm. Fast 25 000 Teilnehmer. Schrill, bunt, exhibitionistisch und manchmal scheu. Die Passanten am Straßenrand reagieren amüsiert und nur selten aggressiv. Eine Frau, der ich zeige, daß sie beim Fotografieren den Finger vors Objektiv hält, fährt mich an: »Das muß man alles festhalten, wie pervers Deutschland mittlerweile geworden ist.«

* * *

Flugblatt von ACT UP BERLIN für ein »Die-in« auf dem Breitscheidplatz: »Wenn das Anfangstransparent der Christopher-Street-Day-Parade bei City-Music anhält, gehst Du mit den restlichen 742 Menschen weiter bis zur Höhe des ›Wasserklops-Brunnens‹. Dort wirst Du ein von uns vorbereitetes Tuch erhalten. Lege Dich auf den Boden, das Tuch über Deinen Kopf, und halte diesen Zettel mit Deiner Nummer auf der Rückseite gut sichtbar in den Händen. Jeder soll sehen, daß in den letzten zehn Jahren in Berlin Aids 743 Menschen das Leben gekostet hat.« – Ich beteiligte mich nicht an dieser Aktion. Die Hemmung war zu groß.

* * *

Gestern abend ein Gottesdienst der Ökumenischen Gruppe »Homosexuelle und Kirche«. Am Abendmahl nahmen fast sämtliche der 200 Besucher teil. Die Kraft des Rituals und ein Staunen über das, was geschieht.

....

Sonntag, 21. Juni: Blauer Himmel, stechende Sonne

Besuch bei Klaus. Als ich vom »zu früh« sprechen will, blockt er
ab. »Ich kenne deine Meinung seit unserem Telefongespräch.
Ich möchte nicht darüber reden.« Ein Gefühl der Ohnmacht.
Klaus ist ein kühler, rationaler Mensch. Im Gespräch zwingt er
sein Gegenüber, sich seinem Blick auf die Welt anzupassen. Ich
wechsle das Thema. Wir sprechen über Cage, über den Peters
Verlag, über Bernd Alois Zimmermann, der für ihn eine Art
intellektueller Vaterfigur darstellt. Daß Zimmermann sich 1970
umgebracht hat, hatte ich vergessen. Klaus erzählt von seinen
Artikeln, seinen Arbeitsprojekten. Er wird lebhaft und engagiert. Diese Lebendigkeit ist für mich ein Symbol für das »zu
früh«. Als ich es erwähne, hört er aufmerksam zu. Beim
Abschied gibt er mir den Tonbandmitschnitt vom Kölner
»Cage-Day«. »Du kannst dir die Kassetten ja kopieren und
dann an mich zurückgeben – oder an John.«

* * *

»Er wird es nicht tun«, sage ich mir auf dem Heimweg.

* * *

Hitze auf dem Balkon. Nur mit Sonnenschirm läßt es sich
draußen aushalten. Die Bleiwurz blüht verschwenderisch. Ein
zartes, fernes Blau.

* * *

Notiz zum Katalogtext für Olaf Metzel: Auf bizarre Weise – so
sehen wir im Rückblick – war die Kunst der Moderne für die
westliche Zivilisation Hoffnung und Scheitern zugleich. Die
Hoffnung verblaßt. Das Scheitern wird überdeutlich. Kunst
zeigt sich zunehmend gebunden an das ungelebte Leben. Folgenlos bleibt ihr »ästhetischer Vor-Schein«. Nichts da von einer
»gesellschaftlichen Antithesis zur Gesellschaft«.

* * *

Abends Fußball-Europameisterschaft im Fernsehen. Deutschland – Schweden. Spielverläufe werden für mich immer in den
Momenten faszinierend, wenn die verfolgende Kamera keine
»stills« machen kann, wenn das Bild permanent »fließt«.

Montag, 22. Juni: Sonne, Hitze

Um acht Uhr ins Auguste-Viktoria-Krankenhaus. Seit drei Jahren das übliche monatliche Szenario. Mein Arzt, Professor L'age, verschreibt mir meine Medikamente. Die Blutabnahme. Gespräche über meinen relativ stabilen Zustand. Ich fühle mich gut aufgehoben. Doch ich weiß: Nichts ist in der Medizin in Sicht, das mich retten könnte.

* * *

Unruhe wegen Klaus. Sein Satz »Der Freitod ist nur dann wirklich frei, wenn ich mich noch ohne Zwang dazu entscheiden kann« geht mir nicht aus dem Kopf.

* * *

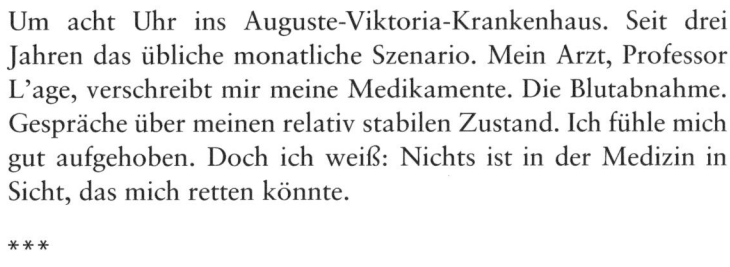

Am Abend in der Galerie »Lukas & Hoffmann« mein Vortrag »West the East«. Ich entwickle meine Thesen zum »Verschwinden der Kunst im Zeitalter ihrer ritualisierten Überschätzung«. Schwieriger, trockener Einstieg. Erst durchs Diskutieren werden die Gedanken munter. Daß Kunst verschwinden könnte, ist für viele eine kaum nachvollziehbare Überlegung. »Kunst hat es immer gegeben. Kunst wird es immer geben.«

* * *

Spaltung der Tschechoslowakei beschlossen.

⋯⋯⋯⋯⋯⋯⋯⋯⋯⋯⋯⋯⋯⋯⋯⋯⋯⋯⋯⋯⋯⋯⋯⋯⋯⋯⋯⋯⋯⋯⋯⋯⋯

Dienstag, 23. Juni: Wieder Sonne

Gestern abend zuviel geraucht!

* * *

Für Eckehard Geburtstagsgeschenke gekauft. Heinrich Klotz: »Von der Urhütte zum Wolkenkratzer«. – Mit meinem Freund Eckehard lebe ich nun seit fast 23 Jahren zusammen. Eine gute Zeit.

* * *

Axel Hecht möchte für ART einen Artikel »Ten Years After. – Was wurde aus der Kölner Künstlergruppe ›Mülheimer Freiheit‹?« – Ich freue mich darauf, Adamski, Bömmels, Dahn, Dokoupil, Kever, Naschberger wiederzusehen.

* * *

»Hunger nach Bildern«. Am Beginn der 80er Jahre die Rückkehr der Malerei. Ich sah ihre Energie und Spontaneität immer
als ein transitorisches Phänomen, das zwei Generationen miteinander verbindet: Richter, Polke, Kiefer, Baselitz, Penck, die
»Mülheimer Freiheit«, die Berliner »Heftigen Maler« (Salomé,
Fetting, Middendorf), die Künstler Thomas Wachweger, Ina
Barfuss, Werner Büttner, Albert Oehlen.

Malerei, am Beginn der 80er Jahre, in Westdeutschland: Der Schnittpunkt
zweier Generationen. Widersprüche und Verlängerungen, Neuanfänge und
Fluchtlinien. Nicht ein »Es wird wieder gemalt« ist die Legitimation der neuen
Bilder. Im Gegenteil. Sie entstehen »dennoch«: vor dem Hintergrund anderer
Medien, anderer Kunstformulierungen. Vor dem Hintergrund der Bilderflut des
optischen Zeitalters. Bilder als Eroberungen, als Behauptungen. Sie sind Setzun-
gen für Möglichkeiten von Kunst. Keine Bewahrungen, Weiterführungen,
Bestätigungen. Auszugehen ist von der »Ungleichheit des Ähnlichen«. Deshalb
das Nebeneinander der Verstreuung im einzelnen Werk. Durch sich selbst
transportiert Malerei noch keinen Sinn. Der Akt des Malens entwirft als
Geschehen keine Botschaft. Zwar: Kopf und Hand, dies ist das Zentrum der
Malerei. Doch: Ohne den Blick auf Konzeption/Erscheinung bleiben die Werke
leer. Jedes Bild ist Frage und Antwort. Wer? Was? Wann? Wie? Wo? Warum?
Mit wem? Mit welchen Mitteln? Teilfragen. Teilaspekte. Teilantworten. Das
Bild: Ganzheit. Synchronie der Erscheinung. Auch wenn es erzählt, bleibt es
stumm. Seine heimliche, offene Grenze: Die faszinierte Akzeptanz. »Ja, das ist
es! Genau dies! So muß es sein!« Betroffenheit, Hilflosigkeit, Bewunderung. –
Kritik. – Warum wollen wir begreifen, was uns ergreift? Warum können wir
nicht mit Bildern »leben«, sie sehen als Haus, Baum, Wolke, Feuer? Provokation
von Fragen durch die Bilder heute. Malerei im logozentrischen Zeitalter. Oder:
Malerei als Mittel zur Auflösung der Logozentrik? Ist es dies? – Synchronie,
Diachronie. In der Tradition, auch der Moderne, formulieren die Bilder ein
Kontinuum. Schmiegen sich der Geschichte an. Bilden einen parallelen Diskurs.
Auch bei Kurskorrekturen wollen sie Entwicklung. – Und heute? Vieles spricht
für ein Ende der Geschichte. Dabei rücken jene Selbstverständlichkeiten in den
Blick, die uns der Gang der Historie suggeriert: Fortschritt, Weiterschreiben,
Revolution morgen. – Das Denken in den Kategorien der Einheit, der Wahrheit,
der Finalität löst sich auf: Wer hat recht? Jeder hat recht. Niemand hat recht. –
Geschichte zerbröselt. Hilflos der Versuch des Kapitals, Einheit durch die
Einheit der Waren zu stiften. Ihre materielle Verheißung ist durchschaut. Ihr
Glück verschwunden, aber auch das Leiden an ihnen löst sich auf. – Hilflos der
Versuch der Großideologien durch Theorie/Praxis das Heil der Menschen zu
erzwingen. – Gleichmut? Gewährenlassen? Eigensinn. Dabeisein und dagegen.
Ich ist ein anderer. Der andere bin ich. Wir sind verschieden und gleich. –
Vielheit. Der Ästhetik der Verstreuung antwortet das multiple Ich. Selbstauflö-
sung als Selbstfindung. Nicht im Sinne des Neutralwerdens. Jede Identität ist
Falle. Und das Menschenbild… Malerei im anthropozentrischen Zeitalter.
Oder: Malerei als Mittel zur Auflösung der Anthropozentrik? Eine Paradoxie
deutet sich an: Schon längst sprechen die Bilder nicht mehr nur vom Subjekt.
Schon längst reichen sie über den Menschen hinaus. Jenseits, wohin? – Bilder als
Chiffren, Botschaften, Rätsel, Verkettungen: Ich und…, das Bild und…, wir
und…, der Alltag und…, sie und… Mehrdeutige Konzeptionen. Intentionslose
Intensitäten. Freier Stil. Wunsch-Bilder. – Die Zukunft der Gegenwart: Gegen-
wart. Und jetzt: Werden, sich entfalten, ausbreiten, wuchern. Alles ist möglich.

Das Denkbare denken, das Machbare machen, das Zeigbare zeigen. Bilder als Entwürfe. Ohne Programm, ohne Halt. Gefährdet gefährdend. Voller Angst. Voller Lust. Sowohl als auch. Bejahung/Verneinung. »Über die Bedeutung entscheidet der Gebrauch.«

* * *

Berliner Senat beschließt drastische Einsparungen.

* * *

Im Fernsehen ein Bericht über die neueste deutsche Disco-Attraktion: »Zwergenwerfen«.

....

Dienstag, 23. Juni, abends

Beim TaiChi Chuan mit Dorith heute eine schöne Erfahrung: Die extrem langsamen Bewegungen verbanden sich zum meditativen Fließen von Spannung und Entspannung. Nicht ich führte sie aus, es geschah mit mir.

* * *

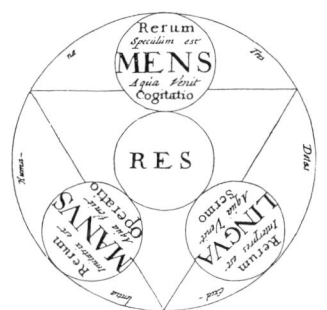

Ein Text von Comenius, den Fritz Balthaus in seiner Ausstellung »Der Comenius Garten« zitiert: »So ist also die Sterbekunst die Kunst aller Künste? Ja, freilich. Der Tod ist die letzte Zeile im Buch des Lebens. Erst wenn das Ende gut ist, dann ist alles gut. Unselig wären wir, wenn unser Tod bloß eine beschwerliche Vergänglichkeit beendigte; noch viel unseliger, wenn zeitliches Elend nur abgelöst würde von ewigem.«

....

Mittwoch, 24. Juni: Verschleierter, sonniger Himmel

Schwere Kämpfe im Dnjestr-Gebiet. Feuerpause in Moldawien nicht eingehalten.

* * *

Anruf bei Klaus. Jonathan geht ans Telefon. »Es ist alles okay. Ich bleibe noch zwei Wochen hier – bei Klaus.«

* * *

Auf dem Flug nach Stuttgart: unter mir Berlin. Der Verlauf der Grenze ist immer noch deutlich zu erkennen. Ein heller, gelber Sandstreifen. Früher – vor der Wende – war der Blick auf den Todesstreifen mit starken, widersprüchlichen Gefühlen verbunden: »Ein Glück, daß ich auf der richtigen Seite der Grenze lebe.« Und: »In der DDR könnte ich es nicht aushalten.« Die

Mauer war so etwas wie ein Realität gewordenes Paradoxon. Ihre raffiniert simple Konstruktion vermochte Millionen Menschen in Schach zu halten.

***

Über den Wolken. Eine weiße, reine, unendlich schöne Landschaft. Mich wundert, daß ich noch nie davon geträumt habe.

***

Anne-Marie Freybourg rief heute morgen vor dem Abflug an. Eine Künstlerin, die meinen Vortrag bei »Lukas & Hoffmann« gehört hatte, sagte ihre Teilnahme an einem »Frauenprojekt« in Moskau ab. »Du hast sie völlig verunsichert. Sie weiß nicht mehr, was sie machen soll.« – Das Verschwinden der Kunst: Mein Hineindenken in dieses Thema besitzt – natürlich – Züge des »contre cœur«.

***

Contre cœur. Seit über zwanzig Jahren arbeite ich im Kunstkontext als Wissenschaftler, Kritiker, Autor, Kunstvermittler. Kunst ist ein Teil meines Lebens. Wenn ich jetzt Momente des Verschwindens der Kunst konstatiere, dann steht dahinter meine gesamte Biographie. Der Abschied von der Kunst: Die Moderne verzehrt sich. Ihre Selbstverständlichkeiten lösen sich auf. Wir sehen Bewahrungen, Revisionen, Umdeutungen. Daß Kunst verschwinden könnte, rückt nur selten im Kunstbetrieb in den Blick. Dies als ein Positivum zu begreifen fällt schwer. Zeiten des Übergangs sind immer beides: Hoffnung und Trauer. Jeder Abschied schmerzt.

***

Stuttgart: Elaine Sturtevant-Ausstellung im Kunstverein. Paul Maenz und Gerd de Vries haben mich eingeladen. Schon seit dreißig Jahren schafft Elaine Sturtevant Werke anderer Künstler – Warhol, Stella, Johns, Beuys, Haring, Duchamp – nach. Für Stuttgart machte sie die Replik eines Kiefer-Flugzeugs. In einer spektakulären Inszenierung konfrontierte sie es mit schwarzen Bildern »nach Stella«. In einem anderen Raum zeigte sie ein »Duchamp-Ensemble«. Die geplante Nachschöpfung von Joseph Beuys' »Plight-Filzraum« hat Eva Beuys untersagt. Das deutsche Urhebergesetz bietet hierfür die Handhabe.

***

Elaine Sturtevant hat sich ihrem Arbeitskonzept bedingungslos verschrieben. Daß ihr das Gesetz untersagt, »Nachschöpfungen« zu realisieren, regt sie auf. »Ich benutze Werke anderer Künstler wie ein Landschaftsmaler die Landschaft. Soll er Gott um Erlaubnis bitten, wenn er sie malen will?«

* * *

Kunst nach der Kunst: eine Konfiguration des Verschwindens.

* * *

Zum Abendessen hatte eine junge Mutter ihr sechs Wochen altes Baby mitgebracht. Ich habe es – im Umhängetuch schlafend – eine ganze Weile getragen. Ein kleines Wunder. Ich frage mich immer, was so ein Winzling denkt, wenn er sich wohlig streckt, das Gesicht grotesk verzieht, mit den kleinen Händen durch die Luft rudert.

* * *

Über der Kunstszene heute liegt ein Schatten. Man spürt, daß alle Beteiligten wissen: »So geht es eigentlich nicht weiter.« Doch kaum jemand wagt es, darüber nachzudenken, was sich verändern könnte.

* * *

Drogenfahndung in der Nähe der Markthalle. Ein Trupp Polizisten untersucht drei Männer in einem großen Mercedes. Spürhunde werden eingesetzt. Hunderte von Schaulustigen. »Wie im Fernsehen«, sagt einer.

* * *

Waffen, Drogen, Kunstwerke waren die symbolischen Waren der 80er Jahre. Seit dem Umbruch im Osten, seit dem Ende des Kalten Krieges fallen im Kunstmarkt die Preise.

* * *

Markthalle. Ralph Wernicke führt mich durch den neuen Galerieraum, in dem es auch einen »Shop« für Multiples gibt. Editionen, T-Shirts, Videos. Kunst als Ware – pur. Von der kanadischen Künstlergruppe »General Idea« gibt es als Poster das Schriftlogo: AIDS. Es kopiert Robert Indianas LOVE-Zeichen, das in den 60er Jahren der Flower-Power-Zeit Karriere machte. Die Umdeutung zu AIDS ist nicht ohne Brisanz. Doch ich spüre: Mit dem, was ich erlebe, hat sie kaum etwas zu tun.

* * *

Besuch der »Ausstellung« von Maria Eichhorn im Künstlerhaus. In der Galerie hat sie die »Kindermalklasse« eingerichtet.

Zu festgesetzten Zeiten können die Kinder beim Malen besichtigt werden.

....

Donnerstag, 25. Juni: Grauer, regnerischer Himmel

In der Stuttgarter Galerie »Kaess-Weiss« Bilder von Salvo. Die Landschaften, Bahnhofsszenen, Interieurs strahlen selbst im Dämmerlicht. Eine anachronistische Malerei, ganz in der Zeit und jenseits von ihr. Ich werde einen Text »Für Salvo« schreiben.

* * *

Schläft ein Lied in allen Dingen, die da träumen fort und fort, und die Welt hebt an zu singen, triffst du nur das Zauberwort.

* * *

Autofahrt mit Reinhard und Gerd nach Darmstadt und Bonn. Das Rasen auf der Autobahn ist für mich immer Streß. Der Rausch der Geschwindigkeit. Die Nähe der Gefahr, des Todes.

* * *

Knoebel-Ausstellung in Darmstadt. Sie wurde mir nicht besonders wichtig. – Magie der Räume mit dem »Beuys-Block«. Wieder ein langes Stehen auf der Kupferplatte der »Stelle« – wie vor zwei Jahren.

* * *

Auf dem Bahnhof in Bonn: Der Sekundenzeiger der Normaluhr verharrt auf »12« einen winzigen Moment länger.

* * *

Marcel Duchamp: »Ein Individuum kann auch etwas anderes tun, als denselben Beruf auszuüben von seinem zwanzigsten Lebensjahr bis zu seinem Tode. Ich habe die Art zu atmen ausgeweitet.«

* * *

In Gerds Kölner Wohnung. Hunderte von CDs, Kassetten, Videobändern. Sammelleidenschaft und Vollständigkeitsobsession. Vieles davon wird er nie in seinem Leben anhören oder ansehen.

* * *

Gespräche mit Gerd über »Das einfache Leben« und den Konsumverzicht.

***

Tagesschau. Sarajevo: Beim Anblick der zerfetzten Leichen stockt für einen Moment der Atem.

***

Gentechnisch erzeugte Lebensmittel markieren.

Freitag, 26. Juni: Köln. Sonnenschein

Unter den vielen CDs von Gerd eine Aufnahme mit Musik der »Semana Santa« in Sevilla. Dumpfe Trommeln und dissonante Cornetti. Eine Musik der gemischten Gefühle, die seltsam berührt. Erinnerung an die Andalusienreise mit Eckehard im April.

***

»Sperma ist ekelhaft«, gesungen von »Herrchens Frauchen« – das war der Karnevals-Hit dieser Saison in Köln.

***

Im Museum Ludwig die Ausstellung »Ars Pro Domo«, aktuelle Kunst aus Kölner Privatbesitz. Auffallend sind die »Momente des Regredierens« in dieser Auswahl von Wilfried Dickhoff. Ob Kippenberger, Condo oder Dahn, ob Fischli/Weiss, Baechler oder Herold – überall ein Rückgriff aufs kindisch Kindliche, das das Nichterwachsenwerden kultiviert. Rückzüge ins – schmuddelige – Basteln, in »Baba«-Erotik, in trotzig naive Zynismen.

***

Gegengedanke: Kunst ist nicht die größte Lüge.

***

Konzert in der Kölner Philharmonie. Schumann und Bruckner. Mit klassischer Musik habe ich zunehmend Schwierigkeiten. Die Vorherhörbarkeit musikalischer Verläufe beschwört – trotz aller Verunsicherungen – eine heile Welt. Das ist kaum noch meine Gegenwart. Nur wenn es Interpretationen gelingt, das Unzeitgemäße zu tilgen, die Distanz ans »Jetzt« zu binden, finde ich mich – gleichsam im Paradox – in der Vergangenheit heute wieder.

***

»Herzlichen Glückwunsch Dänemark« ist auf einer Leuchttafel im Ausgang der Philharmonie zu lesen. Lachen und Enttäuschung über das Ende der Fußball-Europameisterschaft.

***

Nach einem »Kölsch« in den »Römerstuben« gehe ich noch zur »Romanischen Nacht« in St. Maria im Kapitol. Zu hören ist die »Matutin nach dem römischen Offizium des heiligen Franziskus«. Ich bin erschöpft und müde, döse ein. Die Musik ist »ganz fern« und zugleich »ganz da«.

***

Ich denke an Klaus. Seine Stelle im Musikarchiv der Akademie der Künste in Berlin hat er gekündigt, seinen Nachfolger mit ausgesucht. Klaus: »Alles ist geregelt.«

***

Ein Aufkleber auf einem Motorrad: »Aids ist gerecht.«

....

Samstag, 27. 6. 92: Köln. Heiß und schwül

»Iscador«. Meine Spritzen habe ich in Berlin vergessen. Es beunruhigt mich nicht.

***

Plakate in den Kölner Straßen. »BILD wird 40. – Deutschland gratuliert.« Und die Slogans: »40 Jahre wie Du und ich. – 40 Jahre Feinde sammeln. – 40 Jahre Anwalt des kleinen Mannes.«

***

Galerierundgang: Christian Nagel, Sophia Ungers, Jablonka, Hetzler, Johnen & Schöttle: »Nichts Neues unter der Sonne.«

***

»On Justifying the Hypothetical Nature of Art and the Non-identically within the Object World. Eine interaktive Computerinstallation in Echtzeit von Peter Weibel in der Galerie Tanja Grunert in Köln.« – Ein dunkler Raum. Eine Wand ist eine große Rückprojektionsfläche. Auf ihr erscheinen »in Echtzeit Bilder von virtuellen Räumen bzw. virtuellen Welten mit virtuellen Objekten, die sich durch den Betrachter – er bedient per Fußdruck Kontakte im Boden – ständig in Echtzeit verändern«. Buchstaben, Räume, Gegenstände tauchen auf der Bildwand auf, durchdringen sich, verschwinden. Doch schon nach kurzem

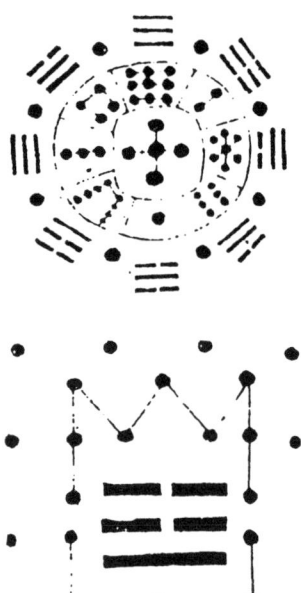

Eintauchen in diese »Möglichkeitswelt« erlahmt das Interesse. Der gigantische Video- und Computeraufwand bleibt ein dürftiges Kunstgewerbe. Grotesk ist das Mißverhältnis zwischen der Realisation und den hochgestochenen theoretischen Erklärungen.

Die Dekonstruktion mit Hilfe virtueller Wirklichkeiten birgt konstruktive Aspekte. Die Trennung der Welt zwischen der immateriellen des Geistes, des denkenden Subjekts, und der materiellen der Objekte, der Welt außerhalb dieses Subjekts, wird durch das Erstellen virtueller Realität überwunden. Die voneinander isolierten Welten des Geistes und der Objekte verschmelzen in der Immaterialität des Cyberspace und ermöglichen erstmals die unmittelbare Interaktion zwischen der res cognitans und der res extensa. Die beobachterabhängige Welt zeigt uns die Welt als offen und unvollständig.

***

Kunst gibt es nur im Plural. Jede »Szene« hat ihre eigenen Parameter. Sie verbinden die Beteiligten, die zu ihr gehören. Daß dies auch einen therapeutischen Effekt besitzt, wird selten zugegeben. »Kunstszenen« schaffen ein »Wir-Gefühl«, ein »Freund-Feind-Schema«, eine »Heimat«. Ihr Zusammenhalt basiert vor allem auf verinnerlichten Denk- und Wertungsnormen. »Politically correct« müssen sich die Beteiligten verhalten, sonst drohen Sanktionen.

***

Respirare il padre.

***

Fahrt nach Wuppertal. Besuch bei den Eltern. Sie werden gebrechlich. Das Altwerden wird zur Last. Über meine Situation wird kaum geredet. Berührungsängste – auf beiden Seiten.

***

Vor fast drei Jahren habe ich meinen Eltern gesagt, daß ich »positiv« bin. Sie haben großartig reagiert. Meine Mutter umarmte mich lange, mit Tränen in den Augen. Mein Vater fragte: »Hast du auch den besten Arzt in Berlin, den du haben kannst?«

***

Mutter gibt mir eine Kritik zum Buch »Mitleidsprotokoll« von Hervé Guibert, der vor einem Jahr an Aids verstarb. Ich sage ihr, daß ich mir das Buch kaufen möchte. »Warum denn? Es ist doch sicher sehr traurig.«

***

Irritation. Wenn ich in mein früheres Zimmer gehe, wundere ich mich immer noch über die neue Einrichtung. In der Erinnerung habe ich das Zimmer so gespeichert, wie ich es vor fast dreißig Jahren verlassen habe.

Sonntag, 28. 6. 1992: Wuppertal, Berlin. Sonne

Am Mittag eine Fahrt zur Barmer Talsperre. Die Hitze über dem Wasser. Flirrende Luft. Der Wald riecht nach Hochsommer.

***

Beim Abschied von den Eltern auf dem Barmer Bahnhof wird wenig gesprochen. Was gäbe es auch zu sagen? Blicke voller Zuneigung und Ängstlichkeit.

***

Im Flugzeug der übliche »Campari-Orange«. Trockene Lufthansa-Brötchen. Ich blättere im »Stern«. Ein Horrorbericht übers »Deutsche Brot«. Ich lese ihn diagonal.

***

Zurück in Berlin. Eckehard ist unterwegs. Wenn ich allein in unsere Wohnung komme, fühle ich mich immer wie ein Fremder.

***

Auf dem Schreibtisch weiße Lilien.

Montag, 29. 6. 92: Berlin. Schon am Morgen Hitze

Anruf bei Professor L'age im Auguste-Viktoria-Krankenhaus. Die Blutuntersuchung der letzten Woche ist »okay«. Meine T4-Zellen sind sogar gestiegen. Jetzt betragen sie 130. L'age: »Das ist ein gutes Zeichen. Seit zwei Jahren ist Ihr Zustand konstant.« Doch wir wissen beide, daß »T4 = 130« – entsprechend einem der vielen hilflosen Definitionsversuche – auch »Vollbild Aids« heißt.

***

Arbeit an der »Szene-Seite« für die Zeitschrift ART. Aus der Fülle der Informationen und Ankündigungen, die täglich mit der Post kommen, kann ich nur wenige auswählen.

***

Die kleinen Springbrunnen auf dem Friedrich-Wilhelm-Platz: Granada, die Alhambra.

***

Gegengedanke: Kunst ist nicht nur Kunst. Und alles andere ist nicht nur alles andere.

***

Religiöser Fundamentalismus und Macho-Gehabe fördern Aids.

***

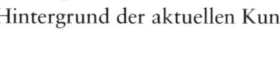

Anruf von Jonathan. Klaus geht es gut. Am Mittwoch werden sie mich besuchen.

***

Stephen Jay Gould: »Zufall Mensch. Das Wunder des Lebens als Spiel der Natur.« – Nicht Anpassung und Auslese steuern die Evolution, sondern der Zufall, die Laune der Natur.

***

Ich weiß nicht, was ich bin; ich bin nicht, was ich weiß: Ein Ding und nicht ein Ding, ein Pünktchen und ein Kreis.

***

Von Kasper König vom »Portikus« in Frankfurt den On Kawara-Katalog erhalten. Die englische Übersetzung meines Textes wirkt befremdlich. Viele Vokabeln muß ich im »Pons« nachsehen. »Schrift-Englisch« ist gespreizt.

On Kawara: Seine *Date paintings* – Gemälde nur mit Daten – sah ich zum erstenmal Ende der sechziger Jahre. Im Kontext der Minimal und Conceptual Art besaßen sie eine seltsame Widersprüchlichkeit: Sie waren anonym und zugleich waren sie sehr persönlich. Neben ihrer Gestalt und ihrer Machart zog mich immer wieder »der Moment der Entscheidung« an, der Entschluß, der hinter ihnen sichtbar wird, ein bestimmtes Konzept für die Kunstproduktion als Lebenswerk durchzuhalten. Diese zuerst 1966 von On Kawara gefällte Entscheidung könnte aussehen wie ein praktischer Automatismus. Doch für mich war sie nichts Fixiertes. Immer wenn ich in den letzten Jahrzehnten *Date paintings* sah, veränderte sich der »Moment der Entscheidung« vor dem Hintergrund der aktuellen Kunstproduktion.

1976 lernte ich On Kawara in Berlin kennen. Unsere Gespräche gingen kreuz und quer durch Kunst und Leben. In den folgenden Jahren wurden sie ab und zu fortgeführt. 1986 traf ich ihn in New York wieder. Lebhafte Diskussionen über die Kunstszene, den Shintoismus, Kindererziehung, New York, die U-Bahn in Tokio... Darin eine Bemerkung On Kawaras, die meinen Blick auf sein Werk bis heute bestimmt: »Europäer können Japaner nicht wirklich verstehen. Für sie ist ›die Eins‹ die Basis des Denkens. Für die Japaner ist es ›die Zwei‹.«

* * *

Wende in Israel: Chance für Frieden.

* * *

In der Nacht. Der erregte Körper – Energie durchflutet ihn – Seine Grenzen und Begrenzungen lösen sich auf – Die Wahrnehmung verwandelt sich – Es gibt nicht mehr »Beine«, »Geschlecht«, »Leib«, »Arme«, »Kopf« – Einheit der Trennungen – Die Abgrenzung zum Außen schwindet – Der Atem strömt durch den Körper – Er wird leicht, frei, akzentuiert, sich steigernd, erfüllend, ausweitend, bejahend, haltend, immateriell – Präsenz und Wandlung – Das Denken entfernt sich vom Benennen – Assoziationen – Hinter den geschlossenen Augen Bilder – Dunkel mit Spuren von Licht – Ein Gesicht zeichnet sich ein, löst sich auf – Nichts festhalten! Gewährenlassen! – Das Gesicht wird zum amorphen Muster – Aus einer unendlichen Ferne scheint eine Landschaft auf – Nähert sich – Bäume, ein Wald – Die Bäume brennen – Das Feuer ist ganz nah – Ein schwarzer Keil schiebt sich ins Bild – Überdeckt die Landschaft – Dunkel – Der Atem steigert sich – Dynamik, hinstrebend auf einen Höhepunkt – Verzögerung, Stillstand, Umschlag – Die Zeit steht – Das Bewußtsein wird Schau – In der Mitte des dunklen Blicks leuchtet ein pulsierender Lichtkreis – Kommt näher – Entfernt sich – Kommt näher – Ist da – Langsam immer heller strahlend – Nunc stans – Ortlos, zeitlos – Erfüllte ekstatische Gegenwart – Orgastisch sich aufladend – Der Atem wird tiefer – Ein Klang ertönt, fern – Wird lauter, dringt ein – Füllt aus – Verschmilzt mit dem Licht – Einheit, Steigerung, Konvulsionen – Rhythmisch entlädt sich die Lust – Denkentfernt, körperlos – Und dann der mantrische Gedanke: »Ich bin da, ich bin da, ich bin da, ich bin da, ich bin da...«

....

Dienstag, 30. Juni: Heute werden es 35 Grad werden.

Nachklang der Ekstase von gestern. Was ich – seit Jahren – im »provozierten Leben« begreife: Es gibt eine absolute Gegenwart, die den »Zeitpfeil« nicht kennt. Vergangenheit und

Zukunft sind in ihr verschwunden. Bejahung des Lebens – bis in den Tod hinein.

* * *

Wunschlos werden. Tun, was zu tun ist.

* * *

Ich scheue davor zurück, Alf anzurufen.

* * *

Eis-Tee. Erinnerung an 1967. Ein Sommer in Chapel Hill, North Carolina. Richard, die große Liebe.

* * *

Die Hitze steht in den Straßen. Von den Wänden strahlt sie zurück. Seit sieben Wochen kein Regen.

* * *

Schweden: Leibwächter sollen Frauen vor ihren Männern schützen.

* * *

Der kleine weiße Austin-Mini vor dem Haus – er gehört unserem Nachbarn – ist über und über mit Lippenstiftschrift bedeckt: »Ich liebe Dich. Du machst mich wahnsinnig. Ohne Dich kann ich nicht leben. Du! Du! Du! Du! Bleibe bei mir. Ich liebe Dich. Verlaß mich nicht. Warum nur, warum? Du bist mein Leben. Was soll ich tun? Wohin? Wie weiter? Ich bin immer für Dich da. Immer!«

* * *

Nachdem ich die »Iscador«-Serie beendet habe, beginne ich nun mit dem Spritzen von »Stibium metallicum D6«.

* * *

Ekstase im Tantra, Meditation im TaiChi Chuan: Die nichtalltägliche Erfahrung verwandelt die Konfigurationen des Ichs. Übergänge, Transzendierungen. Wird auch das Leiden ein solcher Zustand sein?

....

Mittwoch, 1. Juli: Sonne. Hitze

Fahrt zum Krankenhaus. Die monatliche »Pentamedin«-Prophylaxe. Die Inhalation verhindert den Ausbruch der Pneumocistis carinii, einer Lungenerkrankung, an der noch vor wenigen Jahren die meisten HIV-Patienten starben. Auf dem Weg zum Gebäude der »II. Inneren Abteilung« wieder der Gedanke: »Ja, hier wirst du wohl sterben.« Er ist weder mit Angst noch mit Schrecken verbunden.

***

Da kein Behandlungszimmer frei ist, inhaliere ich auf dem Gang. Es macht mir nichts aus, dabei gesehen zu werden. Auf der Station ist es ruhig. Vor vier Wochen war dies anders. Schwerkranke in Rollstühlen und Betten wurden vorbeigeschoben. Ein junger Mann, abgemagert, mit leerem Blick, irrte umher. Immer wieder versuchte er, mit dem Aufzug zu fahren. Wenn eine Schwester dies sah, drehte sie ihn einfach in eine andere Richtung, und er ging mechanisch los. Mehrmals kam er auf mich zu und versuchte, mit mir zu sprechen. Doch er hatte keine Stimme mehr.

***

Kurz vor dem Ende meiner Inhalation kam Albert B. Er hat zwölf Kilo abgenommen. Sein Gesicht ist hager. Am Hals und auf der Nase sind große Kaposi-Flecken. »Ich habe oft Fieber, Nachtschweiß und schreckliche Durchfälle. Die Hitze macht mich völlig kaputt.« Auch Albert kam zum Inhalieren. »Früher starben Aids-Kranke schon früh an der PCP. Jetzt lebt man – dank der Prophylaxe – länger. Dafür ist das Leiden grausamer.« – Beim Abschied umarmen wir uns und blicken uns lange an. – »Ruhig bleiben«, sagt Albert.

***

Auf dem Gang der Station 30 B hängen Gouachen des Malers Albert Merz. Zeichen des Dankes. Vor zwei Jahren verstarb im AVK einer seiner Freunde.

***

Bei Eis-Hennig spendiere ich mir auf dem Heimweg einen »Hawaii-Becher«.

***

Am Nachmittag kamen Klaus und Jonathan. Vom »Abschiednehmen« war nicht mehr die Rede. Was in Klaus in den letzten Tagen vor sich gegangen war, erfuhr ich nicht. Statt dessen erzählte er von seinem neuen Aufsatzprojekt: »Raum und Zeit in der Disco«. – »Das ist ein altes Thema von mir. In den nächsten Wochen werde ich daran arbeiten.« – Ich bin glücklich über diese Sätze.

....

Donnerstag, 2. Juli: 35 Grad

Traum: Ich stehe mit mehreren anderen Personen auf einem Landungssteg an einem Fluß. Ein hellgrau gestrichenes, einem Panzer ähnelndes U-Boot nähert sich uns. Eine Frau sagt: »Nach Moskau!«

* * *

Daß wir uns im Traume selbst sehen, kommt daher, daß wir uns oft im Spiegel sehen, ohne daran zu denken, daß es im Spiegel ist. Es ist aber im Traume die Vorstellung lebhafter und das Bewußtsein und Denken geringer. – Wir leben und empfinden so gut im Traum als im Wachen, und das eine macht so gut als das andere einen Teil unserer Existenz aus. Es gehört unter die Vorzüge des Menschen, daß er träumt und es weiß. Man hat schwerlich noch den rechten Gebrauch davon gemacht. Der Traum ist ein Leben, das, mit unserm übrigen zusammengesetzt, das wird, was wir menschliches Leben nennen. Die Träume verlieren sich in unser Wachen allmählich herein, und man kann nicht sagen, wo das eine anfängt und das andere aufhört. – Lichtenberg

* * *

Heute wieder mit der Einnahme von AZT begonnen. Ich nehme täglich 4oo mg in Zyklen. 25 Tage »on«, 25 Tage »off«. Den Beipackzettel lese ich nicht. Die dort beschriebenen Nebenwirkungen erzeugen Panik. Parallel zum AZT nehme ich DDC. Es stammt noch vom Schwarzmarkt, von »Fight for Life« in Amsterdam.

* * *

Der Schnitt an der Ferse heilt nicht ab. Wunden wollen sich bei HIV nicht schließen.

* * *

Die alten Linden am Südwestkorso sind aufgeblüht. Nachts ist mein Schlafzimmer erfüllt von ihrem schweren Duft.

* * *

Hans Brockmann rief an. In der nächsten Woche wollen wir mit seinem Wagen einen Ausflug machen. Hans: »Ich habe große Probleme mit meinen Beinen. Sie werden immer schwerer und unbeweglicher. Manchmal kann ich kaum gehen.« – Hans besitzt die Heinrich-Heine-Buchhandlung in Berlin. Er ist ein »Workaholic«. Sein Zustand führt ihn oft an die Grenze seiner Kraft. »Manchmal halte ich den Streß nicht mehr aus. Dann ziehe ich mich zurück und verbringe ganze Tage in meinem Garten.«

* * *

Dieses Jahr ist ein schwieriges Jahr. Viele meiner Freunde und Bekannten, die HIV+ sind, kommen in eine kritische Phase. Aids rückt immer näher. Ich lasse mich darauf ein. Doch ich spüre, wieviel Kraft dies erfordert. – Im Moment fühle ich mich sehr stark. »Kein Anlaß zur Sorge«, sagte letztens Manfred L'age.

* * *

Kunst. Was mir früher nie so deutlich war: wie sehr ihre Wahrnehmung von der eigenen Befindlichkeit abhängt. Was uns an Kunst wirklich anzieht, ist ein Teil von uns selbst, ein Hin- und Herspiegeln der individuellen wie transpersonalen Erfahrung.

* * *

Um zur Klarheit über ästhetische Ausdrücke zu kommen, muß man Lebensformen beschreiben. Wir denken, daß wir über ästhetische Urteile wie »Dies ist schön« zu sprechen haben, aber dann entdecken wir, daß wir diese Wörter überhaupt nicht vorfinden, wenn wir über ästhetische Urteile sprechen, sondern ein Wort, das fast wie eine Geste gebraucht wird und eine komplizierte Tätigkeit begleitet. – Ludwig Wittgenstein

* * *

Marcel Duchamp: »Es sind immer die Anschauer, die ein Kunstwerk machen.«

Freitag, 3. Juli: Hitze, gewittrige Luft

Arbeit am Katalogtext für Olaf Metzels Ausstellung in der Hamburger Kunsthalle. Eine Montage aus Texten und Nachrichten vom Tage. Ich collagiere meine Notizen, füge Meldungen von heute ein.

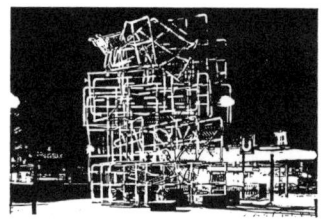

Streiks gegen Lohnkürzung für Kranke. – 30 Tonnen Hilfsgüter
für Sarajevo. – Aufbau als Marathonlauf. – U-Bahn-Surfer
seinen Verletzungen erlegen. – Zahl der Asylbewerber macht
Bonn Sorgen. – Bonn gibt 50 Millionen für Aidsbekämpfung
aus. – Saturn unter dem Sommerdreieck. – Bush: Alle taktischen
Atomwaffen abgezogen.

* * *

Der Schluß des Katalogtextes lautet: »Menschwerden ist eine
Kunst.« Der Satz von Novalis besitzt heute eine neue Aktualität.
Er bildet den Widerpart zum Abschied der Kunst, zum Abschied
von der Kunst. Nicht ein Bruch ist deshalb gefordert, sondern
der Prozeß eines Werdens. Denn die Momente des Verschwindens der Kunst erweisen sich heute als deren wichtigste Kraft-
zentren.

* * *

Einst bat ein Mönch den Cha-Chou: »Meister, ich bin noch ein
Neuling, zeige mir den Weg.« Cha-Chou sprach: »Hast du
schon dein Frühstück beendet?« Der Mönch sprach: »Ich habe
mein Frühstück beendet.« Cha-Chou sprach: »Gehe und wisch
die Eßschalen.«

* * *

Am Abend zu Peter D. Es ist schön, mit ihm zusammenzusein.
Tantra-Erotik. Die Sensation minimaler Berührungen. Die
Nähe von Lust und Vergessen. Es gibt Gefühle noch jenseits der
Bejahung und Verneinung. Der Körper ahnt sie als »ein Eigent-
liches«.

* * *

»Positivsein« verändert die Sexualität. Ich weiß, wie ich damit
umzugehen habe. Phasen der Unlust, Phasen der Begierde.
»Safer Sex« ist für mich kein zu großes Problem. Er ist weder mit
Angst noch mit Enttäuschung verbunden. Vielleicht hängt das
damit zusammen, daß für mich Sexualität und Tod immer eine
faszinierende Nähe besaßen. Der Orgasmus: der »kleine Tod«.

....

Samstag, 4. Juli: Bewölkter Himmel, Gewitterluft

Im Kino Michelangelo Antonionis »Zabriskie Point«. Vor über
zwanzig Jahren habe ich den Film zum erstenmal gesehen. Er
nimmt vorweg, was heute das postmoderne Kino bestimmt:
Verselbständigung der optischen und akustischen Effekte, Ver-

zicht auf psychologische Schlüssigkeit, Verschwinden einer nachvollziehbaren Handlung, Umkippen in Selbstironie. Die Szenen an der UCLA wecken nostalgische Erinnerungen. 1968: Wieviel Aufbruch. Wieviel Illusionen. Wieviel Hoffnungen.

***

Der Zustand der Gesellschaft damals, heute: glanzvolles Elend.

***

Worte des Vorsitzenden Mao Tse-Tung: »*Das sozialistische System wird letzten Endes an die Stelle des kapitalistischen Systems treten; das ist ein vom Willen der Menschen unabhängiges Gesetz... Kommunismus bedeutet das gesamte System der Ideologie des Proletariats und zugleich ein neues Gesellschaftssystem...*«

....

Sonntag, 5. Juli: Es regnet – endlich

Frühstück bei Wolfgang R. Er gibt mir einen Stapel Fotokopien zur Aids-Behandlung. Wolfgang, selber Arzt, ist mittlerweile ein Fachmann auf diesem Gebiet. Das macht den Umgang mit seiner eigenen Erkrankung schwierig. Er lebt in ständiger Angst. Seine T4-Zellen sind »bei Null«. »Offensichtlich kann man auch ohne sie leben.«

***

Zu Hause lese ich die Texte zu Aids mit Neugier. Doch ich beziehe sie kaum auf mich und meine Situation.

***

Rias-Berlin: Vor der deutschen Vereinigung meldete sich der Sender mit »Rias-Berlin – Eine freie Stimme der freien Welt«. Heute nur noch mit »Rias-Berlin«.

***

Am Abend – organisiert vom Goethe-Institut London und vom British Council – Besuch von sechzehn Kuratoren und Kunstvermittlern aus Großbritannien. Kurze Führung durch unser Wohnviertel: Hier lebten Ludwig Meidner, Werner Heldt, Johannes R. Becher, Ernst Bloch... Danach eine Diskussion zum Thema »Who are we and what do we want to do.« Ich erläutere meine Thesen zum Verschwinden der Kunst, zeige die »innere Logik« – aus der Kunstgeschichte, weise auf die »äußere Logik« hin – das Verschwinden der Kunst im Markt, in den

Public Relations-Strategien, in der Kunst als Freizeitamusement. Eine Kuratorin aus Birmingham sagt: »Das sind interessante Probleme. Doch wir müssen erst einmal Geld beschaffen, um überhaupt Kunst zeigen zu können.«

* * *

Gegengedanke: Kunst ist nicht die Suche nach Wahrheit.

....

Montag, 6. Juli: Grauer Himmel, etwas kühler

Schreiben, wahrnehmen, erinnern, beobachten, aufmerksam sein

* * *

Plakat: »Foster's. Australia's Famous Beer« wirbt jetzt mit der Unterzeile »Made in Germany«. Das australische Landschaftsbild – eine weite Steppe – wurde entsprechend koloriert: ein fast schwarzer Himmel, eine rot-orange Ebene und im Vordergrund ein goldgelber Leguan auf einer Sanddüne.

* * *

Am Nachmittag Wäschewaschen im Waschcenter. Ich liebe es – nach stundenlangem Schreiben am Computer – als Entspannung. Die Arbeit teile ich mir so ein, daß ich keinen Handgriff zuviel tue.

* * *

Am Brett »Von Kunde zu Kunde« – zwischen Angeboten von Videorecordern, Babykleidung, Möbeln – ein kleiner Zettel: »Die Bombe war für Berlin bestimmt. – Abschaffung aller Atomwaffen. Städtepartnerschaft Berlin – Hiroshima.«

* * *

Im Stadtmagazin »Zitty« ein Bericht über die Documenta. Abbildung der Zigarettenpackung »West« – Sponsor der Ausstellung – mit dem flott geschriebenen Satz von Jan Hoet: »Kunst bietet keine klaren Antworten. Nur Fragen.« Wenn dies von »West« propagiert wird, ist das Gegenteil richtig.

* * *

Recht auf Lüge beim Bewerbungsgespräch.

....

Dienstag, 7. Juli 1992: Die Hitze kehrt zurück.

Die Ästhetik der parkenden Autos vor unserem Haus hat sich in den letzten Jahren völlig verändert. Früher herrschten rote, beige, orange Karosseriefarben vor. Jetzt ist es ein diskretes Anthrazit, Grau oder Dunkelblau.

* * *

Im Drogerieladen »Drospa« wurden alle Waren teurer. Die Verkäuferin: »Das kommt von dem grünen Umweltpunkt.«

* * *

Rosi, eine Fünfzigjährige, erzählt im »Healing Circle«, wie sie ihren Schilddrüsenkrebs – ohne Medikamente – geheilt hat: Visualisierungen, Positives Denken, Rückführungen. Ich höre das voller Anteilnahme und werde zugleich aggressiv.

* * *

Zwischen den sanktionierten Erfahrungsformen der Kunst, der Psychoanalyse, der Medizin und den alternativen Formen gibt es kaum Bezüge. Bei den sanktionierten stören Enge, Hirnlastigkeit und Dogmatik, bei den alternativen – der Kitsch.

* * *

Ich laviere mich zwischen Weltbildern hindurch. Man muß sie verzehren, im eigenen Körper verdauen, mit dem »stummen Wissen« sich verbinden lassen. Ein Thema, das mich schon seit über fünfzehn Jahren beschäftigt: Kopf und Körper, Kopf und Hand.

Die enthauptete Hand. – »Es geht um die Glorifizierung der Hand und um nichts anderes. Meine Hand ist die große Schuldige, wie kann ich es akzeptieren, Sklave meiner eigenen Hand zu sein? Es ist unzulässig, daß Zeichnung und Malerei noch dort verharren, wo die Schrift von Gutenberg war.« – André Bretons Sätze sprechen nicht nur vom Technischen des Kunstmachens, den künstlerischen Medien, sondern auch von der Frage nach den Beziehungen von Körper und Ausdruck, von Ich-Bewußtsein und Ich-Mitteilung. Die Hand: Das ist der Ort, wo Innenwelt und Außenwelt in Berührung treten; das ist das Medium, durch das sich das Ich – in den Spuren der Zeichnung und der Schrift – erfährt und bewahrt. Die Spur der Hand auf der Felswand als ältestes Zeugnis der Kunst: ein Zeichen der Macht und der Selbstvergewisserung, und es zeigt den wohl wichtigsten menschheitsgeschichtlichen Schritt: Eines Tages hat sich einer unserer Vorfahren auf seine zwei Beine gestellt, um die Hände freizubekommen…
Die Hand garantiert Freiheit! Sie ist das vermittelnde Werkzeug zwischen der Welt und dem Ich. Sie ermöglicht das Er-greifen, sie schafft die Voraussetzung für das Be-greifen. In den Chiffren, die die Hand als Kunst hinterläßt, sind beide Aspekte miteinander verbunden. Doch sie erscheinen in ihr nicht als wechselsei-

tige Bestätigung, sondern als Potenzierung: Die Kunst schafft ein Begreifen, das zugleich ergreift, sie ist das vom Menschen selbst in die Welt gesetzte Mittel zum Ergriffenwerden. Daher die Glorifizierung der Hand, in der Vergangenheit wie in der Gegenwart.

Doch: Je weiter sich in der Moderne unser Begreifen von der Hand entfernt, je eigengesetzlicher sich die intellektuellen Fähigkeiten des Menschen entwickeln, desto weniger bedarf er der Hand zu seiner Selbstverwirklichung. Dieser Prozeß führt in den heutigen industriellen Gesellschaften zur Vorherrschaft eines abstrakten Denkens. Er ist verbunden mit dem zunehmenden Verlust unserer sinnlichen Wahrnehmungsfähigkeit und bedeutet eben auch, daß jenes Werkzeug, das uns einst das Begreifen ermöglichte, die Hand, verkümmert. So gesehen wirkt eine Kunst, die sich auf die Hand verläßt, als eine Antithesis zu den bestehenden gesellschaftlichen wie individuellen Verhältnissen.

Was aber zeigt »die Hand« heute in den Handzeichnungen von Chia, Clemente, Cucchi, Paladino? – Nicht die Einheit der Person drückt sich hier aus, nicht ein persönlicher »Stil«, sondern die Person erscheint aufgesplittert in eine Vielzahl von Möglichkeiten, gebunden an obsessive Thematiken und zugleich mit ihnen spielend. Das Werk benennt den Versuch, die Hand zu überlisten, nicht ihr Sklave zu sein, obwohl sie das Werk erstellt. Denn Sklave der Hand ist derjenige, der nicht fähig ist, jene Wünsche und Begierden, die sein Fühlen und Denken bestimmen, umzusetzen in einen adäquaten Ausdruck; der verlernt hat, daß diese Wünsche nicht auf die Muster einer im Kopf vorgeprägten, normierten Bildlichkeit begrenzt sind, welche sich als Werk-, Epochen- oder Personalstil vor die spontane Geste schiebt.

....

Mittwoch, 8. Juli: Sehr heiß

Klaus rief an. Er steckt »tief in der Arbeit«. Das Thema »Freitod« taucht in unseren Gesprächen nicht mehr auf.

* * *

Besuch von Hans. Es gibt im Moment für ihn nur noch zwei Themen: seine Aids-Erkrankung und seinen Garten. Verzweifelt und zugleich voller Stolz zeigt er seine Beine. Sie sind über und über mit blauroten Narben bedeckt. Vasculitis.

* * *

Besuch auf dem Friedhof an der Stubenrauchstraße. Ich zeige Hans die Gräber meiner Freunde Wolfram N., Manfred T., Peter-Michael B., die an Aids starben. Dann zum blumengeschmückten Hügel von Marlene Dietrich.

* * *

Fahrt zum Garten. Im Frühling blühten hier über 5000 Tulpen, Narzissen, Hyazinthen, Kaiserkronen. Jetzt ist er ein farbenprächtiger Sommergarten: Reseda, Jungfer im Grünen, Sonnenblumen, Mirabilis, Levkojen, Eisenhut, Impatiens, Malven, Ziertabak, Margeriten, Kokardenblumen, Dahlien, Begonien,

Tagetes, Heliotrop... Lachend zitiert Hans sein Vorbild, den Staudenzüchter und Gartenarchitekten Karl Foerster: »Ein Leben ohne Phlox ist ein Irrtum.«

* * *

Nackt in der Sonne.

* * *

Hans gerät über seine Erkrankung oft in Panik. Angstzustände, Schlaflosigkeit. »Ich sterbe, ich sterbe«, stammelte er einmal, als er mich besuchte. Sein ganzer Körper war ein Zeichen der Verzweiflung.

* * *

Im Fernsehen Szenen vom Weltwirtschaftsgipfel in München. Glamour der offiziellen Politik. Brutalität des Polizeieinsatzes gegen die Demonstranten. George Bush grüßt in die Menge. Jede seiner Gesten ist kalkuliert. Seine Körpersprache zielt aufs Fotografiertwerden. – Was bleibt, stiften die Kameras.

* * *

Österreich: Wieder Aids-Skandal wegen verseuchter Blutkonserven.

* * *

Schwierigkeiten beim Schreiben. Manchmal will sich die Buchstabenfolge der Wörter verhaken. Fehlleistungen beim Tippen, beim Schreiben mit der Hand – oft sind sie die ersten Anzeichen einer Toxoplasmose. – »Du bist nur unaufmerksam«, sage ich mir.

* * *

Den Metzel-Artikel abgetippt. Meine Texte schreibe ich meist mit einer inneren Zerrissenheit. Euphorisch denke ich mich in sie hinein, und im nächsten Moment fühle ich eine große Abneigung.

* * *

Seitdem der Flughafen Tempelhof wieder reaktiviert wurde, wohnen wir in der Einflugschneise. An das Geräusch der Maschinen mußte ich mich erst gewöhnen. Jetzt gehört es zum Tagesrhythmus. Sitze ich auf dem Balkon, geht der Blick bei jedem herannahenden Flugzeug automatisch zum Himmel.

Donnerstag, 9. Juli: Hitze

Der große Hibiscusbaum, den Eckehard von Joschi bekam, wirft die meisten seiner Blütenansätze ab. Eckehard: »Er ist überzüchtet.«

***

Am Nachmittag mit Alexander Dubrowski nach Schildhorn an die Havel. Rudern auf dem Fluß. Alexander erzählt von seiner DDR-Vergangenheit. Vor sechs Jahren durfte er aus Ost-Berlin in den Westen übersiedeln. Er galt als Querulant. Nun hat er den Antrag auf Einsicht in die Stasi-Akten gestellt. »Ich bin gar nicht so sehr daran interessiert, wer mich denunziert hat. Ich bin eher gespannt, was sie alles aus meinem Leben festgehalten haben. Als ich einmal verhört wurde, konnte ich zufällig in einer Akte auf dem Tisch einige Zeilen lesen. Darin stand, daß ich als Achtjähriger bei einem Schulfest zwei Limonaden geklaut habe.«

***

Auf dem Boot. Ich spüre die Wirkung von AZT und DDC. Unruhe, Atemnot, Jucken der Haut. Durch den Socken hindurch rieb ich eine juckende Stelle am Fußknöchel. Am Abend stellte ich fest, daß sich die oberste Hautschicht abgelöst hat. Wenn die Stelle verheilt ist, bleibt ein dunkelbrauner Fleck, der nicht mehr verschwinden wird.

***

Auf dem Balkon, der Blick in den Himmel: Die Mauersegler fliegen so hoch, daß ich sie kaum erkennen kann. Ich verfolge ihren Flug. Schleifen, Pirouetten, Abstürze und Sichwiederfangen. Ein endlos geflochtenes Band. Die Dämmerung macht die Vögel unsichtbar.

***

Menschwerden ist eine Kunst.

Die Lebenszeit

Als Gott die Welt geschaffen hatte und allen Kreaturen ihre Lebenszeit bestimmen wollte, kam der Esel und fragte ›Herr, wie lange soll ich leben?‹ ›Dreißig Jahre‹, antwortete Gott, ›ist dir das recht?‹ ›Ach Herr‹, erwiderte der Esel, ›das ist eine lange Zeit. Bedenke mein mühseliges Dasein: von Morgen bis in die Nacht schwere Lasten tragen, Kornsäcke in die Mühle schleppen, damit andere das Brot essen, mit nichts als mit Schlägen und mit Fußtritten ermuntert und aufgefrischt zu werden! erlaß mir einen Teil der langen Zeit.‹ Da erbarmte sich Gott und schenkte ihm achtzehn Jahre. Der Esel ging getröstet weg und der Hund erschien. ›Wie lange willst du leben?‹ sprach Gott zu ihm, ›dem Esel sind dreißig Jahre zuviel, du aber wirst damit zufrieden sein.‹ ›Herr‹, antwortete der Hund, ›ist das dein Wille? bedenke, was ich laufen muß, das halten meine Füße so lange nicht aus; und habe ich erst die Stimme zum Bellen verloren und die Zähne zum Beißen, was bleibt mir übrig, als aus einer Ecke in die andere zu laufen und zu knurren?‹ Gott sah, daß er recht hatte und erließ ihm zwölf Jahre. Darauf kam der Affe. ›Du willst wohl gerne dreißig Jahre leben?‹ sprach der Herr zu ihm, ›du brauchst nicht zu arbeiten wie der Esel und der Hund und bist immer guter Dinge‹. ›Ach Herr‹, antwortete er, ›das sieht so aus, ist aber anders. Wenns Hirsebrei regnet, habe ich keinen Löffel. Ich soll immer lustige Streiche machen, Gesichter schneiden, damit die Leute lachen, und wenn sie mir einen Apfel reichen und ich beiße hinein, so ist er sauer. Wie oft steckt die Traurigkeit hinter dem Spaß! Dreißig Jahre halte ich das nicht aus.‹ Gott war gnädig und schenkte ihm zehn Jahre.
Endlich erschien der Mensch, war freudig, gesund und frisch und bat Gott, ihm seine Zeit zu bestimmen. ›Dreißig Jahre sollst du leben‹, sprach der Herr, ›ist dir das genug?‹ ›Welch eine kurze Zeit!‹ rief der Mensch, ›wenn ich mein Haus gebaut habe und das Feuer auf meinem eigenen Herde brennt: wenn ich Bäume gepflanzt habe, die blühen und Früchte tragen, und ich meines Lebens froh zu werden gedenke, so soll ich sterben! o Herr, verlängere meine Zeit.‹ ›Ich will dir die achtzehn Jahre des Esels zulegen‹, sagte Gott. ›Das ist nicht genug‹, erwiderte der Mensch. ›Du sollst auch die zwölf Jahre des Hundes haben.‹ ›Immer noch zu wenig.‹ ›Wohlan‹, sagte Gott, ›ich will dir noch die zehn Jahre des Affen geben, aber mehr erhältst du nicht.‹ Der Mensch ging fort, war aber nicht zufriedengestellt.
Also lebt der Mensch siebzig Jahr. Die ersten dreißig sind seine menschlichen Jahre, die gehen schnell dahin; da ist er gesund, heiter, arbeitet mit Lust und freut sich seines Daseins. Hierauf folgen die achtzehn Jahre des Esels, da wird ihm eine Last nach der andern aufgelegt: er muß das Korn tragen, das andere nährt, und Schläge und Tritte sind der Lohn seiner treuen Dienste. Dann kommen die zwölf Jahre des Hundes, da liegt er in den Ecken, knurrt und hat keine Zähne mehr zum Beißen. Und wenn diese Zeit vorüber ist, so machen die zehn Jahre des Affen den Beschluß. Da ist der Mensch schwachköpfig und närrisch, treibt alberne Dinge und wird ein Spott der Kinder.

Brüder Grimm

TEIL ZWEI

Freitag, 10. Juli: Regen

Auf dem Renée-Sintenis-Platz in Friedenau steht ein kleines Bronzefüllen der Bildhauerin. Immer wenn ich vorbeigehe, haben Kinder dem Pferdchen frisches Gras zum Fressen hingelegt.

***

»Die Deutschen sterben aus.« Obwohl die Geburtenrate steigt, ist sie immer noch niedriger als die Zahl der Todesfälle. Natürlich hängt dies mit »egoistischen, materiellen Interessen« zusammen. Doch zugleich ist es eine Abstimmung mit dem Körper über den Wert dieser Gesellschaft: Man will sie neuem Leben in der Zukunft nicht zumuten.

***

Im Fastfood-Restaurant »Burger King«: elegant gerahmte Reproduktionen von Feininger, Marc, Braque und Jawlensky.

***

Gegengedanke: Das Leben ist nicht anderswo.

***

Hannes Böhringer in »Zitty«: »Die Wiederentdeckung der philosophischen Lebenskunst hat uns wieder daran erinnert, daß die Philosophie früher nicht nur Wissenschaft, Erkenntnis, Theorie war, sondern zugleich auch Befreiung von der Herrschaft der Begierden, von Verängstigung, Niedergedrücktheit usw. sein sollte. Lebenskunst ist, wenn es sie gibt, die Kunst, das Nichtkönnen zu handhaben, die Kunst des Indirekten, die Philosophie, die in ihrem Scheitern glückt.«

***

Am Abend die »Body Electric Gruppe«. Zwölf Teilnehmer. Mittlerweile sind wir gut aufeinander eingespielt. Das Atmen stimuliert, die Tantra-Ölmassagen erregen. Dem »Big Draw« – dem »trockenen« Orgasmus des ganzen Körpers – folgt ein langes ruhiges Ausklingen. Jeder erlebt es anders. Doch gemeinsam ist allen ein Gefühl der Dankbarkeit.

* * *

Erotik kennt kein Geschlecht.

* * *

Die anale Lust hat nur indirekt etwas mit Homosexualität zu tun. Sie ist eine universale Erfahrung. Ein Element der Physiologie und Psychologie des Körpers. Daß die meisten Männer sie nicht zu erleben wagen, hängt mit kulturellen Tabus zusammen. Die anale Lust überschreitet die Fixierung auf die genitale Erotik. Sie löst – partiell – die Trennung der Geschlechter auf, schafft ein Erfahrungsmoment jenseits von »Mann« und »Frau«. Damit irritiert sie die Machtstrukturen der patriarchalischen Gesellschaft. Die Herrschaft des Mannes resultiert demnach auch aus einer – im eigenen Körper, in der eigenen Psyche – verankerten Form der Selbstunterdrückung. Machtgewinn durch Selbstverleugnung.

* * *

Bei Beate Uhse gibt es: »Po-Stöpsel für Sie und Ihn«.

....

Samstag, 11. Juli: Ein trüber Tag

Kämpfe in Bosnien gehen unvermindert weiter.

* * *

Besuch der Ausstellung der Berlinischen Galerie im Martin-Gropius-Bau. Unfaßbar, wieviel zweitklassige Kunst hier versammelt ist. Das liegt nicht nur an den Auswahlkriterien des Direktors Jörn Merkert. West-Berlin war in den letzten vierzig Jahren Provinz. Eingeschlossen und um sich selbst kreisend. Die inzestuöse Situation förderte die Nabelschau. Von internationalen Diskussionen hielten sich die Künstler weitgehend fern. Potenziert wird der Provinzialismus in der Sammlung durch Künstler aus dem Osten. Expressives Gestammel, »Blut, Schweiß und Tränen«, heftiges Gemale und Gebastle. Doch der Ausdruckszwang ist Pose, Klischee eines Klischees. – (Ex oriente nix.)

* * *

Auch die Ausstellung mit aktueller Fotografie aus Berlin – »Fotolabor« – enttäuscht. Die kreativen Einfälle bleiben meist Kunsthandwerk. In der Fotografie addieren sich zwei Dilemmas: die Mechanik der technischen Abbildung und der Versuch der Künstler, diese Mechanik zu unterlaufen. Aparte Bildausschnitte, technische Manipulationen, serielle Bildfolgen: all dies wird eingesetzt, um der Unerbittlichkeit der Kamera zu entkommen. Fotografie als Kunst hat oft einen Hang zur Dummheit. Je »künstlerischer« sie zu sein versucht, desto mehr entfernt sie sich von dem, was sie »als Kunst« zu zeigen vermag.

Die Erfindung der Fotografie entstammt dem Wunsch, »das Gesehene« in einem Bild festzuhalten. Der Aktivität des Sehens als Vorgang steht dabei von Anbeginn an der isolierte Moment gegenüber, der sich im Foto auf chemisch-physikalische Weise einschreibt. Daß diese Einschreibung auf den ersten Fotografien, die wir kennen, so schemenhaft und vage geschieht, wirkt wie ein Omen. Zum »Abbild« der Wirklichkeit werden diese Fotos nur durch erklärende Kommentare. Wort und Bild existieren nebeneinander. Die rasante technische Entwicklung der Fotografie macht diese Kommentare jedoch schon bald überflüssig. Die »Abbildqualität« rückt in den Vordergrund. Sie wird zwar nicht für Wirklichkeit gehalten, doch funktioniert sie als authentischer Spiegel. Dieser Glaube ans Bild als Abbild löst sich erst heute auf breiter Front auf. In der Gegenwart wird jede Fotografie als eine spezifische Form der Wirklichkeitsinterpretation gesehen, die das Momentane eines festgehaltenen Augenblicks mit der Komplexität der Entscheidung für diesen Augenblick verbindet. Forciert wird diese Einschätzung vor allem durch die Nutzung der Fotografie in den Massenmedien und der durch sie erzeugten kontextuellen Bedeutungen. Das Foto von der Erschießung eines mutmaßlichen Vietcongs wurde 1968 noch als ein Dokument für die inhumane Realität des Vietnamkrieges gesehen. Heute wird es vor allem unter Massenmedien-Gesichtspunkten interpretiert. Der Todesschuß fand für den »Kameraschuß« statt. Das Fotografieren erzeugte selbst eine inhumane Wirklichkeit.

Jedes einzelne Foto stellt die Fragen »warum dies« und »warum so«. Ausgeblendet ist jedoch weitgehend die Frage »warum überhaupt«. Die Fotografie ist als Interpretation von Wirklichkeit selbst zu einem Element der Wirklichkeit geworden, das nicht mehr wegzudenken ist. Dies Moment des Tatsächlichen läßt sich verbinden mit dem Aspekt des Faktischen, der durch das Foto als »Einschreibung« eines Sichtbaren repräsentiert wird. Denn neben der Deutbarkeit des Fotos, dem Nachspüren seines interpretierenden Daseinsgrundes, gibt es einen stummen Rest, der sich als Vergewisserung des Tatsächlichen der Welt bezeichnen läßt. Das technisch produzierte Bild steht ein für eine menschliche Sehnsucht, die Welt durch einen gleichsam unschuldigen Blick wahrzunehmen, der sie nicht deutet oder einpaßt in menschliche Erfahrung. Das hat etwas zu tun mit dem »Bannen der Wirklichkeit«, mit dem, was Wittgenstein anspricht, wenn er formuliert »Nicht wie die Welt ist, ist das Mystische, sondern daß die Welt ist.«

Reflexionen über die Fotografie müssen diesen Doppelaspekt im Blick haben: Das Foto partizipiert an der Idee eines »reinen Blicks« und es ist als Form einer Entscheidung zugleich immer eine Interpretation. Hieraus ergeben sich die Widersprüche und Konflikte, die vor allem durch die massenmediale Verbreitung der Fotografie potenziert werden. Die Flut der Fotos im optischen Zeitalter wertet Bilder gegenüber der Sprache, dem Text, auf. Zugleich werden sie immer unbedeutender und gleichgültiger. Je mehr Fotos wir kennen, desto deutlicher verlagert sich deren Wahrnehmung auf eine Meta-Ebene, die ihre Interpretationen, ihr Gemachtes, ihre Funktion ins Zentrum rückt.

* * *

Eine Lieblingsformel von mir zur Zeit: Das Unheil beginnt nicht damit, daß jemand Keilrahmen, Leinwand und Farbe kauft, das Unheil beginnt damit, daß sich jemand Künstler nennt.

* * *

In der Öde des Potsdamer Platzes ist ein großes Areal als mittelalterliche Budenstadt aufgebaut worden. 320 Mitwirkende spielen hier »Handwerker, Hexen, Pestkranke, Gaukler, Ritter und Volk«. Ein Spektakel für die ganze Familie. Doch abends ab 20 Uhr – so das Plakat am Eingang – ist der Eintritt für Jugendliche unter zwölf Jahren nicht erlaubt. Dann gibt es die »Badestube« zum Mitmachen.

* * *

An einer anderen Stelle des Platzes: »Bungee Jump«. Der Sturz am dicken Gummiseil aus 60 Meter Höhe. Wenn die Mutigen sich herunterstürzen, erlebt man beim Zuschauen den freien Fall im eigenen Körper. – (Goethe: »Nicht das Auge sieht, sondern der ganze Mensch.«)

* * *

Im Tiergarten. Gespräche mit Eckehard. Oft fällt es ihm schwer, mich zu verstehen. Er ist nicht »positiv«. Wir haben uns darauf geeinigt, nicht zu häufig über »meine Situation« zu reden. Doch daß mein »Positivsein« zur Folie für all meine Erfahrungen geworden ist, vergißt er manchmal.

* * *

»Mit der Krankheit leben« heißt: mit der Krankheit »denken«. Das Zusammenspiel von Körper, Geist, Seele sehen wir meist als eine zu vernachlässigende Beziehung. In wissenschaftlichen Diskursen etwa spielt sie kaum eine Rolle. Sie sehen den Menschen als eine »Standardpersönlichkeit«. Auch in der Alltagskommunikation, im Journalismus, in der Kunstkritik gibt es den Wunsch nach Norm. Krankheit ist ein Negativum. Daß sie die Erfahrungen auszuweiten vermag, daß sie zu neuen Dimensionen des Denkens führen, daß sie ein »Mehr« sein kann, wird kaum als Gewinn wahrgenommen. Doch genau darum geht es: Ein Denken, das sich der Krankheit anvertraut, besitzt die

Chance, das »Gesunde« als Konstrukt zu zeigen. Es wird zu einer unter vielen Möglichkeiten. Hinter der Favorisierung des »gesunden Diskurses« steht nichts anderes als die Angst. Die Angst vor einer Konfrontation mit dem anderen, vor dem Disparaten, den Widersprüchen und Brüchen, die den Menschen ausmachen. Die Angst vor dem Tod.

***

Am Abend Musik von Giacinto Scelsi: Aion, Pfhat, Konx-Om-Pax.

....

Sonntag, 12. Juli: Sonne und Wolken

Mit dem Boot von Glienicke nach Sacrow. Blick von der Heilandskirche aufs »preußische Arkadien«. Prinz Karl von Preußen erfüllte sich hier seinen Traum vom irdischen Paradies. Eine Welt der Schönheit, weit weg vom Moloch Berlin.

***

Wanderung nach Krampnitz entlang der Havel. Das Sonnenlicht fällt durch die hohen Bäume. »Deutscher Wald!« sage ich. Darauf Eckehard: »Stimmt nicht. Hier wachsen nur Rubinien und kanadische Wildkirschen.«

***

In Krampnitz sind die russischen Kasernen weitgehend geräumt. Die Gebäude sind verwahrlost. Vor einem Jahr gab es hier noch Scharen von russischen Soldaten. »Lederkerle« aus Berlin warteten am Straßenrand mit ihren Motorrädern auf die Männer in Uniform. Ein »Quickie« war leicht zu haben.

***

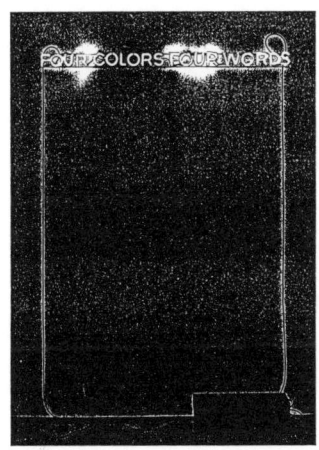

In Spandau eine Frau mit einer Einkaufstasche. Darauf die Aufschrift: »Big Brown Shopping Bag«. – Ende der Konzeptkunst, die die Tautologie liebte. – Joseph Kosuth: »Kunst ist die Definition von Kunst.«

***

Die Konzeptkunst – Mitte der 60er Jahre als Opposition gegen die Bilderseligkeit des Abstrakten Expressionismus und der Pop Art entstanden – greift vor allem Ideen Marcel Duchamps auf. Er forderte schon um 1920 die Abkehr von der »retinalen Kunst« und die Hinwendung zu einer »mentalen Kunst«. Nicht was sich im Auge des Betrachters beim Anblick des Kunstwerks abspielt, ist wichtig, sondern was im Gehirn als Denkprozeß stattfindet. Doch was sich bei Duchamp vor allem in einzelnen Werken manifestierte, wurde in der Konzeptkunst bald zum Stil. Heute wirkt sie erschöpft.

* * *

Das Erbe Duchamps: Jeder Einfall gilt schon als Idee.

* * *

Berlin: Gründung des »Komitees für Gerechtigkeit«.

* * *

Am Abend Einladung zu Familie L'age. Seit drei Jahren ist nun Manfred L'age mein Arzt. Nähe hat sich entwickelt, freundschaftlicher Umgang. Gespräche über Kunst und Medizin auf der Terrasse. Frau L'age-Stehr forscht auf dem Gebiet der Immunologie. Britische Kollegen von ihr erzählten von Neuentdeckungen und Niederlagen. Auch Norman Rosenthal war da. Gut, von ihm zu hören, wie Derek Jarman mit Aids lebt.

* * *

Derek Jarman. Sein Tagebuch »Modern Nature« hat mir Hans vor vierzehn Tagen geschenkt. Ich habe nur darin geblättert. Ich lese nur selten Texte und Bücher zum Thema Aids. »Ich bin nicht meine Krankheit«, sage ich mir. Und: »Was mich an meinem eigenen Schreiben jetzt reizt, ist die Aufzeichnung meiner Erfahrung, das Spiel, das mein Gehirn im Wahrnehmen, Erinnern, Denken spielt.«

....

Montag, 13. Juli: Grauer Himmel

Postkommunismus. Nach dem Zerfall der Regime im Osten mimt der Westen nun das große Vergessen. Doch die Probleme, die zum Kommunismus führten, sind nicht gelöst.

* * *

Bild-Zeitung: »Schönster TV-Star gestorben: Amadeus August – Aids?«

* * *

»Wenn die Welt krank ist, leben die Kranken in der Wahrheit.« – Ein Trostklischee für Logiker.

* * *

In der U-Bahn. Türken, Pakistani, Schwarze aus Südafrika, Koreaner, Polen, Vietnamesen, Deutsche. Das Durcheinander stimmt mich immer heiter.

* * *

Kreuzberg. Besuch im Studio der Künstlerin Maria Eichhorn. Es liegt in der Remise hinter einem Wohnhaus. Auf dem Hof hat sich eine ältere Türkin in bunter Kleidung auf einem Teppich niedergelassen. Sie zupft frischgeschorene Schafwolle. Ein kleiner Junge massiert ihr den Rücken.

* * *

Maria Eichhorn zeigt mir ihre Arbeiten. Sie haben viel mit den Themen »Aufmerksamkeit« und »Verschwinden« zu tun. Ich werde einen Text für sie schreiben.

* * *

Gegengedanke: Kunst bleibt nicht Kunst.

* * *

Junge Türken. Ich mag ihre markanten Gesichter und den lebhaften, suchenden Blick.

* * *

Am Abend ein Essen des kanadischen Künstlers Alan Belcher, veranstaltet von der Galerie »Lukas & Hoffmann«. Gerichte und Drinks, multikulturell: Russisch, Türkisch, Thai, Griechisch, Japanisch, Deutsch. Zum Abschluß »Marlboro und Marihuana«. – Das Tatar esse ich nicht. »Positive« sollen kein rohes Fleisch essen. Gefahr von Toxoplasmose-Viren.

* * *

Gespräche mit Carsten Höller. Er ist »Naturwissenschaftler und Künstler«. Sein Spezialgebiet: »Die Kommunikation der Insekten«. Seine Experimente mit Duftstoffen will er jetzt auf den Menschen übertragen. »Männer und Frauen produzieren Duftstoffe, die sie unwiderstehlich anziehen.« – Ein weiteres seiner Lieblingsthemen: die Evolution. »Vieles können wir mittlerweile plausibel erklären. Nur mit der Homosexualität haben wir Probleme.«

Dienstag, 14. Juli: Regen

Jeff rief an. Sein Freund Christian Borngräber ist ins Auguste-Viktoria-Krankenhaus eingeliefert worden. »Es geht wohl zu Ende mit ihm.« Christian möchte, daß ich ihn besuche. – Vor zwei Jahren erfuhr ich, daß Christian »positiv« ist. Wir trafen uns in einer »Support-Gruppe«. »Ich habe Aids«, sagte Christian damals. Es berührte mich sehr. »Ja, ich habe Aids!« betonte er mit Vehemenz. Ich spürte, daß es für ihn wichtig war, sich mit seiner Krankheit zu identifizieren, sie nicht wegzuleugnen. Christian: »Positivsein schafft eine neue Identität.«

Mittwoch, 15. Juli: Bedeckter Himmel

Meldung im Tagesspiegel: »Der Tänzer und Choreograph Gerhard Bohner ist am Montag in Berlin im Alter von 56 Jahren an Aids gestorben.« – Am 1. Dezember letzten Jahres, dem Welt-Aids-Tag, traf ich Bohner auf der Straße vor dem Ost-Berliner Kongreßzentrum. »Gehen Sie auch zur Aids-Konferenz?« Seine Antwort: »Ja, leider.«

* * *

Besuch bei Christian im AVK. Als ich sein Zimmer betrete, schaut er mich mit großen suchenden Augen an. Sein Gesicht ist eingefallen. Er sieht aus wie ein alter Mann. Bei der Begrüßung versucht er zu lächeln. Doch es gelingt ihm nicht. Das Lächeln geht über in den Schmerz. Sein Kopf sinkt zurück aufs Kissen. Die Augen fallen zu. Schweres Atmen. Ich massiere sanft seine Füße und Hände. Der Atem wird ruhiger. Lange sitze ich neben seinem Bett. Wir sprechen nur wenige Sätze. Ich halte seine Hand. Immer wieder verkrampft sich sein ausgemergelter Körper im Schmerz. »Da muß ich durch«, sagt er. »Heute geht es mir schon besser als noch vor wenigen Tagen. Die Zytomegalie werden sie in den Griff bekommen.« – Beim Abschied sagt er: »Besuch mich übermorgen wieder.«

* * *

Memo: Vor hundert Jahren wurde Walter Benjamin geboren.

* * *

Es gibt ein Bild von Klee, das Angelus Novus *heißt. (...) Der Engel der Geschichte muß so aussehen. Er hat das Antlitz der Vergangenheit zugewendet. Wo eine Kette von Begebenheiten vor uns erscheint, da sieht er eine einzige Katastrophe, die*

unablässig Trümmer auf Trümmer häuft und sie ihm vor die Füße schleudert. Er möchte wohl verweilen, die Toten wecken und das Zerschlagene zusammenfügen. Aber ein Sturm weht vom Paradiese her, der sich in seinen Flügeln verfangen hat und so stark ist, daß der Engel sie nicht mehr schließen kann. Dieser Sturm treibt ihn unaufhaltsam in die Zukunft, der er den Rücken kehrt, während der Trümmerhaufen vor ihm zum Himmel wächst. Das, was wir den Fortschritt nennen, ist dieser Sturm. – Walter Benjamin

* * *

Eröffnung des »XXVIII. Internationalen Kongresses für Kunstgeschichte« im ICC. Über 3000 Teilnehmer. Viele Bekannte. Bei der Eröffnungsfeier ein faszinierendes Erlebnis: über dem Rednerpult hing eine riesige Videoleinwand, auf die die Sprecher projiziert wurden. Der Blick richtete sich nur auf dieses Bild. Die Realität der winzigen Person auf der Bühne war bald vergessen.

* * *

Das TaiChi Chuan wollte heute nicht gelingen. Der Körper vergaß die Abfolge der Bewegungen.

....

Donnerstag, 16. Juli: Sonnenschein und Regenschauer

«*Wu-wei*», *wörtlich* »*ohne Tun*«, *ist einer der beliebtesten Termini sämtlicher taoistischer Schriften. Die Anhänger solcher Thesen dürften von Anfang her ein weltflüchtiges Dasein mit meditativen, sexuellen und Atem-Praktiken geführt haben. – (Vgl. auch das 10. Kapitel im Tao-Te-King)*

* * *

Kunsthistorikerkongreß. Vorträge von Birgit Pelzer, Serge Guilbaud, Franz-Joachim Verspohl, Benjamin H. D. Buchloh: entbehrlich.

* * *

Decorative intellectualism. Vieles in der aktuellen Kunst und Kunsttheorie besitzt Züge einer »dekorativen Intellektualität«. Aparte Ideen kreieren eine Insider-Welt, die wenig zu tun hat mit dem, was gelebt wird.

* * *

Parallel zum Boom des Kunstmarkts hat sich seit den 80er Jahren eine boomende Theorieszene entwickelt. Sie schmiegt sich eng an den Kunstbetrieb an. Sie sucht die Nähe zur Macht und zum »großen Geld«. Früher hat mich dies fasziniert. Jetzt beobachte ich es aus der Ferne. »Der Faden ist gerissen.« Autistisch und inzestuös kreisen die Theorien in dieser Szene durch die Hirne. Man greift sie auf, legt sie ab, schafft Denkgebote und Denkverbote, eine »im Munde hergestellte Welt«. Wie Markenartikelnamen auf T-Shirts werden die Ideen von Foucault, Lacan, Baudrillard, von Luhmann, Mandelbrot, Hawking vorgeführt. Lernt man die »Diskursteilnehmer« kennen, fällt auf, daß sie das Wort »Ich« meiden wie der Teufel das Weihwasser. Oft habe ich den Eindruck: Hinter den großen, dekorativ vorgeführten Theorien verbergen sich ganz kleine, erschreckend normierte und angepaßte Personen.

***

»Persona« kommt von »personare = durchtönen«. Ursprünglich war es die Bezeichnung der Maske im antiken Theater.

***

»PostHuman«. Konjunktur haben gegenwärtig Begriffe wie »Virtuelle Welten, Endophysik, Dekonstruktion, Simulation, das Posthumane«. Dahinter steht die richtige Beobachtung des Weges der westlichen Zivilisation in die »Künstlichkeit«. Irritierend ist nur, daß die meisten Propagandisten dieser Begriffe, die das »Humanum« abschaffen wollen, noch nicht einmal in Ansätzen zu leben wagen, was sie »als Mensch« sein könnten.

***

Theorie. Leben. Einfaches Schreiben. Mit dem Körper denken.

***

If you can't stand the heat, get out of the kitchen.

***

Im ICC. Über den Sitzgruppen im Foyer ist eine rhythmisch leuchtende Neonskulptur angebracht. Sie läßt die Gesichter der Sitzenden rot, weiß, blau erscheinen. Jede Farbe suggeriert einen anderen Gemütszustand.

***

Bundeswehr nimmt an Adria-Einsatz teil.

***

Erinnerung an den Rückflug mit Christian von New York nach Berlin im Jahre 1987. Damals hatte die Lufthansa ihr neues

Geschirr bekommen. Christian, ein leidenschaftlicher Design-Sammler, schaffte es, den kompletten Satz – »First Class«, »Business Class«, »Tourist Class« – als Geschenk zu erhalten.

***

Zusammenbruch. Am Abend – nach vier Stunden Lauferei durch die City, Vorbereitung für eine Galerieführung am Samstag mit Kunsthistorikern – war ich so erschöpft, daß ich mich nicht mehr auf den Beinen halten konnte. Diese Zusammenbrüche erlebe ich zum Glück nur selten. Sie sind fast wie eine Ohnmacht. Die Lebenskraft schwindet. Das Denken wird stumpf. Das Sehen leer. – Ich gerate nicht in Panik.

....

Freitag, 17. 7. 92: Wieder Hitze

Heute vor einem Jahr starb mein Freund Wolfram N. Schon am Morgen ging ich zum Friedhof und stellte einen großen Strauß Margeriten auf sein Grab. Tränen. Wolfram hatte vor seinem Tod mit niemandem über das Sterben gesprochen. Auch nicht mit seiner Mutter. Er weigerte sich, seinen Tod anzunehmen.

***

Was ich schon seit meiner Kindheit tue: am Grab mit den Toten sprechen.

***

Auch ich möchte auf dem Stubenrauch-Friedhof beerdigt werden. Doch das kann man in Berlin nicht im voraus regeln.

***

Herr! schicke was Du willt, ein Liebes oder Leides; ich bin vergnügt, daß beides aus Deinen Händen quillt.

***

Stockholm: Umweltsanierung kostet 1,87 Billionen Dollar.

***

Eckehard bereitet seine Predigt für Sonntag vor. Prediger Salomo, Kapitel 3, 1 bis 13: »Alles hat seine Zeit ... « Er zeigt mir den Text. An dessen zweiten Teil erinnerte ich mich nicht. Darin: »Ein Mensch, der da ißt und trinkt und hat guten Mut bei all seinem Mühen, das ist eine Gabe Gottes.«

***

ANYP: Als Reaktion auf die Dominanz der Malerei in den 80er Jahren und als Folge der ökonomischen Schwächung des Kunstmarkts zeigt die Kunstszene nun eine »Re-Intellektualisierung«. Künstler, Kritiker, Philosophen verbinden Kunst und Theorie. Die Zeitschrift »Anyp«, herausgegeben vom »Minimal Club«, ist dafür ein gutes Beispiel. Ästhetik und Politik, Semiologie und Alltagskultur – die Kunstszene als Fokus für Diskussionen, die über Kunst hinausgehen. Dem Verschwinden der Kunst entspricht die Aufwertung ihrer Bezugsfelder.

* * *

Am Abend zu Christian ins Krankenhaus. Ich brachte ihm Pellkartoffeln, Quark und Leinöl. Er hatte es sich gewünscht. Doch mehr als zwei Bissen konnte er nicht essen. Von Tag zu Tag wird er schwächer. Ich sehe dies seltsam unberührt. Wieder reden wir kaum miteinander. Unsere Nähe ist in unseren Blicken. Christians Schmerzen sind fast verschwunden. Doch er ist nur noch ein Schatten seiner selbst. »Ich bekomme sehr starke Medikamente«, erklärt er mir. »Ich bin immer ein bißchen ›high‹.«

* * *

Auf dem Gang treffe ich Christians Mutter. Sie ist sehr gefaßt. Sie hofft, daß Christian noch einmal in seine Wohnung zurückkehren kann. »Er wünscht es sich so sehr.«

....

Samstag, 18. Juli: Wieder ein Sommertag

Schwarzarbeit in Berlin: Polizei rechnet mit 100 000 illegal Beschäftigten.

* * *

Für den Kunsthistorikerkongreß machte ich eine Führung durch Berliner Galerien. Vierzehn Teilnehmer – dreizehn Frauen, ein Mann. Ich zeigte eine Typologie der Szene: Springer, Pels-Leusden, Fahnemann, Mösch, Bilderdienst, Dreher, Zellermayer. Und zum Schluß den »Artstore«, den Nikolaus Sonne in einem S-Bahn-Bogen eröffnet hat. Hier gibt es Beuys-Postkarten, Polke-T-Shirts, Keith Haring-Buttons, Jenny Holzer-Mützen, Joseph Kosuth-Eßgeschirre und ein riesiges Sortiment von Plakaten.

* * *

»Die Logik der Moderne: Jedes Kunstwerk endet als Poster.«

* * *

Vor der Pizzeria am Savignyplatz spielten fünf abgehärmte Zigeuner Musik. Puszta-Weisen und »Laras Thema«. Es gibt Klänge, die mich sentimental stimmen. Weil ich ahne, wie nah sie »am Leben« sind.

* * *

Anruf bei Klaus. Nächste Woche werde ich mit ihm in einen »Tekkno-Schuppen« gehen: »›Forschung vor Ort‹ für dein Projekt ›Raum und Zeit in der Disco‹.«

* * *

Nachts in den Tiergarten. Es ist stockfinster. Bis ich die »Cruising-Area« gefunden habe, vergeht einige Zeit. In einem Waldstück eine Gruppe von Männern. Einer beugt sich – nackt – vor, hält sich an einem Lederkerl fest. Ein anderer steht hinter ihm und befriedigt ihn mit seiner Faust. Die extreme Situation ist wie ein Ritual. Stille. Nur die tiefen, vibrierenden Atemzüge des »Gefisteten« sind zu hören.

....

Sonntag, 19. Juli: Es wird heiß werden.

Um sechs Uhr bin ich aufgestanden. »Senile Bettflucht« nennt dies Eckehard.

* * *

Auf dem Balkon. Kühle Luft. Es ist still in unserer Straße. Vogelgezwitscher. Ich liebe diese Stimmung am frühen Morgen. Sie ist wie eine Verheißung.

* * *

Längster Stau dieses Jahres 100 Kilometer lang.

* * *

Psychologen haben festgestellt, daß es eine »Lust am Stau« gibt. Sein Durchleiden gehört zum Urlaub.

* * *

Freddy rief an. Bernd – ein junger, »positiver« Mann aus dem »Healing Circle« – liegt schwerkrank im Klinikum. »Es wird wohl nichts mehr werden.« – Wie oft ich diesen Satz in den letzten Jahren gehört habe. Aids ist eine Krankheit ohne Hoffnung. Die Gefühle stellen sich darauf ein. Das einzige, was man wünschen kann, ist ein nicht zu schreckliches Sterben.

* * *

Bernd möchte gerne in die anthroposophische Klinik in Herdecke. Ich gebe Freddy die Telefonnummer meines Arztes Dr. Girke.

....

Montag, 20. Juli: Schon am frühen Morgen Hitze

In Amsterdam hat der Welt-Aids-Kongreß mit 9000 Experten begonnen. Es werden auf dem Treffen kontroverse Strategiediskussionen erwartet. Am Sonntag wurde bekannt, daß in den USA elf Menschen an Aids erkrankt sind, obwohl ihre Tests negativ verlaufen waren. Forscher vermuten, daß es ein drittes, bisher unbekanntes Aids-Virus gibt.

***

Im Jahre 2000 rechnen die Forscher mit 110 Millionen Aids-Infizierten weltweit. Da weder ein Impfstoff noch Medikamente zur Heilung von Aids in Sicht sind, sehen Experten in Information und Aufklärung der Bevölkerung zunächst noch die schärfsten Waffen und fordern deshalb mehr Mittel für entsprechende Kampagnen.

***

Ausflug mit Eckehard. Eine Schiffahrt über die Havel und die Berliner Seen. Sechs Stunden waren wir auf dem Wasser. Strahlende Sonne. Die Luft etwas diesig. Die Havellandschaft hat ihren eigenen Reiz. Schilfgürtel am Fluß. Weite grüne Felder. Sanfte Hügel. Hochaufragende Baumgruppen. Stille.

***

Beim Blick ins Wasser: Nicht das Schiff fährt, der Fluß fließt.

***

Zufälle: Ein großer Hund kommt auf mich zu. Ich denke mir einen Namen für ihn aus und sage: »Fritze, komm her!« – »Fritz, komm zurück«, ruft die Besitzerin. – Gestern, im Gespräch mit einer Studentin, bemerke ich, daß sie nicht aus Berlin ist. »Sie kommen aus Freiburg.« »Nein«, antwortet sie, »aber ich habe dort in den letzten drei Jahren gewohnt. Eigentlich bin ich aus Münster.« – Vor vierzehn Tagen traf ich einen jungen Mann. Er erzählte mir, daß er aus dem Sauerland stamme. »Aus Laasphe«, sagte ich. »Stimmt, doch woher wissen Sie das?« – Solch »Gedankenlesen« ist mir schon öfter passiert. Es ist so irritierend, daß ich zusammenzucke.

***

Erinnerung: Als ich einmal nach dem Rückflug von New York in der Ankunftshalle des Frankfurter Flughafens saß, dachte ich darüber nach, was ich in New York alles unternommen habe. »John Cage wolltest du besuchen. Doch das hast du nicht getan.« Dösend blickte ich in die Halle. Ein älterer Mann in einer Jeansjacke schob eine Kofferkarre an mir vorbei: John Cage. »Gerade habe ich an Sie gedacht.« – »That's great«, antwortete Cage.

John Cage: Autonomie der Kunst und Ganzheit des Lebens. Für John Cage sind nicht nur die Übergänge zwischen Musik, Literatur, bildender Kunst fließend, sondern auch Kunst und Leben sind für ihn – vermittelt durchs Weltbild des »I Ging« – ein sich durchdringender Prozeß. Wandel, Veränderung als Prinzip, Auflösung des tradierten Subjektbegriffs. Schaffung einer neuen Gesellschaft auf den Grundlagen eines Anarchismus, dies sind für Cage die Leitlinien seines ästhetischen wie sozialen Verhaltens. Beeinflußt von der Zen-Philosophie sucht er die »Große Befreiung«, die nicht nur jedem einzelnen Menschen, sondern auch der Gesellschaft, der Natur, dem Klang, den Sinnen zukommen soll. Um sich von den Vor-Urteilen der Individualität zu befreien, fügt er in seine Werke – gleichgültig ob Musik, Text oder Grafik – die Momente des Zufalls und der Unbestimmtheit ein. So entstanden etwa die Zeichnungen seiner »Ryoanji-Serie« nach einem zuvor festgelegten Prinzip. Ausgehend von den 15 Steinen des berühmten japanischen »Ryoanji-Steingartens« in Kyoto plazierte er aufgrund einer durchs »I Ging« ermittelten Zufallsverteilung blindgezeichnete Steinformen auf die Papierfläche. Auch die verwendete Bleistiftstärke (von 6 B bis 9 H) und deren zu benutzende Anzahl wurde durch eine Zufallsoperation ermittelt. Durchs Individuum geschaffen, entfernt sich das Werk von der Individualität. Kreativität als Selbstausdruck im traditionellen Sinne wird umgedeutet in eine unpersönliche/überpersönliche Haltung. Das Werk gewinnt im Zwischenraum zwischen Person und erfahrener Wirklichkeit zugleich Eigenständigkeit und Vermittlerfunktion. Seine Bedeutung jedoch ist letztlich nur zu begreifen, wenn sich der Blick aufs Gesamtwerk von Cage – Werk und Leben – richtet. Denn dann wird erkennbar, daß hinter einer Kunst, die in den verschiedensten Formen um das Thema ihrer Selbstbezogenheit kreist, nicht die Erstarrung eines Formalismus stehen muß, sondern die Chance zur Befreiung ihrer je eigenen Aussagemöglichkeiten. Hieraus die Konsequenz zu ziehen, fordert Cage, wenn er sagt: »Wir müssen die Kunst so gebrauchen, daß sie unser Leben ändert – unserem Leben nützt.«

***

Jeff rief an. Christian geht es wieder schlechter. »Er kann kaum noch etwas zu sich nehmen. Und die Hitze ist eine Qual.«

***

Nachts blüht auf dem Balkon die Mirabilis auf. Ein frischer, süßer, würziger Duft.

***

Bülowstraße: in den Schaufenstern einer »Sexshop-Videoshow« Reproduktionen von Renoir, Degas, Rubens und von Picasso »Les Demoiselles d'Avignon«.

* * *

Im Fernsehen MTV-Videoclips. Die Schnittfolge der Bilder ist oft so rasant, daß das Sehen zum Starren wird. Einordnendes Denken wird unmöglich. Eine Kultur des absoluten »Hier und Jetzt«. Totale Manipulation. Dahinter der Wunsch des Betrachters, sich selbst zu vergessen und leer zu werden. Die Unterhaltungsindustrie zeigt ein großes Thema unserer Zeit: »Erfüllte Gegenwart«. Die westliche Zivilisation lebte vor allem in der Vergangenheit oder in der Zukunft: »Noch nicht« und »Nicht mehr«. Die Würde des Augenblicks war ihr fremd.

* * *

Im Fernsehen zum 20. Juli: »Stärker als die Angst. Frauen im Widerstand gegen Hitler«. Eine Frau erzählte, wie sie im KZ mit ansehen mußte, daß SS-Männer Babies zu Tode trampelten. Scham war in ihrer Stimme. Scham darüber, daß »der Mensch« zu so etwas fähig ist.

* * *

Gegengedanke: Ich ist nicht ein anderer.

....

Dienstag, 21. Juli: Hundstage

Heute wird es einen Hitzerekord geben.

* * *

Heinrich Lummer fordert Aids-Zwangstest für männliche Singles in Großstädten.

* * *

Gestern ging der Kunsthistorikerkongreß zu Ende. Frank G. Kurzhals im Tagesspiegel: »Weltkongresse sind wie Weltausstellungen. Sie haben sich überlebt, zehren von der Euphorie ihrer längst vergangenen Hoffnungen. Es gibt keine unbekannte (Wissenschafts-)Ecke mehr, über die noch berichtet werden müßte, alles ist bereits im Rampenlicht. Keine Theorie, die nicht schon in einer Flut von Aufsätzen nachzulesen wäre.«

* * *

Seit über einer Stunde krabbelt eine kleine Spinne über den Bildschirm meines Computers.

***

Gluthitze in den Straßen. Stechend klare Sicht. New York 1983. Damals stand ich zum erstenmal am Sterbebett eines Aids-Kranken. Der Rockstar Klaus Nomi, den ich aus Berlin kannte, hatte nur noch wenige Tage zu leben. Bis aufs Skelett abgemagert, lag er auf einem Krankenhausbett in seiner Wohnung. Über ihm das schrille Portrait, das Kenny Scharf von ihm gemalt hatte. Klaus sehnte sich danach, zu seiner Mutter nach Deutschland zu fliegen. Wir sammelten Geld für ihn. Doch wir wußten, es war zu spät.

In Berlin spielte Klaus Nomi zu Beginn der siebziger Jahre die große Diva in der schwulen Subkultur. Travestie war angesagt, das groteske Spiel mit den Heldinnen der Opernbühne. Klaus Nomi führte sie als bizarre Wesen vor, üppig kostümiert, die Arien schrill verfremdend. Es war die Aufbruchzeit der Minderheiten, mit ausgelöst durch die rebellische Situation der Studentenproteste nach 1968. Der Film des Berliner Regisseurs Rosa von Praunheim »Nicht der Homosexuelle ist pervers, sondern die Situation, in der er lebt« hatte den Weg gewiesen. Das Beispiel des Kampfs gegen Unterdrückung, der Christopher Street Day 1969 in New York, bestärkte »die Bewegung«. Emanzipation paarte sich mit Lebensfreude. Eine farbenfrohe Subkultur feierte ihre Befreiung. Klaus Nomi ging nach New York, und im neuen Umfeld der künstlichen Paradiese der Diskotheken änderte er sein Image. Von der Diva verwandelte er sich zum »Spacekid«. Maske und futuristisches Kostüm machten ihn zum roboterähnlichen Neutrum. Sein Gesang – vom Baß bis zum Sopran reichend – begeisterte das Publikum. Er wurde zum Star der Insiderszene. Zwei Goldene Schallplatten für die Alben »Klaus Nomi« und »Encore!« zeigten, daß er es geschafft hatte. Was nur wenigen gelingt, hatte er erreicht: Als Ausländer war er zu einer Kultfigur in New York geworden. Seine Auftritte wurden zu Höhepunkten des ekstatischen Nachtlebens der Metropole.
In diese Welt brach Aids mit der Gewalt eines Naturereignisses. Der Schock war unvorstellbar. Verzweiflung breitete sich aus. Angst und Panik. Klaus Nomi war eines der ersten Opfer. 1983 erkrankte er an der heimtückischen Krankheit. Sein Leiden war schrecklich. Er verfiel rasch, konnte nicht mehr gehen, konnte kaum noch sprechen, unerträgliche Schmerzen begleiteten seinen Weg in den Tod.

***

Notiz zum Katalogtext für Maria Eichhorn: Kunst heute – nach den Phasen der Künstlerästhetik, der Werkästhetik – besitzt ihr Zentrum in der Rezeption. Was sie an Kommunikation über die Möglichkeit von Kunst in Gang setzt, bestimmt die Bedeutung. Der Ansprache des Rezipienten durch die Werke entspricht die Emanzipation des Betrachters. Nach der Überschätzung der bildenden Kunst – Charakteristikum der Moderne – entdeckt er die Verflechtung von »Kunst und Leben« neu. Es geht ihm nicht um Kunst, es geht um sein Leben.

***

An den Stadttoren des zerbombten Dubrovnik waren überall Schilder der UNESCO angebracht: »Kulturgut der Menschheit«.

***

Besuch bei Christian im AVK. Gestern fühlte er sich stark, stand auf, wollte zur Toilette gehen. Er stürzte, wurde ohnmächtig. Als man ihn fand, stellte man fest, daß er sich den Fußknöchel angebrochen hat. Nun liegt er mit einem Gipsverband im Bett. »Und das bei der Hitze!« stöhnt er und muß zugleich darüber schmerzverzerrt lachen.

***

»Zeit für ein Wunder ist jetzt.« Am Abend Kontroversen im »Healing Circle«. Ben berichtet, daß es Bernd sehr schlecht geht und daß man ihn nicht nach Herdecke bringen kann. »Er muß erst wieder den Willen entwickeln, stark zu werden.« Ich spüre, daß dies nicht der richtige Weg ist. Auch das Loslassen ist eine Form der Stärke.

***

Noch sechs Tage AZT und DDC.

....

Mittwoch, 22. 7. 92: Unwetter in der Nacht. Regen

Gestern abend ist Bernd gestorben. »Friedlich« – wie man uns sagte. Bernd war 32 Jahre alt. – »R.I.P.«

***

Ich beginne mit der dritten Serie »Iscador Quercus«.

***

In die Stadt. Das »Shopping-Paradies« in der Tauentzien macht mich nervös. Es fällt mir immer schwerer, mich durch Menschenmassen zu bewegen. Einkaufszentren deprimieren mich. Die Waren drängen sich so hautnah an den Körper, daß ich mich unfrei fühle.

***

Der erste, der mich an einem Tag um Geld bittet, bekommt eine Mark. Heute war es ein verwahrloster Heroinsüchtiger.

***

Zu Hans in den Garten. Ein Blitz ist in seinen alten Pflaumen-baum eingeschlagen und hat ihn umgefällt. Er stürzte auf die Bahn-Gleise neben dem Grundstück. Für eine Stunde mußte der Bahnverkehr nach Wannsee unterbrochen werden. Nun gibt es ein großes Loch im Zaun.

***

Nachdem Eckehard und ich beim Aufräumen geholfen hatten, ernteten wir noch Bohnen, Zucchini, Salat, Dill, Gurken. Hans nimmt nur wenige Früchte und Gemüse mit nach Hause. »Die Beeren sind für die Vögel. Der Salat für die Schnecken.«

***

Ernährung. Vor mehreren Monaten habe ich meine Ernährung auf Vollwertkost umgestellt. »Auch Aids kann man durch Ernährung heilen – glaube ich«, sagte damals Elke, meine »Gesundheitsberaterin«.

***

In der S-Bahn: Die Kunststoffsitzbezüge haben ein neues Design. Es ist lebhaft »krakelig« gemustert in Lila, Grün, Grau, Schwarz, Blau. Die Optik ist so wirr, daß hineingekritzelte Graffiti nicht mehr auffallen. Die Macht des Vandalismus: Sie provoziert eine neue Ästhetik.

***

Spannungen zwischen der UNO und Irak drastisch verschärft.

***

Am Abend der Anruf einer jungen Frau. »Sie kennen mich nicht. Ich habe Ihre Nummer aus dem Telefonbuch. Ich mußte irgend jemand anrufen. Haben Sie etwas Zeit?« Ich bejahte. Stotternd und weinend erzählte sie ihre Geschichte. »Mein Mann ist vor einem halben Jahr gestorben. Und Montagnacht habe ich eine Dummheit gemacht. Ich schäme mich so. Ich habe ihn verraten. Ich habe meine Liebe verraten. Ich fühle mich so dreckig.« Außer durch Zuhören und Nachfragen konnte ich ihr nicht helfen. Ihre Stimme kam mir bekannt vor. Doch es gelang mir nicht, ein Bild zu ihr zu finden.

***

Das weltweit erste Kochbuch für HIV-Infizierte und Aids-Kranke hat die Deutsche Aids-Hilfe vorgestellt: »Essen mit Lust – Appetitmacher für Menschen mit HIV und Aids«.

Donnerstag, 23. 7. 92: Wieder Sonnenschein

Fahrt mit Eckehard nach Dessau und Wörlitz.

* * *

Das »Bauhaus« imponiert durch seine Klarheit. Als wir vor ihm standen, suchten wir die Blicke auf das Gebäude, die man von Fotos her kennt. »Sehen im Zeitalter seiner technischen Reproduzierbarkeit.«

* * *

Vor dem Bauhaus. Erinnerung an Christian. Als Designtheoretiker und Architekturhistoriker hat er die Entwicklung des »Deutschen Designs« im letzten Jahrzehnt prägend mitbestimmt. Das Manuskript für sein neues – mit Volker Albus geschriebenes – Buch »Design-Bilanz« ist abgeschlossen. »Sein Erscheinen möchte ich so gerne noch erleben«, sagte er mir bei meinem letzten Besuch im AVK.

* * *

Im Bauhaus-Gebäude – auf Gängen, in Treppenhäusern, in Klassen – die übliche Kunstakademie-Kunst. Fotos an Wäscheleinen, »Fundobjekte« von »Spurensicherern«, Gebasteltes aus Stangen und Schnüren, Textblätter vom »Brainstorming«. Eine kleinkarierte Kunstwelt, die bestätigt, daß Kunstakademien heute wenig Sinn machen.

* * *

Auf der Rückseite der Taxiquittung in Dessau: das berühmte Cartoon-Pärchen und der Text »Liebe ist ... sich gegenseitig aus BILD-HALLE vorzulesen«.

* * *

Der Park in Wörlitz ist ein psychotropes Erlebnis. Eintauchen in ein Reich der Phantasie zwischen Natur, Kunst und Philosophie. Das Erhabene und der Schrecken, Aufklärung und Manierismus. »Unter dem Venustempel befinden sich Grottenbauwerke, von denen das größere dem Gott Vulkan, die anderen den Göttern Aeolus und Neptun gewidmet sind und die auf freimaurerisches Gedankengut im Wörlitzer Garten hinweisen. Der rituelle Prüfungsweg der ›Maurer‹, die Läuterung durch die Elemente Feuer, Luft und Wasser, wird hier im Gartenraum verwirklicht.«

* * *

Im Frühjahr 1800 wurde im Wörlitzer Park der »Warnungs-
altar« errichtet. Seine Inschrift: »Wanderer, achte Natur und
Kunst und schone ihre Werke«.

***

Großplakate in den Straßen Dessaus: Ernst und aufgeweckt
wirkende Jungen und Mädchen blicken den Betrachter an. Die
»Headlines« teilen mit: »Ich will der Umwelt helfen.« – »Ich
will auch mal mitbestimmen.« – »Ich will eine gesunde
Umwelt.« – »Ich will, daß Du mir zuhörst.« Darunter kleinge-
druckt: »91% aller Kinder wollen, daß die Eltern mehr zuhören.
Ergebnis einer Befragung, an der sich ca. 15 000 Kinder beteiligt
haben.« Der Veranstalter: der Fachverband »Außenwerbung
e.V.«. Der Sponsor: die »Ruhrgas AG«.

DU SEI WIE DU, immer.

Stant vp Jherosalem inde
erheyff dich

Auch wer das Band zerschnitt zu dir hin,

inde wirt
erluchtet

knüpfte es neu, in der Gehugnis,

Schlammbrocken schluckt ich, im Turm,

Sprache, Finster-Lisene,

kumi
ori.

Paul Celan

TEIL DREI

Freitag, 24. 7. 92. Extreme Hitze

Unions-Rechtsexperte Norbert Geis: Sex-Verbot für Aids-Infizierte.

***

Bericht über Hinrichtung aidsinfizierter Prostituierter in Burma.

***

Michael ruft mich aus Amsterdam an und erzählt mir vom Aids-Kongreß: »Zwei Parolen machen hier die Runde: ›Aids ist ein Virus!‹ und ›Aids kennt keine Grenzen!‹«

***

Die Kunst arbeitet an der Fortsetzung der Politik mit anderen Mitteln. Aber direkte Veränderung durch Kunst ist wohl eher ein Märchen, an das es sich zu glauben lohnt. – Rosemarie Trockel

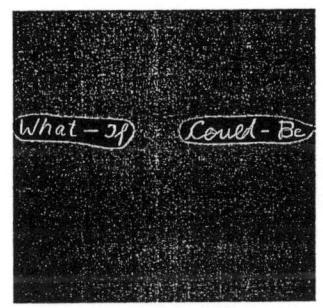

....

Samstag, 25. 7. 92. Schwüle Luft, verhangener Himmel

Gestern nacht bei Peter. In den Momenten, wenn ich »den Kopf verliere«, verschwindet die Grenze zwischen den Körpern. Die unfaßliche Energie, die sich im Fühlen aufbaut, läßt nicht nur das Ich vergessen, sondern das »Ich als Mensch«. Das Erleben pendelt zwischen zwei Extremen: Im reinen Fühlen gibt es nichts als das körperliche Dasein. Und dann: Im Halluzinieren formt sich ein Bilderstrom, der seinen eigenen Gesetzen folgt und nichts mit dem zu tun hat, was die Körper spüren. Fügt sich dies doppelte Bewußtsein zusammen, verschmelzen Fiktion und reines Fühlen. Das Gleichzeitige und zugleich Getrennte von Empfindung und Bilderstrom schafft eine »unbewußt höchste

73

Lust«, deren Präsenz so absolut ist, daß sie nicht erinnert werden möchte.

***

Die Grenze der Sprache ist die Grenze der sprachlich mitteilbaren Erfahrung. Jede Beschreibung ist letztlich eine Reduktion. Die Dinge sind Welten. Das Feuerzeug vor mir auf dem Tisch: Was es ist und wie ich es sehe, ergibt eine endlose Geschichte.

***

Das Feuerzeug. Die Marlboro-Packung. Die Computer-Tastatur. Der Bildschirm. Der Notizzettel. Das Cage-Portrait. Die Bleistifte. Das Telefon. Das Glas Wasser. Das Tipp-Ex. Die Tizio-Lampe. Das Adreßbuch. Die Brille. Die Kastanie. Das Lineal. Der Rosenquarz. Die Schere. Der Notizblock. Der Brieföffner.

***

Im Radio: Die BAT-Freizeitforschung prognostiziert auch für Deutschland den Bau »künstlicher Ferienwelten«. In gigantischen klimatisierten Hallen werden »Traumstrände«, »Dschungel« und vielleicht auch die »Antarktis« als Erlebnisräume geschaffen werden. Man hofft auf ein Millionenpublikum, das diese »naturidentischen Ferienwelten« genießen will.

***

Vor einigen Jahren besichtigte ich in Hildesheim den Nachbau der Höhle von Lascaux. Er war in einem Zelt vor dem Museum eingerichtet worden. Optisch eine verblüffende Replik. Doch es roch nach Chemie. Die Luft war die stickige Wärme eines deutschen Sommers. Das Geräusch der Straßenbahn draußen begleitete den Blick auf die steinzeitlichen Felszeichnungen.

»Künstlichkeit« bestimmt heute das Leben in den Metropolen. Vor allem die Bedingungen der Medien- und Informationsgesellschaft geben ihm seine Gestalt. Wirklichkeit erscheint zunehmend als inszenierte und simulierte Wirklichkeit. Eine zweite Natur tritt an die Stelle der ersten und nimmt den Platz ursprünglicher Erfahrungen ein. Unter dem Primat der Vermittlung deutet die zweite Natur Raum und Zeit um. Der elektronische Blick der Medien ist allgegenwärtig. Er kennt keine räumlichen Beschränkungen und suggeriert, daß »alles« zu sehen ist. Dabei verbindet sich das Sichtbare mit dem Virtuellen. Fließend werden die Übergänge zwischen Fakten und Fiktionen. Auch das Tatsächliche zeigt sich deshalb als eine Figuration des Möglichen. Der allumfassende Blick tilgt die Distanz zu den räumlichen Ereignissen. Sie werden auf die Permanenz eines »Hier« bezogen, dem auf der zeitlichen Ebene ein »Jetzt« entspricht.

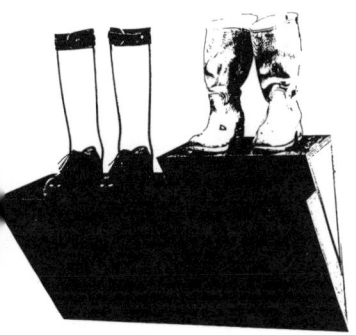

Der räumlichen Ausweitung korrespondiert die Expansion der Gegenwart. War sie früher – eingebunden in Vergangenheit und Zukunft – eher ein Punkt auf einer Entwicklungslinie, so erscheint sie heute als eine »Gegenwart in Permanenz«. Sie schließt das Vergangene und Zukünftige in sich ein und aktiviert deren gegenwärtige Dimension. Zu beobachten ist eine Umdeutung der Idee der Utopie. Sie nähert sich der Atopie, dem Sicheinlassen auf einen vielgestaltigen Gegenwartsraum, der die Widersprüche nicht leugnet und Differenzen akzeptiert. Das besitzt durchaus ambivalente Züge. Mit Bezug auf die Konsumgesellschaft fügt sich das »Hier und Jetzt« vor allem in die Strukturen der Unterhaltungsindustrie ein. Den Gesetzen des Markts entsprechend werden in der medialen Vermittlung sämtliche Lebensbereiche zu Stimuli im Szenario der inszenierten Gegenwart. Wahrnehmen bindet sich an Vergessen. Das leere, auf Konsum ausgerichtete Individuum ist der ideale Ansprechpartner für diese Situation.

Doch die heute zu beobachtende Ausweitung der Gegenwart besitzt auch einen anderen Pol. Er zeigt sich als faszinierender Moment, als die intensive Erfahrung einer »erfüllten Gegenwart«, die den Wert des Erlebens gerade in der Abwesenheit von Vergangenheit und Zukunft erkennt.

* * *

Heute ins AVK. In der Tagesklinik traf ich Alf B. Nachdem er vier Wochen wegen einer Zytomegalie in der Klinik liegen mußte, bekommt er nun jeden Tag eine Infusion. Sein Zustand hat sich gebessert. Obwohl er sehr geschwächt ist, macht er einen fast heiteren Eindruck. »Unkraut vergeht nicht.«

* * *

Besuch bei Christian. Er war kaum ansprechbar. Ich saß eine ganze Weile neben seinem Bett. Hielt seine Hand. Wenn er die Augen für einen Moment öffnete, sah er erschrocken umher. Erst langsam begriff er dann, wo er war. In sein Blicken dringt diese seltsame Ferne. Er sieht mich an, nimmt mich wahr, doch es ist, als sähe er durch mich hindurch. Der Abschied fiel mir schwer.

* * *

Liz Taylor wirft US-Regierung Ignoranz gegenüber Aids vor.

* * *

Heute ein Brief von Karl Riha. Darin ein Sonderdruck eines Artikels, den ich 1972 in Chapel Hill zusammen mit R. Baird Shuman verfaßt hatte: »Comics and How to read them«. Riha hatte ihn in einem Buch in einem Berliner Antiquariat gefunden. Auf dem Sonderdruck meine Handschrift: »Für Uwe!« Er stammt aus dem Nachlaß meines ehemaligen Studenten Uwe B., der vor zwei Jahren an Aids verstarb.

* * *

Mit Klaus wollte ich an diesem Wochenende zum »Gay Tea Dance« gehen. Doch das »Metropol« macht Sommerpause.

***

Im Fernsehen: »Eröffnung der 25. Olympischen Sommerspiele in Barcelona.« Beim großen Spektakel – inszeniert von »La Furia del Baus« – hingen in der Takelage des »Schiffs des Herkules« Niedergemetzelte, blutüberströmt. Der Kommentator: »Liebe Eltern an den Fernsehgeräten, sagen Sie Ihren Kindern, dies ist alles nur Spiel.«

***

Zur Erinnerung an die 25 bisher veranstalteten Olympiaden liefen Jungen mit Olympiaflaggen quer durch die Menge der 10 000 Sportler. Für die ausgefallenen Olympiaden im Ersten und Zweiten Weltkrieg trugen sie Fahnen mit Picassos Friedenstaube.

***

Wie langweilig westliche »offizielle« Kleidung ist: Anzug und Kostüm, mal zweireihig, mal einreihig, der Rock mal kürzer, mal länger.

***

Der Barcelona-Song war Freddie Mercurys letzte Plattenaufnahme. Sein Aids-Tod schockierte die Öffentlichkeit. Als Medienereignis bleibt Aids völlig abstrakt. Obwohl Fernsehen und Zeitschriften oft darüber berichten, ist Aids für viele extrem unpersönlich. – »Ich kenne niemanden mit Aids«, sagte vor kurzem eine Frau zu mir bei einer Ausstellungseröffnung.

***

Memo: Vor 150 Jahren wurde Paul Schreber geboren. – In seinen »Denkwürdigkeiten eines Nervenkranken« phantasiert er über die »Erleuchtung durch den Anus«.

....

Sonntag, 26. 7. 92. Grauer Himmel mit einer Ahnung von Sonne

Zum Frühstück lese ich den »Tagesspiegel«. Sonntags schlage ich als erstes die Seite mit den Todesanzeigen auf. Zwei oder drei Anzeigen sind stets dabei, die auf »Aids« schließen lassen. Ich berechne das Alter der Verstorbenen.

***

Eine Wanderung um den Sacrower See. Sein Wasser ist noch klar. Da er früher zum Grenzgebiet an der Mauer gehörte, sind seine Ufer bewachsen wie ein Urwald. Zwischen Eschen, Eichen, Ulmen, Ahorn, Erlen und Pappeln wuchern Büsche und Efeu.

* * *

In die Säulenvorhalle der Heilandskirche in Sacrow sind zwei breite Mauerteile eingefügt. Auf dem linken ist der Text zu 1. Johannes, 1 eingemeißelt: »Im Anfang war das Wort…«, auf dem rechten 1. Korinther, 13: »Wenn ich mit Menschen- und Engelszungen redete und hätte der Liebe nicht…«

* * *

Am Ufer des Sees die Wellen schlagen hören und sich sagen, daß sie das immer tun.

* * *

Denken in Zitaten und Formeln. Manchmal komme ich mir vor wie Werther und Lotte: »Wir traten ans Fenster. Es donnerte abseitswärts, und der herrliche Regen säuselte auf das Land, und der erquickendste Wohlgeruch stieg in aller Fülle einer warmen Luft zu uns auf. Sie stand, auf ihren Ellenbogen gestützt, ihr Blick durchdrang die Gegend, sie sah gen Himmel und auf mich, ich sah ihr Auge tränenvoll, sie legte ihre Hand auf die meinige und sagte – Klopstock!«

* * *

F.C. Delius, mein Kommilitone am »Institut für Sprache im technischen Zeitalter«, schrieb eine Dissertation zum Thema: »Der Held und sein Wetter«.

....

Montag, 27. 7. 92: Sonnenschein

Mit Hans und Eckehard Fahrt nach Magdeburg, Halberstadt, Quedlinburg und Gernrode.

* * *

Der Wiederaufbau und die sozialistische Neugestaltung Magdeburgs: Nicht die benennbaren Ideologien sind das Interessante in der Stadtplanung, sondern die psychischen Raumwirkungen, die sie erzeugen. Architektur kann den Menschen erheben, klein machen, verletzen, desorientieren, einschüchtern, stolz machen, vergessen lassen, optimistisch stimmen, sich selbst entfremden.

Das Ich und die Stadt: Jedes Raumerlebnis ist eine Projektion der Selbstwahrnehmung.

***

In der Ex-DDR: nach der sozialistischen Kälte nun der westliche Konsumrausch. Exaltation und Hysterie sind die Erlebnismomente, die das Ich in seinen Bann ziehen sollen. Der Akt des Kaufens ist nur noch zu einem Teil reale Bedürfnisbefriedigung. Er ist eine Form der psychischen Entlastung. Man kauft sich frei von der Überreizung durch die Angebote. Durchs Besitzen kehrt – momentane – Ruhe ein.

***

Im Dom: die spätromanischen Kapitelle an den inneren Pfeilern des Chorumgangs. Die Ornamentik überspielt die architektonische Grundform, wird amorph. Psychotropie als Movens eines Bildprogramms. Aus präzisen, klar gegliederten Akanthusblättern wuchern bizarre Formen, verwandeln sich in Fratzen, in dämonische Tier- und Menschenleiber. Fließend sind die Übergänge, immer wieder fließend. Die klare Gliederung des Kirchenraums bildet den Gegenpol hierzu. Mit dem Blick auf die Kapitelle wirkt sie wie ein »Dennoch«.

***

Magdeburger Börde: die Fahrt durch die weite Landschaft. Sonnenblumen, Flachs, Weizen- und Roggenfelder. Das Gelb strahlt in der Sonne.

***

Geh aus, mein Herz, und suche Freud…

***

In der Liebfrauenkirche in Halberstadt ein Schild: »Bitte nichts berühren. Die Augen brauchen nicht die Hände.«

***

Während der Fahrt erzählt uns Hans: »Jetzt werde ich noch zum Fotomodell. Die Fotografin Brigitte Maria Meyer macht eine Serie mit nachgestellten klassischen Gemälden. Für Davids ›Der Tod des Sokrates‹ posiere ich als Philosoph. Umgeben von bildhübschen, nackten jungen Männern sitze ich in der Mitte, aidskrank, die Arme und Beine voll blauroter Vasculitis-Flecken.«

***

Im Fernsehen »Piazza Virtuale«, das TV-Programm zur Documenta. Vor ein paar Tagen sah ich schon einen Teil von »Van Gogh TV«. Ein Programm zum Mitmachen per Telefon, Modem, Telefax. Nun »Muskart« mit einer Robotkamera. High Tech und Infantilismus bilden eine langweilige Symbiose. »Auf der Höhe der Technik« garantiert nicht »auf der Höhe der Zeit«.

Piazza Virtuale. »Hallo, hallo! Ist da wer in der Leitung. Hier ist der Tom.« – »Hallo, Tom. Ich bin die Beate aus Neukölln. Neukölln, Berlin. Wo bist denn du her.« – »Hallo, Beate. Ich wohn' in Hamburg. Was machst du denn so? Gehste oft aus…« – »Hallo, jemand da aus Berlin? Hier ist der Peter. Beate, biste noch drin in der Leitung?« – »Ja, hallo, ich bin noch drin.« – »Beate, hast du 'nen Fax? Wir können uns doch einen faxen.« – »Nee, hab ich nich. Zu teuer.« – »Hallo, hallo…«

* * *

Gerd schickte mir Fotos aus Weimar. Goethes Gartenhaus an der Ilm. Schöne Aufnahmen des Monuments, das Goethe nach seiner Ankunft in der Residenzstadt im Garten errichten ließ. Eine große Kugel auf einem hohen quadratischen Sockel: »Agathé Týche«, »Dem guten Gelingen«.

* * *

Erste Flüchtlinge aus Bosnien eingetroffen. Viele Medienvertreter bei der Begrüßung.

* * *

Heute zum letztenmal: AZT und DDC.

....

Dienstag, 28. 7. 92. Es ist kühler geworden.

Lärm in der Wohnung über uns. Die Elektriker schlitzen die Wände auf, um die Leitungen unter Putz zu legen.

* * *

Zahnärzte im Rheinland machen Streikdrohung wahr.

* * *

Wolfgang R. rief an. Seine Blut- und Leberwerte sind katastrophal. Er hat große Angst, wieder mit der Einnahme von AZT zu beginnen. Er kennt die Nebenwirkungen des Medikaments sehr genau. Seit einiger Zeit streiten sich die Mediziner über das

Medikament. Viele halten AZT schlichtweg für ein tödliches Gift. Der Forscher Peter Duesberg behauptet: »Niemand stirbt an HIV, doch viele sterben an AZT.«

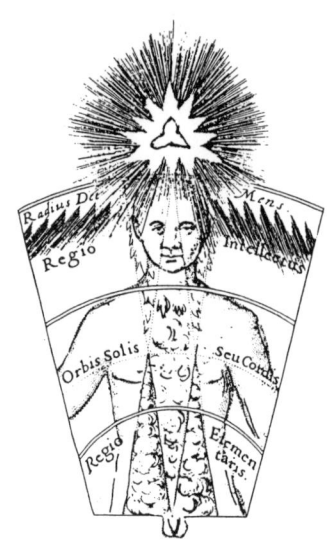

***

Im Park. Das Rauschen der Blätter im Sturm: »Blow up«.

***

Zu Christian ins AVK. Es geht ihm sehr schlecht. Seine Bauchschmerzen am Samstag entpuppten sich als Blinddarmentzündung. Nun hat man ihn gestern auch noch operieren müssen. Gegen die Schmerzen erhält er »Morphin«. Christian: »Ich spüre kaum etwas. Wenn ich so sterben werde, ist es gut.«

***

Auf dem Flur treffe ich Professor L'age. Vom Aids-Kongreß in Amsterdam gibt es nichts Neues zu berichten. Was er früher immer sagte: »In zwei Jahren haben wir ein Mittel gegen Aids«, sagt er schon lange nicht mehr.

***

Auf der Speisekarte von »Frühsammers Restaurant« gibt es nun eine Rubrik: »Was wir uns vorher nicht trauten«. Darin findet man »Matjesfilets Hausfrauenart« und »Wiener Backhendl mit Salat«. Die Zeit der übersichtlichen Luxuskreationen ist in der »Hohen Gastronomie« vorbei. »Kochen wir einfach. Koste es, was es wolle.«

***

Am Abend eine handfeste Migräne. Der Kopf verkrampft sich. Bohrende Schmerzen. Das Licht tut weh. Die Arbeit am Computer muß ich abbrechen. Die Spasmen sind zu stark.

....

Mittwoch, 29. 7. 92. Sonne

Heute geht es mir wieder besser.

***

Für ART sehe ich mir den schönen Band »Rudolf Steiner – Wenn die Erde Mond wird« an. Die Wandtafelzeichnungen Steiners aus den Jahren 1919 bis 1924 faszinieren durch ihre Spontaneität und ihre poetischen Welterklärungen. Nicht als Kunst geplant, gelingen sie. Das Problem der Erleuchteten – ob Anthroposophen, Bhagwan-Schüler oder Zen-Freunde – ist,

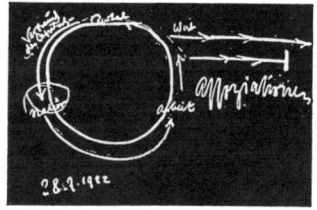

daß das Sichtbarmachen ihres Weltbilds in Konflikt gerät zu dem, was westliche Kunst bestimmt: Moderne Kunst muß den Menschen als Zerrissenen sehen. Deshalb ihre Utopien, deshalb ihr Versagen. Wer erleuchtet ist, kennt diesen Riß nicht mehr. Er malt das Heil, und für das Zeigen des Heils kennt unsere Zivilisation als Bildsprache nur den Kitsch.

***

Beuys war kein Anthroposoph, und Cage sieht sich nicht als Zen-Meister.

***

Rührend das Vorwort von Walter Dahn und Johannes Stüttgen im Steiner-Band: »Aufforderung an die Anthroposophen, sich mit KUNST – mit Cézanne, van Gogh, Munch, Marc, Kandinsky, Mondrian, Malewitsch, Picasso, Duchamp, Pollock, Warhol (Elvis Presley), dem erweiterten Kunstbegriff, Steiner – zu konfrontieren, auseinanderzusetzen«.

***

Auf der Verpackung von »Wenn die Erde Mond wird« der Aufkleber: »Diese Folie (Polyethylen) hat keine umweltschädigende Wirkung, ist recyclingfähig, erfordert bei der Produktion keinen höheren Energieeinsatz als Recyclingpapier. Diese nicht toxische Folie hilft Kosten sparen.«

***

Weizsäcker unterzeichnet das umstrittene Abtreibungsgesetz.

***

Gegengedanke: Die erträgliche Leichtigkeit des Seins.

***

In der U-Bahn: Ein junger Mann mit markantem Gesicht, kurzem Haar, Bomberjacke blickt sich ununterbrochen in seinem Spiegelbild in der Scheibe der U-Bahn-Türe in die Augen. Die Daumen hat er in seine Jeanstaschen gesteckt. Mit den Fingern der rechten Hand drückt er – sehr unauffällig – seinen erigierten Penis. Das hat nichts von Exhibitionismus an sich.

***

Auf dem Renée-Sintenis-Platz. Fünf alte Damen im Gespräch. Alle tragen Kleider mit bunten Blumenmustern. Ein Mann kommt im grauen Anzug hinzu.

***

Rudolf Steiner: »Sie können die Erde verstehen, wenn Sie sie auffassen als ein gestorbenes Tier. Und erst als die Erde ihr eigenes Leben verloren hatte, da konnten die anderen Wesen, zu denen auch der Mensch kam, auf der Erde wohnen.«

* * *

Wie kann es mir gutgehen, wenn ich mir selbst schade! – Ich rauche zuviel.

* * *

Heute mit einer Rote-Beete-Saftkur begonnen. Gegen Candidas-Pilze im Mundraum und in der Speiseröhre. Wenn das Immunsystem zusammenbricht, breiten sich »Pilze« im ganzen Körper aus. Sie zersetzen das Gehirn, zerstören die Lunge, nisten sich im Magen-Darm-Trakt ein.

* * *

Rechtzeitig zur Tagesschau landete Erich Honecker in Tegel.

....

Donnerstag, 30. 7. 92. Sonne

Felix qui potuit rerum cognoscere causas.

* * *

Traum: Ich liege in einem Bett. An seinem Kopfende ein großes Fenster, durch das ich hinausschaue. Davor steht meine Mutter, bekleidet mit einer grünen Gärtnerschürze. »Es ist so kalt«, versuche ich ihr zu sagen. Durch die Scheibe kann sie mich nicht hören. Dann entdecke ich, daß das Fenster eine Doppelverglasung hat. »Die Kälte bildest du dir nur ein«, sage ich mir. Draußen müht sich meine Mutter, eine schwere Eisenjalousie herunterzulassen. Nach dem ersten Drittel verklemmt sie sich.

* * *

Auf dem Balkon blüht überschwenglich der Oleander. Die Blüten sind so schwer, daß ein Ast abbricht.

* * *

Gestern beim Hinunterspringen der U-Bahn-Treppe habe ich mir die rechte Achillessehne gezerrt.

* * *

Eckehard zeigt mir eine Examensarbeit für die »Zweite Theologische Prüfung«, die er zu begutachten hat. Das Thema: »AIDS

– eine Krankheit und ihr gesellschaftliches Umfeld als Herausforderung an kirchliches Reden und Handeln. Auswertung von Erfahrungen bei der Berliner AIDS-Hilfe und theologische Reflexion.«

***

Eine Clique von Gerüstarbeitern bei der Mittagspause im Eiscafé. Muskulöse, braunverbrannte Männer. Alle tragen Tätowierungen. Einer von ihnen – mit entblößtem Oberkörper – hat einen Ring durch die linke Brustwarze.

***

»Herkunft, Krise und Wandlung der Modernen Medizin«, eine Tagung in der Berliner Charité. Vor allem Thure von Uexküll und Wolfgang Wesiak fordern ein neues Bild vom Menschen und die Überwindung des Maschinendenkens. »Der ganzheitliche Blick auf den Kranken, den das neue (aber im Kern uralte) Denkmodell theoretisch begründet, ist der ›biopsychosoziale Blick‹.« Er orientiert sich an der Zeichentheorie. Das alte biomechanische Konzept vom menschlichen Organismus wird durch das »biosemiotische« ersetzt. »Lebende Systeme reagieren nicht mechanisch auf physikalische Ursachen, sondern antworten auf Zeichen, die sie selbst codieren.« Krankheit wird gesehen als Störung in den komplizierten Kommunikationsnetzen, die »Gesundheit erzeugen«, indem sie die Verbindung von der Ebene der Zellen bis zu den Ebenen der sozialen Zusammenhänge aufrechterhalten.

***

Anruf bei Wolfgang R. Er hat eine Gürtelrose. »Wahrscheinlich wird sie sich generalisieren und über den ganzen Körper ausbreiten.« Wie unangenehm dies ist, weiß ich von meiner Erkrankung 1986. Damals hatte ich zum erstenmal eine Gürtelrose, die sehr schmerzhaft war. Doch sie heilte rasch ab. Ich sprach mit ihr, versuchte zu begreifen, was sie mir sagen wollte. Ihre Botschaft war simpel: »Bau den Streß ab.« Auf eine Reise nach Montreal zur Eröffnung der von mir mitorganisierten Ausstellung »Blickpunkte – Deutsche Kunst der Gegenwart« verzichtete ich.

***

Im Kino »Batman returns«. Es ist schon verblüffend, wie nah solche Hightech-Märchenfilme an der Realität der amerikanischen Gesellschaft sind. Ausbeutung, Gewalt, Korruption, Propaganda – all das, was zu den »riots« der letzten Monate in Los Angeles und New York führte, ist in »Batman« enthalten. Die

Hoffnung der Filmemacher: Das symbolische Erleben der Realität befriedet die Gesellschaft, stabilisiert den Status quo.

....

Freitag, 31. 7. 92. Milchiges Licht durch helle Wolken

Kassel: West-Tarif gilt auch für Beschäftigte mit Ost-Wohnsitz.

* * *

Eine Fahrt zum Kloster Neuzelle, der »Barockperle der Mark«. An der Eisenbahnstrecke verrottete Industrieanlagen, deprimierende Erbstücke des real existierenden Sozialismus. In der Nähe der Ortschaften und Städte Graffitis: Hakenkreuze und »Heil Hitler«, »Sieg Heil«, »Nationale Front«, »Deutschland den Deutschen«. Nur selten einmal »Nazis raus«.

* * *

Die Klosterkirche in Neuzelle ist ein barocker Traum. Nur die Höhe und Enge der Kirchenschiffe erinnern noch an ihre gotische Vergangenheit. Die reiche Ausstattung überwältigt den Blick. Erst beim genauen Hinsehen erkennt man, daß sich alles zu einem rhetorisch kalkulierten Programm zusammenfügt. Der Barock, der hier dem Protestantismus entgegengebaut wurde, argumentiert mit dem Erwartungshorizont seiner Widersacher. Statt Heiligenlegenden Bildprogramme aus dem Neuen und Alten Testament. Die Kardinaltugenden krönen einen Altar der Madonna. Hinter dem Prunk, der Verschwendung, den erregten Formen immer wieder Totenköpfe und gekreuzte Knochen: Vanitas vanitatum, et omnia vanitas.

Es ist alles eitel

Du siehst, wohin du siehst, nur Eitelkeit auf Erden.
Was dieser heute baut, reißt jener morgen ein;
Wo jetzund Städte stehn, wird eine Wiese sein,
Auf der ein Schäferskind wird spielen mit den Herden.

Was jetzund prächtig blüht, soll bald zertreten werden;
Was jetzt so pocht und trotzt, ist morgen Asch und Bein;
Nichts ist, das ewig sei, kein Erz, kein Marmorstein.
Jetzt lacht das Glück uns an, bald donnern die Beschwerden.

Der hohen Taten Ruhm muß wie ein Traum vergehn.
Soll denn das Spiel der Zeit, der leichte Mensch, bestehn?
Ach, was ist alles dies, was wir für köstlich achten,

Als schlechte Nichtigkeit, als Schatten, Staub und Wind,
Als eine Wiesenblum, die man nicht wieder findt.
Noch will, was ewig ist, kein einzig Mensch betrachten!

Andreas Gryphius

* * *

Im Klosterpark zur Mittagszeit. Eckehard: »Man merkt, daß
Hochsommer ist. Die Vögel schweigen.«

* * *

Die Klostergebäude werden jetzt zu einem deutsch-polnischen
Gymnasium ausgebaut. Im Dritten Reich war hier die
»Napola«, die »Nationalpolitische Erziehungsanstalt«. Danach
wurden sie in der DDR zum »Institut für Lehrerausbildung«.
Aus der Nazi-Zeit stammt im als Aula genutzten ehemaligen
Refektorium eine große Steinplatte mit dem Text: »ICH FOR-
DERE VON DIR, WEIL ICH DICH ACHTE.« Die Sozialisten
entfernten sie nicht. Die perfekte Schönheit der Platte und der
Schriftzug erinnern an die Ästhetik des Künstlers Gerhard Merz.
»ED IO ANCHE SON DITTATORE.«

* * *

Beim Umsteigen in Frankfurt/Oder fällt einem Prolo-Typen ein
Revolver mit Halfter aus der Reisetasche.

* * *

In der Eisenbahn zwei entnervte junge Amerikanerinnen. In
Berlin hatte man sie in den Zug nach Frankfurt/Oder gesetzt. Sie
wollten nach Frankfurt am Main.

* * *

Bisher mehr als 280 000 Besucher bei der Documenta.

* * *

Für die Fitneß unter das Kommando eines Feldwebels. – Freiwil-
lig bestraft werden. Der neueste Abnehm-Trend in den USA.

....

Samstag, 1. 8. 92. Wieder schwüle Hitze

Der in Los Angeles lebende Musiker Ice-T hat seinen umstritte-
nen Rap-Song »Cop Killer« vom Markt genommen. Tausende
von Polizisten hatten das vor zwei Monaten auf dem Platten-
album »Bodycount« erschienene Musikstück als Aufforderung

zum Polizistenmord interpretiert und zu einem Boykott des Medienkonzerns Time Warner – Vertreiber des Albums – aufgerufen.

***

Im AVK. Christian versucht, wieder etwas zu essen, doch er muß sich ständig übergeben. Auch Medikamente helfen nicht dagegen. Sein Gemütszustand verändert sich. Ich nehme es erschrocken wahr. Christian wird wie ein kleines Kind. Wenn ich ihm den Kraftdrink reiche, klatscht er in die Hände und lallt »Schokolade, Schokolade, Schokolade«.

***

Als mein Freund Josef P. vor einem Jahr in diesen Zustand geriet, sagte er mir: »Ich spüre, daß ich ein Mickymaus-Hirn kriege. Das mache ich nicht mit.« Mit Tabletten nahm er sich noch am selben Tag das Leben.

***

Wie sachlich ich dies jetzt aufschreibe. Nur eine Spur von Traurigkeit.

***

Die Sonn erregt das All, macht alle Sterne tanzen: Wirst du nicht auch bewegt, gehörst du nicht zum Ganzen.

Sonntag, 2. 8. 92. Schwüle Hitze

Anruf der Eltern. Vater ist bei einem Spaziergang hingestürzt. Meiner Mutter gelang es kaum, ihm wieder auf die Beine zu helfen. Sie erzählt von einer Bekannten, die im Krankenhaus liegt. »Grete dämmert vor sich hin. Wir konnten nicht mit ihr sprechen. Das Altwerden ist schrecklich.«

***

Auf dem Balkon redigiere ich meine Texte.

***

Anruf von Nicolaus Schafhausen. In der Zeitschrift »241«, die er mit Markus Schneider und Julian Dersien verlegt, hat er eine Karikatur auf das Künstlerteam »Art in ruins« veröffentlicht. Sie zeigt – ein Foto von »Art in ruins« parodierend – Glyn Banks und Hannah Vowles mit ihren »Kunsttouristen-Rucksäcken« vor Sigmar Polkes »Moderne Kunst«. Glyn: »I don't like this

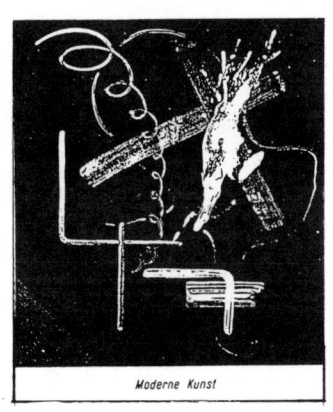

Moderne Kunst

modern art! Why are we living in such a bad world and why can't we enjoy ourselves!« – Hannah: »Maybe we had some more fun if you had a real niggerdick!« – Nun gibt es einen Skandal. In das Studio von Nicolaus wurde eingebrochen. Hefte der Zeitschrift wurden zerstört. Am Telefon erhält er Morddrohungen. »Sexismus und Rassismus« ist der Vorwurf. Die Karikatur trifft einen neuralgischen Punkt in der Arbeit von »Art in ruins«. Ihre Installationen zum Thema »Südafrika« enthalten durchaus Züge des Rassismus. Ausbeutung des politischen Elends für eine elegante, »aufklärerische« Galerienkunst.

Montag, 3. 8. 92. Sonne

Memo: Vor 5oo Jahren stach Kolumbus in See, um nach Indien zu gelangen.

* * *

Amerikanische Wissenschaftler haben gentechnisch ein neues Aids-Virus hergestellt. Der künstliche Erreger namens SHIV setzt sich aus Teilen des menschlichen Aids-Virus HIV-1 und des Affenvirus SIV zusammen. Die Wissenschaftler vom Dana-Farber-Krebsforschungsinstitut in Boston hoffen, daß die damit infizierten Tiere nun tatsächlich an Aids erkranken.

* * *

Anruf von Hanna Loewy aus New York. Es tut gut, von ihr zu hören. Trotz ihres Alters, trotz ihrer Probleme und Gebrechen ist sie voller Lebensfreude. »Ich habe alles überlebt. I love life, every second of it.« Nie werde ich einen Spaziergang mit ihr am »Thanksgiving Day« über den Campus der Columbia-Universität vergessen. Vor dem »Natural Science-Gebäude«, auf einer schönen, alten Steinbank sitzend, holte sie einen Zettel mit einem Gedicht von Nelly Sachs aus der Tasche und las es vor. Dann gab es einen Schluck Cognac, und sie erzählte vom »Vierten Reich«, von den deutschen jüdischen Emigranten, die im Columbia-District wohnten und noch wohnen. – »Paß gut auf dich auf«, sagte Hanna am Ende unseres Telefonats.

* * *

Unfaßbare Greuel in Sarajevo: Tödliche Schüsse auf Kinder.

* * *

Kunst. Lasse ich mich auf die »Ursprungsfrage« ein, dann rivalisieren zwei verschiedene Aspekte miteinander: Kunst ist

Folge der Erfahrung eines Mangels. (»Der Mensch als Mängel-
wesen« – Arnold Gehlen). Kunst ist ein Moment der Verschwendung. Sie zeigt das »Mehr«, das den Menschen aus-
macht. – Beide Aspekte sind zwei Seiten einer Medaille.

* * *

Kunst als schöne Verschwendung und als Zeichen der Fülle –
der Gedanke ist mir immer seltsam fern. Vielleicht, weil ich in
einer Zeit des Mangels aufgewachsen bin. »Deine Ansichten zur
Kunst basieren auf Schuldgefühlen und letztlich auf Angst. Das
ist keine gute Basis«, sagte einmal Matthew Crane zu mir. Ich
spürte, daß daran etwas Wahres ist.

* * *

Anruf von Tina Aujesky vom »Zeitgeist«-Büro. Wie schon bei
»Metropolis« soll ich die Redaktion des Katalogs zur Ausstellung »Amerikanische Kunst im 20. Jahrhundert« übernehmen,
die Christos Joachimides und Norman Rosenthal für Mai
nächsten Jahres im Berliner Gropius-Bau und in der Royal
Academy in London vorbereiten. Die Vorplanung machten wir
im April. Nun kommt langsam die heiße Phase. Es wird wieder
Streß werden.

* * *

Mit Jörg Johnen ein Spaziergang durch den Park in Glienicke
nach Babelsberg. Ich erzähle ihm von meinem Buch. »Du solltest
Rousseaus ›Bekenntnisse‹ lesen. Schon lange nicht mehr hat
mich ein Buch so begeistert.«

Dienstag, 4. 8. 92. Drückend feuchte Hitze

*Die Milliardenbetrügereien bei der deutschen Vereinigung dro-
hen wegen Mängeln in der Ausstattung der Zentralen Ermitt-
lungskommission zu verjähren. Nach Schätzungen der Berliner
Polizei geht es dabei um einen Schaden von rund 14 Milliarden
Mark.*

* * *

Heute ins AVK. Mein monatlicher Check-up, meine Inhalation.
Ein langes Gespräch mit Professor L'age. Ich berichte von
meinen Aufzeichnungen. »Wann wollen Sie denn mit dem Buch
fertig sein?« – »Sein Ende ist mein Tod.«

* * *

Zimmer 126 im AVK. Als ich in Christians Zimmer kam, erschrak ich. Zusammengekrümmt lag er auf seinem Bett und schlief. Er ist so mager. Als er aufwachte, kam das Mittagessen. Angewidert schob er es beiseite. Obwohl er sehr schwach ist, hofft er, in der nächsten Woche entlassen zu werden. »Dann komme ich nach Hause.« Und nach langem Schweigen: »Vor dem Sterben habe ich keine Angst.«

***

Auf dem Gang treffe ich Lars Vestergaard von der Berliner Aids-Hilfe. »Bist du dünn geworden«, sagt er zu mir, »aber du siehst gut aus.«

***

Im »Rauchersalon« des AVK ein Fotoposter der Aids-Hilfe mit zwei jungen, sich umarmenden Männern: »Mein Freund ist positiv. Ich liebe ihn.«

***

Professor L'age hat mir das Medizinlexikon von Roche geschenkt. Am Nachmittag lese ich darin auf dem Balkon. Die Fachbegriffe faszinieren mich: »Kafka-Reaktion«, »Cocainismus«, »Poststreptokokkennephritis«, »Tapeziernagelphänomen«, »Follikelzyste«, »Hirudinea«, »Wangenphlegmone«, »Wahnarbeit«, »Peritonsillitis«. Das Stichwort »Aids« bringt nicht viel Neues. Im Laufe der Jahre bin ich selbst fast schon zum Experten geworden.

***

Die Petunien duften süß. – Medizin, das hätte ich auch gerne studiert.

***

Für Oktober planen Eckehard und ich eine Reise nach Rom.

....

Mittwoch, 5. 8. 92. Sonnenschein

Bild-Zeitung: »Heute 22 Uhr – Selbstmord im TV.«

***

Gestern und heute habe ich an meinem Text »Für Salvo« gearbeitet.

Nicht das Auge sieht, sondern der ganze Mensch. – Es ist eine seltene Erfahrung: Vor den Bildern von Salvo wird der Blick ruhig, das Denken leer, das Gemüt besänftigt. Eine Stimmung taucht auf, Ganzheit des Erlebens, die Ahnung der Präsenz des Seins. Kaum ein anderes Werk in der Kunst der Gegenwart bezeugt Goethes Beobachtung »Nicht das Auge sieht, sondern der ganze Mensch« so suggestiv, wie das Werk von Salvo. Lassen wir uns darauf ein, dann öffnet sich die Wahrnehmung. Der stille Blick verbindet sich mit einem Feld von Assoziationen, die auftauchen und verschwinden, die uns beredt machen und uns verstummen lassen. Im Changieren zwischen benennendem Denken und denkentferntem Erleben entdeckt das Sehen seine eigene Energie. Die Sprache vermag sich ihr nur anzunähern. Wie Blitzlichter beleuchtet sie Salvos Bilder, wohl wissend, daß jeder ihrer Gedanken das Eigentliche nur streift.

PANORAMA. Das Nebeneinander der Bilder, das Salvo zeigt – die Heroischen Landschaften, die Szenen aus »Abendland und Morgenland«, die Interieurs, die Stilleben, die Bahnhöfe, die Bäume im Winter – eint eine betörende Magie. SCHÖNHEIT – das ist das Zentrum des Werks, unwirkliche Schönheit, die in der Malerei sichtbar wird und sich zugleich nicht auf die Malerei beschränkt. Es ist der Blick auf die Welt, der in ihr die Schönheit entdeckt. KUNST ist der Mittler zwischen Welt und Mensch. Wie sie die Welt zeigt, so zeigt sie den Menschen. NATUR findet im Bild zur Schönheit. Ihre Stilisierung verbindet das Kunstschöne mit dem Naturschönen. Geheimnisvoll sind die Bezüge und zugleich voller KLARHEIT. FORMEN gewinnen ihr Eigenleben. Auf Wirklichkeit bezogen, zeigen sie, was als Form wirkt. Aufs Wesentliche reduziert, gewinnt die Form Präsenz. »Ganz da« erzählt sie vom Bild-Raum und vom Welt-Raum. ANWESENHEIT des Menschen in der Welt und in der Kunst. BEJAHUNG der Schönheit, Lust am Dasein. Die FARBE steigert das Sinnenglück. Trunken, voller Zauber ist die Farbigkeit. Sie lebt, ist nichts Statisches, ist ein Prozeß. So wie die Formen bestimmt werden von einem visuellen Reimen, so verbinden sich die Farben zu Klängen, Akkorden, fließenden Melodien. HARMONIE strahlen die Bilder aus, auch wenn sie im Willen zur Ordnung das CHAOS streifen. Die Schönheit entstammt einem STAUNEN. Der Blick wird gebunden – FASZINATION – und in jedem gebannten Blick ist ein Moment des Erschreckens. SANFTMUT nimmt ihm die verunsichernde Kraft. So wie es ist, ist es richtig. VERTRAUEN. Die Bilder sind nah und fern zugleich. Ihre Distanz zur Realität weiß vom stummen Wissen. Das PARADIES ist jetzt, ist nicht verloren, vergangen, ist ein Teil von uns. Es gibt ein richtiges Leben im falschen. SEHNSUCHT läßt es uns spüren. Was die Bilder auf uns ausstrahlen, ist die Welt unserer Wünsche. Sie gewinnen Macht über unser Sehen, über unser Angezogenwerden. Was wir in ihnen erblicken, verbindet sich mit dem, was wir schon immer zu sehen hofften. Salvo zeigt es uns. Doch auf irritierende Weise ist er in seinen Bildern nicht anwesend. ANONYMITÄT spricht aus dem Werk. Der Künstler als Medium. Nicht er malt. Es malt. Extrem individuell erscheinen die Bilder zugleich als überpersönliche Zeichen. ICHLOSIGKEIT schenkt ihnen ein heiteres Darüberstehen. Ihre Kraft bezieht sie aus der NAIVITÄT, aus dem existentiellen Ernst des »Wenn ihr nicht werdet wie die Kinder«. Die Bilder vertrauen sich diesem Ernst an. Sie kennen die Fülle des Lebens, das Kontinuum der Erfahrung. LOSLASSEN und FESTHALTEN ineins. Als verdichtete Momente der Lebensfreude nähern sich die Werke der Vis vitalis. Sie leben. Kein vereinzelter Blick vermag sie ganz zu erfassen. In immer wieder neuen Bezügen umspielt das Sehen das Gesehene. Es wird zum Entdecken, zur endlosen Reise durch die Bild-Welt. EINFACHHEIT und KOMPLEXITÄT sind miteinander verschmolzen. Die Leere erweist sich als Reichtum. Salvo führt ihn nicht als Erzählung vor, sondern im Moment einer erfüllten GEGENWART. Das verschafft den Bildern ihre hypnotische Ausstrahlung. Sie blicken uns an. Sie

SALVO È VIVO

fordern uns heraus und sagen: Es geht um dich. Das Bild als DAZWISCHEN: Zwischen Welt und Kunst, Kunst und Natur, Geschichte und Kunst, Künstler und Betrachter. Im Sehen der Bilder erleben wir einen Moment der Selbstentfaltung. Deshalb die FREUDE bei ihrem Anblick, deshalb die DANKBARKEIT.

»Nicht das Auge sieht, sondern der ganze Mensch.« Obwohl nur selten in den Bildern Salvos anwesend, rücken sie den ganzen Menschen in den Blick. Er erfährt sich als Denkender, als Sprechender, als Fühlender, als Schweigender. Bis in die Physis reicht die Erfahrung: Ruhig werden, aufmerksam werden, eine sanfte Erregung. Vor den Bildern stehend, entdeckt der Betrachter sein In-der-Welt-Sein. Und zu ihm gehört, was im »Hier und Jetzt« der Begegnung mit Kunst nicht oft zum Erlebnis wird: Das Hinauszögern des Abschiednehmens, das Bedauern, daß Blicke endlich sind.

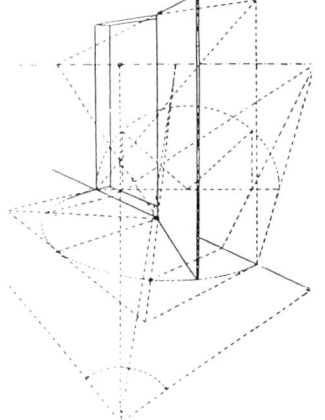

* * *

Hier und Jetzt. Die Erfahrung, daß es letztlich nur Gegenwart gibt – diesen und nur diesen Augenblick –, ist banal und erschreckend. Gegenwart zu begreifen und zu leben ist eine verunsichernde Herausforderung. Ein Moment von Verrücktwerden, von Paradoxie haftet ihr an. So wie in der Geometrie der »Punkt« sich dadurch definiert, daß er als Schnittpunkt zweier Linien selbst keine Ausdehnung besitzt, so ist Gegenwart »da« und zugleich »nicht da«.

* * *

Widerspruch. Ich denke mich hinein ins Verschwinden der Kunst, und ich schreibe Texte zur Kunst.

* * *

Memo: Vor 30 Jahren starb Marilyn Monroe.

* * *

Am Abend kam Dorith zu mir und brachte mir meine Medikamente. »Retrovir«, »Acetylcystein«, »Diazepam«, »Eleukokk«, »Padma 28«, »Pentacarinat«. – Beim gemeinsamen TaiChi ein Einswerden unserer Bewegungen. Fast eine Stunde dauert jetzt unsere »Form«. Dankbar fielen wir uns am Ende in die Arme und schluchzten vor Glück. Dorith: »Ich wette, du heulst auch nach dem Orgasmus.«

Zu Zeiten gleicht mein Zustand einem Traume, mein Träumen erscheint ihnen als Ungläubigkeit. Meine Augen schlafen, aber mein Herz ist wach; mein Körper, der starre, ist Trieb und Kraft... Eure Augen sind wach, und euer Herz schläft fest, meine Augen sind geschlossen, und mein Herz ist am offenen Tor. Mein Herz hat seine eigenen fünf Sinne; diese Sinne meines Herzens erfahren die beiden Welten. Ein Schwächling wie ihr soll mich nicht rügen; was euch Nacht scheint, ist mir lichter Tag, was euch Kerker scheint, ist mir ein Garten, mühsamstes Tun ist mir Rast. Eure Füße sind im Schlamm, mir wandelt sich der Schlamm in Rosen, die Leichenklage eures Ohrs ist mir die Hochzeitstrommel. Auf Erden scheine ich zu sein, mit euch im Hause zu weilen, und steige indes wie Saturn zum siebenten Himmel auf. Nicht ich bin euch hier zugesellt, es ist mein Schatten. Meine Erhebung übersteigt eure Gedanken, denn ich habe das Denken überstiegen. Ja, ich bin dem Bereich des Denkens enteilt. Ich bin Herr des Denkens, nicht von ihm beherrscht, wie der Baumeister der Herr des Baues ist. Alle Kreaturen sind dem Denken unterworfen; darob sind sie traurig im Herzen und kummervoll. Ich sende mich als Botschaft zum Denken und entspringe ihm wieder nach meiner Lust. Ich bin wie der Vogel des Himmels, das Denken wie die Fliege, – wie kann die Fliege mir helfen wollen?

Dschalâl-Ed-Dîn-Rumî

TEIL VIER

Donnerstag, 6. 8. 92. Heute ein Hitzerekord: 33 Grad

Um sechs Uhr war die Nacht zu Ende. Eckehard fährt für drei Wochen zu einer Seniorenfreizeit nach Bad Soden. Ich hoffe, daß mein Alleinsein mir keine Schwierigkeiten macht. Ich neige dazu, mich gehenzulassen und zu verkommen.

***

Im Radio: Musik der »Supremes«. Erinnerung an hektische Disco-Zeiten. Dann: »Die Worte für den Tag«. Pfarrer Michael Brock: »Fünf Worte bestimmen unser Leben. Ich muß. Ich darf. Ich kann. Ich will. Ich soll.«

***

Schon um acht Uhr rief Christians Mutter an. Sie war sehr verwirrt. Am Samstag soll Christian entlassen werden. Nun weiß sie nicht, wie dies zu organisieren ist. Christians Freund kommt erst morgen abend zurück nach Berlin. Eine Entlassung Anfang der nächsten Woche wäre deshalb sinnvoller. »Sagen Sie Christian nicht, daß ich Sie angerufen habe. Er ist so mißtrauisch. Christian darf alles essen, aber nicht alles wissen …« Als ich sie behutsam darauf hinwies, daß Christian nicht mehr viel Kraft hat und man mit allem rechnen muß, war sie erstaunt: »Wenn es ernst wird, muß er eben zurück ins Krankenhaus.«

***

Arbeitslosigkeit im Osten und Westen gestiegen.

***

Die Hitze war heute schwer zu ertragen. Vom Postamt zurückkehrend, fühlte ich mich unwohl und fröstelte.

***

Im Schaufenster des Reisebüros: »Der Winter ist da! – Neue Kataloge«.

***

Arbeit an meinen Aufzeichnungen. Ich lese sie mit großer innerer Distanz.

***

Rhizome: »Findet die Stellen in einem Buch, mit denen ihr etwas anfangen könnt. Wir lesen und schreiben nicht mehr in der herkömmlichen Weise. Es gibt keinen Tod des Buches, sondern eine neue Art des Lesens. In einem Buch gibt's nichts zu verstehen, aber viel, womit man etwas anfangen kann. Ein Buch muß mit etwas anderem eine Maschine bilden, es muß ein kleines Werkzeug für ein Außen sein. Keine Repräsentation der Welt, auch keine Welt als Bedeutungsstruktur. – Gilles Deleuze/Felix Guattari

***

Die Maschinenmetapher ist anachronistisch. Letztlich 18. Jahrhundert. Es geht um Bezüge, um immaterielle Erfahrungsenergien. Texte sind Denknahrung, Erlebnissequenzen.

***

Christian bekam heute eine Bluttransfusion. Schon vor Monaten ist ihm unter dem Schlüsselbein ein »Port« eingepflanzt worden, eine Art permanentes Ventil, durch das Transfusionen gegeben werden können. Da die Nadeln hierfür sehr eng sind, dauerte die Blutübertragung Stunden.

***

Schon seit Tagen versuche ich, Klaus anzurufen. Ich erreiche ihn nicht.

***

Ich flippe durch die Fernsehprogramme: »Olympia: Leichtathletikwettbewerbe«, »Der Dopingfall Katrin Krabbe«, »Szenen aus einem Lager in Bosnien«, »Talkshow: Dürfen Homosexuelle heiraten?«, »Literatur: Cees Nooteboom liest sein Gedicht ›Das Leben‹«, »MTV: Queen ›Bohemian Rhapsody‹«.

***

Die immer größere und schnellere Informationsflut hat den Sinn von Kontinuität und Stabilität, der überhaupt noch in Kulturen übrigblieb, entstabilisiert und ist dabei, ihn ganz zu brechen. Dabei bricht sie beinahe auch den Sinn aller Kultur. Ideen, Theorien und Programme verlieren von Tag zu Tag an Glaubwürdigkeit, Moden und Launen wechseln in dichtester Folge. Die kulturellen Veränderungen kann man nicht länger mit dem kontinuierlichen Fluß des Wassers von verschiedenen Strömen vergleichen, sondern mit einem über das Land streichenden Tornado, der alles zerschlägt und durcheinanderwirft, was er berührt. In einer Welt, die für jeden Menschen ein Äquivalent von 60 Tonnen Dynamit auf Vorrat hält, gibt es nur noch wenige Absurditäten. – Barbara Radice

....

Freitag, 7. 8. 92. Am Morgen kühl, am Mittag heiß

Ich habe sehr schlecht geschlafen. Immer wieder gingen mir die Szenen aus dem Internierungslager in Bosnien durch den Kopf. Die Angst der bis aufs Skelett abgemagerten Männer. Die brutale Arroganz der Bewacher. Das widerliche Gebaren einer feisten Lagersprecherin.

* * *

USA fordern Zugang zu »Todeslagern« in Bosnien.

* * *

Eine Karte von Professor L'age: »Ihre Laborwerte sind alle im Normbereich.«

* * *

In Berlin soll ein Gesundheitszentrum für Krebs- und Aids-Kranke entstehen. Das Christophorus-Haus in Frankfurt/Main will damit eine zweite Einrichtung zur ganzheitlichen Betreuung schaffen.

* * *

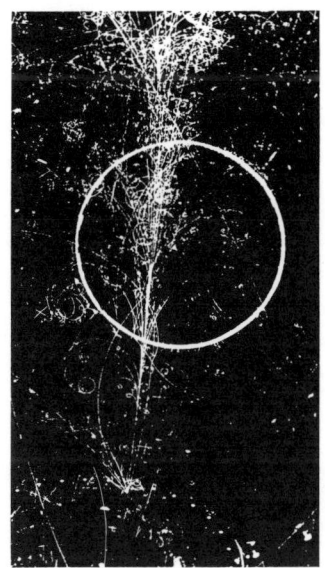

Gegengedanke: Das Wünschen hilft noch immer.

* * *

»Zeitgeist«-Büro. Die Räume sind sehr großzügig. An den Wänden Plakate: »A New Spirit in Painting«, »Deutsche Kunst im 20. Jahrhundert«, »Italian Art in the 20th Century«, »Sammlung Sonnabend«, »Zeitgeist«, »Der unverbrauchte Blick«, »Metropolis«. Die Hektik bei der Arbeit am »Metropolis«-Katalog vor einem Jahr ist vergessen. Über die Dramen bei der Redaktion und Übersetzung der Texte von Vilém Flusser, Paul Virilio, Jeffrey Deitch, Achille Bonito Oliva können wir heute nur noch lachen.

* * *

Virilio. Das Manuskript, das Paul Virilio für den »Metropolis«-Katalog ablieferte, war wissenschaftlich schlampig: Bildbrüche, Grammatikfehler, falsche Zitate, sinnlose bzw. fehlende Quellenangaben, unkorrekte Namensschreibungen. Für die Virilio-Übersetzerin war dies offensichtlich nichts Ungewöhnliches. »Das lassen wir einfach weg… Da fügen wir was Neues ein… Hier benutzen wir einfach ein anderes Bild…«

* * *

Distanz und Nähe. Weit entfernt sind jetzt die Texte und Parolen, die mich vor Jahren beschäftigten. Wie versteinerte Versatzstücke erscheinen sie mir, wie in Wörtern erstarrte Lebensformen, die immer nur Wörter bleiben. Nie sprechen sie davon, wie sich Erkenntnis »in Leben« verwandelt. Vielleicht habe ich sie deshalb fast vergessen.

Die Zukunft ist schon angekommen, alles ist schon angekommen, alles ist schon da. Es lohnt sich nicht, zu träumen oder irgendeine Utopie der Umwälzung oder der Revolution zu nähren. Es ist alles schon umgewälzt. Ich meine, alles hat schon seinen Ort verloren. Es ist keine Übertreibung, wenn wir sagen, alles sei schon eingetreten. – Jean Baudrillard

* * *

Baudrillard. In seinen Texten zum »Tod der Moderne« spricht er immer wieder vom Ende der Kunst. Doch er ist ein Apokalyptiker. Daß es ums »Werden« geht, sieht er nicht. Seine Überlegungen blieben mir immer fremd. Sie haben sich nicht mit mir verbunden.

* * *

Words, words, mere words.

* * *

Wielandstraße: eine junge Frau mit vier kleinen Kindern. Ein Mädchen läuft los, rennt auf dem Bürgersteig zur Straßenecke. Die Frau ruft das Kind zurück. Doch es reagiert nicht. Erst kurz vor dem Fahrbahnrand bleibt es plötzlich stehen und dreht sich um. Es freut sich über die Angst der Frau.

* * *

Am Mittag treffe ich Conrad Beckmann im Café Savigny. Es macht Spaß, mit ihm hin und her zu denken. Conrad: »Manchmal werde ich aus dir nicht schlau. Du bist ein kluger Kopf, doch wenn du vom TaiChi, vom Reiki, vom Heilen durch Handauflegen, vom Transzendentalen Sex redest, kann ich dich nicht ernst nehmen.«

***

Fahrt zu Christian ins AVK. Daß er morgen nach Hause darf, macht ihn ganz aufgeregt. »Es ist alles geregelt. Ein Pflegedienst hilft uns. Wenn wir dich brauchen, rufen wir dich an.« Plötzlich bekommt er fürchterliche Schmerzen. »Verdammt, verdammt, verdammt... Die Hämorrhoiden sind eine Qual.« Er wälzt sich im Bett, schreit. Ich besorge Zäpfchen. Er wird ruhiger.

***

»*Goldener Freitag*« *für deutsche Olympiasportler.*

***

Am Abend Musik von Charles Ives: »Three Places in New England«.

....

Samstag, 8. 8. 92. Sahara-Hitze

Notiz zum Verschwinden der Kunst: Schon seit dem Beginn der Moderne gehört das Verschwinden zur Geschichte der bildenden Kunst. Losgelöst vom Halt in sozial abgesicherten Weltbildern, vermag der vereinzelte Künstler nur noch partiell zu behaupten, was Kunst ist. Deshalb die erbarmungslose Konsequenz, Teilmomente als das Ganze von Kunst zu zeigen. Extreme werden erreicht, Endpunkte formuliert. Jede Programmatik verzehrt sich selbst. Ob Kubismus, Futurismus, die Gestische Abstraktion, die Monochromie, das Ready made, die Konzeptkunst – überall das Erreichen von Grenzen und das notwendige Kollabieren.

***

Gerd: »Hans Sedlmayr trifft mit ›Verlust der Mitte‹ das Richtige. Er zieht nur die falschen Konsequenzen.«

***

Memo: Vor dreißig Jahren starb Hermann Hesse. – Mit vierzehn Jahren begann ich, ihn zu lesen. Damals gab es die halbjährliche Jahresschau des Suhrkamp Verlags »Dichten und Trachten«. Ich sammelte sie, las Hermann Kasack, Samuel Beckett, Hans Erich Nossack, Max Frisch, Marguerite Duras, Giuseppe Ungaretti, Ezra Pound, Bertolt Brecht. – Karl May verpaßte ich in meiner Jugend.

***

Bambino adulto.

* * *

Mehr als 1,5 Millionen Menschen sind in Somalia von akutem Hungertod bedroht.

* * *

Es gibt Menschen, die haben »es« begriffen. Von ihnen geht ein Strahlen aus. Ihr Leben ist nicht Pose, ihr Weltbild nicht »im Munde hergestellt«. Frauen gelingt dieses Begreifen eher: Anni Wedekind, Hanna Loewy, Pina Bausch, Hanne Darboven, Agnes Martin. Männer finden es, wenn sie das tradierte Bild »vom Mann« irritieren: Francesco Clemente, John Cage, Joseph Beuys.

* * *

Als ich einmal mit Susan Sontag – zusammen mit Bekannten – die »Orestie« der »Schaubühne« besuchte, fand sie die Inszenierung »schrecklich«. Nach der Aufführung trafen wir Peter Stein. »Marvellous, just marvellous«, sagte sie zu ihm.

* * *

Gegengedanke: Dasein heißt keine Rolle spielen.

* * *

Am Abend zu Peter. Eine »Safer-Sex-Session«. Orgien – selten mitgemacht – leben vom Spiel mit Überschreitungen. Das Ich wird zum gemeinsamen Körper. Je mehr sich die Handlungen »von selbst« entwickeln, desto intensiver fließt die erotische Energie. Gewährenlassen und Wollen, Hingabe und Fordern umspielen ein imaginäres Skript, das Körper und Wünsche schreiben. Das »Ich« verwandelt sich in ein »Wir«, das »Wir« in ein »Es«. Ihm sich anvertrauend, gelangt das Erleben in die Nähe des Heiligen: »Unio mystica«. Eine Zone des Schweigens umgibt sie. Daß man nicht darüber spricht, bildet das geheime Zentrum der gemeinsamen Erfahrung.

* * *

»Magie«. Als ich ganz Körper war, die Hände mit anderen Körpern verschmelzend, schoß mir der Begriff »Magie« durch den Kopf. Ich mußte lachen. Wie lächerlich ein Wort ist. Wie grotesk die Distanz zwischen seinem gelernten Inhalt und dem, auf das es sich bezieht. »Vergiß das Wort«, war der nächste Gedanke. Und ich verabschiedete mich von ihm – lachend.

* * *

Robert Jungk erzählte mir einmal von einem Bekannten, der über jeden Orgasmus schon seit Jahrzehnten genauestens Buch führt. – Wie wir auf Sex zu sprechen kamen, weiß ich nicht mehr.

***

Tom of Finland: die Unschuld der Orgie.

Tom of Finland, das ist der Inbegriff gezeichneter schwuler Erotik: Seit über 30 Jahren gehören seine Werke zur schwulen Subkultur wie Walt Disney zur Kindheit. Seine Männerbilder haben die Phantasie beflügelt, lustvolle Orgasmen stimuliert, das Bild der Homosexualität geprägt. Entstanden seit den 50er Jahren, zeichnen sie das Bild einer Transformation.
Schwulsein, das war – früher – passiv sein, feminin sein, sensibel sein. Jean Cocteau hatte dieses Bild kultiviert und in der Kunst akzeptabel gemacht. Tom of Finland geht einen anderen Weg. In den Mittelpunkt seiner gezeichneten Phantasien stellt er den Machotyp, den männlichen Mann, der seine Lust aus seiner Virilität zieht.
Die Sehnsucht nach vollkommener Erotik, die alle Möglichkeiten des männlichen Körpers genußvoll nachzeichnet, paart sich bei Tom mit einem großen Wir-Gefühl, das jenseits der alltäglichen Welt gelebt wird. Die Rollen sind stets austauschbar. Individualität wird durch das Typische ersetzt. Was hier miteinander Spaß hat, sind eher Verkörperungen eines hypertrophen Prinzips oder Ideals als wirkliche Menschen. Komik steigert den Wahrheitsgehalt der Sehnsucht.
Toms Helden leben ihre Sexualität *unschuldig* aus, ihr Eingehen auf den eigenen und den fremden Körper nähert sich dem Glückszustand polymorpher Erotik, wie sie das Kind neugierig zu entdecken und zu erleben vermag. In den Bildgeschichten entsteht dies Paradies der Lust meist über den Weg der Initiation. Der *Unwissende* wird zu seinem Glück verführt und entdeckt, was er schon immer von sich selbst ahnte. Selbst die Momente der Vergewaltigung sind stets von einer Aura der Hinführung zur wahren Bestimmung umgeben. Sie basieren letztlich auf Zuneigung. Dankbarkeit ist dementsprechend der Schlußpunkt eines Erlebens, das durchaus mit dem Anspruch der Entdeckung einer Wahrheit im Sexuellen verbunden ist. »Gebrauchskunst« mit Folgen.

....

Sonntag, 9. 8. 92. In der Nacht Gewitter. Jetzt Sonne

Ziemlich erschöpft.

***

Todesanzeigen im »Tagesspiegel«. Inskriptionen.

Für Bernhard Kramer: »Mir ist zumut, daß ich die Schwäche von allem Zeitlichen recht spüren muß… Leicht will ich's machen dir und mir. Leicht muß man sein mit leichtem Herz und leichten Händen, halten und nehmen, halten und lassen…« – Hugo von Hofmannsthal

Für Adelheid (»Heidi«) Pertsch: »Wer unter dem Schirm des Höchsten sitzt und unter dem Schatten des Allmächtigen bleibt, der spricht zu dem Herrn: Meine Zuversicht und meine Burg, mein Gott, auf den ich hoffe.« – Psalm 91, 1–2

Für Hans Arnold: »Wir wollen nicht trauern, daß wir ihn verloren haben, sondern dankbar sein dafür, daß wir ihn gehabt haben, ja auch jetzt noch besitzen; denn wer heimkehrt zum Herrn, bleibt in der Gemeinschaft der Gottesfamilie und ist nur vorausgegangen.« – Hieronymus

Für Dieter Jühlstorff: »Der Tod ist groß. Wir sind die Seinen lachenden Munds. Wenn wir uns mitten im Leben meinen, wagt er zu weinen mitten in uns.« – Rilke

* * *

Gestern bei Peter war auch Herbert B. da. Ich habe mich sehr darüber gefreut. Er lebt sein eigenes Leben. Nimmt keinerlei Medikamente, kocht konsequent makrobiotisch, meditiert oft. Schon dreimal hatte man ihn bei Klinikaufenthalten fast aufgegeben. Beim letztenmal – man mußte ihm die Milz entfernen – bestand er darauf, sich mit »Aromatherapie« zu heilen. Die Ärzte erlaubten es. Tag und Nacht brannte die Duftlampe in seinem Krankenzimmer. Auch sein Zimmergenosse, ein alter Mann, genoß den würzigen »Rosmarin«.

* * *

»Quaddeln« – so Wolfgang R. – heißt die Technik der subkutanen Injektionen, die ich mir wieder täglich mit »Stibium metallicum« verabreiche.

* * *

Konrad Lang, ein Mitarbeiter von Heinrich Lummer in Bonn, fordert in einem Leserbrief des »Tagesspiegels« erneut den »Aids-Zwangstest«. Wieder soll er auf »männliche Singles in westdeutschen Ballungsräumen beispielsweise im Alter von 25 bis 45 Jahren« beschränkt werden.

* * *

Dummheit der Politiker, ihre Nähe zur Korruption. – Ingo S. erzählte mir vor kurzem einen Witz. »Frage: Warum gibt es in Deutschland keine Mafia? – Antwort: Wir haben die FDP.«

* * *

Verrückte Hitze, 38 Grad: Marokko, Essaouira. Gleißendes Licht in den weißen Straßen. Völlige Windstille. Und dann – plötzlich – ein Sandsturm. Der Himmel verfinstert sich. Wie aufgescheuchte Vögel fliehen die Männer und Frauen in ihren langen Gewändern durch den Ort.

***

Sonntag war früher mein Telefoniertag. Ich rief Freunde und – entfernte – Bekannte an. Plaudern. »Wie geht es dir?« Seitdem Aids so nahe gerückt ist, bin ich zurückhaltender. Ich habe Angst vor Hiobsbotschaften.

***

Am Abend Musik von Franz Schubert: Sonate B-Dur, op. posth. – Gespielt von Svjatoslav Richter.

***

Das Mädchen. Und wie es so stand und gar nichts mehr hatte, da fielen die Sterne vom Himmel.

....

Montag, 10. 8. 92. Wieder Hitze

Hochzeitstag der Eltern. Seit 54 Jahren leben sie zusammen.

***

Schreiben: Hinter der Lust am Aufzeichnen taucht eine »zweite Stimme« auf, die ich eigentlich nicht hören möchte. »Ist mein Schreiben ein Trick, um mit dem Tod zu verhandeln?« – Und: »Gib mir die Zeit zu schreiben, was ich schreiben möchte ...«

***

Im Deutschen ist »der Tod« männlich.

***

Ich mache mir nichts vor. Mein stabiler Zustand kann jederzeit ins Desaster umkippen. Auch wenn heute viele »opportunistische Krankheiten« gut zu behandeln sind, kommt das Sterben oft plötzlich. – Klaus K. brach bei der Kunstmesse in Paris zusammen. Nur mit Mühe schaffte er es, nach Berlin zu kommen. Zwei Tage später war er tot.

***

Drei Überfälle auf Asylbewerberheime in Ostdeutschland.

***

Barcelona: Der HIV-infizierte Basketballspieler »Magic« John-son war der Megastar des olympischen Turniers. Wie ein Kind freute er sich über seine Goldmedaille.

* * *

Auf dem Balkon: Am schönsten blüht die Hängefuchsie, die wir vor einigen Wochen fortwerfen wollten, weil sie keine Blüten-ansätze zeigte.

* * *

Bürotag: Ich schreibe Briefe, schicke Ektas zurück, hefte ab, vervollständige meine Karteien, schichte Notizen um, fülle Überweisungen aus.

* * *

Finanzen: Ich habe nie ein aufmerksames oder gar leidenschaft-liches Verhältnis zum Geld gehabt. Im Gegenteil. Wenn Finan-zielles ins Spiel kam, provozierte ich das Versagen. Für den symbolischen Wert des Geldes im sozialen Miteinander zeigte ich mich fast immer blind. Seit meiner Kindheit: »Über Geld spricht man nicht. Man nimmt es nicht ernst. Man liebt es nicht. Man verachtet es.«

* * *

Materie, Mater, Mutter.

* * *

Coca-Cola. Auf der Dose ist zu lesen: »Coca-Cola – Gastgeber der Olympischen Spiele Barcelona 1992«. Dieses Sichaneignen der Olympiade hat viel mit dem zu tun, was gegenwärtig in der Kunstwelt passiert. Fast täglich bekomme ich Post von »AEG«, »Mercedes«, »Siemens«, »Deutsche Bank«, »Bayer«, »Luft-hansa« usw. Man präsentiert sich als Kunstsponsor. Die Groß-industrie eignet sich die Kunst an, definiert »Öffentlichkeit« um. Dabei geht es weniger um Produktwerbung als um Macht. Ein Prozeß der Refeudalisierung ist im Gange. Wer die reale Macht in den westlichen Formaldemokratien hat, will sie nun auch über die Kunst etablieren. Aus marxistischer Sicht: »Sponsoring ist Klassenkampf von oben.«

* * *

»Sponsorkunst: Kunst, die sich dem Sponsoring anbietet. Eng verwandt der ›Corporate Art‹, der Kunst für die Großkon-zerne.« – Ein klassisches Beispiel: Walter de Marias »Fünf Kontinente«, ein riesiger Plexiglaskubus, gefüllt mit Steinen von den fünf Kontinenten. Zuerst präsentiert in der Stuttgarter Staatsgalerie. Das Werk schmückt nun den Daimler-Benz-Konzern in Stuttgart. Intellektuell dürftig, funktioniert es perfekt für die Public Relations der Autofirma. »Walter de Marias Arbeit ist ein Symbol für das Zusammenwachsen der Welt. Auch Mercedes…«

* * *

Extreme Hitze. Wieder fast 38 Grad. Und plötzlich wird einem klar, wie schmal das Band der Bedingungen ist, auf dem Leben auf der Erde existieren kann.

* * *

Die neue Sonderbriefmarke der Bundespost: »Familie schafft Zukunft«.

....

Dienstag, 11. 8. 92. Kühle am Morgen

Kinderschutzbund: Jedes Jahr werden mehr als 100 Kinder zu Tode geprügelt.

* * *

Schreiben: Die Aufmerksamkeit schafft Perspektiven. Sie fügen Materialien oft so zusammen, daß es wie konstruiert wirkt. Doch man muß nicht viel konstruieren, um Wirklichkeit als aufeinander bezogenes Geflecht zu erleben.

* * *

In der Ekstase einmal der Gedanke: »Alles ist Eins. Und Eins ist einser.«

* * *

Wir entdecken heute, daß wir die Zeitgenossen eines Saturn sind (da er uns quasi vor Augen gerückt ist), die Zeitgenossen eines Luther, Zeitgenossen der Steine, des Wassers, des Öls, Zeitgenossen der dreißiger, vierziger, fünfziger Jahre und, wenn es so weitergeht, bald unserer eigenen, imaginären Zeitgenossen. – Ulrich Raulff

* * *

Walter Momper ist in die Geschäftsführung der Berliner Ellinghaus GmbH eingetreten. Gerd Ellinghaus, den ich seit meiner Schulzeit in Wuppertal kenne, hat in den letzten Jahren eine filmreife Karriere im Berliner Immobilien- und Sanierungspoker gemacht. Vor einiger Zeit präsentierte er Kunst der Galerie Nikolaus Sonne in seinen Büroräumen. Titel der Schau: »Success is a Job in Berlin«.

***

Im »Tagesspiegel« ein Bericht über Sabine Lange. Sie ist »Streetworker« im Aids-Programm. Früher arbeitete sie als Krankenschwester im Tropeninstitut. 1983 betreute sie mich, als ich – aus New York kommend – eine Aids-Panik durchlitt. Nun macht sie Aufklärungs- und Sozialarbeit, zieht durch Kneipen und Szenetreffs. »Ich hab' nie wieder so nette und höfliche Menschen getroffen wie hier. Aber ich kann auch nicht mit jedem. Manche Schwule wollen mit einer Frau nichts zu tun haben. Manche sagen ›da kommt Frau Aids, da kommt Frau Tod‹. Anfangs war ich dann verletzt und sauer. Jetzt kann ich damit umgehen.«

***

Anruf bei Christian. Er konnte kaum sprechen. Nachdem er sich mit seinem Namen gemeldet hatte, legte er den Telefonhörer aufs Bett. Ich hörte nur noch Stöhnen. Der Pflegedienst kommt erst in einer halben Stunde. – Anruf bei Jeff. Christian sollte »rund um die Uhr« betreut werden. Man kann ihn nicht mehr allein lassen. Ich biete meine Hilfe an.

***

Conditio humana: »Ein Mann geht den Strand entlang und sieht einen Käfer auf dem Rücken zappeln. Mitleidig bückt er sich, hilft dem Insekt liebevoll auf die Beine – und sieht zwei weitere strampelnde Exemplare. Er bückt sich noch einmal, richtet die Tiere auf, sieht zehn weitere, stutzt, bückt sich wieder – wendet den Kopf und stellt fest, daß der ganze Strand bis zum Horizont mit Käfern auf dem Rücken bedeckt ist; er läuft schreiend davon.«

***

Anruf eines Vertreters meiner Krankenversicherung. Er schlägt mir den Abschluß eines »Rentensicherungsprogramms« vor. »Damit Sie Ihren Lebensstandard auch im Alter halten können.«

***

»Art in ruins« putscht den »Skandal« um die gegen sie gerichtete Karikatur hoch. Was Glyn Banks und Hannah Vowles nicht über ihre künstlerische Arbeit erreichten, versuchen sie nun über

241 Nr.2 Winter 92/93 DM 4,-

Szenetrubel. Glyn schreit Morddrohungen auf den Anrufbeantworter von »Lukas & Hoffmann«; Steckbriefe werden geklebt;
»offene Briefe« verschickt; Artikel in Zeitungen – Tagesspiegel
und TAZ – plaziert. Immer wieder wird mein Wolkenkratzer-
Essay »Der Künstler als exemplarischer Alkoholiker« zitiert, in
dem ich das Nazi-Gegröle und den frauen- und schwulenfeind-
lichen Zynismus der Kölner Künstler Martin Kippenberger und
Günther Förg anprangerte. Doch dieser Hinweis zieht nicht. –
Die Karikatur in »241« ist nicht zynisch, sondern entlarvend.

Der Künstler als exemplarischer Alkoholiker. – Für einen kurzen Moment
blitzte in der Kunstentwicklung der 80er Jahre ein »Neuer Zynismus« als
Haltung in der westdeutschen Kunstszene auf. Martin Kippenberger, Albert
Oehlen, Werner Büttner schufen am Beginn des Jahrzehnts sarkastische Werke
mit einer befreienden Energie. Doch schon bald verfiel diese Haltung in ein eher
müdes Weitermachen, das seine wenigen Einfälle immer wieder neu umwälzte.
Der Zynismus wurde zur Masche und entfaltete zunehmend seine tristen
Beweggründe.
Besonders im Werk von Martin Kippenberger ist dieser Abstieg zu erkennen. Die
krampfig-witzigen Bastelarbeiten der letzten Jahre strotzen von einer harmlosen
Intellektualität, die auch vor der Ausstellung und Publikation kleinster Einfälle
nicht zurückschreckt. Was sich bis heute dabei als Zynismus geriert, ist bei
genauerer Betrachtung jedoch kaum etwas anderes als die Selbstverwirklichung
eines deutschen Spießers.
Zusammen mit seinem Künstlerkollegen Günther Förg versorgt Kippenberger
die Kölner Kunstszene mit »Provokationen«. »Heil-Hitler-Nummern«, Angriffe
gegen »Schwule«, »Juden«, »Fotzen« gehören zum Repertoire. Die psychologi-
schen Bedingungen für diese »Beleidigungsprogramme« sind leicht zu durch-
schauen und mittlerweile sattsam bekannt. Sie entstammen einer »autoritären
Charakterstruktur«, die Adorno und Horkheimer vor allem mit dem Blick auf
den deutschen Faschismus untersucht haben.
Exemplarisch finden sich deren Implikationen in den Auftritten und Selbstdarstellungen von Kippenberger und Förg wieder. Nazi-Slogans, sexistische und
rassistische Anspielungen werden – ganz im Stil deutscher Stammtischproleten –
zu Schaunummern, die der Alkohol verzerrt ermöglicht und masochistisch
entschuldigt. Das hat nichts mit Entlarvung gesellschaftlicher Zustände zu tun,
das bringt keineswegs einen »Wahnsinn des ausgehenden Jahrhunderts auf den
Punkt«, das ist schlichtweg der Bodensatz des Deutschtums, der mit neuroti-
scher Konsequenz etwa alle vierzig Jahre lautstark und publikumswirksam in
Deutschland an die Oberfläche gelangt. Aus demselben diffusen Milieu, so zeigt
es die gegenwärtige politische Situation der Bundesrepublik, stammen die Neo-
und Altnazis, die Funktionäre und Mitläufer, vor allem aber die Denunzianten.
Neu ist – mit dem Blick auf Kippenberger und Förg –, daß sich eine solche
Mentalität im Kunstkontext etablieren konnte. Schon seit Jahren läßt sich
beobachten, wie sich eine bestimmte Kunstszene – analog zu den Hofnarren im
Barock – ihre Alkoholiker hält, die für sie fast auf Kommando »die Sau
rauslassen« und ihre verklemmten Bedürfnisse befriedigen. Auf einmalige und
nur im westlichen Nachkriegs-Deutschland mögliche Weise kommen dabei zwei
Aspekte zusammen: Waberndes faschistisches Gedankengut verbindet sich mit
der kleinkarierten Vorstellung vom Künstler als extremen Außenseiter, der im
Exzeß zu angeblich authentischen Erfahrungen vorstößt, die er in Kunst
transformiert.

***

Gerd rief an. Er ist aus Teneriffa zurück. Wir sprachen über meine Aufzeichnungen. Mir war bisher gar nicht so klar, wie viel sie mit Cage, mit Hanne Darboven, mit On Kawara zu tun haben. »Doch ›Kunst‹ sollen diese Texte nicht sein. Nur kein Stil, nur keine ›literarische Methode‹!«

....

Mittwoch, 12. 8. 92. Blauer Himmel, kühler Wind

Brief von Annemarie Madison aus San Francisco. Ich bewundere sie. Seit Jahren arbeitet sie – ehrenamtlich – in der Aids-Betreuung. »Sterbebegleitung« – das Wort hörte ich 1986 zum erstenmal von ihr. Als Annnemarie einmal in Alfred Bioleks Kölner Talk-Show auftrat, feierte die Bild-Zeitung sie als »Frau des Jahres«. Die Schlagzeile des Artikels: »Sie küßte 147 Aids-Kranke in den Tod.«

* * *

Gestern im »Healing Circle« die bioenergetische Übung »Stehen«. Zwanzig Minuten entspannt stehen, mit leicht gebeugten Knien. Keine Bewegung, tiefer Atem mit dem ganzen Körper. Durch Musik stimuliert, lösen sich die Gefühle. Schluchzen, Weinen, Lachen. Was ich entdecke: Große Gefühle, große Erfahrungen sind immer Cluster. Ihre Größe gewinnen sie durch das Ineins von Gegensätzen – Freude und Trauer, Erhabenheit und Furcht, Schwäche und Stärke.

* * *

Wer die Schönheit angeschaut mit Augen, ist dem Tode schon anheimgegeben.

* * *

Ein verrückter Gedanke: Kunst ist nur dann wirklich sehr groß, wenn sie auch mißbraucht werden kann. Die Nazis und – Dürer, Goethe, Wagner.

* * *

Ganze Stadtteile von Kabul in Schutt und Asche gelegt.

* * *

Landauer Straße: Unsere Straße war früher einmal eine der schönsten Wohnstraßen in Berlin. Um 1910 erbaut, im »englischen Landhausstil«. Vor den großbürgerlichen Häusern durchgehende, ansteigende Rasenflächen. Getreppte Wege zum Eingang. Rechts und links davon Eiben und Buchenhecken. Im

Parterre weiße Gitterstellagen mit Rosen. Seit zehn Jahren verändert sich alles. Zuerst wurden Bäume am Straßenrand gepflanzt. (Die Planer hatten bewußt auf sie verzichtet, um einen großzügigen Blick auf den Rüdesheimer Platz zu erlauben.) Dann kamen Hecken dazu, die die Grundstücke voneinander trennen. Manche Rasenstücke wurden zu »Wildwiesen«, andere zu »Steingärten« umgestaltet. – Eckehard geht manchmal nachts mit Handschuhen über die Grundstücke, um die wildwachsenden Rubinien auszureißen.

***

Heute kam der Klempner in unsere Wohnung. Als er ein Werk von Francesco Clemente sah, sagte er strahlend: »Ah, entartete Kunst.« Vor einigen Wochen hatte er über »diese moderne Malerei« in der Fernseh-Abendschau einen Bericht zur Ausstellung »Entartete Kunst« in Berlin gesehen.

***

Gegengedanke: Man sieht nicht, was man weiß.

***

sehen. blicken. gucken. erblicken. erspähen. wahrnehmen. apperzipieren. bemerken. gewahr, ansichtig werden. gewahren. zu Gesicht bekommen. Augenzeuge sein, werden. die Augen aufmachen, auftun, öffnen. in Augenschein nehmen. besichtigen. betrachten. beachten. anblicken. ansehen. besehen. beschauen. anschauen. angucken. bestaunen · einen Blick erhaschen. in Sicht, im Auge behalten. nicht aus den Augen lassen. den Blick heften auf. mit dem Blick, mit Blicken verfolgen. ins Auge fassen. sichten. beobachten. mustern. prüfen. unterscheiden. ausfinden. ausspüren. aufspüren. spionieren. ausspähen · äugeln. beäugeln. fixieren. begucken. angaffen. anstarren. anstieren. anglotzen. beluchsen · aufsehen. aufblicken. aufschauen. zuschauen. von den Augen absehen, ablesen, abgucken · den Blick zur Seite wenden. die Augen abwenden. erkennen

***

Kunst. Frank Stellas »Man sieht nur, was man sieht«: eine der großen Illusionen der Moderne.

***

Eckehard rief aus Bad Soden an. Er ist deprimiert. »Wenn du miterlebst, wie ichbezogen, unfroh, mißgünstig alte Leute sein können, dann wirst du sehr enttäuscht. Und was das Schlimmste ist, sie können überhaupt nicht aufmerksam sein und einander zuhören. Nur vor dem Fernseher fühlen sie sich wohl.«

***

Schon seit Stunden unangenehme starke Kopfschmerzen. Druck auf den Augen. Angst. »Hoffentlich geht es nicht los…«

Donnerstag, 13. 8. 92. Regen

Im Radio: »John Cage ist tot.« – Am 5. September wollte ich zur Feier seines 80. Geburtstags nach Frankfurt fahren. Cage war für mein Leben ein Fixpunkt. 1974 lernte ich ihn in Berlin kennen. Über einen Zeitraum von drei Wochen gab es damals in der Galerie Kleber jeden Nachmittag »Cage-Musik«. Ich ging oft hin. Cage war fast ständig da. Manchmal waren wir die einzigen Zuhörer. Wir kamen ins Gespräch. Er erzählte aus seinem Leben. Ich begriff, daß Weltbilder nichts »Natürliches« sind. Leben ist Entscheidung, Gewährenlassen, Sichöffnen. – »R.I.P.«

***

Eine andere Erinnerung: ein Hauskonzert bei Francesco Clemente in New York im Jahre 1986. Gerade aus Frankfurt angekommen, fuhr ich zu Francescos Loft am Broadway. In dem riesigen Raum etwa sechzig Gäste. Es gab Musik von John Cage, Christian Wolff und Morton Feldman, die alle anwesend waren. Der Raum war fast dunkel. Durch die großen Glasscheiben schien das gelbe Licht des Broadways. Regen prasselte gegen die Fenster. Nach dem Konzert sprach ich mit Cage und Feldman: »Das Geräusch des Regens war sehr schön.« Cage: »I liked it.« – Feldman: »I hated it.«

***

Peter R. – aus dem »Healing Circle« – streicht die Küche. »Sonnengelb« wird sie werden.

***

Anruf bei Klaus. Er arbeitet wieder im Archiv der Akademie. »Du siehst, es geht mir gut.« Der Tod von Cage berührt ihn. Nun plant er für den Herbst ein Symposium »Nach Cage«. Als wir über Teilnehmer nachdachten, fielen uns nur wenige Namen ein. »Mit dem Tod von Cage geht eine Epoche zu Ende. Es ist schon seltsam: Obwohl sein Weltbild universal ist, gibt es keine

Cage-Schüler. Die Universalität war exemplarisch an sein Subjekt gebunden. Wie bei Joseph Beuys.«

* * *

Die Kopfschmerzen habe ich noch immer. Manchmal sind sie wie ein Krampf. Ein Frösteln über den ganzen Körper. Tabletten helfen nicht.

* * *

Im Radio ein Bericht über »Die Mauer im Kopf«. Eine junge Frau: »Wenn et nach mir jing, ick würd' die Mauer wieder hinstellen.« Und ein kleiner Junge: »Früher war hier die Mauer. Alles dunkel. Dort war der Osten, hier der Westen. Jetzt ist überall Westen.«

* * *

»Eine Generation, die schrie ›Alle Polizisten sind Mörder und Faschisten‹, muß sich nicht wundern, wenn ihre Kinder Neo-Nazis werden«, schrieb vor einiger Zeit Eva Kaufmann im »Tagesspiegel«. Das Denken in flotten Klischees grassiert. Heute schrieb Harald Martenstein in einer Eloge auf den Amerikanismus: »Der unamerikanisierte Deutsche sieht aus wie Erich Honecker.«

* * *

Am Abend kam Matthew Helbert zu mir. Er möchte gerne in Berlin bleiben und hier weiter auf dem Gebiet der Immunologie forschen. Über meine Kopfschmerzen sagte er: »Wenn sie länger als fünf Tage anhalten, mußt du unbedingt eine Computertomographie machen lassen.«

....

Freitag, 14. 8. 92. Grauer Himmel, schöne Kühle

Früh am Morgen Musik von John Cage: »Postcards from Heaven«.

* * *

Während der vergangenen Nacht mußte ich mich mehrmals übergeben. – Jetzt geht es mir besser.

* * *

Postkarte von »AAA«: »»My name is Michael, and I'm a painter.‹ – That was 2 years ago. Thanks to AAA, Michael is clean today and works as a restaurant manager in Cape Town, South Africa. He's married and has two nice black cats. If you're hooked on art and don't know where to turn, just dial 1-800-A-HELP. – Art Addicts Anonymous. We'll help you get clean in 12 steps!«

* * *

Am nächsten Dienstag auf SFB 4: »A Day of Summerlove«. 24 Stunden Musik aus dem Jahr 1967: »Love and Peace, Sex and Drugs and Rock'n Roll.«

* * *

Am Abend: Für Michael nehme ich ein »Sentimental Birthday Tape« auf. Mit Musik von Nino Rota, den Stones, Klaus Nomi, Marianne Faithful, Om Kalsum, Tina Turner, Lene Lovich, Perez Prado, mit Klezmer-Musik, Songs aus »The Man from La Mancha«, Freddie Mercury, Les Rita Mitsouko, den Beatles…

* * *

Ich bin so dankbar für mein Leben.

....

Samstag, 15. 8. 92. Wolken und blauer Himmel

Von Christian höre ich nichts. Ich hoffe, daß es ihm gutgeht.

* * *

Von René Block ein Brief zur Verleihung des George-Maciunas-Preises an Maria Eichhorn in Wiesbaden. Darin: »…und Sie erhalten eine Karte zum Cage-Konzert am 5. 9. in Frankfurt, das ja nun kein Geburtstagskonzert mehr sein kann. Niemand kann Johns plötzlichen Tod fassen. Es ist wie bei Beuys, daß das sehr, sehr lange dauern wird.«

* * *

Peter streicht die Wohnräume. Ich arrangiere um. Hänge Arbeiten auf von Gerhard Richter, Claude Rutault, Francesco Clemente, Imi Knoebel, Hans Peter Feldmann, Peter Bömmels, Rainer Fetting, Walter Dahn, Hanne Darboven, Giulio Paolini, Dan Flavin, Daniel Buren, Salvo.

* * *

Horror vacui: Die Lust, sich mit Bildern – mit Objekten, Souvenirs, Postern, bric-à-brac – zu umgeben, entstammt sicherlich auch der Angst vor der Leere. Die Bilder und Dinge führen über »das Notwendige« hinaus, sind Vergangenheit und Zukunft, bieten einen Halt, fügen andere Menschen ins eigene Leben ein. Die sichtbare Wirklichkeit, die erfundene Wirklichkeit, die Wirklichkeit der Träume und Halluzinationen materialisieren sich in Zeichen, die immer noch Momente des Bildzaubers enthalten.

* * *

Notiz zum Verschwinden der Kunst: Werde ich gefragt, was nach dem Verschwinden der Kunst kommt oder kommen sollte, dann kann ich nur mit meiner Formel »Menschwerden ist eine Kunst« antworten. Als historisches Beispiel fällt mir immer die Kultur des Zen ein. Bei Okakura ist zu lesen, daß das Spülen der Teetasse genauso wichtig ist wie das Trinken des Tees.

* * *

In der U-Bahn: Beim üblichen Gedränge an den Ausgängen gab es Geschimpfe und Ellbogenstöße. Richard hat recht: »Wenn zwei Berliner gleichzeitig auf eine Rolltreppe zugehen, gibt es ein Drama.«

* * *

Am Abend gab ich Peter R. eine Tantra-Ölmassage. Er genoß sie. »Aber denk dran, daß ich stinknormal bin.« Das war kein Hindernis. – Was ich noch nie zuvor gesehen hatte: Peter hat drei Brustwarzen. Die dritte ist in der Nähe des Bauchnabels. »Das gibt es nur bei Männern«, klärt er mich auf.

* * *

Michaels Geburtstagsfeier. Jubel, Trubel, Heiterkeit. Von »seinem Ossi« bekam er einen großen Karton mit »DDR-Design«: Eierbecher in Hahnform aus Plaste, Kinderspielzeug, Kleiderbügelverbindungsstücke, Biergläser mit Aufdruck: »750 Jahre Berlin – Hauptstadt der Deutschen Demokratischen Republik«.

eitel ist sein scheitel und sinn und trägt berge und glanz darin am morgenroten am kanonenbooten muß er sterben samt seinem kern und chor und einzelvox und klopft mit den stimmgabeln an die dürren stollen seiner leiber nachtzitzen und münzt in kleinen kesseln sein blut und bespritzt mit sternen die eckige nacht ja wachsgarderobe wettergarbengeläute und wenn einer nicht will ist einer da der will und muß und wieder kann und möchte und die gläser bis zum rande vollstreicht und lacht und den anderen weder fühlt noch riecht darum bewegen sich die wiegen im galopp

Hans Arp

TEIL FÜNF

Montag, 17. 8. 92. Regnerisch

Eine Welle schockierender Gewalt erschreckt die amerikanische Öffentlichkeit. In vielen Fällen waren die Täter bei den Verbrechen, die mit sexuellen Zwangshandlungen verbunden waren, Kinder um die zehn Jahre. 31 Jugendliche warten gegenwärtig in 12 Bundesstaaten auf ihre Hinrichtung.

***

Ich esse zuwenig.

***

Gestern abend im Fernsehen ein Podiumsgespräch zwischen Heiner Müller und Jens Reich. Titel: »Abschied von den Lebenslügen«. Kultur nahm in der DDR eine Stellvertreterfunktion ein. Illusion der Freiheit. Auffallend ist, daß bei der Wende 1989 die bekannteren Künstler der DDR kaum eine Rolle spielten. Die Revolte wurde getragen von den Alternativen und den Idealisten. Heiner Müller vertrat wieder sein Kunstkonzept, mit dem er schon früher im Osten wie im Westen reüssierte: »Kunst sollte weder gegen noch für den Staat sein. Sie sollte ›woanders‹ sein.« Erstaunt hat mich seine Bemerkung: »1961 waren wir für den Bau der Mauer. Die Abwanderung der Intellektuellen wurde gestoppt. Endlich konnte die Diskussion über einen anderen Sozialismus beginnen.«

***

Bei einem Essen in der »Paris-Bar« erzählte ich einmal Heiner Müller von Hanne Darbovens Arbeit »Existenz«, die aus Hunderten abfotografierter Seiten ihrer Notizkalender besteht. Darin ist zu lesen: »Einkaufen«, »Leo Castelli getroffen«, »Paul rief an. Gut.«, »Die Tage kommen nicht.« Das ganz belanglos Alltägliche wird zum Panorama einer Jedermann-Existenz. Heiner Müller hörte gar nicht richtig zu. »Ja, ja, was Künstler so alles machen.«

***

Christian wird heute im AVK der Gips von seinem Bein entfernt. Vielleicht wird man ihn auch dabehalten. Seine Schmerzen im After sind unerträglich geworden. Alle zehn Minuten bekommt er einen Schmerzanfall. Er läßt alles unter sich, hat kaum noch Kontrolle über seine Körperfunktionen.

***

Bizarres Miteinander. Christians Mutter erzählt mir: »Gestern wollte er, daß ich mich zu ihm aufs Bett lege. ›Komm, sei mir nah.‹« Christian erzählt: »Und stell dir vor, meine Mutter bestand darauf, sich zu mir aufs Bett zu legen.«

***

Aids: der Kampf des höchstentwickelten Lebewesens auf der Erde mit dem niedrigsten. Viren sind so einfach, daß sie noch nicht einmal fähig sind, sich selbst zu reproduzieren. Mediziner diskutieren immer noch darüber, ob Viren überhaupt als Lebewesen bezeichnet werden können.

***

Auf dem Balkon. Das kühle Wetter läßt die Pflanzen aufatmen. Die Datura hat herrlich duftende Blüten.

***

Mutter rief an. Gestern abend waren die Eltern bei Bekannten, mit denen sie einen Ausflug ins Münsterland gemacht hatten. Sie sahen das Video zur »Fahrt zu den Wasserburgen«. Mutter: »Im Film ist ja alles noch viel, viel schöner als ›in natura‹.«

***

Claude Lévi-Strauss: »Ich habe nie ein Gefühl meiner persönlichen Identität gehabt, habe es auch jetzt nicht. Ich komme mir vor wie ein Ort, an dem etwas geschieht, an dem aber kein ICH vorhanden ist. Jeder von uns ist eine Art Straßenkreuzung, auf der sich Verschiedenes ereignet. Die Straßenkreuzung selbst ist völlig passiv; etwas ereignet sich darauf. Etwas anderes, genauso Gültiges ereignet sich anderswo. Es gibt keine Wahl, es ist einfach eine Sache des Zufalls.«

***

Gegengedanke: Ich bin nicht der besondere Fall.

***

Georg Baselitz ist als Professor an die Hochschule der Künste in Berlin zurückgekehrt. Mitte 1989 verließ er sie, weil der Leipziger Realist Volker Stelzmann an die Hochschule berufen worden war. Nun lehren der expressive »Kopfüber-Maler« und der Politpathos-Künstler einträglich nebeneinander. Deutsch-Deutsches findet zusammen.

* * *

Georg Baselitz: der deutsche Bernard Buffet?

* * *

Zahl der Kirchenaustritte hat sich in West-Berlin verdoppelt: Die Flucht aus der Kirche ist kein Tabu mehr.

* * *

Notiz zum Verschwinden der Kunst: Die grundlegenden Erfindungen der Moderne fanden im zweiten Jahrzehnt dieses Jahrhunderts statt. Bis in die Mitte der 60er Jahre wurden sie weiter entfaltet. Danach beginnen die Wiederaufnahmen, die Revisionen, das Weitermachen. Die Kunst der ersten Hälfte des 20. Jahrhunderts entwickelte sich in der Spannung zu den politischen und ökonomischen Umbrüchen. Seit dem Zweiten Weltkrieg fehlen im Westen weitgehend solche Impulse. Langzeitbiographien bahnen sich an. Ihr Zwang zur Kontinuität aber steht im Widerspruch zur Idee der Innovation, die die Moderne prägt. Wiederholung und Überproduktion sind die Folge. Baselitz, Lüpertz, Penck, Kiefer sind dafür gute Beispiele. Doch auch die Gegenpole zur Malerei werden davon bestimmt. Das Werk der Minimalisten (Sol LeWitt, Carl Andre), der Konzeptualisten (Joseph Kosuth, Lawrence Weiner, Daniel Buren) wird in der Gegenwart zum Zitat seiner selbst.

* * *

Heiner Müller: »Wenn Macht nicht mehr durch Geld definiert werden soll, wodurch könnte sie dann definiert werden?«

* * *

In der U-Bahn ein Poster: »Langeweile ist die Grundbefindlichkeit des Philosophierens. – Fahrzeit = Denkzeit.« – Ein Plakat der »Philosophischen Praxis Berlin«.

* * *

Auf dem Markt. Bildschön sahen die Pfirsiche aus, die ich heute bei einer alten Marktfrau kaufte, weil sie mich mit ihrem frechfröhlichen Blick an meine Großmutter erinnerte. – Zu Hause stelle ich jetzt fest, daß die Pfirsiche steinhart sind.

* * *

Beim Aufräumen des Regals im Arbeitszimmer finde ich eine kleine »Würstchenpappe«, auf die Joseph Beuys geschrieben hat: »Ich ernähre mich durch Kraftvergeudung.«

....

Dienstag, 18. August. Kühle Sonne

»Triumph des Geistes über die Materie.« – So beschrieb Rudolf Ganz in der »Klassik zum Frühstück« die Interpretation von Liszts »Harmonie du soir« durch Svjatoslav Richter. Die Formel klingt euphorisch. Doch sie enthält das gesamte Desaster des Abendlandes. Jüdisches Denken, griechisches Denken, Christentum fanden zusammen in der Verachtung der Materie.

***

Im Materialismus der Versuch einer Umpolung. Und im Westen heute: die Sehnsucht nach Verdinglichung. Das Verdrängte fordert sein Recht. Kein Bereich des Lebens, der nicht – im Zeichen des Kapitalismus – zum Ding gemacht würde. Der Weg ist noch nicht zu Ende beschritten. Geschichtliche Epochen müssen reif werden für Veränderungen.

***

Dabei und dagegen.

***

Ich lebe mein Leben in wachsenden Ringen, die sich über die Dinge ziehn. Ich werde den letzten vielleicht nicht vollbringen, aber versuchen will ich ihn.

***

Erinnerungen. Fast alle Zitate, die ich in diesen Aufzeichnungen festhalte, zitiere ich »aus dem Kopf«. Sie sind Partikel des »längeren Gedankenspiels«, das mein Gehirn spielt. Oft weiß ich nicht einmal den Autor. So sehr haben sie sich seit meiner Jugend meinem Denken eingeprägt. – Im Englischen heißt »auswendig wissen«: »to know by heart«.

***

Ich habe keine Angst vor Sentimentalitäten.

***

Bundeskanzler Helmut Kohl hat für den 10. und 11. September zur zweiten internationalen Aids-Ethik-Konferenz nach Bonn eingeladen. Es treffen sich Vertreter aus Industrienationen, der EG sowie Sachverständige aus Entwicklungsländern.

* * *

Christian ist wieder zu Hause. Er ist ein Bild des Jammers. Die Schmerzen sind – trotz Morphium – fürchterlich. Man kann kaum mit ihm sprechen, nur seine Hand halten. Der Gips konnte gestern noch nicht entfernt werden. Er soll ihn noch vierzehn Tage tragen. Seine Mutter schafft die Pflege nicht, trotz Mithilfe und Pflegedienst, der dreimal am Tag vorbeikommt. Christian: »Ich muß wieder ins Krankenhaus. Am besten morgen.« Die Vorbereitungen werden getroffen.

* * *

Sein Freund Jeff leidet sehr. »Es ist schrecklich, mit ansehen zu müssen, wie sich der Tod zum Kampf in Christian verkrallt hat. Der Kampf ist noch lange nicht zu Ende.«

* * *

Christians langsamer Verfall beschäftigt mich emotional stärker, als ich mir selbst zugebe. Doch wie bei Wolframs Sterben im vorigen Jahr bleibe ich – noch – ruhig. Ich sage mir: »Die Erfahrung des Leidens gehört zum Leben.«

* * *

Am Abend Musik von Edward Elgar: Enigma Variations.

....

Mittwoch, 19. 8. 92. Milchig weißer, heller Himmel

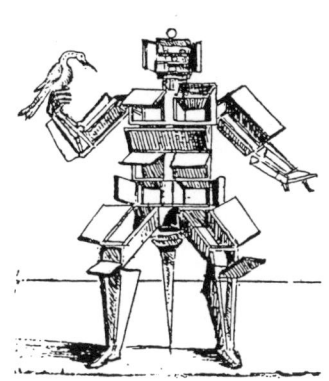

Nachdem die Räume gestrichen sind, schaffe ich Ordnung in meinen Regalen. Notizen, Manuskripte, Einladungskarten, Fotos, Dias... Viele Erinnerungen: die Skripte für meine Vorträge in den USA und Kanada, in Jerusalem, Helsinki und Mailand; die Texte für »Bilder werden Worte« und »Hunger nach Bildern«; das aufgegebene Buchprojekt »Das erschwiegene Wort – Zur Rhetorik des Schweigens in der Literatur«; Vorlesungskonzepte für Berlin, Stuttgart, New York, San Francisco; Manuskripte fürs »Wolkenkratzer Art Journal«, für »Kunstforum«, ART und »Artforum«; Katalogtexte für »Arte Cifra«, die »Mülheimer Freiheit«, »Die enthauptete Hand«, für »Blickpunkte«, für Hanne Darboven, On Kawara, Peter Bömmels, John Cage, Olaf Metzel, Maria Eichhorn, Salvo; Material für »Cross Culture«, »Endart« und für den wunderschönen

Rückblick »Galerie Paul Maenz. 1970 – 1980 – 1990«. – Nur das Wichtigste bewahre ich auf. Von vielem trenne ich mich. Ballast abwerfen. In einer Mappe sammle ich die Texte, die ich für diese Aufzeichnungen verwenden möchte.

* * *

In der letzten Zeit entdecke ich, daß ich immer häufiger Dinge tue, die Eckehard den Abschied von mir leichter machen sollen. Ich denke an die Zeit danach.

* * *

Kalokagathia – Schön an Leib und Seele.

* * *

Arbeit an der »Szene-Seite« für ART.

* * *

Ali kam überraschend vorbei. Es war sehr schön. Ali ist Moslem und stammt aus Bosnien. Er erzählte mir, wie er sich, seine Frau und seine beiden kleinen Kinder mit Jobs durchbringt. Nachts geht er zum Angeln an den Landwehrkanal. »Große Fische, fast ein Kilo!« – Über den Krieg in Ex-Jugoslawien haben wir nicht gesprochen.

* * *

Im Arbeitszimmer habe ich ein großes Bild aufgehängt, das Rainer Fetting von mir 1983 malte. Es ist eine Paraphrase auf Munchs »Harry Graf Kessler« aus der Nationalgalerie. Ich stehe auf einem Hocker, bin von hinten zu sehen und drehe mich dem Betrachter zu. Der Hintergrund ist strahlend gelb und grün. Gesicht und Arme sind rot. Ich habe blaue Augen. In der rechten Hand halte ich eine Pistole. Ich durfte das Bild erst sehen, als es fast fertig war. Ich fragte ihn, warum der Hocker, auf dem ich stehe, nur zwei Beine hat. Fetting: »Das weiß ich nicht. Aber denk mal darüber nach.«

....

Donnerstag, 20. August. Wolkig, Sonne

Eine schlechte Nacht. Ich habe kaum geschlafen. Unruhe im ganzen Körper. Starke Schmerzen in den Fuß- und Handgelenken.

* * *

Um sieben Uhr im Radio: »Entartete Musik«, Werke von Komponisten, die im Dritten Reich verfemt waren. Oft der Hinweis: »Er kam im Konzentrationslager um.« – Was bei der Aufarbeitung der Vergangenheit kaum jemals zum Thema wird: die psychische Dimension des Terrors, die Verbindung von Sexualität und Verbrechen, das Ausleben des Sadismus. Es gibt – soviel ich weiß – kein einziges detailliertes Psychogramm eines »ganz normalen Nazi-Mörders«, das es mit Hilfe von Selbstaussagen wagen würde, in die Details der Lust am Quälen und Töten zu gehen.

* * *

Ein Harley-Davidson-Fahrer rast auf dem Südwestkorso an mir vorbei. Tank und Schutzblech sind in einem auffallenden, stilisierten Zebramuster gestrichen. Beim Mittagessen sitzt in der Pizzeria am Nebentisch eine junge Frau. Ihre Bluse hat fast dasselbe Zebramuster.

* * *

250 homosexuelle Paare beteiligen sich an der »Aktion Standesamt«. – Justizministerin: »Ehe zwischen Gleichgeschlechtlichen nicht möglich.«

* * *

Chaos in der Wohnung. Das Renovieren schafft doch mehr Unordnung, als ich dachte.

* * *

Deutsches Institut für Wirtschaftsforschung: düstere Prognosen für deutsche Konjunktur.

* * *

Besuch von Ernst Busche. Mit seiner Galerie ist er in Köln nicht erfolgreich. Nun überlegt er sich, ob er nicht wieder nach Berlin zurückkehren soll. »Der Kunstmarkt ist immer noch in einer Flaute. Und Köln ist für mich kein gutes Pflaster.«

* * *

Seitdem die Spekulationsgewinne im Kunsthandel kaum noch attraktiv sind, fließen die Schwarzgelder offensichtlich in andere Kanäle. Auch der internationale Kunsthandel war in den 80er Jahren eine der großen Geldwaschanlagen. Steuerhinterziehung, Drogengelder, illegale Geschäfte hielten das Big Business zusammen. Kaum ein Galerist ohne »doppelte Buchführung«. Eine Soziologie des Kunsthandels kann nur jemand schreiben, der sich im Steuerrecht und im Strafrecht auskennt. Kenntnisse in Kriminologie wären auch von Vorteil.

***

Eine der schönsten Einfuhrzollgeschichten: die Deklarierung millionenteurer Cy Twombly-Gemälde als wertlose Theater-dekoration.

***

Christian ist wieder im Krankenhaus. Er nimmt all seine Kraft zusammen, ist aggressiv, scheucht – mit gebrochener Stimme – das Pflegepersonal. Schon früher – bei Bradford W., bei Wolf-ram N. – habe ich erlebt: Bevor sich das Leben verabschiedet, gibt es ein Aufbäumen, ein Sichbeweisen, daß man noch exi-stiert.

***

Jeff erzählt mir eine makabre Geschichte. Christians Mutter wurde von einer seiner Pflegerinnen angerufen. Sie sagte ihr, daß der Leiter des Pflegedienstes sich auffällig nach den Wertgegen-ständen in der Wohnung und den Vermögensverhältnissen von Christian erkundigt habe.

***

Im »Offenen Kanal« des Fernsehens: »Es gibt gar kein Aids.« Dr. Alois Dreizehnter, »Heilpraktiker und Historiker«: »Die Diagnose Aids ist ein grundsätzlicher medizinischer Irrtum. Es gibt keine Krankheit, die durch einen einzelnen Virus ausgelöst wird.« Aids ist für ihn eine Augenwischerei, eine Erfindung der Pharmaindustrie, die ihre Medikamente und Kondome verkau-fen will.

....

Freitag, 21. 8. 92. Kühle Sonne

Für die »Szene-Seiten« in ART eine bunte Mischung: Fotos von Andy Warhol, Dennis Hopper, August Walla, Giuseppe Morandi, die Ausstellungen »Die Hormone des Mannes«, »Remy Zaugg«, »Hubert Kiecol«, der Skandal um »Art in ruins«.

***

Glyn Banks von »Art in ruins« auf dem Anrufbeantworter von »Lukas & Hoffmann«: »Listen, asshole, if you have to do with Lukas & Hoffmann and this new magazine 241, which is racist and sexist, you better find somewhere else to live, because we gonna come and get you. You better leave Berlin, asshole, like Lukas & Hoffmann. Get to fuck out, you fucking asshole.«

* * *

Als ich gestern Ernst Busche von meiner Erkrankung erzählte, war er erst einmal eine ganze Weile sprachlos. Wir fühlten beide, daß in jedem Zusammentreffen ein Moment des Abschieds ist.

* * *

Ich bin sehr nervös, schlafe schlecht, bin hektisch. Morgens um sechs Uhr weckt mich das Geräusch eines Autos im Innenhof. Ich reagiere darauf wie ein Pawlowscher Hund. Ärgere mich, will wieder schlafen, ärgere mich darüber, daß ich wieder schlafen will.

* * *

Der Gewittersturm der letzten Nacht hat den großen Korallenbaum auf dem Balkon umgestürzt. Wir haben ihn aus einer Samenbohne aus dem Park des Königspalasts in Marrakesch selbst gezogen.

* * *

In der Diele habe ich meine kleine Sammlung von »Tamatas«, griechischen Metallvotivbildchen, aufgehängt.

* * *

Erinnerung. Mit Gerd in Neapel in der dunklen Krypta einer Kirche. Eine gespenstische Atmosphäre. Frauen beten voller Inbrunst zur Madonna. Die Wände sind über und über mit Plastiktüten bedeckt, in denen sich Votivgaben befinden. Dazwischen hängen Kinderpuppen, Brillen, Armbänder, ein Bikini, Stöckelschuhe, Fotos von Männern, Frauen und Kindern, von Häusern und Autos, Kunstblumen, ein Paddel, Babykleidung, Spazierstöcke, Gehhilfen, eine Medikamentenpackung, eine Grappa-Flasche, Geldscheine, ein Tornister, Werkzeuge, ein Lenkrad, eine Armeejacke, ein Olivenzweig, Strohbündel, eine Signallampe, ein Brot, ein Tennisschläger, verschlossene Briefe, ein Modellauto, eine Matrosenmütze, ein Taschenrechner, eine Strickjacke, Kruzifixe, eine Angel, ein Fernglas...

* * *

In Italien ist mir zum erstenmal aufgefallen, daß kein Altarbild eines bedeutenden Künstlers von den Gläubigen wirklich verehrt wird. Wunderkraft besitzen nur anonyme Bilder oder Kitschwerke.

***

Bild-Zeitung: »*Nacktfotos! Queen wirft Fergie raus.*«

***

Heute wieder Heileurythmie. Marlies ist – gut erholt – aus den Ferien zurück. Ich bin sehr erschöpft. Die langsamen Bewegungen zu Vokalen und Konsonanten geben mir Kraft.

***

Notiz zum Verschwinden der Kunst: Ernst Busche brachte gestern einen neuen Aspekt ins Gespräch. Die Geschichte der Moderne ist die Geschichte des Zusammenspiels von Kunst und Theorie. Arnold Gehlen stellt zu Recht fest, daß moderne Kunst »kommentarbedürftig« ist. Am Beginn der Entwicklung standen die begeisterten Liebhaber, die versuchten, das neue Phänomen zu beschreiben. Kahnweiler ist dafür ein Beispiel. Im Laufe der Zeit wurde aktuelle Kunst zur Domäne der Theoretiker. Heute verschwindet die Kunst gleichsam in den Kommentaren, die sich hypertroph um sie herumlagern. Viele Künstler produzieren mit dem Blick auf das »richtige Theoriefeld«, das sie beschreiben soll. Doch die sekundäre Erfahrung schwächt die Kunst. Sie bewahrt letztlich nicht die Kunst. Sie hilft ihr beim Verschwinden.

***

Kunst ist Reflexionskunst. Reflexion lebt im Medium der Zweideutigkeit und die radikalste würde darin bestehen, daß ein Kunstwerk den Zweifel erweckt, ob es überhaupt eines ist. – Arnold Gehlen

***

Zur Vorbereitung meiner Fahrt nach Kassel in der nächsten Woche blättere ich im »Kurzführer« der Documenta. Angestrengt intellektuell, kippen die Texte beständig um in unfreiwillige Komik. Was ich schon bei meinem Vortrag bei »Lukas & Hoffmann« demonstrierte: Mit der richtigen Betonung wird das Theoriegespreize zum Kabarett. Auch viele Künstler produzieren heute in ihren Selbstaussagen effektvolle, intellektuelle Leerformeln.

***

Beim Ordnen und Redigieren meiner früheren Texte, die ich für dieses Buch auswähle, gestern manchmal ein Gefühl der Beklemmung. Auch in ihnen gibt es zu oft einen Zwang zum theoretischen Tiefsinn.

***

Im »heute journal« des Fernsehens Szenen aus Somalia. Hungernde, sterbende Kinder, Elend. Würde man die in den Medien gezeigte Welt emotional ernst nehmen, müßte man wahnsinnig werden. – Danach die Sendung »Deutschland lacht«, eine Witz-Show. »Frage: Was ist der Unterschied zwischen Bumsen und Blasen? – Antwort: Hatten Sie schon einmal Bumsen an den Füßen?«

***

Leeres Individuum. Die Massenmedien und die Unterhaltungsindustrie produzieren das »leere Individuum«. Jede Form von Autonomie, von Selbstverantwortung, von Selbstbestimmung wird aufgelöst. »Außengeleitet« (David Riesman) wird der Mensch zum auf Stimuli momentan reagierenden Wesen. Gleichsam im Paradox steht dahinter eine richtige Erkenntnis. Die Mitte des Menschen ist leer. Was wir in der westlichen Zivilisation gegenwärtig erleben, ist der Kampf um die Herrschaft über diese Leere.

***

Ich verschwand im Nichts, ich verlor mich selber; und siehe da! Ich lebte vollkommen. – Abu Yazid al-Bistami

....

Samstag, 22. August. Zarte Wolken am sonnigen Himmel

Traum. Ich stehe in einem dunklen Wald. Vor mir eine riesige alte Eiche. Auf ihrem Stamm Hunderte von kleinen, sehr hell leuchtenden Lichtern.

***

»Verheerende Waldbrände in Kalifornien.« – Eine Wanderung durch den Yosemite-Park. Eckehard ist ganz euphorisch. Die gigantischen Redwood-Bäume strahlen eine majestätische Ruhe aus.

***

Ich rufe im AVK an. Christian geht nicht ans Telefon.

***

Ich denke an Wolfram, der vor einem Jahr verstarb. Als ich am Tag vor seinem Tod an seinem Krankenbett saß und seine Hand hielt, sahen wir uns nur an. Sein Blick wußte alles. Es gab nichts mehr zu sagen.

* * *

Trost der Philosophie. Macht der Liebe.

* * *

Ich muß wieder mit der Einnahme von AZT und DDC beginnen.

* * *

Hemmungen. Mein gegenwärtiger Rückzug aus der Kunstszene ist problematisch. Die Künstler, die ich als Jurymitglied des DAAD nach Berlin eingeladen habe, treffe ich nicht. Vor einiger Zeit präsentierte der New Yorker Künstler John Miller sein in Berlin entstandenes Werk in der DAAD-Galerie. Varianten seiner schon seit Jahren bekannten »Shitty-Sculptures«, deren braunes Plastikmaterial an Scheiße erinnern soll. Der Einfall ist angestrengt, wird durch die Wiederholungen noch dünner. Als ich John traf, wußte ich nicht, wie ich mich verhalten sollte. Ich kenne seine Konzepte, kenne die Theorien seiner Apologeten – sie sind für mich kein Anreiz fürs Diskutieren.

* * *

»Neurologische Störungen« im rechten Bein. Ich hatte das früher schon einmal. Das Bein lahmt etwas, fühlt sich taub an. Eine asymmetrische Empfindung.

* * *

Beim Italiener zum Nachtisch »Grüne Feigen«: Acepayam.

* * *

Eckehard schickt mir eine Postkarte aus Steinau an der Straße. Die Brüder Grimm verbrachten hier ihre Jugend.

* * *

Orte der Erinnerung: Else Lasker-Schüler in Jerusalem, Ezra Pound in Venedig, Annette von Droste-Hülshoff in Meersburg, George Sand auf Mallorca, Pandelis Prevelakis in Réthymnon, Ernest Hemingway in Ronda, John Dos Passos in New York, James Joyce in Dublin, Jack Kerouac in San Francisco. – Wenn Eckehard und ich verreisen, lieben wir die »Lektüre vor Ort«.

* * *

Im Radio: »Milch des Mondes fiel aufs Kraut«. – »Der Freischütz« war die erste Oper, die ich gesehen habe. Noch heute spüre ich denselben Schauder bei der »Wolfsschluchtszene« wie damals als Vierzehnjähriger.

***

Gegengedanke: Man muß nicht unbedingt modern sein.

***

Mein Computer wird langsam. Die Festplatte ist bald voll. Ich werde viele gespeicherte Texte löschen.

***

Beim Aufräumen finde ich eine Einladungskarte zu einer Fotoausstellung von Yousuf Karsh. Sie zeigt ein Portrait Hemingways aus dem Jahre 1957. In meiner Jugend warb der Rowohlt Verlag mit diesem berühmten Bild, das den Autor mit einem Rollkragenpullover zeigt. Ich hatte es mir damals in mein Bücherregal gestellt, weil es mich magisch anzog. Hemingway blickt nach links aus dem Bild heraus. Das irritiert mich jetzt. In meiner Erinnerung blickt er den Betrachter an.

***

Schreiben. »Mit der Zeit komme ich immer mehr zur Einfachheit. Ich gebrauche die abgegriffensten Metaphern. Das ist es im Grunde, was ewig ist: Die Sterne sehen aus wie Augen, zum Beispiel, oder der Tod ist wie der Schlaf.« – Jorge Luis Borges

***

Ekstase: Atem, Licht, Wegsein, Lachen, Staunen, Dasein. Alles wissen. Nichts wissen. – Wenn das Bewußtsein aus dem Halluzinieren der »Unio mystica« ins Ich zurückkehrt, fühlt es sich völlig fremd in der Welt. Erst langsam werden die Dinge wieder die Dinge. Doch sie sind nicht mehr, was sie früher waren.

***

Mystiker und Erleuchtete berichten oft, daß die Welt nach dem Erleben des »Satori« völlig verändert ist. Einen solchen Bruch habe ich nie erfahren. Ganz behutsam verändert sich bei mir die Sicht auf die Welt. Früher war ich darüber enttäuscht. Ums »Satori« wissend, wünschte ich mir eine schlagartige Veränderung. – »Mach dich von der Last deiner Erwartungen frei«, sagte einmal Uwe B. zu mir.

***

William Blake: »Glad Day or The Dance of Albion«.

* * *

Beim »Wegsein« vor einiger Zeit erinnerte ich mich: Als ich
etwa sieben Jahre alt war, hatte ich ein erstes »Großes Erlebnis«.
Sehr früh morgens war ich in dem kleinen Garten hinter
unserem Wohnhaus. Strahlende Sommersonne, ein unwirkli-
ches Licht. Ich blickte zur Sonne, und ein ekstatisches Gefühl
ging durch meinen Körper, das ich zuvor noch nie gekannt hatte.
Ich stand da in Verzückung. – Als die anderen Kinder zum
Spielen kamen, fühlte ich mich weit fort von ihnen.

Sonntag, 23. 8. 92. Wolken. Kühle

Alles Vergängliche ist nur ein Gleichnis…

* * *

*Als Skandal bezeichnete CDU-Generalsekretär Kierey die Exi-
stenz von Wagenburgen in Berlin. An acht Stellen in der Stadt
gibt es zur Zeit wilde Lager von jungen Obdachlosen, die in
selbstgebauten Bretterhäusern, Zelten oder Autos leben.
Grundstücke oder Wohnungen, die man den jungen Leuten als
Ersatz für die Lager anbieten könnte, konnten bislang noch
nicht gefunden werden. Kierey forderte Sozialsenatorin Stahmer
auf, umgehend auf eine Räumung der Burgen hinzuwirken.
Berlin müsse sich auch mit seinem Stadtbild als Hauptstadt
Deutschlands und Bewerber für die Olympischen Spiele 2000
würdig erweisen.*

* * *

Ego te intus et in cute novi.

* * *

Im »Tagesspiegel« eine Traueranzeige der Familie für Gerhard
Bohner: »Es ist uns ein Bedürfnis, all denen zu danken, die dem
Toten das letzte Geleit gaben, ihn durch ihr Gedenken und
Blumen ehrten. Besonders danken möchten wir den Ärzten und
Pflegern des Auguste-Viktoria-Krankenhauses für die gute
Betreuung sowie allen Freunden, die Gerhard durch liebevolle
Zuwendung das Sterben erleichtert haben.«

* * *

Donnergrollen und Nieselregen aus einem lichtgrauen Himmel: Clifden.

***

Anruf bei Christian im AVK. Ich frage ihn, ob er mich sehen möchte. Er stöhnt und weint, kann kaum sprechen. »Komm nicht vorbei. Es ist alles so schrecklich.« Als ich ihm sage, daß ich Dienstag für eine Woche verreise, stammelt er mit leiser Stimme: »Ich muß bestimmt noch vierzehn Tage hier bleiben.« Dann nur noch ein Jammern. »Ich denke an dich. Sei umarmt.« Unsere Worte verwirren sich im Weinen. – Ich weiß jetzt nicht mehr, wie das Gespräch endete.

***

Musik: »Menuhin and Grapelli play Gershwin«.

***

Ich räume die Küche auf. Denke an Christian. Sehe ihn vor mir, seinen ausgezehrten Körper, seinen vom Schmerz gezeichneten Blick. »Laß doch los, laß doch los…«, sage ich plötzlich laut.

***

Beim Eierbacken heute Mittag: Ich achte darauf, daß die Eier durchgebacken sind. HIV-Positive sollen keine rohen Eier, keinen rohen Fisch, kein rohes Fleisch essen. Katzen und Hunde sollte man meiden. Auf Topfpflanzen verzichten. Bio-Abfalltonnen nicht berühren.

***

Ich ordne mein Archiv mit Einladungen zu Kunstausstellungen. Aufbewahrt werden nur Karten mit Abbildungen von Kunstwerken. Wunderschöne Beispiele: Balkenhol, Clemente, Beuys, Gursky, Stella, Baselitz, LeWitt, Paolini, Holzer, Dokoupil, Sturtevant, Kiefer, Kelley, Förg… Eine chronologisch geordnete Kunstgeschichte der Gegenwart könnte man mit den weit über 500 Einladungen zusammenstellen. Ihr Titel: »Das Beste vom Besten«.

***

BKA will gegen Müll-Mafia vorgehen. Abfall auch nach Osteuropa verschoben.

***

Gewitter, Sturm, Regen, Hagel. Wie vor einem Jahr am Tag vor Wolframs Tod. Ich mußte den Vorhang vom Fenster wegziehen. Die Balkontüre öffnen. Nur mit Mühe gelang es mir, Wolfram im Bett so hinzulegen, daß er das Schauspiel draußen beobachten konnte. Mit weit aufgerissenen Augen blickte er hinaus. Auf seinem Gesicht, das durch eine Lähmung fast starr war, plötzlich ein fragendes Lachen, ein Schluchzen.

....

Montag, 24. 8. 1992. Zartblauer Himmel

Um sechs Uhr früh gehe ich Zigaretten kaufen. Über den Häusern im Osten Sonnenlicht zwischen den Wolken. Zum Zeitungshändler sage ich: »So früh machen Sie schon auf!« Seine Antwort: »Na und, soll ich jetzt heulen.« – Die Zeitungsläden sind in Berlin fest in »rechter Hand«. Wenn man eine »TAZ« kauft, machen viele Händler spitze Kommentare. Nur auf dem U-Bahnhof »Fehrbelliner Platz« gibt es einen »Linken«. Demonstrativ legt er einen dicken Stapel der »TAZ« neben die »BZ«.

* * *

Ich denke an Christian. »Nun beginnt für ihn der Tag. Er wird gewaschen, neu gebettet, das Frühstück wird ins Zimmer gebracht, die Infusionen werden angehängt, man gibt ihm seine Zeitung. Er wird sie nicht lesen.«

* * *

Tota philosophorum vita commentatio mortis.

* * *

Christian: Sein Tod. Mein Tod. – Ich spüre, daß ich mich in ihm spiegele.

* * *

Gestern abend blätterte ich fast drei Stunden in Gedichtbänden mit »Moderner Lyrik«. Ich suchte Gedichte für meine »Zwischentexte«. Eine deprimierende Erfahrung. Es stimmt, was Benn behauptete. Jedem Dichter gelingen in seinem Leben vielleicht drei gute Gedichte. Was Hans Magnus Enzensberger im »Museum der modernen Poesie« versammelt hat, ist schwer erträglich. Kaum ein Gedicht, das nicht auf eine Pointe zusteuerte. Die Metaphern und Bilder wirken gesucht. Die existentiellen Deutungen des Lebens verquast. Überall entdeckt man »Intentionen«. Was gesagt wird, ist nicht das, was gesagt wird.

Auch die Literatur verschwindet in diesem Jahrhundert, wie die bildende Kunst. In der Gegenwart kenne ich keinen mir wichtigen Lyriker.

***

Ich habe nichts zu sagen und ich sage es und das ist Poesie. – John Cage.

***

Intentionslosigkeit. Cage erklärte mir einmal: »Das Leben ist im wesentlichen intentionslos.« Es ist schwierig, dies zu begreifen. Noch schwieriger ist es, dies zu leben.

***

Schwere ausländerfeindliche Ausschreitungen in Rostock. – Nach Darstellung der Polizei setzten am Sonntag etwa 200 zum Teil Vermummte mit Molotow-Cocktails, Pflastersteinen, Stangen und Feuerwerkskörpern zum Sturm auf ein Ausländerheim an. Viele Schaulustige zeigten Sympathie mit den Angreifern. Es herrschte Volksfeststimmung.

***

Die Grundrechte. Artikel 1. Die Würde des Menschen ist unantastbar. Sie zu achten und zu schützen ist Verpflichtung aller staatlichen Gewalt.

***

Als meine Mutter sich vor Jahren damit abgefunden hatte, daß ich »anders« bin, sagte sie zu mir: »Aber bitte mach es nicht öffentlich. Denk an die Nazi-Zeit. So etwas kann immer wiederkommen.«

***

Ich warte auf Peter. Heute werden die Türen im Bad gestrichen.

***

Der Präsident des Berliner Verfassungsgerichts, Klaus Finkelnburg, hat sich dafür ausgesprochen, einen Schlußstrich unter die juristischen Bemühungen zur Aufarbeitung der DDR-Vergangenheit zu ziehen. Die jahrzehntelange Unterdrückung eines ganzen Volkes sei nach den Maßstäben des Strafrechts nicht strafbar. »Die Architeken des Unrechtsstaats, die geistigen Urheber der Unterdrückung werden weitgehend ungeschoren davonkommen«, betonte er. Die Befehlsempfänger könnten oftmals belangt werden. »Das ist ungerecht.«

***

Jeff rief an. Christian ist innerlich ganz zerrissen. »Ich muß
sterben«, sagt er. Und im nächsten Moment: »Meine Uhr ist
noch nicht abgelaufen.« Lange Phasen ohne Bewußtsein.
»Immer wieder dieses schrecklich tiefe, angsteinflößende
Atmen.«

Kosmisches Gebet

Heil, Anfang und Ende der unbeweglichen Natur, Heil, Wirbelwind der Elemente, die ihr nie müde werdet, eure Aufgaben zu erfüllen. Heil, leuchtendes Licht des Sonnenstrahles zum Dienst des Mondes. Heil, Kreis des ungleichen Glanzes des Mondes, der nachts leuchtet, Heil, alle Atemzüge der Luftdämonen, Heil euch, denen es gewährt ist, euch im Lobpreis zu freuen, Brüder und Schwestern! O großer, höchster, runder, unbegreiflicher Reigen der Welt! Himmlischer Atem, innerer Teil, zum Himmel gehörend, ätherischer, innerer Teil, zum Äther gehörend, Gebilde aus Wasser, Erde, Feuer, Wind, Licht, Finsternis, strahlend wie die Himmelskörper, feucht-feurig-kalt!
Ich lobe dich, Gott der Götter, der du die Einzelteile der Welt harmonisch zusammengefügt hast, der du die Wasser des Abgrundes auf dem unsichtbaren Fundament ihrer Lage aufgespeichert hast, den Himmel und die Erde getrennt hast und auf einer Seite den Himmel mit ewigen Goldflügeln bedeckt hast, auf der anderen Seite die Erde auf ewigen Fundamenten errichtet hast, der du den Äther zum höchsten Punkte des Reiches in der Höhe entrückt hast, der du in der Luft Windhauche ausgestreut hast, die sich aus sich heraus bewegen, der du um die Erde herum eine runde Wassersperre gelegt hast, der du Blitzesladungen vor den Orkanen vorantreibst, der du dich ergießt, Blitze schleuderst, Regen schickst, die Erde erschütterst und Lebewesen hervorbringst, Gott der Aion. Du bist groß, Herr, Gott, Beherrscher des Universums.

TEIL SECHS

Montag, 31. August. Köln. Regnerisch

Von Dienstag bis Samstag war ich in Kassel. Dann bei den Eltern
in Wuppertal. Jetzt sitze ich in Köln in Gerds Küche und
schreibe. Der Blick aus dem Fenster geht auf den kleinen Park
des Dominikanerklosters neben seinem Haus. In den vergangenen Tagen war ich in Gedanken oft bei Christian. Doch
manchmal erschrak ich. Berlin war so weit fort, daß ich mich
zwingen mußte, an ihn zu denken. Samstag früh telefonierte ich
mit Christians Mutter. »Es geht ihm sehr, sehr schlecht. Der
Gips wurde vom Bein abgenommen. Doch Christian kann nicht
mehr gehen. Ich hoffe, daß er – wie er es sich wünscht – zum
Sterben noch einmal in seine Wohnung kommen kann. Ich habe
ein richtiges Krankenhausbett für ihn besorgt. Dann ist die
Pflege leichter.«

***

Die Tage in Kassel waren so voller Streß, daß mein Körper mich
jetzt warnt. An der Lippe habe ich einen Herpes, im Mund Soor,
Ausschlag auf der Brust, die Hände zittern. Ich muß vorsichtiger
sein, mich wieder aufbauen!

***

Anlaß für meine Reise war – neben dem Besuch der Documenta
– die Tagung »Kunst – Vermittlung – Sprache«, organisiert von
der Gesamthochschule Kassel und dem Goethe-Institut München. Die Tagung war eine spannende Erfahrung. Nicht so sehr
die Inhalte der Beiträge beschäftigten mich, als vielmehr das
Miteinander der Theoretiker, Didaktiker, Künstler und der
Zuhörer. Es zeigte sich, was ich früher eher ahnte. Wissenschaftliche Theorien besitzen zwei Hauptaspekte: Sie schreiben fort,
was als Theorie über die Welt fixiert werden kann, und sie sind
soziopsychologische und individualpsychologische Phänomene.
Theorien halten Gruppen zusammen, aber auch »das Ich« des

Theoretikers, der sich ihnen anvertraut, um der Gefährdung durch die verunsichernde Wirklichkeit zu entkommen.

***

Nach einem ersten Besuch der Documenta am Dienstag fühlte ich mich in meinen Anschauungen zum Verschwinden der Kunst bestätigt. Die Intention, »Kunst zu machen«, die an den Werken der Ausstellung überall fast überdeutlich zu erkennen ist, ist heute wirklich ein Hemmnis. Was früher ein Wert war, kippt jetzt ins Gegenteil um. Wir sehen, was wir uns zuvor nicht vorstellen konnten: Kunst wird genau durch das, was sie zur Kunst macht – das Ästhetische –, in der Gegenwart fragwürdig. Sie kann das Ästhetische kaum noch überzeugend legitimieren. So entdecken wir überall eine Art Offenlegung der »Banalität des Ästhetischen«. Sie haftet der Gegenwartskunst als notwendiges Problem, als konstitutiver Bestandteil an.

***

Während der Tagung erfuhr diese – mich immer noch irritierende – Feststellung für mich eine unerwartete Transformation. Geisteswissenschaft – so wie wir sie betreiben – hat sich fast zeitgleich mit der Kunst der Moderne etabliert. Ihre strikten Regeln besitzen Beziehungen zu den Strukturen, die die moderne Kunst zur Kunst machen. Analogien drängen sich deshalb förmlich auf: Wenn in der Gegenwartskunst von einer sich abzeichnenden »Banalität des Ästhetischen« gesprochen werden kann, dann ist an den Geisteswissenschaften eine zum Problem werdende »Banalität des Theoretischen« zu erkennen. Daß ihr Denken sich in den Rastern des Wissenschaftlichen ansiedeln muß, macht es heute letztlich banal. Denn an den Wissenschaften ist nur noch interessant, wie sie um der Wissenschaftlichkeit willen das Leben permanent verfehlen.

***

Symptomatisch hierfür war der Einleitungsvortrag des Literaturwissenschaftlers Siegfried J. Schmidt. Er präsentierte die Kunstsituation von vor zwanzig Jahren als heutig. Seine Aussagen waren auf dem Stand der Systemtheorie von vor sieben Jahren. Schmidt forderte, daß Theorie zu verifizierbaren bzw. falsifizierbaren Aussagen führen müsse. »Ist dies nicht der Fall, könnte man ja auch die Sonne auf dem Bauch für eine Erkenntnis halten.«

***

Die Verfehlung des Lebens durch die Theorie zeigte sich in der Konferenz in vielen verschiedenen Varianten. Der Literaturtheoretiker Karl Riha hielt einen Vortrag, den ich – fast identisch – schon einmal von ihm vor fünfzehn Jahren gehört hatte.

***

Auch die eingeladenen Künstler bestätigten die Macht des Banalen in der Kunst und in der Theorie. Timm Ulrichs und Heinz Gappmayr, die mir als Künstler nicht wichtig sind, hatten problematische Auftritte. Besonders schockiert hat mich Heinz Gappmayr. Als er nach seinem Vortrag, in dem er die Würde und die Reinheit der Kunst pries, gefragt wurde, warum er als »Konkreter Poet« keine Lautgedichte mache, antwortete er: »Ich wollte mich nie auf die Ebene des Grunzens herunterbegeben. Ich bin doch kein australischer Aborigines oder noch animalischer.« – Als der tschechische Philosoph Petr Rezek das Werk »Sidney Janis mit einem Bild von Mondrian« des amerikanischen Pop-Künstlers George Segal vorstellte, erklärte Gappmayr: »Das Bild von Mondrian ist eines der großartigsten Werke der Kunst des 20. Jahrhunderts. Die Skulptur von Segal ist Schrott. Man sollte sie zerstören.«

***

Der in Amsterdam lebende amerikanische Künstler Jonathan Bragdan stellte in einem Beitrag sein »Single Art Work Project« vor. Er lädt Kunstinteressierte, Künstler, Kritiker, Schriftsteller in seine Wohnung ein, um mit ihnen einen Abend lang nur über ein Kunstwerk eines anwesenden Künstlers zu sprechen. Was er von solchen Treffen mit Marlene Dumas, Markus Raetz, Jan Dibbets berichtete, war von einer solch angenehmen Diskretion, daß ich mich sehr für eine Einladung interessierte. »Vielleicht klappt es schon im nächsten Monat«, sagte Bragdan. »Könnten Sie mir dafür ihren Clemente leihen?«

***

(»Er/Sie hat ein gewinnendes Wesen.«)

***

Die Kaffeepausen während der Tagung waren – wie üblich – genauso aufschlußreich wie die Vorträge. Fraktionen bildeten sich, es gab Isolierte und Vermittler zwischen den Fronten. Oft entdeckte man hier »das andere Gesicht« einer Person. Einer der Teilnehmer, der eloquent über »Bildung« doziert hatte, sagte

mir – jovial und »unter uns Männern« – in einer solchen Pause über eine gemeinsame Bekannte: »Ich habe dafür gesorgt, daß sie versetzt wurde. In K. war sie ja überkandidelt geworden. Kein Wunder bei einer Frau, wenn der Hals schrullig wird und Brüste und Arsch anfangen, faltig zu hängen.«

* * *

Für mich gab es oft solche Momente des Erschreckens, die zugleich erhellend waren. Doch es gab auch andere Situationen. Ein junges Paar kam mit seinem kleinen Baby zu mir. »Das ist unsere Paula. Stellen Sie sich vor, sie wurde am 3. Juli geboren, an dem Tag, von dem die Zeitungszitate in Ihrem Vortrag stammen.«

* * *

Das Hotel »Excelsior« in Kassel war eine Zumutung. Mein Zimmer war so laut, daß ich vier Nächte kaum schlafen konnte. Noch unangenehmer als die Geräusche war das Vibrieren des Betts, jedesmal wenn ein Lastwagen auf der Straße vor dem Hotel vorbeifuhr.

* * *

Das Programm der Tagung – von morgens bis in die Nacht – war so kompakt, daß ich noch nicht einmal die Kraft zum Zeitungslesen hatte.

* * *

Zur Entspannung machte ich deshalb mehrmals TaiChi Chuan in der Karlsaue. Ich kann dabei völlig abschalten.

* * *

»Schluß mit den Halbwahrheiten!« Der Satz von Pier Paolo Pasolini, der mir während des Vortrags von Siegfried J. Schmidt wieder einfiel, wurde für mich in diesen Tagen immer wichtiger.

* * *

Ich wurde aufmerksam auf Kleinigkeiten. Beim Dia-Vortrag des Theoretikers S. D. Sauerbier stellte ich fest, daß viele Beschreibungen, Daten und Angaben zu den gezeigten Kunstwerken schlichtweg falsch und erfunden waren.

* * *

Petr Rezek entwickelte ausführlich die mögliche Erfindung einer Technologie, mit der man Bilder direkt im Auge auf der

Netzhaut erzeugen kann. Oswald Wiener hat sie schon 1965 in seinem Roman »Die Verbesserung von Mitteleuropa« beschrieben. Ihr Titel: »Der Bio-Adapter«.

***

Während einer Nachmittagssitzung saß ein junger Mann mit sehr kurzen Haaren und Pferdeschwänzchen im Publikum. Er sah mich ununterbrochen – mal ernst, mal lächelnd – an. Nach dem Vortrag von Dora Maurer aus Budapest verließ er den Raum und winkte mir zu.

***

Frauen waren nicht zum Theorieteil der Tagung eingeladen worden. Sie durften in der Abteilung »Didaktische Praxis« auftreten. Was Dora Maurer, Kathinka Dietrich-van Weringh, Rotraud Cros und Carmen Marcou vorstellten, war für mich oft weitaus anregender als die »harte« (S.J. Schmidt), versteinerte Theorie der Wissenschaftler.

***

Wenn man zwanzig Jahre in demselben Berufskontext arbeitet, werden die Biographien der Kollegen zunehmend zum Thema. Der Berliner Didaktikdozent Helmut Hartwig, Anfang Fünfzig und immer noch im 68er Look, überraschte mich durch einen phantasievollen, engagierten Vortrag. Vor zwölf Jahren versuchte er noch, mich mit Marx-Zitaten zu überrumpeln.

***

Jüngere Wissenschaftler und Künstler gab es bei dieser Tagung nur im Publikum. Aufs Podium durften sie nicht. Ein Hauch von Altersheim stellte sich deshalb ein. Das war oft deprimierend. Mit großem Pathos wurden Kunst- und Weltanschauungen vorgeführt, die sich überlebt haben und wahrscheinlich nie wirklich lebten.

***

Memento mori: Beim Blick aus dem Hotelzimmer entdeckte ich eines Morgens, daß im Haus gegenüber in einem Fenster statt der Gardine eine große Piratenflagge hängt. Auf schwarzem Grund ein weißer Totenkopf mit darunter gekreuzten Knochen.

***

Eigentlich wollte ich in Kassel wieder mit der Einnahme von AZT und DDC beginnen. Doch ich hatte meine Medikamente vergessen.

***

Ich esse zuwenig! In den letzten sechs Wochen habe ich fünf Kilo abgenommen.

***

Zum Frühstück im Hotel traf ich mich mit Bernard Dieterle, einem meiner ehemaligen Studenten. Gespräche über frühere Kollegen und Kolleginnen. Auch er sieht eine solche Veranstaltung vor allem als ein soziopsychologisches Phänomen, bei dem das Zeigen und Verbergen von Biographien fast das Aufschlußreichste ist. Als wir über die Tragik der Lebenslügen sprachen, plötzlich eine Erinnerung, die ich ihm nicht mitteilte: N. N. war ein Dozent in Berlin, ein messerscharfer Analytiker, der mit seinem Zynismus vor allem junge Studentinnen oft in Weinkrämpfe hineintrieb. Einmal stellte ich ihn nach einer solchen unangenehmen Situation zur Rede. In seinem Wagen sitzend, schilderte er mir daraufhin seine Verzweiflung. Er blieb allgemein, ohne Details. Ein paar Tage später rief mich nachts eine junge Wissenschaftlerin an, mit der er ein Verhältnis hatte, unter dem sie sehr litt. Sie war so verstört, daß sie die Ehefrau von N. N. anrufen wollte. Ich erfuhr, daß ihre Beziehung zu ihm auf dem extremen Ausleben von sadomasochistischen Phantasien beruhte. Doch das Körperliche war für die junge Frau nicht zum Problem geworden. Was sie fast zum Wahnsinn trieb, war, daß N. N. seinen Sadismus auf ihre wissenschaftliche Arbeit projizierte und sie in der Öffentlichkeit als »intellektuelle Null« abkanzelte.

***

Pauline Réage: Die Geschichte der O.

***

Da ich bei der Tagung fast der einzige war, der sich in der Kunst der letzten dreißig Jahre wenigstens einigermaßen fundiert auskannte, wurde ich für sie bald zum »roten Faden«. Das war schwierig. Es spaltete das Publikum. Viele waren auf meiner Seite, andere hatten mit mir große Probleme. In einer Pause kam eine junge Frau – mit gesenktem Blick und eingezogenen Schultern – auf mich zu und sagte mir: »Wissen Sie eigentlich, daß Sie unsäglich sind. Zu allem wissen Sie etwas zu sagen.« Ich verwickelte sie in ein längeres Gespräch, in dem ich versuchte, mich in ihre Lage zu versetzen. Schon, daß ich ihr zuhörte, veränderte sie. Sie bekam einen freieren Blick, ihre Körperhaltung wurde aufrecht. Ganz am Ende der Veranstaltung ging sie an mir vorbei, gab mir flüchtig die Hand und sagte: »Ich hab's mir überlegt. Eigentlich war es doch ganz gut, daß Sie hier waren.«

* * *

Am Abschlußabend gingen wir noch zu zwölft zum Essen. Alle waren sehr erschöpft. Im Kasseler Lokal »Rosenhang« wollten wir nach dem Essen noch in Ruhe plaudern. Doch daraus wurde nichts. Eine Jazzband spielte lautstark ihre Hits. »Come Rain or Come Shine«, »Temptation«... Rotraud Cros aus Bordeaux, mit der ich mich gut verstehe, erzählte ich von meinem »Song aller Songs«, Judy Garlands »Somewhere over the Rainbow«, gesungen bei ihrem Carnegie-Hall-Konzert. Das Lied macht mich immer wehmütig und glücklich zugleich. Als Ende der Konferenz stellte ich es mir sehr passend vor. Ich fragte den Bandleader, ob die Band es spielen könne. »Wir haben es im Repertoire.« Doch die Musiker fanden die Noten nicht, spielten den Song aus dem Kopf. Alles klang falsch, die Band geriet aus dem Rhythmus und – genau so – war es richtig.

* * *

Die Tagung selbst endete übrigens mit einem handfesten Skandal. Im »Didaktiker-Teil« trat Uwe Kind auf, der mit Rap-Songs, T-Shirts und Animationen Kindern – vor allem Schwarzen in New York – den Einstieg ins Deutschlernen zum Spaß macht. Für den Schriftsteller Hartmut Geerken war dies »so unter Niveau«, daß er sein als Abschluß geplantes »Videosprechstück für Profis & Laien: Mappa takes minus three« absagte.

Zwei Tage verbrachte ich in Kassel mit dem Besuch der Documenta. Die Ausstellung ist ein gigantischer Publikumsmagnet. Bisher sahen sie 350 000 Besucher. Die Menschenschlangen vor den Eingängen der Documenta-Räume wirken fast bedrohlich. Wie kann Kunst solch ein Interesse aushalten? Meinen Besuch begann ich so, wie mein Freund Eckehard, der die Documenta vor drei Wochen sah, es mir empfohlen hatte. Durchs Gewühl des Fridericianums ging ich zielstrebig zum Zwehrenturm. Dort im Parterre hatten Jan Hoet und seine Mitarbeiter den Nukleus der Schau situiert: Gauguins »Wohin gehst Du?«, Davids »Marat«, Ensors »Selbstbildnis«. In einem kleinen Raum sah

man die Werke, von ihnen getrennt durch eine – plötzlich wie ein Symbol wirkende – große Glasscheibe. Ich war beeindruckt. »Hier beginnt die Kunst der Moderne.« Dies ist ein plausibler Anfang für das, was heute wichtig ist. In der nächsten Etage des Turms Joseph Beuys' »Wirtschaftswerte«, darüber James Lee Byars' stiller weißer Raum. Nach dem Begreifen dieser Ausgangssituation ging ich vier Stunden lang durch die diversen Gebäude, durch den Park, durch die Stadt. Vieles nahm ich sehr intensiv, manches nur flüchtig wahr. Im Kopf hatte ich stets den Anfang im Zwehrenturm. Er bot mir einen Halt für mein Sehen. An ihm maß ich die anderen Beiträge. Als ich die Klanginstallation von Max Neuhaus im AOK-Gebäude erlebte, wußte ich, daß sie für mich eine weitere Mitte der Ausstellung ist. Der sich im Treppenhaus des Gebäudes langsam wandelnde Ton trägt das eigene Erleben über das Ich hinaus, entgrenzt die Erfahrung. Die Schilder im Gebäude: »Regreßabteilung«, »Kasse«, »Antragsstelle« bringen einen ein wenig zurück in die Realität. Doch sie wirken wie eine notwendige Gegenstimme, wie die Versuche, das Chaos der Welt zu beherrschen und zu formalisieren.

***

Der weitaus größte Teil der Beiträge zur Documenta sind für mich »Phänomene«. Ich sehe sie unter dem Aspekt »Ja, das macht man heute. Es berührt mich nicht. Aber ich sehe ein, daß es gemacht werden muß.« Am Ende der Kunstachse in der Stadt, hinter der Neuen Galerie, dann eine weitere mich bewegende Überraschung. In einem kleinen Tempel aus dem vorigen Jahrhundert Luciano Fabros »Geburt der Venus«. Wenn man genau hinschaut, entdeckt man – wie oft bei Fabro –, daß der Titel eine Assoziation darstellt, die bewußt irreführen soll. Was man – aus einer bestimmten Perspektive – sieht, ist nämlich eine riesige Marmorzunge, die das Kunstwerk in Richtung Stadt herausstreckt. Die Beziehung Kunst – Leben, Kunst – Alltagszivilisation wird hier, in dieser Situation, zum Thema. Fabro hat es so raffiniert gestaltet, daß man es – aus einer anderen Perspektive – gar nicht mehr entdeckt. Die Skulptur ist dann nur noch eine schöne, durch das Material wirkende abstrakte Konfiguration. (Fraglich also, ob man überhaupt die Deutung »als Zunge« mitteilen sollte.)

***

Die Documenta wurde für mich nach diesem Erlebnis zu einer Art Rhizom. Ich konnte sie mir nach verschiedenen Fluchtlinien und Sehachsen immer wieder neu zusammenstellen. Eigentlich war sie ein Doppel. Es gab für mich eine »Documenta der Sieben« – Gauguin, David, Ensor, Beuys, Byars, Neuhaus, Fabro – und eine »Documenta der Vielfalt«, die mich letztlich eher peripher interessierte. Als ich im Documenta-Büro mit Jan Hoet, Bart De Baere und Pier Luigi Tazzi darüber sprach, waren sie davon durchaus angetan. Bart De Baere meinte: »Du solltest dir noch einige Künstler dazu gönnen. Zum Beispiel Matthew Barney.« – Jan Hoet lenkte meinen Blick auf die Video-Installation von Stan Douglas, die mir auch beim Durchschreiten seines Raums Eindruck gemacht hatte. Pier Luigi Tazzi stellte für mich »seine Sieben« zusammen. Die Namen auf der Liste: Mucha, West, Barney, Salvadori, Zvezdochotov, Spalletti, Kawamata.

* * *

Denke ich über mein Erleben der Documenta unter dem Aspekt des Verschwindens der Kunst nach, dann werden die Aspekte dieses Verschwindens reicher. »Meine Sieben« sprechen von ihm auf verschiedene Weise. Sie fügen Kunst ins Soziale ein, in die Flucht aus der Welt, in die Sehnsucht nach gelebtem Leben. Im Kontrast zu der Kunst, die sich in den verschiedensten Formen in der Ausstellung extrem lautstark behaupten will – Kosuth, Kogler, Noland, Brey –, wirkt dies fast wie eine Erinnerung daran, was Kunst einmal war. »Meine Sieben« besitzen ihre Größe durch das, was an ihnen aufscheint als Abwesendes. Ich sehe dies voller Liebe, Verständnis und Dankbarkeit.

* * *

Sowohl Jan Hoet als auch Pier Luigi Tazzi waren meine Überlegungen zum Verschwinden der Kunst nicht fremd. Tazzi ging sogar so weit, daß er die Prognose stellte: »Viele der jungen Künstler hier – und vielleicht die besten – werden wahrscheinlich in fünf Jahren gar keine Kunst mehr machen.« – Als ich dies in Köln Gerd erzählte, sagte er nur: »Pier Luigi ist ein unverbesserlicher Optimist!«

* * *

Im Gespräch mit Jan Hoet wurde mir deutlich, daß die internationale Kunstkritik, die fast durchgängig negativ ist, weit unter dem intellektuellen Niveau der Documenta-Macher argumentiert. Meine Satire auf die deutsche Kunstkritik, die ich 1982 anläßlich der Ausstellung »Zeitgeist« im »Kunstforum« veröffentlichte, könnte ich zur Documenta IX fast wörtlich wiederholen.

***

»Deutsche Kunstkritik«. Als Gerd und ich 1982 unser Buch »Hunger nach Bildern« veröffentlichten, wurde es von der deutschen Presse nicht beachtet. Eine Rezension des Buches erschien weder in der »Frankfurter Allgemeinen Zeitung«, noch in der »Welt«, der »Frankfurter Rundschau«, der »Süddeutschen« oder in der »Zeit«. Als ich Jahre später – das Buch hatte die Auflage von fast 20 000 Exemplaren erreicht – einmal Petra Kipphoff darauf ansprach, sagte sie nur: »Das müssen Sie doch verstehen. ›Hunger nach Bildern‹ war für uns ein Produkt der Kunstmafia. So etwas rezensiert man nicht.«

***

Die Kunstwerke der Documenta sind nur <u>ein</u> Aspekt der Kunst heute. Kunst als Tourismus-Phänomen, als Public Relations für eine Stadt, als Wirtschaftsfaktor, als Ort für Sponsoring-Plazierung, als Freizeitvergnügen ein anderer. Hinzu kommen die persönlichen Erfahrungen, die kleinen Erlebnisse des Alltags, die sich mit dem Besuch eines solchen Mammutunternehmens verbinden.

***

Beim Mittagessen erzählte ich Pier Luigi von meinem Buchprojekt. »Du solltest es Bernd Barde von Cantz anbieten«, sagte er. »Ich könnte mir vorstellen, daß es ihm gefällt.« Eine Stunde später im Documenta-Büro – ich traute meinen Augen kaum – taucht Bernd Barde dort auf. Ich erzähle ihm vom Buch. Er hört interessiert zu, fragt als Praktiker: »Wie viele Seiten? Wie viele Abbildungen? Wann ist es fertig?«

***

Die letzte Frage provozierte bei mir ein Umdenken. Bisher habe ich an diesem Text geschrieben unter dem Aspekt, mit dem das Buch beginnt: »Solange es mir gut geht.« Doch plötzlich merke ich, daß dies gar nicht mehr mein Interesse ist. Ich entdecke, daß es darum geht, »daß es dem Buch gut geht«, daß es sich auf eine innere Logik hin entwickelt und fertig ist, wenn ich gesagt habe, was ich »im Buch« sagen möchte. Wann dieser Zeitpunkt erreicht ist, weiß ich noch nicht. Doch ich habe das Gefühl, daß ich jetzt hier, an dieser Stelle, an der ich gerade schreibe, ungefähr in der Mitte des Buches bin.

***

Eine Beklemmung ist mit diesem Gedanken verbunden. »Und was, wenn ich nicht mehr die Kraft habe, weiterzuschreiben, wenn die Krankheit ausbricht, ich unfähig sein werde, zu formulieren, was ich mitteilen möchte?« – »Wie es weitergeht, wird sich dann zeigen. Es ist sinnlos, sich darüber jetzt Gedanken zu machen«, antwortet meine innere Stimme. Und sie hat recht.

***

Im Hotel, auf dem Bett liegend, überdenke ich meine Documenta-Erfahrung. »Dies alles gibt es also«, sage ich mir. Und dann: »Das ist ein guter Titel für dein Buch!«

***

(Alfred Nemeczek schrieb mir später in einem Brief: »Sollte man nicht darauf hinweisen, daß Ihr Titel das Motto der zweiten Auflage von Ernst Jüngers ›Das abenteuerliche Herz‹ ist?« Doch ich habe Jüngers Buch nie gelesen. In der Ausgabe, die ich in meiner Bibliothek finde, ist das Motto nicht enthalten. Es ist ein Abdruck der Erstausgabe.)

Die Fahrt mit der Bahn von Kassel zu den Eltern nach Wuppertal war eine »Sentimental Journey«. Da ich in Geographie nicht allzusehr bewandert bin, wußte ich nicht genau, wie die Route verläuft. Plötzlich stelle ich während der Fahrt fest, daß sie durchs Sauerland führt, durch meine Kindheit. In Hoheleye bei Winterberg verbrachte ich zwölf Jahre lang mit den Eltern meine Sommer- und Winterferien. Die Landschaft hat sich mir mit all ihren Stimmungen tief eingeprägt. Am Spätnachmittag, in der Nähe von Bestwig: Nebel über den Wiesen, der Himmel kalt und grau, Regen – wie damals.

***

Als die Bäume, Büsche und Masten während der Zugfahrt an mir vorbeirasten, assoziierte ich plötzlich den Namen »Boccioni«. Ich erinnerte mich: Mit fünfzehn Jahren bekam ich »Knaurs Lexikon der modernen Malerei« geschenkt. Besonders begeisterte mich darin der Futurist Boccioni mit seinen Bildern der Simultaneität und der Geschwindigkeit. Seitdem ist der Blick aus einem fahrenden Eisenbahnzug für mich immer wieder mit seinem Namen verbunden.

***

Bei Brilon: über den Hügeln ein heller, schmaler Sonnenstreifen unter dem dunkelgrauen Himmel. Wir fahren um die Hügel herum. Ich bin in einer überwachen Stimmung. Plötzlich strahlt mir die Sonne ins Gesicht. Vor Glück hätte ich schreien können.

* * *

Eine andere mich überraschende Assoziation: Zu den Ferien im Sauerland gehörte für die Eltern und für mich stets der Besuch von Marburg. Dabei sah ich mit zehn Jahren in der Elisabeth-Kirche zum erstenmal die gotische Figur der »Elisabeth von Thüringen«. Der Führer erzählte uns in der Kirche ihre Lebensgeschichte. Ich habe sie nie wieder vergessen. Die Landschaft des Sauerlands verband sich nun bei der Eisenbahnfahrt, ohne daß ich eigentlich wüßte, warum, mit der Erinnerung an diese Frau.

* * *

Im Tunnel vor Meschede sehe ich mein eingefallenes Gesicht in der Fensterscheibe des Abteils. Ich blicke mich in Ruhe an.

* * *

Es ist, was es ist, sagt die Liebe.

* * *

Beim Umsteigen in Hagen stutze ich bei der Lautsprecheransage: »Sie haben Anschluß an den Intercity ›Glückauf‹ nach Hannover.«

....

Der Besuch bei den Eltern in Wuppertal war schwierig. Mutter feierte ihren 78. Geburtstag. Sie hatte vierzehn Gäste eingeladen. In den letzten Wochen haben die Eltern rapide abgebaut. Der Alltag fällt ihnen schwer. Sie müssen sich fast verkrampft zusammenreißen, um ihn zu bewältigen. Aggressionen, spitze Bemerkungen werden oft gemacht, wenn Kleinigkeiten nicht gelingen. Dahinter steht die Angst, das Leben nicht mehr zu meistern.

* * *

Die Geburtstagfeier war entspannt und angenehm. Als mir im Gespräch mit meiner 82jährigen Tante der Name einer Verwandten nicht einfiel, holte ich ein Fotoalbum. Staunendes Betrachten der Bilder. »Mein Gott, waren wir damals jung.« Im Album, das ich meinen Eltern zur Goldenen Hochzeit geschenkt hatte, entdeckte ich auf der letzten Seite die Kopie eines mittelalterlichen Holzschnitts. »Das Rad des Lebens.« Meine Tante betrachtete ihn voller Neugier und ließ sich »Die sieben Stationen des Lebens« ausführlich erläutern.

* * *

Vom Streß in Kassel war ich in Wuppertal immer noch aufgedreht und fast am Ende meiner Kraft. Meine Mutter bat mich: »Du mußt mehr auf dich aufpassen. Achte auf deine Gesundheit, bitte.« Sie sah meine Erschöpfung, spürte aber auch, daß es mir trotzdem gutgeht. Als sie mich einmal in der Wohnung suchte, rief sie laut: »Wo ist denn mein Hans im Glück!?«

* * *

Auf dem Barmer Bahnhof, kurz vor Einfahrt des Zuges, blickte mir mein Vater beim Abschied fest in die Augen und sagte – ohne Sentimentalität und ohne Scheu: »Was ich dich noch fragen wollte: Wo möchtest du denn beerdigt werden? Ich kann verstehen, wenn du ein Grab in Berlin haben willst. Eckehard kann es dann ja pflegen.«

....

In Köln bespreche ich mit Gerd mein Buchprojekt. Was er bisher davon kennt, gefällt ihm. Wir machen uns Gedanken über die Illustrationen. »Sie sollten nicht ›offensichtlich‹ sein. Eher sollten sie eine weitere Lese-Ebene hinzufügen, die den Text eigenständig erweitert.« Viele Pläne, viele Ideen. Gerd mag mein Konzept.

* * *

Donal Gordon, ein naher Freund, den ich seit 1974 aus Dublin kenne, kam für einen Tag aus Brüssel nach Köln, um mich zu sehen. Ich schätze ihn sehr. Wie immer, wenn er mich besucht, brachte er ein Pfund »Leonidas-Pralinen« mit. Sein Freund ist vor einem Jahr an Aids gestorben. Er hat es noch nicht wirklich akzeptiert. Oft spricht er von ihm, als ob er im nächsten Moment durch die Türe zu uns ins Zimmer kommen könnte, um mit uns zu reden.

* * *

Donal erzähle ich von meinem Schreiben. Er selbst »scribbelt« schon seit Jahren »notes« in ein »scrapbook«. In seinen Texten vermischen sich Zitate, Sprachspiele, Assoziationen.

It is feared many may be in the debris. – Napoléon: »C'est l'imagination qui gouverne les hommes.« – writers, pendulumists, halfthinkers, debaters, vacillaters, vacillationists, one side of the argument. – God is the opposite of addiction. – Augustine: »Love and do what you will.« – Rilke: Vienna Winter. – Sei umarmt. – A burden that's running through your fingers.

* * *

Mit Paul spreche ich ebenfalls über mein Buch. Er ist sehr neugierig. Meinen Satz »In dem Buch geht es um die Kunst und um mein Leben« findet er ein wenig kurios. »Du mußt aufpassen, daß du nicht die Hildegard Knef der Kunstgeschichte wirst.« Ein entsprechender Titel fällt uns auch dazu ein: »Der geschenkte Faust«.

Die Zeit geht nicht, sie stehet still,
Wir ziehen durch sie hin;
Sie ist ein Karawanserei,
Wir sind die Pilger drin.

Ein Etwas, form- und farbenlos,
Das nur Gestalt gewinnt,
Wo ihr drin auf und nieder taucht,
Bis wieder ihr zerrinnt.

Es blitzt ein Tropfen Morgentau
Im Strahl des Sonnenlichts;
Ein Tag kann eine Perle sein
Und ein Jahrhundert nichts.

Es ist ein weißes Pergament
Die Zeit, und jeder schreibt
Mit seinem roten Blut darauf,
Bis ihn der Strom vertreibt.

An dich, du wunderbare Welt,
Du Schönheit ohne End,
Auch ich schreib meinen Liebesbrief
Auf dieses Pergament.

Froh bin ich, daß ich aufgeblüht
In deinem runden Kranz;
Zum Dank trüb ich die Quelle nicht
Und lobe deinen Glanz.

Gottfried Keller

TEIL SIEBEN

Mittwoch, 2. September. Berlin. Regen

Wieder in Berlin. Ich bin sehr froh darüber. Eckehard ist von seiner Reise mit den Senioren zurück. Er strahlt bei der Begrüßung: »Mit der Renovierung der Wohnung hast du mir eine riesige Freude gemacht!« Ich hatte ihm nichts davon erzählt.

* * *

Berliner Senat analysiert Krawalle: Rostocker Verhältnisse in Berlin unwahrscheinlich.

* * *

Rostocker Verhältnisse. »Solange kein Ponto oder Herrhausen ermordet werden, haben die Neo-Nazis in Deutschland leichtes Spiel.«

* * *

Anruf von Christians Mutter. Er liegt noch im AVK. »Christian wird immer schwächer. Er hat – trotz Morphium – fürchterliche Schmerzen. Doch er wird ruhiger. Daß er noch im Krankenhaus bleiben muß, damit hat er sich jetzt abgefunden.«

* * *

Peter Bömmels schickt mir sein neues Katalogbuch »L'uomo non era previsto«, für das Achille Bonito Oliva einen Text verfaßt hat. Ich schätze Peters Arbeit. Das Buch ist sehr schön geworden.

* * *

In der Wohnung riecht es immer noch nach Lackfarbe. Ich bekomme Kopfschmerzen davon.

* * *

(»Lachfarbe« hatte ich gerade im obigen Satz getippt. Ein schöner Verschreiber!)

* * *

Meinen handschriftlichen Text zu den Tagen in Kassel, Wuppertal, Köln, den ich gestern in Köln verfaßte, gebe ich nun in den Computer ein. Dieser Teil ist anders als die anderen, muß es sein.

***

Ich suche die Illustrationen zum Buch. Fast alle finde ich in meiner Bibliothek. Nur die Postkarte mit dem Hemingway-Portrait ist verschwunden. Vor der Reise hatte ich sie noch.

***

Anruf von Wolfgang R. Seine Gürtelrose ist abgeheilt. Doch die Hautstellen »stechen« noch. Ich kenne das von mir. Es wird Monate anhalten.

***

Ich bin erschöpfter, als ich erwartet habe. Meine Hände zittern.

***

Nicola Kuhn zur Documenta im Tagesspiegel: »›Auf nach Kassel‹ hatte es enthusiastisch in den Feuilletons vor der Eröffnung der Documenta geheißen. Abgeschreckt von Rummel und Volkstümlichkeit wandten sich viele indigniert wieder ab. Eine sich anbahnende Aufteilung in E- und U-Kunst, in ernste und unterhaltsame Kunst, wird schon angsterfüllt diagnostiziert. Wo immer es mit dem krisengeschüttelten Kunstbetrieb auch hingeht, die Documenta IX hat mit ihrer Lebenslustigkeit, ihrer Anziehungskraft auf weite Teile der Bevölkerung zumindest einen Weg gewiesen.«

***

Wie wunderbar ist dies: Ich schöpfe Wasser, ich hole Brennholz.

***

Peter, der jetzt die Fußleisten streicht, erzähle ich von meiner Reise. Als ich ihm sage »Ich bin durch«, versteht er mich nicht. Doch es stimmt: Die Erfahrungen in Kassel, Wuppertal, Köln haben mich bestärkt. Ich habe keine Angst mehr im Leben. »Es gibt keine Probleme!« – Wenigstens jetzt nicht.

***

Ich bin so gelöst, daß es mir fast unheimlich ist. Vor einem Jahr war Christian in einer ähnlichen Stimmung. Damals sagte er, kurz nachdem man ihm mit einer schwierigen Operation den

»Port« eingepflanzt hatte: »Es ist alles so erschreckend einfach.«

* * *

Spät in der Nacht ein Anruf von Gita Dornes aus Genf. Vor sechs Jahren kam sie nach meinem Vortrag im New Yorker Museum of Modern Art zu mir ans Podium. »Was Sie über Anselm Kiefers Bild ›Sulamith‹ gesagt haben, hat mich sehr nachdenklich gemacht.« – Seitdem hören wir ab und zu voneinander. Nun möchte sie für die Zeitschrift »Cadmos« einen Artikel von mir haben über »Das vereinte Deutschland«. Es würde mich interessieren, ihn zu schreiben. Doch ich spüre, daß ich nicht die Zeit dafür übrig habe.

* * *

Herrlisheim: Gräber auf jüdischem Friedhof geschändet.

....

Donnerstag, 3. 9. 92

Nach fünf Stunden Schlaf bin ich um halb sechs Uhr aufgestanden. Ich fühle keine Müdigkeit. Der Himmel über den Häusern gegenüber ist dunkelblau. Einige Fenster sind erleuchtet. Früher habe ich nur nachts gearbeitet. Jetzt bin ich ein Morgenmensch geworden.

* * *

Ich mache mir eine Tasse Kaffee. Esse ein Brot. Beginne heute wieder mit der Einnahme von AZT und DDC.

* * *

Gita Dornes sagte im Telefonat letzte Nacht: »Ich kann verstehen, wenn Sie für den Artikel, den ich mir von Ihnen wünsche, keine Zeit haben. Sie müssen ja unbedingt noch Ihr Buch schreiben.« Und dann: »Verzeihen Sie das ›noch‹. Es rutscht einfach so raus, wenn man Ihre Situation kennt. Ich hoffe so sehr, daß Sie noch lange leben.«

* * *

»Noch« – das ist eine Formel, die ich jetzt auch immer häufiger denke.

* * *

Der Himmel über den Häusern gegenüber verwandelt sich in ein helles Graublau.

* * *

We are such stuff, as dreams are made on...

* * *

Gestern schickte mir Matthew Helbert das Buch »At Your Own Risk. A Saint's Testament« seines Freundes Derek Jarman. Im Brief dazu schreibt er: »This is Derek's most recent book. I don't think it is so good, maybe too egocentric and sometimes too bitter.« Ich werde es vorläufig nicht lesen.

* * *

Von Manfred L'age, dem ich einen ersten Part meines Buches schickte – »wegen der medizinischen Fachausdrücke« –, bekam ich einen sehr emotionalen Brief. »Das Buch bewegt mich sehr.« Viele meiner Freunde, die ich erwähne, waren oder sind seine Patienten. Einmal sagte er in einem Gespräch zu mir: »Früher war ein Todesfall auf meiner Station eher ein seltenes Ereignis. Heute geschieht es so oft, so unausweichlich, daß ich mich hilflos fühle. Letztlich können wir Mediziner nichts tun. Aids ist eine Herausforderung, die wir gefühlsmäßig noch gar nicht richtig verstanden haben. Das ist sehr schwierig für mich.«

* * *

Panta rhei.

* * *

Die Geburt ist nicht ein augenblickliches Ereignis, sondern ein dauernder Vorgang. Das Ziel des Lebens ist es, ganz geboren zu werden, und seine Tragödie, daß die meisten von uns sterben, bevor sie ganz geboren sind. Zu leben bedeutet jede Minute geboren zu werden. Der Tod tritt ein, wenn die Geburt aufhört.
– Erich Fromm

* * *

Trinkt, o Augen, was die Wimper hält, von dem goldnen Überfluß der Welt!

* * *

Als ich Gerd gegenüber in Köln erwähnte, daß ich bei meinem Schreiben viele Passagen wieder herausstreiche, sagte er: »Ja, die Schere wirkt Wunder.« Dies ist ein Ausspruch von Max Burchartz, dem Grafik-Designer aus dem Bauhaus, der Pauls Lehrer war.

* * *

Das schönste Buch, das Gerd und Paul je gemacht haben: der Essener Katalog für den Künstler Giulio Paolini. Alles stimmt, alles ist selbstverständlich richtig.

***

Giulio Paolini. Vor Jahren schenkte ich ihm einmal einen Kalender mit Farbabbildungen von Architekturen aus dem 18. Jahrhundert, die in Marmorintarsienarbeit ausgeführt waren. Er schuf daraus eine kompliziert schöne Montage, die als Serigraphie gedruckt wurde. Nun hängt das Blatt auf der frisch renovierten Wand meines Zimmers.

***

Zu meinem Auftritt in Kassel vor den Didaktikern des Goethe-Instituts fällt mir erst jetzt das Zitat von Galileo Galilei ein, das meine Arbeit als Dozent bestimmte: »Man kann einen Menschen nichts lehren. Man kann ihm nur helfen, es bei sich selbst zu entdecken.«

....

Freitag, 4. 9. 1992. Rosablauer Himmel

Traum: Ich liege zusammen mit einer jungen Frau, die ich sehr nett finde, auf meinem Bett. Wir sind angezogen. Plaudern miteinander, schmusen. Wir mögen uns sehr. Umarmen uns. Die Frau legt sich auf mich. Im selben Moment kommt meine Mutter ins Zimmer. Sie will die unordentliche Kleidung, die auf einem Stuhl liegt, wegnehmen. Ich sehe sie an, fühle mich kontrolliert und gestört. Doch ich traue mich nicht, etwas zu sagen. Meine Mutter blickt auf uns mit riesigen starren Augen. »Wenn Blicke töten könnten...«, fällt mir als Assoziation ein. Ich werde wach.

***

Der Blick meiner Mutter: Es gibt sumerische Gesichtsmasken, die genau diesen Blick haben. Starr, hypnotisch, vernichtend.

***

Erinnerung, jetzt: Als ich etwa fünf Jahre alt war, hatte ich etwas gemacht, was meine Mutter ärgerte. Sie stand vor mir, redete laut auf mich ein, blickte mir mit weitaufgerissenen Augen ins Gesicht. Sie sagte nichts mehr, sah mich nur an. Und dann: »Ich liebe dich nicht. Du bist nicht mein Kind.« – Später schildere ich die Szene meinem Vater: »Stell dir vor, Mutter wollte mich fressen.«

***

Meine Mutter: Szenen solcher Aggression waren äußerst selten in meiner Kindheit. Für meine Mutter war ich ihr »ein und alles«. Als ich einmal – vor zwanzig Jahren – mit ihr darüber sprach, wurde mir deutlich, daß sie mich – aus Angst – übermächtig liebte.

***

Beim Frühstück erzähle ich Eckehard den Traum. »Das glaubt dir doch keiner. Das wirkt doch wie nach ›Schema F‹ ausgedacht.«

***

Ich esse nicht genug, rauche zuviel, trinke zuviel Kaffee. Zum Frühstück nehme ich mir heute morgen kaum Zeit. Eckehard: »Das wird doch hoffentlich bald wieder anders. Wann kehrt denn endlich wieder Gemütlichkeit ein!?«

***

Busfahrt zum AVK: Der Busfahrer begrüßt jeden Fahrgast mit »Guten Morgen!« – Eine Frau sagt: »Sie sind aber noch nicht lange bei der BVG.«

***

Aus dem Busfenster. Ein Lederkerl steht am Straßenrand. In voller Montur. Mit Ketten, rotem Taschentuch in der linken Gesäßtasche, schwarzer Ledermütze. Er sieht aus wie aus einer Zeichnung von Tom of Finland. »Clones« nannte man diesen Männertyp früher in San Francisco.

***

Im AVK. Ein Gespräch mit Manfred L'age. Eine Blutuntersuchung wird nicht gemacht. »Sie sind sehr gestreßt. Aber ich bin sicher, alles ist okay.«

***

Manfred L'age ging mit mir in die Tagesklinik. Bereitete die Inhalation selbst vor. Als ich mit dem monströsen Inhaliergerät und einer Nasenklemme vor ihm saß, dachte ich: »Arzt und Patient«. Ich kam mir plötzlich sehr hilflos vor.

***

Das Inhalieren war diesmal sehr unangenehm. Ständiger Hustenreiz, fast bis zum Erbrechen. Ich mußte mich zwingen, es bis zum Ende durchzustehen.

***

In der Tagesklinik. Medizinische Geräte, Computer, Akten, Karteien, Hängeregistraturen. Auf den Ablagen steht: »Verlauf HIV«, »Aufnahmestatus«, »Tagesbogen«.

* * *

Beim Blick aus dem Fenster sehe ich gegenüber eine lange Häuserzeile aus den 30er Jahren. Eine trostlose Architektur. Daran ändern auch die Gardinen, Blumentöpfe, Nippesfiguren in den Wohnungsfenstern nichts.

* * *

Im AVK. Voller Beklemmung öffne ich die Tür zu Christians Zimmer auf der Station 30 B. Christian liegt fast nackend auf dem Bett. Nur mit einem Hemd bekleidet. »Pampers« statt einer Unterhose. Der Schlauch des Dauerkatheters. Sein Gesicht ist noch hagerer geworden. Doch er lacht mich strahlend an, als ich hereinkomme. Er ist locker und gelöst. Ich bin erleichtert. »Schön, daß du wieder da bist. Erzähle von deiner Tagung.« Ich berichte ihm, was ich erlebt habe. Er hört – oft amüsiert – aufmerksam zu. Dann wieder fürchterliche Krämpfe. Er stöhnt: »Gestern bin ich rektoskopiert worden. Sie haben es sehr gut gemacht. Aber ich habe ein riesiges Geschwür im Darm. Das kann nicht mehr operiert werden. Damit muß ich noch etwas leben.« Ich ahne, daß er weiß: Die Therapie wird jetzt eingestellt. Man wird ihm nur noch helfen, die Schmerzen zu ertragen. – Ich erzähle von meinem Buch. Sein Buch soll in Kürze bei DuMont herauskommen. Christian: »Es ist uns ganz großartig gelungen. Schade nur, daß ich sein Erscheinen wohl doch nicht mehr erleben werde.«

* * *

Mein Buch. In den letzten Tagen habe ich daran wie im Rausch gearbeitet. Die Illustrationen habe ich besorgt, verkleinert, ins Manuskript eingebaut, ihre Größe bestimmt. Das war Streß. Ich spüre, daß es so nicht weitergeht. Das Buch darf mich nicht ruinieren. Ich kenne solche Situationen von Künstlern. Um des Werks willen versagt man sich das Leben. Genau dies aber ist mir nicht wichtig. Ich lebe nicht für mein Buch. Ich lebe für mein Leben. Und ich weiß, daß ich jetzt – nach dieser Phase – einen Weg finden werde, um beides wieder in Einklang zu bringen. Die Energie zu leben taucht wieder auf. »Der Einklang« ist die Herausforderung, die ich jetzt entdecke. – »Neurotisch sein kann jeder«, sagte einmal Hanne Darboven zu mir.

* * *

Den Tag werde ich mit TaiChi beenden.

....

Samstag, 5. 9. 1992. Regen

Nach dem Frühstück reicht mir Eckehard schweigend eine
Todesanzeige. »Wir trauern um unseren Freund Werner W. –
Kai und Harald.« Werner, ein entfernter Bekannter aus Düssel-
dorf, wurde am 10. Juni 1962 geboren, er starb am 16. August
1992. – »R.I.P.«

***

In dem Tagebuch, das ich seit Jahren führe, gibt es ein Gedenk-
blatt »In Memoriam« für Freunde und Bekannte, die an Aids
starben. Als ich nun den Namen »Werner W.« hinzufüge,
erschrecke ich. Wie bei einem alten Menschen wird mein früher
sehr großer Freundes- und Bekanntenkreis immer kleiner.

***

In Memoriam: Klaus Nomi, Bradford W., Antoine L., Gerd M.,
Jim K., Thomas W., Christian C., Jürgen L., Roberto Caspani,
Sergio H., Egon Scholty, Armando K., Uwe S., Peter Burian,
Karl Egon V., Richard H., Daniel B., Rainer R., Ferdinand Pütz,
Alexis S., Jonathan B., Önde K., Horst Bienek, Ernesto K.,
Robert Mapplethorpe, Bill Olander, Peter S., Karl Georg B.,
Janosz F., Wolfgang G., Dietmar U., Paulette, Dirk H., Franco
C., Klaus K., Heiner W., Reinhard H., Ian Schäfer, Jörg
Stubben, Manfred M., Michael von Bröckel, Klaus R., Peter L.,
Keith Haring, Dominik S., Manfred L., Peter M., Klaus-Peter B.,
Manfred T., Michael Vogler, Otmar H., Peter Michael B.,
Wolfgang R., Ralph M., Uwe B., Craig Owen, Jürgen Forster,
Robert Keym, Hermann Marling, Peter J., Hajo N., Wolfram
N., Werner O., Eckart K., Andreas Salmen, Manfred W.,
Martin L., Joachim U., John H., Gerhard Bohner, Werner W.

***

REQUIESCANT IN PACE.

***

*Bild-Zeitung: »Anthony Perkins von Aids zerstört. Lebt wohl,
ich sterbe.«*

***

Notiz zum Verschwinden der Kunst: Gestern abend – nach
einem schönen TaiChi – hatte ich beschlossen, einige Tage nicht

an meinem Buch zu schreiben. Doch heute morgen, als Eckehard mir die Todesanzeige gab, wußte ich, daß ich weiterschreiben möchte. »Man sollte keine Grundsätze haben«, sagte mir einmal John Cage. Ich habe den Satz damals emotional nicht wirklich verstanden. Erst jetzt, durch die Arbeit am Buch, durch den sich veränderten Blick auf das Leben, fange ich an, den Satz von Cage zu begreifen. Er selbst zeigt ihn in seinem Werk. Dadurch unterscheidet es sich von dem vieler anderer Künstler. Deren Kunstproduktion beruht auf »Grundsätzen«. Eine einmal gefundene »Idee« oder auch eine »Thematik«, ein »Stil« werden in Varianten fortgeführt. Das besitzt durchaus seine Berechtigung. Doch oft entdeckt man, daß die Weiterführungen zum Zwang, zur leeren Hülle werden. Das hat viel mit dem Kunstmarkt zu tun. Zugleich aber auch mit der Unfähigkeit der Künstler, ihr Werk als eine Form des Lebens zu akzeptieren und zu begreifen. In den Selbstwiederholungen verschwindet die Kunst in der Erstarrung ihrer Findungen und damit in der Begrenztheit des Lebens, das der Künstler mit seinem Werk lebt.

* * *

Jean Dubuffet. Die Bilder Dubuffets mochte ich früher sehr. Ihre Nähe zur »Art Brut«, zur Kunst der Außenseiter und Verstörten, besaß für mich eine elementare Kraft. In der Retrospektive 1980 in Berlin dann eine Enttäuschung. Die endlosen Variierungen der Einfälle schwächten die Werke gegenseitig. Ich hatte das Gefühl, daß Dubuffet die »Art Brut« überhaupt nicht begriffen hat.

* * *

Retrospektiven: die Rache der Kunsthistoriker an den Künstlern.

* * *

Seit Tagen blicke ich nur flüchtig in die Zeitungen. Das Aufflammen des Faschismus, die Anschläge auf Ausländer sind mir so zuwider, daß ich gar nicht zu viel darüber wissen möchte. Ich fühle mich ohnmächtig. Wie kann ich darauf reagieren? Dieses Buch ist – fast absichtslos – eine Reaktion. Doch genügt das? – Ich glaube nicht mehr an »große Politik«, an »Programme«, »Theorien«, an »Aufklärung« einer anonymen Bevölkerung. Wenn sich überhaupt etwas verändern kann, dann nur noch »von unten«. Elke Lenz, meine Ernährungsberaterin, sagt zu Recht: »Das Umweltdesaster beginnt im eigenen Klo. Der Griff zu ›Domestos‹ zerstört die Atmosphäre.« »Umdenken«, »Umleben« kann man nur als einzelner und als Vorbild für andere.

Politik muß hierfür den Rahmen und die Chancen schaffen. Nicht mehr, aber auch nicht weniger.

***

Henry David Thoreau.

***

Es ist kalt geworden. Eckehard schneidet auf dem Balkon die verwelkten Blüten heraus. »Jetzt wird es bald Herbst. Die Mauersegler sind schon fortgeflogen.«

***

Herr: Es ist Zeit. Der Sommer war sehr groß.

***

Nun habe ich schon wieder drei Stunden am Buch gearbeitet. Eckehard kommt zum Schreibtisch. »Du bist ja immer noch im Morgenmantel.« Ich gehe mich waschen.

***

Eigentlich wollte ich heute zum Cage-Gedächtniskonzert nach Frankfurt fliegen. Morgen sollte ich in Wiesbaden die Laudatio auf Maria Eichhorn halten. Doch ich mußte absagen. Ich habe nicht genügend Kraft.

Kunst bleibt nicht Kunst. – *Ausstellung* hieß lapidar die Ausstellung, die Maria Eichhorn im Sommer 1992 im Künstlerhaus Stuttgart zeigte. In einem großen, weißen Raum mit einer breiten Fensterfront waren sechs niedrige Tische mit je sechs Sitzwürfeln – gebaut und bemalt nach Entwürfen der Künstlerin – aufgestellt. Die Anordnung war präzise, erinnerte an die Kuben der Minimalisten. Eine strenge, rationale Ästhetik. Zu Beginn der Ausstellung lagen – wieder präzis geordnet – Papierstapel und Malutensilien am Boden vor den Wänden. Dies das Szenario des Raums.
Dann kamen die Kinder der Kinderwerkstatt des Künstlerhauses, die sonst im Nebengebäude untergebracht ist. Die neue Situation, der Beginn »bei Null«, begeisterte sie. Schnell eigneten sie sich den Raum an, lösten sie die Ordnung in eine milde Unordnung auf. Die Kinder hielten die Regeln der Inszenierung weitgehend ein. Das Bemalen der Wände war nicht gestattet. Bilder sollten nicht auf ihnen angebracht werden. Manche Kinder taten es trotzdem. »Man kann so etwas ja nicht verbieten«, erklärte dazu die Künstlerin. Der Grund für das »Aufhängeverbot« war der Kunstanspruch der Inszenierung. Maria Eichhorn wollte einen Prozeß erfahrbar machen, nicht eine Ausstellung von Kinderzeichnungen.
Die Öffnungszeit der Ausstellung war so festgelegt, daß sie sich – für eine halbe Stunde – mit der Anwesenheit der Kinder überschnitt. »Live« erlebte man dann ihr Malen und Basteln. Wenn Besucher kamen – so die Beobachtung –, veränderte sich die Arbeit der Kinder. Aufmunternde Kommentare und Fragen stimulierten ihre Selbstdarstellungslust und steuerten ihre Arbeitsweise.

Ein Galerist aus Paris nimmt ein Blatt vom Boden, zeigt es einem befreundeten Kurator: »Das ist wirklich gut. Wie Jackson Pollock.« Das Kind, das das Blatt gemalt hat, beginnt »spontan« mit einem weiteren Dripping. Ähnliches geschah nach einem anerkennenden – »beiseite« gesprochenen und dennoch aufmerksam registrierten – »wie der frühe de Kooning«. Natürlich wissen die Kinder nicht, wer Pollock und de Kooning sind. Doch das Lob bestätigt sie, fordert sie heraus, Arbeiten zu schaffen, für die sie wieder gelobt werden. Normierungssysteme akkumulieren. Die Erwachsenen projizieren ihre verinnerlichten Wahrnehmungs- und Wertungsmuster auf die Arbeiten der Kinder. Daß sie dadurch die Werke weitgehend verfehlen, ist ihnen kaum bewußt. Ihre modellierte Sinnlichkeit verbietet ihnen einen unbefangenen Blick. Kunsterfahrung blokkiert die Wirklichkeitserfahrung. Die Kinder reagieren entsprechend. Sie richten sich ein in einem Raum lizensierter Freiheit, den sie »kreativ« und angepaßt besetzen. Nicht »Freiheit« ist das Thema dieser brisanten, zweischneidigen Ausstellung von Maria Eichhorn, sondern »Unfreiheit im Bezug zur Freiheit« – eine Thematik, die das verborgene Zentrum jeder heutigen Kunstproduktion bildet.

* * *

Eine Woche lang habe ich meine Post nicht durchgesehen. Auf dem Schreibtisch liegen zwei je über 30 Zentimeter hohe Stapel. Ich gehe sie in Ruhe durch, lege beiseite, was ich für meine Archive brauche, für die »Szene-Seite« in ART.

* * *

Musik von Robert Schumann: Carnaval, op. 9.

* * *

Im Edeka-Supermarkt: Der junge türkische Ehemann vor mir in der Warteschlange an der Kasse duftet nach einem süßen Veilchenparfum.

* * *

Erinnerung: Als ich am Dienstagnachmittag von Köln nach Berlin zurückflog, mußten wir vor dem Start wegen eines schweren Gewitters 25 Minuten auf der Rollbahn warten. Das Gewitter verzog sich. Wir flogen hinein in einen strahlenden Regenbogen. – In Berlin angekommen, schien bei der Fahrt mit dem Taxi die Sonne. Doch vor uns in der Ferne fiel Regen. Wieder ein Regenbogen. Ich fragte den kroatischen Taxifahrer, ob es nicht in seiner Heimat ein Märchen über den Regenbogen gebe. Er lachte. »Ja, und zwar ein ganz verrücktes. Bei uns zu Hause erzählt man sich, wenn ein Mann unter dem Ende eines Regenbogens hindurchgeht, wird er zur Frau. Und eine Frau wird zum Mann. – Aber man kann ja gar nicht unter einem Regenbogen hindurchgehen.«

* * *

Dieter S. rief an. Vor einiger Zeit hatte ich ihm den Vordruck für einen »Patientenbrief« geschickt, wofür er sich jetzt bedankt. »Ich habe ihn sofort ausgefüllt. Wenn es zu Ende geht, will ich auf gar keinen Fall, daß man mein Leben künstlich verlängert.«

***

15 Uhr. Es gießt in Strömen. Jetzt beginnt im Tiergarten das »Gedenkkonzert für John Cage«, gespielt auf dem Carillon an der Kongreßhalle. Publikum wird es nicht geben. Musik für den Regen. Cage würde dies gefallen.

***

Sonata for Clarinet
Imaginary Landscape No. 1
The Wonderful Widow of Eighteen Springs
A Room
Root of an Unfocus
Music for Marcel Duchamp
Suite for Toy Piano
Concerto for Prepared Piano and Chamber Orchestra
Music of Changes
Music for Carillon
Fontana Mix
Silence
HPSCHD
Alla ricerca del silenzio perduto
Etudes Boréales
Roaratorio
Freeman Etudes
Postcards from Heaven

***

Der Mensch ist nicht selbst historisch: die Zeit kommt ihm von woanders her als von ihm selbst, und er bildet sich nur als Subjekt der Geschichte durch die Überlagerung der Geschichte der Lebewesen, der Geschichte der Dinge und der Geschichte der Wörter. – Michel Foucault

***

Kreta: Nach einer langen ermüdenden Wanderung mit Ecke-hard gehen wir am Spätnachmittag in eine kleine griechisch-orthodoxe Kirche. Kein einziger Besucher. Als wir in die Kirche kommen, feiert ein alter Pope gerade die Eucharistie.

***

Nicht nur wegen des Regens bin ich nicht zum Carillon-Konzert gefahren. Ich war so erschöpft, daß ich mich hinlegen mußte. Zwei Stunden habe ich fest geschlafen.

* * *

Erst jetzt fällt mir ein: Heute ist John Cages 80. Geburtstag.

....

Sonntag, 6. 9. 1992. Kühle Sonne

Gestern abend rief Ulrike Bleicker an. Sie war in Eile. Ich hatte ihr die ersten Teile meines Buches zum Lesen gegeben und war mir ziemlich sicher, daß es ihr gefällt. Doch sie war eher distanziert. »Ich habe das Buch zwei Stunden lang gelesen. Zwei Stunden lang. Mehr kann ich eigentlich jetzt gar nicht sagen.« Es fällt ihr schwer, mir zu erklären, was sie am Buch schätzt. »Montag rufe ich wieder an.«

* * *

Die Wahrheit hat viele Brüste.

* * *

Mein Buch. Die Reaktion von Ulrike macht mir deutlich: Das Buch erfordert vom Leser ein großes Maß an sympathetischer Konzentration. Wer keinen Zugang zum Denken in Rhizomen, zu Cage, zu Zen-Anekdoten oder zum Haiku hat, wer ein Kreuz- und Querdenken zwischen Ernst, Banalität, Peinlichkeit und Theorie nicht akzeptiert, wird sich mit dem Buch schwertun.

* * *

»Gewißheit.«

* * *

Besuch bei Karin Graf und Joachim Sartorius. Ich erzähle von meinem Buch, davon, wie ich es mir vom Layout her vorstelle. Joachim holt Barbara Blooms Buch »Und wenn sie nicht gestorben sind ...« Genau so stelle ich mir mein Buch vor. Es muß nicht dieselbe Typographie haben, aber dieselbe schöne Anmutung.

* * *

Am Nachmittag ein Spaziergang mit Eckehard. Auf der Wiese vor der Schmargendorfer Dorfkirche blüht die Herbstzeitlose: Soglio, Palazzo Salis, Rilke.

* * *

Im Grunewald. Eckehard will mir eine »Cruising-Area« zeigen, die ich noch nicht kenne. Doch das Wetter ist kühl. Es gibt keine Männer, die herumlaufen. Statt dessen finden wir Pilze.

* * *

An der »Cruising-Area« – einem Birkenwäldchen – angekommen, muß ich laut lachen. Hier wurden die »Sommergäste« in der Inszenierung der Schaubühne gedreht.

* * *

Das Buch entsteht jetzt immer mehr »von selbst«. Ich gerate zunehmend in eine Schreibeuphorie. Seit dem Tod von Cage, seit Kassel bin ich ganz ins Notieren und Schreiben eingetaucht. Aus dem nüchternen Beobachten wird jetzt ein eher distanzloses Aufzeichnen.

* * *

Kafka: Einmal dem Läuten der Nachtglocke gefolgt, es ist nicht wiedergutzumachen.

* * *

Auch die Illustrationen für das Buch finden sich von selbst. Als ich gestern in Michel Thévoz' Buch »Art Brut« eine Abbildung zur Dubuffet-Stelle suchte, schlug ich als erstes die Seite mit dem Bild von Wölfli auf. Die riesigen Augen verbinden sich mit dem Traum über meine Mutter von vorgestern. Zur Traumstelle, zur sumerischen Gesichtsplastik wollte ich keine Illustration. Das war mir zu direkt.

* * *

Am S-Bahnhof Grunewald ein beeindruckendes riesiges Wandrelief mit herausgebrochenen Menschenleibern. Daneben ein Text: »Zum Gedenken an die mehr als 50 000 Juden Berlins, die zwischen Oktober 1941 und Februar 1945 vom Güterbahnhof Grunewald aus durch den nationalsozialistischen Staat in seine Vernichtungslager deportiert und ermordet wurden.«

* * *

»Durch den nationalsozialistischen Staat!« sagt Eckehard. »Nicht durch ›die Deutschen‹.«

* * *

Berlin: Architekt des Centre Pompidou baut für Daimler am Potsdamer Platz.

* * *

Das Centre Pompidou. In der modernen Architekturgeschichte ist das Gebäude der Höhepunkt nicht nur der Technologie-Faszination einer ganzen Epoche, sondern auch ihr Endpunkt. Eine Hybridform. Ein architektonischer Dinosaurier.

* * *

Anruf der Eltern. Mutter: »Grete Heller ist gestorben. ›Eingeschlafen‹ – wie man es sich wünscht.« – »R.I.P.«

* * *

Ich erzähle meinem Vater von meinem erregten Schreiben. Er sagt: »Bleibe ganz ruhig mit deinem Buch. Es wird schon werden.«

* * *

Zum drittenmal beginnt die elfjährige Tochter über uns mit dem Spiel von Chopins »Minutenwalzer«. Sie hakt wieder an derselben Stelle.

* * *

Am Abend im Fernsehen: Wim Wenders »Der Himmel über Berlin«. Ich bin überrascht, wie oft mich Szenen aus seinem Film an mein Buch erinnern. »Doch so darf dein Buch nicht werden«, sagt Eckehard. »Der Film ist ausgedacht, schwanger von Bedeutung.« Ich sehe ihn nicht zu Ende.

* * *

Wim Wenders. Wie vieles bei Botho Strauß und Peter Handke: Intentions-Kitsch.

* * *

Auch der Film wird verschwinden. Wenigstens diese Art von Film. Die »Banalität des Ästhetischen«, die sich in der bildenden Kunst heute zeigt, durchzieht alle Kunstgattungen.

* * *

Gegengedanke: Kunst ist nicht die Definition von Kunst.

* * *

Bei der Konferenz in Kassel wurde ich oft mißverstanden. Man sah in meinen Überlegungen »Kulturpessimismus«, »Untergangssehnsucht«, »Endzeitstimmung«. Doch genau das Gegenteil trifft zu.

* * *

Wertungen. Es geht mir nicht um Wertungen, es geht mir um Phänomene.

* * *

So wie der Mensch nicht da ist, sondern erst entstehen muß, so muß auch die Kunst erst entstehen, denn es gibt sie noch nicht. – Joseph Beuys

....

Montag, 7. 9. 1992. Sonniger Himmel

Schwere Bronchialanfälle in der Nacht. Ich mußte aufstehen und mir Medikamente holen. Beim Weg in die Küche frage ich mich, wieviel Uhr es wohl ist. »Viertel vor vier«, sage ich zu mir. Die Uhr in der Küche zeigt vierzehn vor vier.

* * *

Es ist kühl geworden. Die Heizung wurde wieder angestellt. An die Fließgeräusche in der Heizung muß ich mich erst wieder gewöhnen.

* * *

Vor Jahren bin ich wegen eines »elektronischen Piepgeräuschs« im Heizkörper des Schlafzimmers fast wahnsinnig geworden. Es tönte – in rhythmischen Abständen – permanent so laut wie der Wecker einer Digitaluhr. Der Heizungsfachmann sagte nur, als er es hörte: »Mein Gott, das ist ja schrecklich. Aber ich kann es mir nicht erklären. Es kommt nicht direkt von der Heizung.«

* * *

Selbst durchs Ohropax war das »Piepen« damals zu hören. Trotzdem dachte ich: »Du mußt damit leben.« Ich wurde immer nervöser, fast hysterisch. Einem befreundeten Psychoanalytiker erzählte ich davon. Er bat mich zu einem Beratungsgespräch. Nach 45 Minuten faßte er nachdenklich die Situation zusammen: »Die Heizung ist deine Mutter.« – Ich ging nicht noch einmal zu ihm.

* * *

Drei Wochen lang beschäftigte ich mich intensiv mit der »Technik von Heizungsanlagen«. Zum Schluß landete ich bei einem Ingenieur der BEWAG. Er hatte die Lösung. »In Ihre Heizung ist eine neue Pumpe eingebaut worden. Deren Elektronik reagiert auf die Frequenz-Morsezeichen, die die BEWAG mit 45 000 Hertz zum An- und Abschalten von elektrischen Anlagen in der

Stadt – Ampeln, Straßenbeleuchtung, Schaltkästen – durchs Stromnetz schickt. Lassen Sie vor Ihre Heizungsanlage einen ›Frequenzkiller‹ einbauen, dann haben Sie Ruhe.« Er hatte recht.

***

Sterben – schlafen – Schlafen! – Ja, da liegts: Was in dem Schlaf für Träume kommen mögen, wenn wir den Drang des Ird'schen abgeschüttelt, das zwingt uns stillzustehn.

***

Im Halbschlaf fand ich heute morgen eine Lösung für die Gestaltung meines »Manuskript-Dummys«. Die Abbildungen brauchen nur auf die richtige Größe herunterkopiert zu werden. Außerdem werde ich sie alle überarbeiten. – Der Titel meines Buchs »Hunger nach Bildern« kam mir 1982 in einem Traum.

***

Anruf bei Christians Mutter, Anruf bei Jeff. Beide haben ihre Anrufbeantworter eingeschaltet.

***

Als zweites Frühstück: die »Astronauten-Aufbaunahrung. Geschmacksrichtung Vanilla.« – Manfred L'age hat sie mir verschrieben.

***

Anruf von Jeff. Christian geht es unverändert. Jeff wird ihn heute nicht besuchen. Er hat zuviel zu tun.

***

Anruf von Christians Mutter. Sie wird Christian heute nicht besuchen. Sie hat zuviel zu tun.

***

Am Nachmittag – nach dem Kopieren der Illustrationen – fahre ich ins AVK.

....

Zimmer 150. Station 30 B. Als ich ins Zimmer komme, schläft Christian. Ich versuche, ihn zu wecken. Doch er rührt sich nicht. Sein Kopf ist der eines Neunzigjährigen. Der Körper sieht geschunden aus. Christian atmet kaum. Nur das Ticken des Infusionsgeräts ist zu hören. Das Bild seines Freundes auf dem Nachttisch. Rosen seiner Mutter. Das Radio. Die Brechschale.

Servietten. Ein Notizblock. Ein Bleistift. Ich setze mich still neben ihn. Sehe ihn an. Die ruhigen Phasen wechseln mit Momenten des Aufbäumens, des Röchelns, des tiefen Atmens. Christian verzieht das Gesicht zur Grimasse, stöhnt, murmelt – mit geschlossenen Augen – undeutliche Worte. Helles Herbstlicht fällt auf sein Bett. Er ist ruhig. Dann ein Sichzusammenkrampfen. Er öffnet kurz die Augen. Sieht mich nicht. Preßt mit der ganzen Kraft seines Leibs den Harn durch den Katheter. Erleichterung. Er sinkt zurück in die Kissen, wird ruhig. Wie ein Baby beginnt Christian zu brabbeln. Er wischt sich immer wieder über das Gesicht und die Augen. Dann ein Aufwachen. Er starrt mich aus riesigen grauen Augen an. »Du!« sagt er, um im selben Moment wieder in einen qualvollen Schlaf zurückzusinken. – Nach einer dreiviertel Stunde gehe ich, ohne noch einmal den Versuch zu machen, ihn zu wecken.

* * *

Am Abend die Vernissage von Nan Goldin in der DAAD-Galerie. Ich gehe kaum noch zu Ausstellungseröffnungen. »Es ist nicht meine Welt.« Hingegangen bin ich nur, weil ich von Nan Goldin und Alf die Erlaubnis bekommen möchte, Alfs »Portrait« in meinem Buch abzudrucken. Sie stimmen beide zu. Mit Alf verstehe ich mich sofort. Außerdem wollte ich Karin treffen, die sich für mein Buch interessiert. Sie kommt sehr spät. Ich spreche mit Joachim, der das Buch bisher nur flüchtig kennt. »Es ist doch, glaube ich, sehr tagebuchartig«, sagt er. »Wen interessiert schon das Sterben von Klaus E.«

* * *

Später schildert mir Karin ihre Eindrücke vom Buch. »Es ist irgendwie zu hermetisch. Wer nicht ›betroffen‹ ist, nicht zur Szene gehört, wer nicht weiß, was AZT ist, kommt nicht mit dem Buch zurecht.« Was sie über das Buch sagt, stimmt vollkommen. Es ist ihre Lektüre. Was sie nicht sieht, ist, daß das Fremde als Fremdes seine Bedeutung besitzen kann. Sie will »Literatur«.

* * *

Karin: »Wenn man so in einer Krankheit drin steckt, nimmt man leicht auch den Jargon der Krankheit an. Das ist für den Außenstehenden kaum nachzuvollziehen.«

* * *

Mein Buch gelingt mir – für mich selbst und für andere – nur, wenn es so fremd und so vertraut wird wie die Welt. Ich spüre:

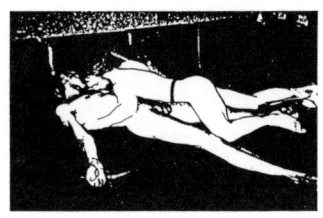

Das Buch ist jetzt die große Herausforderung, durch die ich hindurch muß. Ich muß einen Grad an Wahrheit erreichen, wie ich ihn noch nie zuvor in meinem Leben realisierte.

***

Dieser Weg ist eine Art symbolischer Handlung. Ich muß durch sie hindurch wie durch eine Initiation. Und wie bei einer Initiation sind die Requisiten für den Weg letztlich belanglos.

***

Ob mein Buch erscheint, ist vor diesem Hintergrund völlig gleichgültig.

***

Anruf von Conrad Beckmann. Wir sprechen über das Schreiben. Seine Dissertation, mein Buch. Als ich ihm erzähle, daß ich es im Moment wie eine Initiation empfinde, sagt er: »Initiation, das ist Schmerz.« – Im selben Moment hoffe ich, daß es auch sanfte »Wege der Einweihung« geben kann.

***

Initiation. Plötzlich denke ich an Joseph Beuys und mein Erleben des Darmstädter »Beuys-Blocks«.

Wer sich auf den Weg nach Darmstadt begibt, um im Hessischen Landesmuseum den »Beuys-Block« zu besichtigen, der muß sich auf einiges gefaßt machen. Denn was dem Besucher hier begegnet, ist mehr als eine Ausstellung mit Werken von Joseph Beuys oder eine gut arrangierte Installation. Es ist eine Herausforderung an den Betrachter, sich mit Kunst so intensiv auseinanderzusetzen, daß sich sein Blick auf sie grundlegend zu verändern vermag. Der »Beuys-Block« ist ein Erfahrungsraum, einer der wichtigsten und großartigsten, den die Weltkunst im 20. Jahrhundert kennt.
Das klingt pathetisch, ja anmaßend, und ist für viele sicherlich schwer nachzuvollziehen. Erklärungen und Beweisführungen helfen da kaum weiter. Denn es ist das Erleben »vor Ort«, das die Argumente für die Bedeutung dieses Werkkomplexes liefert. Eine eigenartige Magie geht von den sieben Museumsräumen aus, in denen Beuys seit 1970 bis in die achtziger Jahre hinein seine Arbeiten arrangierte. Und man spürt, daß es ihm darauf ankam, aus den vielen Einzelelementen, die hier vor allem aus dem Frühwerk versammelt sind, eine Einheit zu machen. Was aber hält diese Einheit aus den unterschiedlichsten Elementen – Skulpturen, Zeichnungen, Requisiten Beuysscher Aktionen, Fundobjekte – zusammen?
Der Betrachter weiß im ersten Moment hierauf keine Antwort. Er kommt in diese Räume mit seinen Kenntnissen und Vorurteilen über den Künstler. Er hat, womöglich, eine Menge Erfahrungen mit dem Werk von Beuys und mit dessen Erklärungen im Kopf gespeichert, und er ertappt sich dabei, wie diese Erinnerungen seinen Blick beim Gang durch die Räume leiten. Doch je länger er sich in ihnen aufhält, desto mehr lösen sich die Erinnerungen auf. An die Stelle des Wissens rückt das Wahrnehmen. Immer intensiver taucht die Erfahrung des

»Hier und Jetzt« auf, bis sie einen solchen Grad an Präsenz erreicht, daß die Werke und die räumliche Inszenierung unmittelbar zum Betrachter sprechen.

Fragt man sich, wie Joseph Beuys dies gelungen ist, so kommt man auf eine verblüffende Antwort. Beuys hat untersagt, daß auch nur eine einzige Beschriftung in diesen Räumen angebracht wird, die einzelne Werke identifiziert. Es gibt weder Titel noch Jahresangaben, es gibt keine Hinweise auf die Materialien oder den Zeitpunkt, zu dem sie in die Sammlung eingefügt worden sind. Dadurch verwischen sich die Grenzen zwischen den einzelnen Arbeiten, und es entsteht ein großes Schweigen, das dem Betrachter die Freiheit gewährt, sich in seinem Erleben von der eigenen Faszination leiten zu lassen.

Diese Inszenierung steht im Gegensatz zum Erklären, Politisieren, Diskutieren, das Beuys in der Öffentlichkeit so populär machte. Denn die überwältigende Kraft der Objekte und ihrer Anordnungen im Raum rückt die Deutungen des Künstlers in weite Fernen. Nicht Didaktik und Aufklärung sind hier zu entdecken, sondern die Extreme von Chaos und Ordnung, von Erschrecken und Glück, von Ratio und Destruktion. Die Werke sind mehr als das, was Beuys über sie sagte und vielleicht auch selbst wußte.

Der Darmstädter »Beuys-Block« ist ein Initiationsweg. Er führt dementsprechend nicht nur ein in die Kunst des Joseph Beuys, sondern in die Selbsterfahrung des Betrachters im Anblick von Kunst. Der Prozeß der Veränderung aber, den der Betrachter erlebt und in dem er sich mit Zustimmung und Ablehnung, Verweigerung und Neugier auseinanderzusetzen hat, erweist sich als unabgeschlossen. Die Kreisform der räumlichen Inszenierung, die stets am Ende zum Anfang zurückführt, fordert auf zum immer wieder erneuten Durchschreiten der Räume. Jeder Weg beginnt dann auf einer anderen, gleichsam höheren Ebene. Das Gehen selbst wird zum Ziel. Kunst und Leben verbinden sich zu einem Prozeß. Daß dieser Prozeß zu einer menschlicheren Welt hinführen wird, stand für Beuys als Hoffnung hinter dem Darmstädter Block.

Diese Hoffnung teilt sich dem Betrachter mit. Zugleich aber entdeckt er in diesem Werk auch den Zweifel: Kann Kunst, auch wenn sie radikal mit der Tradition bricht und einen »Erweiterten Kunstbegriff« anzielt, der Denken und Handeln einschließt, das Individuum und die gesellschaftliche Wirklichkeit so verändern, daß sich Wege zum Humanen anbahnen? Führt »der Weg durch die Kunst« zu einem veränderten »Weg durchs Leben«?

* * *

Angst: Wenn jetzt die ersten Leser über mein Buch sprechen, bekomme ich Angst. Sie enthüllen dabei so viel über sich selbst — über ihr Leben, ihr ungelebtes Leben –, daß ich befangen werde.

* * *

Alf möchte gerne das Buch lesen.

* * *

Tua res agitur.

* * *

Distanz. Als ich gestern abend nach der Vernissage in den Raum des Café Einsteins blickte, in dem die DAAD-Feier für Nan

Goldin stattfand, sehe ich: Dies ist eine Gesellschaft, die sich überlebt hat. – Ich stutze bei diesem Gedanken.

* * *

On Kawara ist noch nie zur Eröffnungsfeier einer seiner Ausstellungen gegangen. John Cage liebte sie.

* * *

Mit Tino Bierling und Alf Bold sprechend, entdecke ich: »Wir sind woanders.« Man muß nicht krank sein, um dorthin zu gelangen. Aber die Krankheit scheint dafür eine Chance zu bieten.

* * *

Gegengedanke: Ich bin der Welt nicht abhanden gekommen.

* * *

Nach dem Abend gestern: Ich bin extrem nervös, spüre manchmal Aggressionen, missionarischen Eifer, unwirsche Kompromißlosigkeit. Ich weiß, daß dies sich ändern wird. Ich muß durch diesen Zustand hindurch. Erleben und Schreiben werden zur Symbiose.

* * *

Als ich Cage einmal fragte, was er noch in seinem Leben erreichen möchte, sagte er: »Wunschlos werden.«

* * *

Schild an einem Lieferwagen vor dem Café Einstein: »Das Einzige, was mich an der Arbeit hält, ist die Erdanziehungskraft.«

Dienstag, 8. 9. 1992. Regenhimmel

Eckehard bereitet in der Küche das Frühstück vor. Laute Musik aus dem Radio. »La Bamba«.

* * *

Gerd rief gestern an. Als ich ihm erzählte, daß ich das Gefühl habe, mich durch das zunehmend unzensierte Schreiben zur Klarheit hin zu bewegen, sagte er: »Mutter Teresa hat recht. Aids ist der Kuß Gottes. – Dafür kannst du dankbar sein.«

* * *

Ich bin es und bin es nicht.

***

Beim Frühstück. Eckehard hat gestern nacht die drei ersten Teile des Buches gelesen. »Ich bin ganz verwirrt. Eifersüchtig. Manchmal habe ich das Gefühl beim Lesen gehabt, daß ich in deinem Leben nur eine Nebenrolle spiele. Und dann wieder, daß du mir mit kleinen Nebensätzen eine Liebeserklärung machst.« – Und eine Weile später: »Der Baum heißt nicht ›Rubinie‹, sondern ›Robinie‹ – mit ›o‹. Aber das sind natürlich nur Kleinigkeiten.«

***

In Sarajevo drohen jetzt Hungersnot und Seuchen.

***

Anruf von Ulrike. Jetzt stellt sich heraus, daß sie gar nicht die Distanz zum Buch hat, die ich am Samstagabend aus ihren Worten heraushörte. »Ich finde es beeindruckend. Doch vieles bleibt mir sehr fremd.« Ich freue mich über ihren Anruf.

***

Seit sieben Uhr klebe ich am Probelayout. 170 Seiten, 88 Abbildungen. Ich komme aus dem Kleberhythmus. Plötzlich läuft alles falsch.

***

Joseph Beuys: »Jeder Handgriff muß sitzen.«

***

Nachdem ich alle Texte und Bilder vorbereitet habe, fahre ich zum Copycenter. »Die Maschine ist kaputt. Sie wird gerade repariert.« Statt nervös zu werden, werde ich ganz ruhig. »Dann eben morgen früh.«

Wenn nicht mehr Zahlen und Figuren
Sind Schlüssel aller Kreaturen,
Wenn die so singen oder küssen
Mehr als die Tiefgelehrten wissen,
Wenn sich die Welt ins freie Leben
Und in die Welt wird zurückbegeben,
Wenn dann sich wieder Licht und Schatten
Zu echter Klarheit werden gatten
Und man in Märchen und Gedichten
Erkennt die ewgen Weltgeschichten,
Dann fliegt vor Einem geheimen Wort
Das ganze verkehrte Wesen fort.

Novalis

DAS ZWEITE BUCH

TEIL ACHT

Dienstag, 8. 9. 1992

Sehr früh bin ich aufgestanden. Ich bin hellwach und in einer großen emotionalen Anspannung. Während des Vormittags korrigiere ich die vorhergehenden Texte im Computer. Ich denke oft an Christian. Meine Stimmung ist amorph. »Alles, was ich jetzt erlebe, werde ich aufzeichnen.«

***

Nan Goldin. Durch Frau Fenzl vom DAAD läßt sie mir telefonisch wegen der Abdruckrechte des Portraits von Alf mitteilen: »Da es um Aids geht, kostet es nur 150 Dollar.« – Ich rechne: Das Buch wird ca. 200 Abbildungen haben. Bei solchen Honoraren ist es nicht zu finanzieren.

***

(Ende Oktober. Ein Treffen mit Nan Goldin. Ich zeige ihr mein Manuskript. Erläutere ihr die Form der Abbildungen. Ich darf ihr Farbfoto – schwarz/weiß, bearbeitet – kostenlos verwenden.)

***

Zwischentexte. Karin sagte zu mir vor einigen Tagen: »Deine Begeisterung für das Gedicht von Gottfried Keller kann ich überhaupt nicht teilen.« Von Begeisterung ist jedoch nirgends im Buch die Rede. Ich zitiere Keller nur. Sein Gedicht hat kein Glück. Der Beginn ist großartig. Zum Schluß nähert es sich dem Klischee.

***

Die Zwischentexte, die eigenen Texte, die ich in diesem Buch zitiere, sehe ich als Dokumente. Sie sind mir wichtig, doch ich werte sie kaum. Meine eigenen Textzitate sind Erinnerungen. Erinnerungen auch daran, wie ich Phänomene früher wahrnahm.

***

Kontinuitäten, Brüche, Widersprüche.

***

Im Moment ahne ich, daß dies Buch kein vereinzeltes »Ich« mehr schreibt, sondern ein Ich, das sich zum Plural hin entwickelt.

***

Heute morgen sagte Eckehard beim Frühstück: »Manchmal wirkt dein Buch ein bißchen schizophren.« Ich deute ihm nicht an, daß mich das beunruhigt. Samstagabend habe ich mit Manfred L'age über Schizophrenie gesprochen. Ich zeigte ihm meine »Vierfingerfurche« in der linken Hand. Paul Celan hat über seine eigene ein Gedicht geschrieben. Jean-Frederic Schnyder und Francesco Clemente haben dazu Bilder gemalt. Schnyders Selbstportrait mit seinen Handlinien hat den Titel »Stigma«.

***

Wenn ihr werdet wie die Kinder.

***

Erinnerung. Vor vier Jahren. Am Ende meiner ersten Phase der Einnahme von AZT. An einem Sonntagmorgen. Ich war überarbeitet. Starke Schmerzen im Gehirn. Ein Krampf. Gefühle der Angst. Gefühle der Panik. Ich denke: »Ich werde verrückt. Komme nicht zurück.« Beim Gang durch die Wohnung falle ich zu Boden. Liege gekrümmt auf der Erde. Entspanne mich langsam. Ich habe Angst davor, daß es wieder losgeht. Eckehard kommt nach Hause. Er sieht mich voller Anteilnahme. Bemerkt, daß meine rechte Gesichtshälfte – das Augenlid, der Mundwinkel – »hängt«. Ein ganz leichter Gehirnschlag.

***

»Die Angst vor der Angst.«

***

Der Postbote kommt. Karl Riha schickt mir sein Buch: »Faust-Parodien«, das 1989 erschienen ist. Ich habe es schon. – Er schickte es mir, als es gerade herausgekommen war.

***

Ein Brief. Bei der VG Wort werde ich ab jetzt unter der Nummer 804554 geführt. »Wir bitten Sie, diese Karteinummer zur

Verwaltungsvereinfachung bei allen Anfragen, Meldungen oder Anschreiben anzugeben.«

***

»Wen interessiert das?« höre ich Joachim jetzt sagen. – Eine Frage, die ich mir oft selbst stelle und die zugleich für mich – in diesem Moment des Schreibens – vollkommen unwichtig ist. Ich sehe mich selbst als Faktum. – »Dein Buch ist auch ein Sachbuch«, meint Eckehard. Ich werde Anmerkungen und ein Register anfügen.

***

Privatheit als Sachbuchthema. Kunst, Erotik, Aids, Lebensformen, Obsessionen. Wann wird das Private uninteressant? Wann unerträglich? Wie weit kann ich gehen? – Das Private als exemplarische Handlung, als extrem subjektive Form der Zeitgenossenschaft. Ich denke an Elfriede S., Eckehards Pflegemutter.

Seit etwa zwölf Jahren bin ich mit einer heute 83jährigen Frau – Elfriede S. – bekannt, die alleinstehend in einem Altenwohnheim am Stadtrand von Berlin wohnt. Elfriede S. hat eine Obsession, für die ich mich seit Beginn unserer Bekanntschaft interessiere. Elfriede S. trudelt. Was hierunter zu verstehen ist, ist leicht zu erklären. Elfriede S.:
»Trudeln tu ich schon seit Jahrzehnten (seit meiner Kindheit). Es ist ganz einfach: Ich nehm drei Würfel, schüttle sie, werf sie auf den Tisch. Für jede Sechs, die bei dem Wurf dabei ist, mach ich einen Strich auf der Liste. Nach vier Strichen folgt der fünfte als Querstrich. Es ist mir egal, ob bei einem Wurf eine Sechs dabei ist oder keine. Es ist mir auch egal, ob ich drei Sechsen würfle. Es kommt ja nur darauf an, die Zeit totzuschlagen. – Ich bin viel allein…«
Das Resultat dieses Trudelns sind Zettel, auf denen Hunderte, Tausende von Strichen ein festgefügtes Muster bilden. Als ich Elfriede S. kennenlernte, lagen diese Zettel überall in ihrer Wohnung herum. Nachdem ich ihr erklärt hatte, daß mich ihr Trudeln interessiert, wurden die Zettel gesammelt. Sie legte sich sogar ein Schreibheft für ihre Listen an.
Warum ist das Trudeln von Elfriede S. für mich unter dem Aspekt von Zeitgenossenschaft wichtig? Eine erste Antwort kann in den letzten Sätzen der Selbstaussage gefunden werden: »Es kommt ja nur darauf an, die Zeit totzuschlagen. – Ich bin viel allein…« Das Trudeln als obsessionale individuelle Opposition gegenüber den asozialen gesellschaftlichen Verhältnissen, gegenüber dem gesellschaftlich wie individuell verschuldeten Alleinsein; die »sinnlose«, »leere« Beschäftigung anstelle sinnvoller Aufgaben, die nicht (oder nicht mehr) zu lösen sind. Die Konstruktion eines Halts in einem Spiel, das weder positiv noch negativ bestätigt (im Gegensatz etwa zur Patience oder zum Einsiedlerspiel), das keine »Bedeutung« enthält, weil die einzige Bedeutung die ist, »Zeit totzuschlagen« und sich mit sich selbst zu beschäftigen bzw. von sich selbst abzulenken.
Doch: Diese Erklärung geht allein von der Gegenwart aus, von der heutigen Bedeutung, die Elfriede S. dem Trudeln gibt. In ihren Erzählungen über frühere

Lebensabschnitte gerät das Trudeln in völlig andere Zusammenhänge, z.B.: Als Elfriede S. verheiratet war (eine schwierige Ehe mit einem Alkoholiker) und sich um drei Pflegekinder kümmern mußte, trudelte sie, weil sie allein sein wollte, weil sie Zeit für sich gewinnen wollte. Das Trudeln wurde zur Eroberung eines Freiraums, der den familiären Verpflichtungen abgerungen wurde.

Die unterschiedliche Bedeutung, die der »identische Vorgang« innerhalb der Biographie besitzt, ließe sich an zahllosen weiteren Situationen belegen. Zugleich läßt er sich über die individuelle, auf die unmittelbare Umgebung bezogene Bedeutung hinausführen. Elfriede S. war immer eine leidenschaftliche Zeitungsleserin. Sie interessierte sich fürs politische Geschehen aus einem naiven, emotional bestimmten Blickwinkel der Unterdrückten. Sie spürte ihre Ausbeutung, ihre Ohnmacht, ihr Benutztwerden zu allen Zeiten, und sie versuchte, dagegen ihr eigenes Leben zu setzen. Sie opferte sich für ihren Mann und – später – für ihren Lebensgefährten auf, sie zog mehrere Pflegekinder groß, im Dritten Reich versteckte sie – für kurze Zeit – jüdische Nachbarn in ihrer Gartenlaube. Dies alles geschah ohne Heroismus, ohne zur Sprache gebrachte Programmatik, eher beiläufig.

Das Trudeln und die Geschichte: Wie verändert sich unter diesem Vorzeichen das »bedeutungsleere« Spiel? Wie dringt Geschichte ins Trudeln? Das Spiel vor dem Hintergrund der Kaiserzeit, des Ersten Weltkriegs, der Weimarer Republik, der Nazi-Herrschaft, des Zweiten Weltkriegs, der Währungsreform, der Blockade Berlins, des relativen Rentenwohlstands im Alter?

Fragen an Elfriede S. nach diesem möglichen Bedeutungswandel finden nur eine sehr unvollkommene Beantwortung. Für Elfriede S. ist das Trudeln kaum direkt mit ihrer biographischen oder mit der gesellschaftlichen Entwicklung verbunden. Sie versteht es als ein Heraustreten aus der Kontinuität des Alltags, als ein mögliches »Woanderssein«. Nach allem, was ich über das Trudeln von Elfriede S. erfahren habe, ist davon auszugehen, daß es ihre Aufmerksamkeit voll und ganz beansprucht. Das Würfelschütteln, das Würfelwerfen, die Feststellung der geworfenen Zahlen, die Auflistung der eventuellen Sechsen, die Beachtung der Aufschreibordnung machen den Vorgang des Trudelns aus. Wie lange getrudelt wird, hängt von einer Vorentscheidung ab: Entweder wird so lange getrudelt, wie Lust dazu besteht, oder eine Zeit wird vorher festgesetzt. Meistens ist dies präzis »eine Stunde«.

* * *

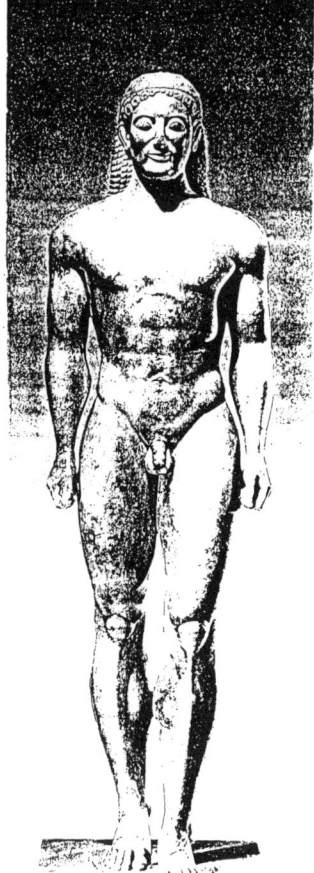

Heute abend – nach längerer Pause – wieder der »Healing Circle«. Ben, sein Initiator, ist schwer erkrankt. Ich übernehme die Leitung und mache Atem- und Qui Gong-Übungen. »Übungen zum Stehen.«

* * *

»Mit beiden Beinen fest im Leben.«

* * *

Michael Rutschky sagte gestern, als ich ihm erzählte, daß ich seit vier Jahren TaiChi lerne: »So etwas würde ich nie tun. Dazu habe ich gar keinen Zugang. Wenn ich mich entspannen will, lese ich ein gutes Buch.«

* * *

Notiz zum Verschwinden der Kunst: Die Kunst als utopisches Moment ist immer auch Lebenshilfe. Vor dem Hintergrund des Verschwindens der Kunst besitzt dies heute Züge einer Selbsttäuschung. Je deutlicher sich die Kunst verabschiedet, desto illusionärer wird das, was man auf sie projiziert. Rutschkys »gutes Buch« ist dafür ein schöner Beleg.

* * *

Wenn ein Kopf und ein Buch zusammenprallen, und es klingt hohl, dann muß das nicht unbedingt am Buch liegen.

* * *

Cage erzählte mir einmal, als wir über seinen Lehrer Suzuki und sein Verhältnis zum Zen-Buddhismus sprachen: »Ich habe nie in meinem Leben meditiert!« Ich wußte es. Sein Werk besitzt seine Größe darin, daß es asiatisches Denken ohne Räucherstäbchen und Glöckchenklingeln in den Westen einführt. Doch der Stolz, mit dem Cage sich vom Meditieren distanzierte, zeigte mir, daß sein »Prinzip der Bejahung« nicht schlackenlos ist.

* * *

Kunst, benutzt als verfehlte Lebenshilfe. Der Konzertbetrieb lebt davon. Für die meisten Musikliebhaber funktioniert Mozart wie Heino.

* * *

Als ich vor Jahren mit Eckehard Weimar besuchte und der Magie Goethes erlag, spürte ich: »Hätten die Deutschen Goethe begriffen, wäre ihre Geschichte anders verlaufen.« Beim Besuch des Konzentrationslagers Buchenwald, fünf Kilometer von Weimar entfernt, erfuhr ich, daß die Nazis von den Häftlingen das Waldstück, auf dem es errichtet wurde, roden ließen. Nur eine große alte Eiche blieb stehen. Sie trug den Namen »Goethe-Eiche«.

* * *

Es ist heute kaum noch wichtig, die Nazis und ihre »Blut-und-Boden-Kunst« zusammenzudenken. Es ist wichtig darüber nachzudenken: die Nazis <u>und</u> das Bauhaus, die Nazis <u>und</u> der Expressionismus, die Nazis <u>und</u> Kandinsky, die Nazis <u>und</u> Paul Klee, die Nazis <u>und</u> Schlemmer, die Nazis <u>und</u>…

* * *

Es hat trotz Duchamp, trotz Mondrian und Picasso den Zweiten Weltkrieg gegeben. Und wenn wir das so weiter haben wollen, daß es in unserem Umfeld zu solchen Katastrophen für die anderen kommt, dann können wir uns wohl über die Kunst unterhalten. Aber das ist im Moment nicht mein Interesse. Man kann sich sehr wohl über Skulptur unterhalten, wenn man Lehrer ist; dann muß man den Studenten sagen, was die Qualitätskriterien sind. Aber wir müssen uns doch über ein zukünftiges Kulturverständnis unterhalten, das aus der Kunst hervorgeht, weil es aus keiner anderen Schicht der Gesellschaft mehr hervorgehen kann. – Joseph Beuys

* * *

Arnold Schönberg. Vor Jahren sagte Gerd einmal zu mir, nachdem er »Moses und Aron« gehört hatte: »Der ästhetische Rigorismus Schönbergs ist letztlich faschistisch.« Ich wollte das nicht akzeptieren.

* * *

Auch bei Adorno findet sich vieles, was einen erschrecken läßt.

* * *

Anruf von Jeff: »Christian geht es sehr schlecht.« Ich werde ihn besuchen.

* * *

Anruf von Wolfgang R. Ich erzähle ihm von meinem Besuch bei Christian am Montag. Frage ihn, ob ich Christian hätte wecken sollen. »Natürlich hättest du ihn wecken sollen. Du hast dich verhalten wie der typische Angehörige. Für dich war es das bequemste, Christian nicht anzusprechen. Damit war das Problem deiner Angst gelöst.« Als ich ihm zu bedenken gebe, daß mein Verhalten vielleicht auch richtig gewesen sein könnte, sagt er: »Was redest du nur für einen Blödsinn. Das ist doch Müll. Du bist dumm.« Ich beende das Gespräch. »Ruf mich wieder mal an.«

* * *

VIII. Internationaler AIDS-Kongreß. – Amsterdam statt Boston. – Eigentlich hätte die Internationale AIDS-Konferenz 1992 in Boston stattfinden sollen. Die Weigerung der Regierung Bush, entgegen den Empfehlungen der Centers for Disease Control (CDC), der NIH (National Institutes of Health), der vom Präsidenten selbst berufenen Nationalen AIDS-Kommission und des eigenen Gesundheitsministeriums, die diskriminierenden Einreisebestimmungen für HIV-Infizierte aufzuheben, führte schließlich zur Verlegung der Konferenz nach Amster-

dam. *Die Entscheidung der US-Regierung, die jeden Anflugs einer wissenschaftlichen Begründung entbehrt, ist nur zu erklären aus wahltaktischen Überlegungen, aus Rücksichtnahme auf eine Wählerklientel, die Präsident Bush für seine Wiederwahl zu benötigen glaubt.*

* * *

Musik von Robert Schumann: Variationen über ein Thema von Clara Wieck.

* * *

Euripides: » Wer weiß wohl, ob das Leben nicht ein Totsein ist, das Totsein aber Leben?«

* * *

Auf dem Balkon: Nachdem die weiße Datura verblüht ist, geht nun eine dunkellila Blüte auf.

* * *

Hanne Darboven an Gerd am 10. 8. 1992: »Wenn heute jeder allergisch ist – kann ich auch neurotisch sein.«

....

Mittwoch, 9. 9. 1992. Heller, sonniger Himmel, dunklere Wolken

Während des Vormittags arbeite ich – mit erregter Konzentration – an der Koordinierung der Text- und Abbildungsteile für mein Buch. Fahrt mit dem Bus zum Copycenter.

* * *

Plakat an der Straße: »TV-Zeitung. Die neue Sofortfindbarkeit.«

* * *

Graffiti: »Kein Fußbreit dem Faschismus.«

* * *

Spiel-Salon: »Haben Sie heute schon gewonnen?«

* * *

Plakat: »Come together. So much more to enjoy.«

* * *

Die Maschine im Copycenter ist wieder funktionstüchtig. Trotz des komplizierten Kopiervorgangs – über 700 Seiten, einseitig, zweiseitig – gibt es keine einzige Fehlkopie. Als ich die Kopierstapel in der Hand halte, bin ich glücklich.

* * *

Essen in der Kantine des Rathauses Friedenau. Ich bin so »unter Spannung« – will möglichst rasch nach Hause, um das Buch zusammenzulegen –, daß ich schon beim Essen »Zahlen, bitte!« rufe. Die Kellnerin: »Immer mit der Ruhe. Denken Sie an die Magengeschwüre.«

* * *

Vor dem Rathaus steht ein Wagen der »Sozialstation des Johannischen Aufbauwerks«. Ein junger Mann steigt aus mit einer Portion »Essen auf Rädern«. Wir lächeln uns an.

* * *

An einem Marktstand ein Schild: »Nehmen Bestellungen von frischen Gänsen und Karnickeln zu Weihnachten entgegen. Gänse: 13,75 DM pro Kilo.«

* * *

Graffiti auf der Herrentoilette am Breslauer Platz: »Der uralte Wixer mit dem Blindenabzeichen ist völlig verklemmt und sucht den Traumprinzen.«

* * *

Eine Frau geht an mir vorbei. Ich erkenne sie nicht sofort. Vor 25 Jahren arbeitete sie als Buchhändlerin in der Buchhandlung Marga Schoeller. Damals hatte sie gerade ihre Karriere als Ballettänzerin aufgegeben. Jetzt ist sie eine alte Frau.

* * *

Im Bus liest die Frau in der Sitzbank vor mir: »Wie sich der Mensch entwickelt«. Ein Buch der Zeugen Jehovas mit den bekannten schönen Zeichnungen: Glückliche Kinder spielen mit glücklichen Löwen.

* * *

Zu Hause lege ich mir die Kopierstapel so hin, daß ich zwei Exemplare meines Buches gleichzeitig zusammenstellen kann. Ich habe dies so organisiert, daß ich keinen Griff – mit der linken und rechten Hand – zuviel mache. Vom Recorder höre ich Musik. Ich beginne mit dem Zusammenlegen. Es gelingt mir blitzschnell. Seite fügt sich zu Seite. Plötzlich entdecke ich, daß ich dabei überhaupt nicht mehr denke. Die Handgriffe werden zu einem fließenden Tanz. Alles geschieht von selbst. Der Rhythmus der Musik ordnet mein Buch. Es ist so schön, daß ein Schaudern durch meinen Körper fährt. »Das ist ja phantastisch«, sage ich mir. Und dann – als der Schauder anhält: »Jetzt raste ich aus.« – Zum Glück verheddere ich mich, mache einen Fehler. Bin wieder da. Ich ahne, man kann Blätter – ohne Sinn – zusammenlegen, nur weil es schön ist, Blätter zusammenzulegen.

***

Ich fühle mich gefährdet.

***

Strindberg: Das okkulte Tagebuch.

***

Als ich mit dem Kontrollieren der Blätterstapel fertig bin, spielt mein Band Mozarts »Ave verum corpus«.

***

Ich packe mein erstes Exemplar des bis hierher fertigen Buches in eine Versandtasche und schicke es an: Gerd de Vries und Paul Maenz, Bismarckstraße 50, 5000 Köln 1.

....

Kurze Zeit später. Auf dem Weg zur Post eine seltsame, angstbesetzte Euphorie. Ich bin ganz da und zugleich woanders. Sehen und Denken sind oft nicht synchron. Beinahe laufe ich in ein Auto. »Du mußt auf dich aufpassen!« sage ich mir. Ich sehe plötzlich alles verändert, mit einer unwirklichen Klarheit, ohne daß ich die Dinge benenne, wie ich es sonst ständig tue, wenn ich die Dinge wahrnehme. Dann der Gedanke: »Dies alles gibt es also.« Erst einen Moment später fällt mir ein, daß das ja der Titel des Buches ist, an dem ich gerade arbeite. Wieder überquere ich die Straße und stelle entsetzt fest, daß ich gar nicht bemerkt hatte, daß ich auf die Fahrbahn ging.

***

Erinnerung: Einen ähnlichen Zustand hatte ich schon einmal 1972. Nach sieben Wochen Krankenhausaufenthalt in Wuppertal litt ich in Berlin an extremen Schlafstörungen. Eines Abends – in der Adventszeit – gehe ich über den Kudamm. Ein Zustand der Entrückung. Ich bin fasziniert von den Lichtern der vorbei-

fahrenden Autos. Ich will auf die Fahrbahn laufen, denke voller
Glück: »Das war's!« – Doch ich komme wieder zu mir, bin in
Panik, gehe in die Knesebeckstraße, stehe plötzlich an einem
Haus vor dem Schild eines Neurologen. Ich klingle an seiner
Tür, erkläre meine Situation. Der Arzt ist ein bizarrer Typ. Er
macht Hirnstromuntersuchungen und stellt fest: »Alles ist
normal.« Er verschreibt mir Limbatril. Ich nehme es zwei
Wochen. Ich finde wieder zu mir und schleiche mich langsam
aus dem Medikament hinaus.

* * *

Von der Post zurück, kopiere ich die letzten Seiten meines
Buches für Manfred L'age, damit er auf dem neuesten Stand ist.
Ich muß dies sehr bewußt machen, mein Zustand ist immer noch
verwirrt. Nur wenn mir die Handgriffe beim Ordnen der Kopien
richtig gelingen, fühle ich mich sicher. Angst. Langsam sich
immer mehr steigernde Angst. Sie wird so groß, so bedrohlich,
daß ich auf die letzte Seite des Manuskripts schreibe: »Lieber
Manfred L'age. Ich glaube, wir sollten uns sehen. Ich bin in einer
schwierigen Situation. Was wissen Sie über HIV und Schizophrenie, AZT/DDC und Schizophrenie?«

* * *

Ich bringe den Brief zum Postkasten und gehe einkaufen. Im
Edeka-Laden wieder der Zustand, ganz da zu sein und zugleich
ganz woanders. Ich mache keine Fehler beim Einkauf. Kaufe
Obst für einen wunderschönen Obstkorb. Orangen, Kiwi,
Äpfel, Bananen, Trauben, Satsumas.

* * *

Zu Hause notiere ich auf einem Zettel, was ich erlebe. Meine
Handschrift ist anders als sonst. Wirr, ich mache Schreibfehler.
Doch ich gebe nicht auf. Ich will das jetzt schreiben.

* * *

»Hölderlin, Nietzsche, Hanne Darboven«, notiere ich. – Ich
denke an Heidi P., die sich vor drei Jahren von der Welt
verabschiedete, um für mehrere Wochen mit niemandem mehr
zu sprechen. Sie kam wieder zurück.

* * *

Der Zustand, in dem ich mich jetzt befinde, wird immer
anstrengender. Meine Gesichtsmuskeln sind verspannt. Beim
Notizenschreiben sage ich mir: »Du willst hier durch. Das ist

jetzt ein Teil von dir. Das ist die Erfahrung für dich – und dein Buch.«

* * *

Das Denken ans Buch gibt mir einen Halt. »Denke über Kunst nach. Was fällt dir jetzt – in diesem Moment – dazu ein?« Ich notiere.

* * *

Notiz zum Verschwinden der Kunst: Die Situation nach dem Verschwinden der Kunst dachte ich mir immer als Form einer »transformierten Alltäglichkeit«. Das war ein angenehmer, befreiender Gedanke. Jetzt aber – in diesem extremen Zustand einer Erregung – spüre ich, daß dies auch mit Schmerz oder Verwirrung verbunden sein könnte. Der Weg zum »Danach« braucht eine Energie, die größer oder anders ist, als ich sie mir bisher vorstellen konnte. Die Menschheit müßte einen Sprung machen.

* * *

Im Zen: »Bevor man Zen begreift, ist ein Berg ein Berg. Übt man Zen, wird er etwas völlig anderes. Hat man Zen begriffen, ist man durch die Erleuchtung, durchs Satori, hindurchgegangen, ist ein Berg wieder ein Berg. Ein wirklicher Berg.«

* * *

Im Moment bin ich ein Doppel: voller Angst und auch voller Glück. Ich ahne, daß etwas mit mir geschieht. Ich bejahe es, verneine es. Ich weiß nicht, wohin ich gelangen werde. Hoffe, daß ich wieder »herunter« komme. Doch ich spüre, daß ich »danach« nicht wieder da sein möchte, wo ich früher einmal war.

* * *

Notizen: der Kampf. Du mußt brennen, um zu strahlen. Das Vergessen. Poesie ist Leben. Lord Chandos. Behütetsein. Vita activa, vita passiva. Erotik statt Hermeneutik. Aids als Metapher. Eroticism. Eigentlich bin ich ganz anders, ich komm' nur so selten dazu. Vox intima. Neo-Nazis. DDC oder DDI? Leben im Konjunktiv. Leere Transzendenz.

* * *

Ich höre mit meinen Notizen auf. Ich kann nicht mehr schreiben. Meine Hände zittern. Der Atem wird unregelmäßig. Ich gehe in die Küche. Ich bewege mich so schnell, daß ich Fehlhandlungen mache. »Heu-wä-gel-chen«, höre ich meine Mutter sagen. Sie sagte es immer in meiner Kindheit zu mir, wenn ich so hastig sprach, daß ich ins Stottern geriet. Ich will eine Tafel Schokolade essen. Vergesse, daß ich eine Tafel Schokolade essen will. Erinnere mich wieder daran. Ich finde die Tafel Schokolade. Esse sie ganz auf.

* * *

»Es geht ums Essen«, sagte einmal Hanne Darboven zu mir, nachdem wir lange Zeit über alle möglichen Probleme der Kunst und des Lebens geredet hatten.

* * *

Wieder am Schreibtisch. Notiz zum Verschwinden der Kunst: Außer im Alltag könnte die Kunst auch im Wahnsinn verschwinden. – Ich schreibe das jetzt ohne Hemmungen. Ekstatisch nüchtern.

* * *

...ins heilig nüchterne Wasser...

* * *

Notiz zum Verschwinden der Kunst: Die Kunst wird nie verschwinden. Sie wird »woanders« sein. Der Mensch ist die Kunst!

* * *

Ich bin verwirrt. »Wie kann ich mich halten? – Du mußt dein Buch schreiben!« Morgen möchte ich den Kassel-Wuppertal-Köln-Teil überarbeiten. So wie er jetzt ist, gefällt er mir noch nicht.

* * *

Ich bin völlig erschöpft. Die Angst hat sich in Ermattung verwandelt. Doch ich bin gleichzeitig hellwach. Voller widersprüchlicher Spannung. Ich kann kaum noch stehen. Meine Arme und Beine zittern. Ich gehe ins Bett. Neben dem Bett sehe ich den schönen, glatten Rosenquarz-Stein, den meine Mutter mir vor Jahren schenkte. »Handschmeichler heißt so etwas«, sagte sie zu mir, als sie ihn mir gab. Im Englischen heißt er »Touchstone«. Ich nehme ihn in meine linke Hand und halte ihn sehr fest. Ich schließe die Augen. Kein Gefühl von Schlaf. Eine wirre Bilderflut. Ich sehe Augen. Schemenhafte Gesichter. Höre

Stimmen. Eine Hand geht immer wieder ganz nah über mein Gesicht. Ich spüre den Stein in meiner Hand.

***

Erinnerung: Vor einem Jahr hielt ich den Rosenquarz fest in meiner linken Hand, als ich die Trauerrede für Wolfram in der Friedhofshalle an der Stubenrauchstraße hielt. Das Festhalten des Steins gab mir die Kraft, nicht zu weinen, nicht ohnmächtig zu werden. Die Rede wurde sehr schön.

***

Erinnerung: Beim Sprechen neben dem Sarg, mit dem Blick auf die Trauergäste – Wolframs Mutter, seine Schwester, seinen Freund –, war ein Erlebnis vom Vortag »da« und zugleich »nicht da«. – Die Familie und ich wollten Wolfram gerne noch einmal im Sarg sehen. Wir hatten die Hoffnung, daß der Tod ihn uns sanft und erlöst zeigt. Als der Sarg geöffnet wurde, ein Schock. Der ganze Horror, der mit dem Tod verbunden sein kann, war vor unseren Augen. Graublau war Wolframs Schädel, die Augenlider halb geschlossen, die Gesichtszüge waren ein einziger Angstkrampf. Wolframs Mutter brach zusammen. »Das ist nicht mein Sohn! Das ist nicht mein Sohn! Das ist ja ein Greis!« – Aus einer Erstarrung kam ich wieder zu mir. Ich nahm Wolframs Mutter in den Arm. »Doch, es ist Wolfram. Er ist nicht jung gestorben. Er ist alt geworden, sehr alt.«

***

Die Erinnerung an diese Szene – jetzt im Bett – dauerte nur ein paar Sekunden. Ich erzählte sie mir nicht. Ich erlebte sie eher wie ein Bild. Andere Bilder überdeckten sie bald. Wieder Augen. Wieder Gesichter von Menschen, die ich nicht erkenne. Grünewalds »Auferstandener Christus« vom Isenheimer Altar. Karierte Muster. Punkte. Lichtstreifen. Ich bin in Panik.

***

»Wenn jetzt Dorith käme, würde ich sie bitten, sich zu mir ins Bett zu legen.«

***

Die Bilderflut ebbt ab. Ich döse ein. Ich bin wie in einem schwarzen Loch. Plötzlich im Kopf, in der rechten Gehirnhälfte ein lauter, greller Pfiff. Ich erschrecke darüber, zugleich fühle ich mich frei, bin wieder da, höre meinen tiefen Atem. Ich weiß, der exaltierte Zustand ist vorüber.

***

Ich blicke in meinem Schlafzimmer umher. Alles ist wie früher. Vom Renovieren des Arbeitszimmers liegen noch die hohen Bücherstapel neben meinem Bett. Ich ärgere mich nicht darüber. Sehe alles eher gleichgültig. Ich bleibe noch etwas im Bett liegen, fühle mich wohl, streiche mit den Händen über meinen Körper, onaniere, stehe auf, ziehe mich an, gehe ins Bad. Ich sehe in den Spiegel, blicke mir in die Augen: »Ja, das bin ich.« Ich bin mir nah und fremd zugleich. Anzeichen eines Schlaganfalls sind nicht zu erkennen. Ich gehe in die Küche, mache mir ein Brot mit Salami. Zum erstenmal seit dem 8. Februar esse ich wieder Wurst. Ich bin Vegetarier geworden. Doch jetzt möchte ich gerne Wurst essen. Ich weiß, ich werde es nur jetzt tun.

* * *

Notizen: Wie David mit der Schleuder, so ich – bogengekrümmten Leibes. – Cioran. – Beuys: Zeige deine Wunde… – Bernd Alois Zimmermann: Requiem für einen jungen Dichter.

* * *

Ich gehe an den Computer. Sehe meine Notizen durch, die ich zum Teil nicht entziffern kann. Es beunruhigt mich nicht. Ich tippe die Texte.

* * *

Aids-Nachrichten: Neues Aids-Virus? – Duesberg-Kritik. – Virusvariabilität. – Virusbindung und Virusexpression. – Primärinfektion. – Lymphknoten. – Blut. – Funktionelle Immundefekte. – Vakzineentwicklung. – Formen der Immunantwort. – Ethische Probleme.

* * *

Am Abend kam Dorith zum TaiChi. Ich erzähle ihr, was ich erlebt habe. Sie hört aufmerksam zu und sagt: »Jetzt machen wir TaiChi.« Es wird wunderschön. Keine einzige der über 170 Bewegungen habe ich vergessen. Fast eine Stunde machen wir die »Form«. Etwa in der Mitte der Zeit eine Veränderung des Erlebens. Mein Atem wird so tief, so langsam, daß die Bewegungen ins extreme Zeitlupentempo gelangen. Ich fühle mich in der Welt.

* * *

Christian habe ich heute nicht im Krankenhaus besucht, obwohl ich es mir fest vorgenommen hatte. Ich habe keine Schuldgefühle.

Donnerstag, 10. 9. 92. Morgensonne

Um halb sieben Uhr bin ich aufgestanden. Ich korrigiere die Texte im Computer, die ich gestern getippt habe.

***

Anruf bei Manfred L'age. Ich informiere ihn über meine Situation. Sage ihm, daß ich mich eigentlich heute ganz gut fühle. Plötzlich stelle ich fest, daß ich beim Sprechen Schwierigkeiten habe, daß die rechte Körperhälfte anders empfindet als die linke. Sie ist leicht gelähmt. »Wir sollten heute noch eine Schädel-Computertomographie machen«, meint L'age. Ich stimme zu.

***

Auf dem Weg zum AVK an der Bushaltestelle. Ich denke über meinen gespannt-entspannten Zustand nach. »Was hat sich seit gestern verändert? Wo bist du jetzt?« Ich sehe den Himmel: »Blau.« Ich spüre die Wärme der Sonne auf meinen Körper: »Wärme.« – Die Wörter sage ich mir nicht. Ich sehe, fühle sie.

***

Erinnerung: 1972 hatte mein Lehrer Walter Höllerer in der Akademie der Künste die Ausstellung »Welt aus Sprache« organisiert, an der ich mit »Anonymen Selbstdarstellungen« – Tonbändern von gesprochenen Selbstportraits von Arbeitern, Professoren, Künstlern, Hausfrauen, Schülern – beteiligt war. Im großen Ausstellungssaal eine riesige Wandschrift: »Was würde passieren, wenn einige von uns mit dem Sehen, Fühlen, Schmecken, Hören, Riechen beginnen würden.« – Ich erinnere mich nicht mehr an den Autor des Satzes. Ich glaube, er stammt von Ronald D. Laing, dem Verfasser der »Reise durch den Wahnsinn«.

***

Als ich diese Erinnerung an der Bushaltestelle notieren will, stelle ich fest, daß ich keinen Bleistift bei mir habe. Ich gehe in das Modegeschäft »Zarah«, bitte die elegante Verkäuferin um einen Bleistift oder Kuli. Sie gibt mir einen Kuli der Firma »monari«. »Darf ich ihn behalten?« – »Wenn Sie ihn brauchen, gerne.«

***

Zeitungskiosk. »Krieg, Hunger, Katastrophen – es ist alles schon einmal dagewesen! – DAMALS öffnet Ihnen Fenster in die Vergangenheit.«

***

In den Bus steige ich zusammen mit einer Frau in Trauerkleidung. In der Hand hält sie ein Grabgesteck.

* * *

Beim Umsteigen an der Haltestelle »Kaisereiche« treffe ich Jeff, der dort in der Nähe wohnt. Ich erzähle ihm, daß ich zur Untersuchung ins AVK fahre. »Hoffentlich ist es nichts Ernstes«, sagt er. – Wir sprechen über Christian, seinen erschöpften Zustand. »Nach meiner Untersuchung werde ich ihn besuchen.«

* * *

Neben der Haltestelle wird die Straße geteert. Der frische, stark riechende Teer: Kindheit.

* * *

Auf dem Weg zum AVK werde ich ruhiger. Ich denke: »Ich bin durch.« Der Satz hat jetzt eine andere Bedeutung als vor einigen Tagen, als ich ihn zu Peter sagte. Damals bezog er sich vor allem auf meine Erlebnisse in Kassel. Ich sagte ihn, weil ich für mich entdeckt hatte, daß ich keine Angst mehr vor Menschen habe. Und auch keine Aggressionen. Nun bezog er sich eher auf mein Verhältnis zur Welt. Ich nehme sie anders wahr. Doch weiß ich bis jetzt noch nicht genau, wie ich dies beschreiben soll. Wahrscheinlich ist der Prozeß der Veränderung auch noch gar nicht zu Ende. Ich ahne, daß mein altes Weltverhältnis sich auflöst. Ich war immer ein Gehirnmensch. Versah alles Gesehene permanent mit den Begriffen, die es bezeichnen. Ich sprach immer über die Welt, fällte Urteile, ordnete ein, brachte die Dinge auf den Begriff. Nun sehe ich, ohne zu denken. Die Dinge werden dadurch präsenter. Sie sind stumm da, sprechen sich selbst.

* * *

Der Bus. Die Straße. Die Autos. Die Passanten. Die Häuser. Die Bäume. Der Himmel. Die Sonne.

* * *

Multiples Ich und »Parallele Welten«. Wahrnehmen, benennen, begriffsfernes Denken, all das erlebe ich jetzt nebeneinander. Ich kann gleichsam die Register wechseln. Was das Ganze als höhere Einheit zusammenhält, ist mir unklar. Ich spüre nur, daß ich mich ihr anvertrauen darf.

* * *

Im AVK. Manfred L'age ist mit Herrn Mostertz in einer Besprechung. »Es geht um Geld und Stellen für den Aids-Bereich. Wir kämpfen um jede Mark.« L'age hat alles für die Computertomographie vorbereitet. Ich gehe mit meinem Laufzettel in das Haus der Röntgenabteilung.

* * *

Professor Gerstenberg bittet mich zum Vorgespräch. Ich schildere ihm den gestrigen Tag. »Das klingt nicht nach Toxoplasmose«, meint er. Bei Aids-Kranken befällt die Toxoplasmose meistens zuerst das Gehirn. Wird sie nicht rechtzeitig behandelt, kommt es zur »HIV-spezifischen Dementia«. Auch ich gehe nicht davon aus, daß es Toxoplasmose ist. Eher war mein Zusammenbruch gestern eine Art Gefäßkrampf im Gehirn.

* * *

Als ich Professor Gerstenberg von meinem Buch erzähle, fragt er mich, wo ich studiert habe. Ich sage ihm, daß mein Lehrer Walter Höllerer war. Er lacht: »Das ist ein Studienfreund von mir. Ich kenne ihn aus Tübingen.« Wir sprechen darüber, wie Höllerer vor fast zwanzig Jahren seine »Elefantenuhr« schrieb. In den vergangenen Tagen mußte ich oft an ihn denken. Auch er hatte Dutzende von Notizzetteln bei sich, auf denen er sich Situationen notierte.

* * *

Im Warteraum für die Computertomographie lese ich: »Sehr geehrte Patientin, sehr geehrter Patient! Auch in Krankenhäusern kommt es immer wieder zu Diebstählen. Diebe nutzen die Hilfsbedürftigkeit, das Vertrauen und die Unachtsamkeit der Patienten rücksichtslos aus. Die Kriminalpolizei rät Ihnen: Schützen Sie sich vor Dieben.«

* * *

Neben mir wartet ein junger, abgemagerter Mann mit einem Mundschutz. »Tuberkulose«, denke ich. Ich atme nur noch durch die Nase.

* * *

Als ich zur Toilette gehe, entdecke ich, daß Alf gegenüber im Warteraum der Röntgenabteilung sitzt. Er sieht mich, steht auf, wir umarmen uns. Alf hat man einen Katheter durch die Armvene ins Herz gelegt. Damit kann er »Intensivnahrung« erhalten. Nun soll die Lage des Katheters durch ein Röntgenbild kontrolliert werden. Ich erzähle ihm von meinem erregten

Zustand. Er hört mitfühlend zu. »Zum Glück ist bisher meine Psyche stabil geblieben«, sagt er. Man ruft ihn zum Röntgen.

***

Auf dem Tisch des Warteraums eine »Brigitte«. Die Advents-nummer vom Dezember 1991. »Herrlicher Weihnachts-schmuck zum Selberbasteln.« – »Von Aachener Printen bis Zimtsterne.« – »Fünf Karrierefrauen stellen ihre Kleidung vor.« – »Raucher müssen 3x soviel Vitamin C schlucken wie Nicht-raucher, um gesund zu bleiben.« – »Obsession. Parfum Calvin Klein.« – »Mit 1,40 DM geben Sie einem Kind die Hoffnung auf ein besseres Leben.« – »Was die Sterne sagen...« – »Der Maniker sitzt im Westen, der Depressive im Osten.« – »So schön wird Ihr Fest.«

***

Nachdem ein Assistenzarzt mich über das Schädel-CT aufge-klärt hat, komme ich »auf den Tisch«. 1989 wurde eine solche Untersuchung schon einmal hier gemacht. Die Assistentin sagt mir: »Sie brauchen keine Angst zu haben.« Ich hatte gar nicht daran gedacht, Angst zu haben. Als sie mich auf dem Tisch zurechtlegt, lese ich auf ihrem Sweatshirt: »Consider natural harmony. ESPRIT«. Die Untersuchung beginnt. Ich schließe die Augen, atme tief, die Hände über meinem Solar plexus. Nach wenigen Momenten bin ich im Halbschlaf. Nur entfernt höre ich das Rattern der Maschine, spüre ich, wie ich Millimeter für Millimeter in die Röntgenröhre geschoben werde.

***

Die erste Untersuchung zeigt keinen Befund. Ich bekomme zwei Infusionen eines Kontrastmittels in die Vene. Für 45 Minuten darf ich das Gebäude verlassen.

***

Ich gehe zum AVK-Kiosk, kaufe mir eine Dose »Isostar«, trinke sie in Ruhe aus. Dann kaufe ich mir Zigaretten. Als ich die Packung in der Hand halte, denke ich: »Wenn du jetzt noch mit dem Rauchen aufhörst, wirst du heilig.« Ich muß lachen.

***

Strahlende, klare Sonne.

***

Neben dem Gebäude der »II. Inneren« setze ich mich auf eine Bank. Die Sonne tut mir gut. Neben mir steht eine schöne

»Honda CB 450 N«. Ich blicke auf den Boden, sehe wirre Betonspuren und Flecken auf dem Asphalt. »Leonardo«, denke ich, weiß aber eigentlich nicht, wieso. Mir fallen Leonardos »Weltuntergangzeichnungen« ein, die einige Kunstwissenschaftler für Naturstudien halten. Dann komme ich auf die »richtige« Assoziation. Es gibt einen Text von Leonardo über Flecken auf einer Mauer, in denen man plötzlich Gesichter und Menschenleiber erkennt. Viele abstrakte Maler der Moderne zitieren ihn, um damit gleichsam ihr Werk nach »hinten« zu legitimieren. Mir fällt auf, daß ich – während ich dies denke – gleichzeitig die Flecken nur als Flecken sehe. »Darauf ist Leonardo nicht gekommen.«

***

Sekretariat Professor L'age. Frau Bryant gibt mir einen Kaffee. An der Wand Babyfotos. Daneben zwei Textblätter: »Ganz Deutschland ist ein IRRENHAUS. Hier ist die ZENTRALE.« Und: »Wenn Du fleißig bist wie eine Biene, stark bist wie ein Bär, arbeitest wie ein Pferd und nach Hause kommst und müde bist wie ein Hund, solltest Du einmal zum Tierarzt gehen. Vielleicht bist Du ein Kamel.«

***

Manfred L'age ist erleichtert über den Befund. Er hat meinen Text von gestern gelesen. »Schizophrenie brauchen wir nicht zu befürchten. Exaltation ist wohl der richtige Begriff. Sie sind in einem Zustand extremer Anspannung. Sie machen eine Wandlung durch.«

***

Auf dem Weg zum zweiten CT komme ich an der neuen Aufnahmestation vorbei. Die beiden Skulpturen am Eingang – »Frau« und »Mann« von Stephan Balkenhol – sehe ich mit Freude.

***

Wieder »auf dem Tisch«, bemerke ich erst jetzt, daß die Röntgenröhre von innen mit einem Regenbogen beklebt ist. »Da hat die Firma Siemens aber einen schönen Einfall gehabt«, sage ich zur Röntgenassistentin. »Das stammt nicht von Siemens«, antwortet sie. »Das haben <u>wir</u> dahin geklebt.«

***

Auch das zweite CT ist »ohne Befund«. Ich hatte es erwartet.

***

Nach einem Gespräch mit Manfred L'age gehe ich in die erste Etage des Gebäudes, um Christian zu besuchen. Als ich an die Glastüre des Ausgangs komme, sehe ich dahinter meinen Freund Gregor E. vor dem Aufzug in einem Krankenbett. Seit Monaten habe ich nichts von ihm gehört, weiß ich nicht, wie es ihm geht. »Gregor!« schreie ich. Ich versuche die Ausgangstüre aufzureißen, doch sie ist verschlossen. Ich eile zur Eingangstür, stürze an sein Bett. Wir lachen uns an aus vollem Herzen und beginnen beide gleichzeitig zu weinen. Gregor kenne ich seit fünfzehn Jahren. Er war mir immer nah. Mit ihm habe ich entdeckt, daß Sex heilig ist. Er unterdrückt seine Tränen, wischt sich verschämt und lachend über das Gesicht. »Ich muß an der Leiste operiert werden«, sagt Gregor. »Außerdem habe ich starkes Fieber und – wie so oft bei HIV – weiß man nicht, wo es herstammt.« Viel mehr reden wir nicht. Wir drücken uns nur die Hände. Ich verspreche, ihn morgen zu besuchen. Wünsche ihm »Alles Gute«. Dann wird sein Bett in den Aufzug geschoben.

* * *

Zu Christian kann ich jetzt nicht ins Zimmer gehen. Ich bin zu nervös. Ich gehe in den »Rauchersalon« der Station. Trinke eine halbe Flasche Mineralwasser. Doch ich setze mich nicht. Drei junge Männer, von Aids gezeichnet, sitzen vor dem Fernseher. Ich fühle mich unwohl. Gehe zu den Stühlen im Treppenhaus. Rauche eine Zigarette.

* * *

Jeff kommt aus Christians Zimmer, sieht mich, umarmt mich schweigend, weint. »Es ist alles so schrecklich. Christian ist völlig verwirrt.«

* * *

Als ich Christians Zimmer betrete, weiß ich: Alles ist anders als in der vorigen Woche. Ich wecke Christian, sage ihm, daß ich da bin. Er begreift es nicht. Er liegt einen Moment ruhig, mit geschlossenen Augen. Dann beginnt er mit hastigen, zuckenden Bewegungen. Er will nicht, daß ich seine Hand halte. Er nimmt meine Hand in seiner Hand gar nicht wahr. Er stammelt unverständliche Worte. Mit halb geöffneten Augen blickt er leer vor sich hin, schreibt mit fahrigen Gesten etwas an eine imaginäre Tafel, droht mit dem Zeigefinger. Dann wieder Erschöpfung. Für einen Moment wird er wach. »Du bist hier – schön.« Er fällt in einen apathischen Zustand, wird wieder halb wach, fragt »Wo ist Jeff?« Die Antwort interessiert ihn nicht. Er zuckt wieder, lutscht am Daumen wie ein Baby. Ich frage ihn laut, ob er etwas trinken möchte. »Ja, ja«, sagt er. Ich gebe ihm den Schnabelbecher. Doch er weiß nicht, wie er daraus trinken soll. Ich führe ihm den Becher an den Mund. Er trinkt mit gierigen Schlücken. Dann hört er auf, möchte nur noch am Mundstück suckeln. Er fällt in die Kissen zurück. Röchelt heftig, krampft den Kopf nach hinten. Ich sage: »Sei ganz ruhig, Christian. Ich bin hier.« Er hört mich nicht, entspannt sich aber. Ein Lächeln ist auf meinem Gesicht. Ich bemerke es erst jetzt. Ich bin nicht verwundert darüber. Noch ein Krampf von Christians ganzem Körper. Er wird heftiger als alle anderen zuvor. Ich denke: »Jetzt geht es zu Ende.« Ich fühle keine Angst dabei. Einen Pfleger würde ich nicht rufen. Als sich Christian wieder etwas entspannt, atme ich tief durch, so laut, daß er es wohl hört. Auch er beginnt tief zu atmen. Im Rhythmus mit mir. Eine ganze Weile geht das so. Wir sind ein Atem. Die Krämpfe, die Zuckungen, das Erschlaffen wiederholen sich. – Nach einer Stunde bin ich völlig erschöpft. Ich weiß, dies war noch nicht der Abschied. »Ich muß gehen.« Ich wecke Christian. Verabschiede mich mit einem Kuß auf die Stirn. Er nimmt es lächelnd wahr, verfolgt mich mit dem Blick bis zur Tür, winkt heftig mit der Hand und sagt laut: »Tatata.«

* * *

Tatata...

* * *

Auf dem Gang treffe ich Dr. Mostertz. »Was für ein Tag«, sage ich zu ihm. Und: »Es wäre schön, wenn es mit Christian bald sanft zu Ende ginge.«

* * *

Vor dem Aufzug im Parterre – ich bin in Gedanken – ein Krankenbett. »Was ist herausgekommen?« höre ich eine Stimme. Es ist Alf. Man muß ihm den Herzkatheter neu verlegen.

* * *

Ich verlasse das AVK durch das große, schwere Eisentor.

* * *

An der Busstation spüre ich, daß ich wieder fest auf der Erde stehe. Die Sonne ist warm. An der Kaisereiche gehe ich in eine Pizzeria. Ich esse eine Pizza. Ganz in Ruhe. Auf dem Nebentisch liegt eine BZ. Die Schlagzeile: »Ost-Minister klaut Pornoheft«.

* * *

Ich gehe langsam nach Hause. Als ich die Wohnungstür aufschließe, der Gedanke: »Es gibt keine Probleme.« – Ich wundere mich darüber, daß ich ihn denke.

....

Freitag, 11. 9. 1992. Graublauer Himmel mit der Ahnung von Rosa

Eine unruhige Nacht. Um Viertel nach vier werde ich wach. Ich sage mir »Jetzt!« – Schlafe wieder ein. Ich träume. Sitze am Kaffeetisch der Pflegerinnen und Pfleger des AVK. Wir machen Witze, lachen laut.

✳✳✳

Ein anderer Traumrest. Wieder im AVK auf der Station 30 B. Ich stehe vor Wolframs Zimmer und warte. Der Pfleger macht ihn sauber. Als er herauskommt, frage ich ihn: »Lebt Herr N. noch?« Der Pfleger antwortet: »Ich weiß es nicht.« Ich bin unruhig. Ein Trupp Männer und Frauen kommt auf den Stationsgang. Sie sehen aus wie Touristen bei einer Reise. Ein Mann führt sie. Sie wollen die Aids-Station besichtigen. Ich wundere mich darüber, daß sie keine Arztkittel tragen.

✳✳✳

Im Traum. Mir fallen die Worte »Die gescheiterte Hoffnung« ein. Ich sage mir: »Daran mußt du dich morgen für dein Buch erinnern.«

✳✳✳

»Die gescheiterte Hoffnung«. In meiner Trauerrede für Wolfram spielte das Bild von Caspar David Friedrich eine wichtige Rolle. Ich suche den Text in meinen Tagebüchern.

✳✳✳

Aus der Trauerrede für Wolfram N.: »Bei meinem letzten Besuch von Wolfram im Krankenhaus zeigte ich ihm den ›Metropolis‹-Katalog, den ich für die Ausstellung in Berlin ediert habe. Darin ist ein Werk des Künstlers Olaf Metzel abgebildet, das Caspar David Friedrichs berühmtes Bild ›Die gescheiterte Hoffnung‹ in einer freien, nur für den aufmerksamen Betrachter erkennbaren Weise zitiert. Als ich gestern damit begann, diese Trauerrede vorzubereiten, nahm ich Wolframs Dissertation aus dem Bücherregal. Auf dem Umschlag: Friedrichs ›Gescheiterte Hoffnung‹. Ich hatte ganz vergessen, daß er es für den Umschlag seines Buches ausgewählt hatte. Als Wolfram die Arbeit Metzels im Katalog betrachtete, sprach auch er nicht davon, obwohl ihm das Werk Friedrichs immer viel bedeutete. Er sah diese kalte zerrissene Seelenlandschaft – aufeinandergetürmte Eisschollen vor einem unwirklich blauen Himmel – als ein Zeichen der Hoffnung: Der Kunst gelingt, was im Leben scheitert.«

***

Erst jetzt, beim Abschreiben des Texts, fällt mir auf: Meine Notizen zum Verschwinden der Kunst entwickelten sich aus der Arbeit am Katalogtext für die Retrospektive von Olaf Metzel in Hamburg, die nächste Woche eröffnet wird. An seine Paraphrase zu Friedrichs »Gescheiterter Hoffnung« habe ich dabei nie gedacht. Als ich die Texte schrieb, war dieses Werk von Olaf nicht in meinem Kopf. Ich hatte es, obwohl ich sogar darüber in ART geschrieben habe, völlig vergessen.

Der zersägte Fußboden eines Basketballfeldes türmt sich zu einer raumfüllenden Skulptur. Ein Basketballkorb, eine Anzeigetafel, die Stangen der Deckenkonstruktion fügen sich ins arrangierte Chaos. Olaf Metzels Arbeit für die Berliner Schau »Metropolis« hat den lapidaren Titel »112:104«. Er nennt den Spielstand; die Heimmannschaft hat gewonnen.

Zerstörung und Aufbau sind in diesem Werk effektvoll kombiniert. Doch es entsteht der Eindruck, daß es sich bei dieser Installation nicht um ein formales Spiel mit den Requisiten des Sport-Alltags handelt. Das Werk wirkt wie ein Sinnbild. Es provoziert den Betrachter zum Entziffern. Zwei Assoziationsstränge liegen nahe.

Der eine bezieht sich auf den gegenwärtigen Zustand der Kunst. Sie ist in den letzten Jahren zu einem populären Phänomen geworden. In Ausstellungen, im Kunstmarktgeschehen, in den Medien erobert sie eine immer größere Nähe zur Freizeitkultur, zur Unterhaltung und zum Sport. In amerikanischen Zeitungen wird die Kunstberichterstattung auf einer Mischseite untergebracht. »Arts & Leisure«, Kunst und Freizeit.

Diesen Freizeitaspekt greift Metzel auf und blendet ihn auf die Kunst zurück. Aus dem Ambiente einer sportlichen Disziplin schafft er – ironisch und ernst zugleich – einen Kommentar zur Kunst heute.

Der zweite Assoziationsstrang weist zurück in die Kunstgeschichte. In ihrem formalen Aufbau zitiert die Arbeit »112:104« ein berühmtes Gemälde der deutschen Romantik: Caspar David Friedrichs Bild »Das Eismeer« (um 1823/24), besser unter dem Titel »Die gescheiterte Hoffnung« bekannt. Dieses Bild aus der Hamburger Kunsthalle ist mehr als die Darstellung einer Schiffskatastrophe im ewigen Eis des Nordpolarmeers. Es ist die Deutung der menschlichen Existenz, der religiösen und politischen Sehnsüchte einer Epoche. Die neuere Kunstwissenschaft sieht in dem Werk »die Kälte der politischen Landschaft nach dem Wiener Kongreß, der alle Friedensbestrebungen in Europa unterdrückte« (Kunsthalle Hamburg). Das Natur-Bild symbolisiert einen gesellschaftlichen Zustand.

Der deutsche Bildhauer Olaf Metzel bezieht diese Lesart in sein Werk mit ein. Er überträgt sie auf die Diskussion über aktuelle Kunst. »Die gescheiterte Hoffnung« ist ein sinnlich erfahrbarer, aufklärerischer Widerspruch in Caspar David Friedrichs Zeit. In der Kunst wird – als Hoffnung – aufbewahrt, was in der Realität gescheitert ist. Wird Kunst, wie es sich gegenwärtig abzeichnet, jedoch zu einem Freizeitphänomen unter anderen, dann verliert sie die Chance des Gegenbildes, des Einspruchs zu den gesellschaftlichen und kulturellen Voraussetzungen des Lebens. Metzels Installation weist auf diese komplexe Problematik hin. Sie verfremdet Kunstgeschichte und Alltag, verbindet Gegenwart und Vergangenheit, fragmentiert Elemente aus der Realität und fügt sie zur neuen Realität der Kunst zusammen.

***

Annemarie Madison. Beim Blättern im Tagebuch finde ich die Kopie der Bild-Zeitungsseite mit dem Aufmacher, den ich früher zitierte. Er heißt korrekt: »Sie küßte 126 Aids-Kranke in den Tod.« Nicht 147.

***

Sieben.

***

»Wenn man lügen will, fallen einem immer Zahlen mit Sieben ein.« Die Beobachtung machte ich schon vor Jahren. Sie trifft verblüffend häufig zu. – Kein Wunder: Die Zahl Sieben ist die vollkommene Zahl. Wenn man sie ausspricht oder hört, stellt man sie nicht in Frage. »Vier« ist die Erde, »Drei« der Himmel, »Sieben« der gesamte Kosmos.

***

Erklärung: Die »Vier« braucht der Mensch, um sich mit den Himmelsrichtungen auf der Erde zurechtzufinden. Vier Flüsse gibt es im Paradies. Die »Drei« entstammt den drei Mondphasen, die der Mensch – ohne Wissen – beobachten kann. »Aufgehender Mond«, »Vollmond«, »Untergehender Mond«. Den »Neumond« kannten die Menschen der Vorzeit nicht. In dieser Phase war der Mond für sie verschwunden.

***

»Mond = Frau.« Die Zyklen des Mondes sind die Zyklen der Frau. »Ein Jahr mit dreizehn Monden.«

***

Lascaux: Marie E. P. König schreibt in ihrem Buch »Am Anfang der Kultur«, daß die steinzeitlichen Höhlenzeichnungen in Lascaux eine Art doppeltes System einer Kosmologie sind. Der Stier ist mit seinen Hörnern auch zugleich eine Mondsichel. Neben den Hörnern befinden sich drei Punkte. Abstrakte Zeichen für die Wandlungsphasen des Mondes.

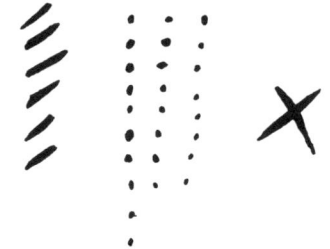

***

Von Anbeginn an ist der Mensch eine Vielheit. Er bildet ab, er findet abstrakte Zeichen, er geht auf im reinen Blick, er schafft sich Symbole.

***

»Symbolon«. Es gibt eine schöne Zeichnung von Francesco Clemente, die alles über die Dramatik des Zusammenfügens und der Trennung im Symbol zeigt.

Symbolon. – Die Arbeiten von Francesco Clemente bestimmt eine Konzeption, die ein Denken in Bildern zeigt, das einer auf den Begriff gebrachten Welt kontrastiert wird, ohne daß die Bindung an Sprache jedoch gänzlich geopfert würde. Hieraus resultiert das »Vorbelastete« der Bilder, ihr »Sprechen« aus dem Vorrat anderer Sprachen – der Allegorie, Emblematik, Gestik, Mimik, des Stil- oder Motivzitats –, ihr Charakter des Wortäquivalents im Bildbegriff der Chiffre. Die Spannung, die hierdurch zwischen Bilddenken und Sprachdenken entsteht, läßt sich exemplarisch an einer Zeichnung Clementes verdeutlichen. Schon ein flüchtiger Blick auf diese Zeichnung zeigt, daß es in ihr um die Differenz von Sprache und Bild, Sprechen und Handeln geht, daß sie um das Problem der Etymologie kreist. Der Begriff »sýmbolon« (als Lehnwort im Italienischen »simbolo«, im Deutschen »Symbol«) erzählt nichts von der Geschichte, die hinter ihm zu erkennen ist und die ihn prägte. Im Griechischen war der Sinn dieses Wortes ursprünglich der eines Erkennungszeichens. »Wenn zwei Freunde für längere Zeit oder für immer voneinander schieden, so zerbrachen sie eine Münze oder einen Ring; kam nach Jahren jemand von der befreundeten Familie zurück, so konnten die zusammengefügten Teile (sýmbal-lein = zusammenfügen) bestätigen, daß der Träger des einen Bruchstückes wirklich Anspruch auf die Gastfreundschaft besaß« (M. Lurker, Wörterbuch der Symbolik).
Blicken wir mit diesem Vorwissen auf die Zeichnung, so zeigt sie sich uns als Interpretation von Etymologie. Die Freunde streben, lebhaft bewegt, mit den Münzhälften auseinander. Zwischen ihnen scheint der Begriff »symbolon« auf und ersetzt – sprachlich – die ursprüngliche dingliche Ganzheit. Zu ahnen ist, daß die Figuren den Raum verlassen, daß sie fortlaufen werden und daß der Begriff den Platz der Handlung und der Geste einnehmen wird. Der Begriff aber zeigt sich als arbiträr (zufällig) an die Wirklichkeit gebunden. Seine Lautung vermag nichts von der ursprünglichen Geschichte zu bewahren. Er wird im Laufe der Geschichte zum abstrakten Wort. Im Bild (der Zeichnung) aber ist die ursprüngliche Geschichte aufgehoben, freilich um den Preis einer visuell-verbalen Rhetorik. Ohne die Schrift im Bild wäre ihr »Thema« nicht zu lesen – (Abbildung auf S. 401).

***

Das erinnert mich jetzt an das Gespräch mit Eckehard gestern abend. Ich erzählte ihm von Manfred L'age und wie er mein Buch liest. »Meine Emotionskontingenz zwingt mich manchmal mit dem Lesen aufzuhören«, sagte L'age zu mir. Daß »Kontingenz« ein Bruch ist, wollte ich nie verstehen. Ich verband den Begriff immer mit »Kontinuität«. Doch er beinhaltet das genaue Gegenteil. Eckehard: »In der Theologiegeschichte spielt ›Kontingenz‹ eine wichtige Rolle. Die Begegnung mit Gott ist danach eine Kontingenzerfahrung. Sie ist ›unverfügbar‹, vom Menschen nicht zu erzwingen. So wie die Liebe, der Tod, der Glaube.«

* * *

Heute morgen bin ich wieder sehr ruhig. Trotz des schlechten Schlafs. Ich ahne, daß ich mit den Erfahrungen der letzten Tage sehr behutsam umgehen muß. Das neue Wahrnehmen darf ich nicht wieder verschütten. Es ist eine neue Qualität. Am deutlichsten wird es mir im Sehen. »Man sieht nur, was man weiß.« Goethes Ausspruch ergänze ich mir jetzt zu: »Man sieht auch, was man – nur – sieht.«

* * *

Dieses Buch. Es entwickelt sich jetzt fast ohne jede Konstruktion. »Es glaubt dir niemand, daß du es in einem Zug schreibst.« Doch es stimmt. Die Reihenfolge der Gedanken, Beobachtungen, Zitate, Zwischentexte findet sich von selbst. Das Überarbeiten des Buches ist eigentlich nur ein »Rausschmeißen«. Ich lösche die Texte, die zuviel sind.

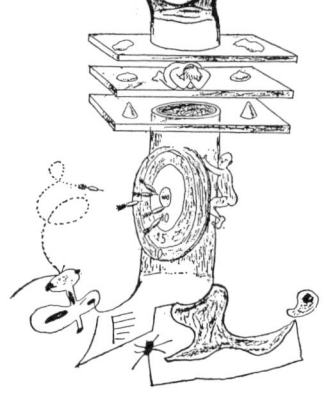

* * *

Das Buch wird zur Vielheit meiner gegenwärtigen Erfahrung. Ich unterdrücke dies nicht. Schreiben ohne Zensur. Das Banale hat dasselbe Recht zu existieren wie der Versuch, die Dinge auf den Begriff zu bringen. »Proteisches Denken«, fällt mir jetzt als Charakterisierung dazu ein. Deshalb die Entwicklungen und Selbstwidersprüche in diesem Text. Sie müssen stehenbleiben.

* * *

Verstopfung. Seit Tagen habe ich keine Verdauung. Gestern führte dies in der Blinddarmgegend zu solch starken Schmerzen, daß ich L'age bat, mich zu untersuchen. Er tat dies so voller Feingefühl, daß ich lächeln mußte. »L'age denkt mit den Händen«, dachte ich. Ich sagte es ihm nicht.

* * *

New York. Immer wenn ich längere Zeit in New York war, bekam ich Verstopfung. Einmal war sie so stark, daß ich Kreislaufprobleme bekam und fast kollabierte. Ich mußte ins »St. Vincent Hospital«. Als ich darüber einmal mit Horst Bienek sprach, sagte er nur: »Das ist nichts Besonderes. Jeder Europäer bekommt in New York Verstopfung.«

* * *

Charles Ives. Am Abend gestern hörte ich noch die Concord-Sonate. Als Ives plötzlich einen Marsch zitiert, entdecke ich: »Diese Komposition schrieb sich selbst.« Ich erinnerte mich an Ives' Ausspruch, daß er die schönste Musik hört, wenn er einfach auf den Treppenstufen seines Hauses sitzt und der Welt lauscht.

* * *

Der Buddha ist überall.

* * *

Heute werde ich nicht ins AVK gehen. Christian werde ich nicht besuchen. Gregor werde ich anrufen und ihm sagen, wie es um mich steht. Aids ist mir jetzt so nahe gerückt, daß ich mich schützen muß.

* * *

Die Datei meines Computers für diesen achten Teil, an dem ich gerade schreibe, ist fast voll. Die Einteilung des Buches ergibt sich aus zwei Gründen. Ich schalte immer dann einen Zwischentext ein, wenn ich das Gefühl habe, jetzt brauche ich eine »Pause«. Außerdem richtet sich die Länge nach der Speicherkapazität meines Textprogramms.

* * *

An dieser Stelle jetzt dachte ich: »Nun sollte ein Zwischentext folgen.« Mir fiel das Shakespeare-Zitat »All the world's a stage« ein. Ich suchte es im »Macbeth«. Fand es dort aber nicht. Im Büchmann finde ich die Quellenangabe: »As You like it«. Ich schlage den Text nach, an dessen Inhalt ich mich beim Denken des Zitats nicht erinnert habe. Ich staune. Was Shakespeare hier schildert, ist nicht nur mein gestriger Tag. Die Passage wiederholt, was schon im Zwischentext des Grimmschen Märchens steht. Ich kopiere den Text und füge ihn ins Manuskript ein.

Die ganze Welt ist Bühne,
Und alle Fraun und Männer bloße Spieler.
Sie treten auf und gehen wieder ab,
Sein Leben lang spielt einer manche Rollen,
Durch sieben Akte hin. Zuerst das Kind,
Das in der Wärtrin Armen greint und sprudelt;
Der weinerliche Bube, der mit Bündel
Und glattem Morgenantlitz, wie die Schnecke
Ungern zur Schule kriecht; dann der Verliebte,
Der wie ein Ofen seufzt, mit Jammerlied
Auf seiner Liebsten Brau'n; dann der Soldat,
Voll toller Flüch' und wie ein Pardel bärtig,
Auf Ehre eifersüchtig, schnell zu Händeln,
Bis in die Mündung der Kanone suchend
Die Seifenblase Ruhm. Und dann der Richter,
Im runden Bauche, mit Kapaun gestopft,
Mit strengem Blick und regelrechtem Bart,
Voll abgedroschner Beispiel', weiser Sprüche,
Spielt seine Rolle so. Das sechste Alter
Macht den besockten hagern Pantalon,
Brill' auf der Nase, Beutel an der Seite;
Die jugendliche Hose, wohl geschont,
'ne Welt zu weit für die verschrumpften Lenden;
Die tiefe Männerstimme, umgewandelt
Zum kindischen Diskante, pfeift und quäkt
In seinem Ton. Der letzte Akt, mit dem
Die seltsam wechselnde Geschichte schließt,
Ist zweite Kindheit, gänzliches Vergessen,
Ohn' Augen, ohne Zahn, Geschmack und alles.

Shakespeare

TEIL NEUN

Freitag, 11. 9. 92. Nachmittags

Eigentlich wollte ich heute keine neuen Texte in den Computer eingeben. Ich wollte die vorhergehenden Seiten überarbeiten. Um mich vom Tippen heute früh zu erholen, fuhr ich in die Stadt. Ich wollte Platten von Schubert, Feldman, Schönberg kaufen.

* * *

In der U-Bahn sitze ich wieder in einem Wagen mit dem Plakat der Philosophischen Praxis: »Langeweile ist die Grundbefindlichkeit des Philosophierens«. Ich denke: »Ist auch _eine_ Grundbefindlichkeit des Philosophierens – neben anderen.«

* * *

Auf dem Kurfürstendamm. Eine junge Frau geht auf mich zu, begrüßt mich lachend. Ich weiß, daß ich sie kenne, doch mir fällt ihr Name nicht ein. Ich frage sie danach. »Ich bin Elisabeth Umierski, die Frau von Dieter Zahn.« Jetzt weiß ich, wer sie ist. Sie ist Sängerin und hat eine wunderschöne Stimme. Bei einem Konzert in Eckehards Martin-Luther-Kirche sang sie deutsche Lieder der Romantik.

* * *

Chapel Hill, North Carolina, 1967. »Kindertotenlieder«.

* * *

Im Mediengeschäft FNAC bedient mich ein großer, kräftiger Mann. Während ich mit ihm spreche, muß ich immer daran denken, daß mir einer meiner Bekannten vor einigen Wochen über ihn sagte: »Er hat Ringe durch beide Brustwarzen.«

* * *

Schuberts B-Dur Sonate, gespielt von Richter, ist nicht vorrätig. Sie muß bestellt werden. Als ich die Kassette mit Morton

Feldmans »For Philip Guston« sehe, lese ich auf der Rückseite »Gespielt von Eberhard Blum«. Ich weiß, daß ich sie nicht kaufen werde. Eberhard Blum und Dieter Schnebel haben seit Jahren Cage dem Berliner Publikum genau so präsentiert, wie man es nicht tun sollte: mit Pointe.

* * *

Auf dem Kudamm ein Transporter der Bundeswehr. An diesen Anblick muß ich mich erst gewöhnen.

* * *

Im Geschäft »Die Schallplatte am KuDamm« finde ich die Klemperer-Platte mit Schönberg, Janáček, Bartok. Zum Verkäufer sage ich: »Morton Feldman kaufe ich bei der ›Gelben Musik‹.« Ein Mann neben mir, ein Plattenvertreter, sieht mich an und meint: »Da müssen Sie aber Glück haben. Bei der ›Gelben Musik‹ ist eingebrochen worden. Alle Platten von Cage und Feldman wurden gestohlen.«

* * *

Ich gehe über den Kudamm. Ein junger Mann spricht mich an. »Haste mal 'ne Mark!« – Ich gebe ihm eine Mark und sage: »Du hast Glück. Der erste, der fragt, bekommt eine Mark.« – »Das ist nett von dir.«

* * *

Ich gehe weiter. Jugoslawische Hütchenspieler animieren Passanten, die noch nicht wissen, daß man beim Mitspiel stets nur verlieren kann, zum Einsatz. Zwei Politessen gehen gelangweilt daran vorbei. Es ist nicht ihre Aufgabe, das Hütchenspiel zu unterbinden.

* * *

An der Ecke Kudamm und Joachimstaler Straße sitzt eine junge Frau mit ihrem kleinen Mädchen auf dem Pflaster. Auf dem Boden sind Porzellanelefanten, Spielzeug, kleine Vasen, Kugelschreiber, Simmel-Romane. Ein großes Schild hat die Frau neben sich auf den Boden geklebt: »Ich hatte nicht vor zu betteln. Ich hätte lieber hier die Bücher und den Nippes verkauft. Aber das wurde mir von der Polizei verboten. Eine Gewerbekarte kostet Geld. Warum ich hier sitze? Meine Tochter ist schwer ernährungsbehindert. Sie leidet unter Phenylketonurie. Der Staat zahlt für ihre Ernährung nur 154,– DM Mehrbedarf. Ich habe circa 40 Anträge auf Unterstützung gestellt. Durch eine Bluttransfusion bei einer Fehlgeburt wurde ich auch noch

The New York School

aidsinfiziert. Ich bitte nicht für mich, nur für mein Kind. Über jede Spende bin ich, sind wir dankbar.« – Ich gebe der Frau, der man ansieht, daß sie heroinsüchtig ist, zwei Mark. Schreibe mir den Text ab. Sie will mir noch einiges erklären, doch ich sage ihr, daß mich das zu sehr anstrengt. Die Frau nimmt einen Postkartenblock mit billigen Kunstreproduktionen und sagt: »Als Dankeschön dürfen Sie sich eine Postkarte aussuchen.« Ich antworte: »Wählen Sie eine aus.« Sie blättert und reißt eine Karte heraus: »Hier, das ist Picasso.« – Als ich mein Notizbuch einstecke, sagt sie zu ihrer kleinen Tochter: »Paß jetzt auf, da kommen Zigeuner. Die klauen uns alles weg.«

* * *

»Gelbe Musik«. Als ich in das Geschäft in der Schaperstraße komme, sind René und Ursula Block da. Sie freuen sich, mich zu sehen. Meine Absage in Wiesbaden hat sie beunruhigt. Der Einbruch war nicht so dramatisch, wie er mir geschildert worden war. Es sind nur wenige Dinge gestohlen worden. Ich erzähle von meiner Situation, von meinem Schreiben. Wir sprechen über Beuys, Feldman, Cage. Ursula Block gibt mir ihren neuen Plattenkatalog. Auf der Rückseite ein Foto mit Cage, Feldman, Wolff, Earle Brown. – Eine Anzeige der Lufthansa für: »The New York School«.

* * *

René Block überreicht mir den Fluxus-Katalog aus Wiesbaden, in dem mein Text zu Maria Eichhorn abgedruckt ist. Außerdem schenkt er mir den Katalog der Ausstellung seiner Sammlung in Kopenhagen: »Mit dem Kopf durch die Wand«.

* * *

René Block beendete 1986 seine Galerietätigkeit. Die letzte Ausstellung von Joseph Beuys trug den Titel: »Jetzt brechen wir den ganzen Scheiß ab.« – »Die Blocks machen eine gute Arbeit«, denke ich.

* * *

Als ich vom Sterben Christians erzähle, sind sie gerührt. Aids ist ein seltsames gesellschaftliches Phänomen. Eigentlich ist die Krankheit völlig unsichtbar. Erst wenn man Menschen kennt, die daran erkranken, gewinnt sie eine nahe Dimension.

* * *

Gabriele Knapstein kommt in die »Gelbe Musik«. Ich freue mich, sie zu sehen. Ich erzähle wieder von meinem Buch und den seltsamen Erlebnissen, die sich jetzt mit meinem Schreiben, Notieren, Wahrnehmen verbinden. »Ich bin jetzt übrigens im ›Neunten Teil‹. Vielleicht ist dies auch der letzte. Dreimal drei – das ist eine gute Zahl.« – René Block: »Faust, der große Sinfoniker!« Wir lachen. Wir lachen viel an diesem Vormittag. Über Cage und Beuys, über die Situation am Bauhaus in Dessau, über uns.

***

Auch Michael Glasmeier kommt mit seiner kleinen Tochter ins Geschäft. Ich frage sie, wie sie heißt. Sie ist schüchtern und möchte nicht antworten. »Ruth, heißt du«, sagt Michael zu ihr. Die Kleine wiederholt: »Gut Ruth. Gut Ruth. Gut Ruth.«

***

Als sich Ruth eine Pflaume in den Mund steckt und sie immer wieder herausflutschen läßt, muß ich an Christian denken. Mit dem Schnabelbecher gestern machte er ein ähnliches Spiel.

***

Cage. René Block erzählt mir, daß er mit Cage vier Tage vor dessen Tod telefoniert hat. Es ging um eine Grafikedition, an der sich Cage beteiligen wollte. Cage sagte: »At the moment I am most interested in an empty paper. Only that – not even a signature.«

***

»Das hat mit deinem Schreiben zu tun«, denke ich. Plötzlich weiß ich nicht, ob ich überhaupt mein Buch zu Ende schreiben möchte. Ich deute dies Michael an. Er sagt: »Das Buch wird zu Ende geschrieben.«

***

Während der Zeit unseres Gesprächs kam Ruth immer wieder mit ihrer Püppi zu mir. Die Stoffpuppe hatte einen Fleck auf ihrer Wange. »Sie ist krank«, sagt Ruth. Durch Handauflegen heile ich Püppi. »Jetzt ist sie wieder gesund«, sage ich zu Ruth. Sie fand das schön. Doch noch viel schöner war das Spiel mit mir. »Wieder Gesundmachen«, sagte sie immer, wenn sie mit der Puppe zu mir kam.

***

Ich erzähle von meinem Buch, und daß ein wichtiger Aspekt darin das Verschwinden der Kunst ist. »Wir alle haben im 20. Jahrhundert so viele Utopien auf die Kunst projiziert, daß wir jetzt vor der Erkenntnis ihres Scheiterns stehen.« – Ursula Block: »Vielleicht werden wir heute nur bescheidener.« – Ich weiß, dieser Satz wird mich beschäftigen.

***

Ich kaufe CDs von Morton Feldman und Stockhausens »Kontakte«. Das Werk von Stockhausen ist Klaus sehr wichtig. Ich denke an ihn.

***

Auf dem Weg zum Taxi gehen drei attraktive junge Männer an mir vorbei: New York 1983. Nach dem Besuch am Sterbebett von Klaus Nomi hatte sich Greenwich Village für mich verwandelt. Hinter den bildschönen Männern mit ihren Bodybuilder-Körpern sah ich den sterbenden Klaus. Es hatte etwas von barockem Welttheater an sich.

***

Das Leben ein Traum.

***

New York. Während der Taxifahrt in die Landauer Straße denke ich: »So wie du dich jetzt fühlst, hast du dich schon einmal gefühlt.« Ich erinnere mich. Ein Sommertag in New York 1984. Gerd und ich hatten den Maler Sandro Chia in seinem Atelier besucht. Danach fuhren wir mit dem Taxi durch Manhattan, tranken Tee im »Plaza«, spazierten ziellos umher. Wir waren euphorisiert, ganz da, erfüllte Gegenwart. Hier und jetzt. Zusammen.

***

Beim Zigarettenkaufen lese ich die Schlagzeile der Bild-Zeitung: »Berlin: Aids! Schon 213 Kinder krank«.

***

Auf dem Balkon. Eckehard hat für uns gekocht. Es gibt Hecht in Kerbelsauce. Wir essen auf dem Balkon. Die Sonne ist warm. »Herbst«, sage ich. – »Spätsommer«, sagt Eckehard. – Er verreist übers Wochenende. Eine »Team-Freizeit« seiner Gemeinde.

***

Notiz »Amerikanische Kunst«. Morton Feldman: »Was ich hier sagen möchte, ist nur dieses: ich habe die Empfindung, daß wir Amerikaner Opfer gewesen sind. Jahrhundertelang sind wir

Opfer der europäischen Zivilisation gewesen. Und alles, was wir davon gehabt haben... Kierkegaard eingeschlossen... ist eine Situation des Aut/Aut, sei es in der Politik, sei es in der Kunst. Und wenn wir statt dessen ein Nec/Nec wollten? Und wenn wir ein Handeln wollten, daß es nicht nötig hat, von ein paar Spritzern Weihwasser legitimiert zu werden? Warum sollten wir ihm einen Namen geben müssen? Was ist schlechtes daran, es namenlos zu lassen?«

* * *

Aut/Aut = entweder/oder. Nec/Nec = weder/noch.

* * *

Erotik. Auf dem Weg zur Heileurythmie entdecke ich, daß mein immer noch exaltierter Zustand auch erotische Momente enthält. Ich staune darüber. Wenn Männer und Frauen vorbeigehen, spüre ich ein Sehnen im ganzen Körper. Berühren, das möchte ich.

* * *

Sehen und gesehen werden. Beim Warten auf den Bus blicke ich vor mich hin. Es ist nicht ein Sehen, wie ich es gestern erlebte, als ich gleichsam »das Wesen« der Dinge sah. Es ist eher ein leeres Sehen, desinteressiert, klar, gleichgültig. – Von Josephine Zöller lernte ich den TaiChi-Blick. Es ist möglich, die Stellung der Pupillen so zu verändern, daß man nicht mehr – wie es unsere westliche Sehtradition ist – fokussiert, sondern daß man eine Art Panorama-Blick bekommt. Alles – von ganz links bis ganz rechts – erhält hierdurch dieselbe Aufmerksamkeit/Unaufmerksamkeit.

* * *

Josephine Zöller. Zu ihren Qui Gong-Übungen ging ich vor drei Jahren, weil ich von ihrem Buch »Das Tao der Heilung« gehört hatte. Die Methoden, die sie darin beschreibt, hatte sie in China gelernt, als sie – selber Ärztin – vor fast zwei Jahrzehnten schwer erkrankte und mit der Weisheit ihrer Schulmedizin am Ende war. Sie hat sich selbst geheilt. Obwohl sie – über achtzig Jahre alt – große körperliche Probleme hatte, gab sie fast jeden Tag Qui Gong-Übungen. Als ich einmal daran teilnahm, kam mir eine junge Frau sehr bekannt vor. Ich wußte nicht, woher ich sie kenne. »Irm Hermann. Fassbinders Nebenrolle«, sagte eine Bekannte zu mir.

* * *

Identifikation mit Stein

Sehen ist nicht gleich Sehen. Es gibt das Starren, das dösende Sehen, das fokussierende Sehen, den psychotropen Blick, die Gleichgültigkeit des Hinguckens. Sehen und Denken ist immer ein Prozeß. Wir sehen und die Dinge blicken uns an. – Vor einem Jahr hatte ich einmal eine Phase, in der ich mich mit allem Gesehenen identifizierte. Der Anlaß war banal. Eine Verkäuferin reagierte auf eine Frage von mir extrem aggressiv. Ich kannte so etwas von mir. Ich sagte mir: »Das bin ich!« Und ihre Aggression berührte mich nicht mehr. Als ich danach durch die Stadt ging, tauchte die Formel immer wieder auf. Ich sagte zum Straßenbaum: »Das bin ich«, zur Tankstelle, zu einem spielenden Kind, zu einem Motorrad, zu einem Schäferhund: »Das bin ich!«

***

Im Bus: Ich zögere, mich auf den »Platz für Schwerbehinderte« zu setzen.

***

Rocky. Aus dem Bus blickend, sehe ich auf dem Bürgersteig einen jungen, großen Neger, den ich vor mehr als zwei Monaten im Waschsalon kennenlernte. »Say ›Happy Birthday‹ to me«, sagte er damals, um ein Gespräch zu beginnen. Er hatte Geburtstag. »My nickname is Rocky. I was born the same day Rocky died.« Ich frage: »Wer war ›Rocky‹?« Er erklärt mir, das sei ein berühmter Boxer in den USA gewesen und sein Vater habe ihn verehrt. Wir finden uns beide attraktiv. Rocky entdeckt, daß es eine Tür zum Werkstattraum gibt, die offen ist. Niemand ist in dem Raum. Wir gehen hinein und machen uns an. Doch eigentlich ist er gar nicht mein Typ. »Viel zu feminin«, denke ich. Er spürt auch, daß wir nicht auf derselben »Wellenlänge« sind. »Lassen wir das!«

***

Die Faszination des »Schwarzen Mannes«. Négritude.

Wie es der Zufall will: Am selben Tage, an dem ich Robert Mapplethorpes »The Black Book« erhielt, fand ich in Ostberlins »Internationalem Buch« Frantz Fanons »Das kolonisierte Ding wird Mensch«. Auf den ersten Blick scheinen die beiden Bände kaum etwas miteinander zu tun zu haben. Der erfolgreiche weiße New Yorker Fotograf der achtziger Jahre, dessen Hauptthema »der Schwarze« ist, und der schwarze Philosoph, Abkömmling der Negersklaven von Martinique, der seine Texte in den Fünfzigern veröffentlichte, verkörpern zwei verschiedene Welten. Doch beim Blättern in Fanons Buch konnte ich dessen Texte nicht mehr ohne Assoziationen zu Mapplethorpe lesen. Was durchdringt sich? Mapplethorpes Fotos zeigen den Schwarzen im »weißen Blick«. Er wird zum Kunst- und Kultobjekt, aufgeladen mit erotischer Sehnsucht, mit Vor-Urteilen, mit künstlerischem Gestaltungswillen. Fanon kämpft um einen Weg zur »Schwarzen Identität«, den er wegen seiner französischen Erziehung und seiner Auseinandersetzung mit der Psychoanalyse und dem Marxismus durch eine »weiße Erfahrung« gehen will. Ein doppeltes »Cross over« also, das sich auf irritierende Weise in den Medien, in denen es stattfindet, wiederholt. Das Foto – schwarz/weiß – und der Text – schwarz auf weiß – vollziehen nach, was als Thema angedeutet ist. Die Problematik, der Schwarze in den USA und der Schwarze auf den Antillen, schrumpft aus Fanons Perspektive fast zur Bedeutungslosigkeit zusammen. Für Fanon gilt in der von den Weißen dominierten Welt: »Ein Neger bleibt ein Neger, wo immer er hingeht.« Dahinter steht nicht nur die gelebte eigene Erfahrung, sondern die Auseinandersetzung mit der Archetypik, die sich durch die Beziehung von »schwarz« und »weiß« hindurchzieht. Für Fanon gibt es in dieser Beziehung zwei extreme Pole. Auf der einen Seite herrschen Angst und Phobie, auf der anderen gibt es das Moment der Verherrlichung. »Als die europäische Zivilisation mit der schwarzen Welt, mit diesen wilden Völkern in Berührung kam, waren sich alle einig: Diese Neger verkörpern das Prinzip des Bösen.« Der Grund dafür liegt im kollektiven Unbewußten der europäischen Seele: »In Europa wird das Böse durch das Schwarze dargestellt. Der Henker ist der schwarze Mann, Satan ist schwarz, man spricht von Finsternis, und wenn man schmutzig ist, ist man schwarz – gleichviel, ob es sich um körperlichen oder moralischen Schmutz handelt. Das Schwarze, das Dunkel, der Schatten, die Finsternis, die Nacht, die Labyrinthe der Erde und auf der anderen Seite der klare Blick der Unschuld, das feenhaft paradiesische Licht.« Der Schwarze wird das lebendige Gegenüber der weißen Seele. Durch seine körperliche Präsenz wird er zur Herausforderung. Daß »das Schwarze« gelebt wird, wird zur Provokation und lenkt den Blick auf den »schwarzen Körper«, der in einer »anderen Welt« existiert. Fanon erwähnt einen weißen Analytiker: »Zwei Dinge scheinen zur Entfernung des Negers in die Welt des anderen beizutragen, die nichts mit mir gemein hat: die Farbe seiner Haut und seine Nacktheit, denn ich stelle mir den Neger nackt vor.« In der weißen Psyche wird der Neger entkleidet, die Nacktheit assoziiert den Blick aufs Geschlecht und »das Wilde«. »Auf der Ebene der Reflexion ist für den Weißen ein Neger ein Neger, doch im Unbewußten hängt, gut befestigt, das Bild des wilden Negers.« Ein Bezug zum Sexuellen und zur Natur taucht auf. »Für die Mehrheit der Weißen stellt der Schwarze den (ungezügelten) Geschlechtstrieb dar. Der Neger verkörpert die genitale Potenz, über Moralvorstellungen und Verbote hinweg.« Er wird zur Projektionsfläche verdrängter Wünsche, zur Erfahrung für das, was man als verloren erlebt. »Es gibt eine Suche nach dem Schwarzen, man ruft nach dem Schwarzen, man kann den Schwarzen nicht entbehren.« Die Idealisierung des schwarzen Körpers besitzt hier ihren Ausgang. Ablehnung schlägt um in Faszination. Der Schwarze wird zum Ort einer Verbindung von Natur und Schönheit. Ein Phantasma entsteht, das weiße Utopien mit dem schwarzen Körper verknüpft: »Der Neger wird hellenisiert, orpheisiert...« Er erscheint als ein Garant für das Hinüberfließen des Naturschönen ins Kunstschöne. Die Intensität, mit der dies – in den Fotos von Mapplethorpe – geschieht, läßt sich mit der Sehnsucht verbinden, in ein »schwarzes Selbstbewußtsein« einzudringen, wie es Fanon für sich andeutet: »Der Neger strebt nach dem Universellen, er universalisiert sich.« Und: »Ich vermähle mich mit der Welt! Ich bin die Welt. Der Weiße hat diese magische Substitution nie begriffen. Der Weiße will die Welt; er will sie für sich allein. Er entdeckt sich als der prädestinierte Herr dieser Welt. Er unterjocht sie. Zwischen ihm und der Welt stellt sich ein aneignendes Verhältnis her.« Akzeptiert man – als Weißer – diese Deutung, so erscheinen die Fotos Mapplethorpes in einem anderen Licht. Sie sprechen vom Moment der Aneignung, in der sich »weißer

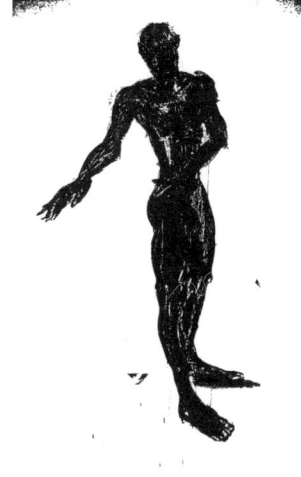

Blick« und »schwarze Selbsterfahrung« durchdringen. Die Brisanz dieser Fotos liegt damit nicht mehr nur auf der Seite des Fotografen. Sie entsteht im Dazwischen. Susan Sontag schreibt zu Mapplethorpe: »Die Spielregeln der Fotografie bestehen für Mapplethorpe darin, daß das Objekt/Modell mitarbeiten muß, daß es erleuchtet sein muß. Mapplethorpe sucht, was man die Natur des Objektes/Modells nennen könnte, sein Wesen oder Sein.« Doch der genauere Blick auf Mapplethorpes Fotos irritiert Susan Sontags Aussage. Durch Fanons Texte geleitet, findet man in ihnen eher das Repertoire der Phantasmen wieder, das sich im weißen Denken über den Schwarzen herausgebildet hat. Und man gewinnt den Eindruck, als ob die Modelle all ihre Energie einsetzen, um in diesen Phantasmen aufzugehen. Nicht Bilder des Seins also, sondern Bilder vollkommenen Scheins. In der Künstlichkeit begegnen sich Fotograf und Modell, nicht in der Behauptung von »Natur« oder »Wesen«. Allein hierdurch wird der aneignende »weiße Blick« erträglich, werden die Fotos zur Kunst, die die Illusion des Dokumentarischen negieren. Indem die Modelle sich der Aneignung »als Kunst« einfügen, helfen sie mit, der Falle einer »Repräsentation von Natur« zu entgehen. Voyeurismus, Exhibitionismus, all das klappt um in eine große Diskretion, die sich – fast im Paradox – nicht anmaßt, die Natur des Gegenübers im Foto auf den Begriff zu bringen. Ein »schwarzes Selbstverständnis« benennen diese Bilder nicht. Ob es sich für die Modelle im New York der achtziger Jahre überhaupt in den Bahnen eines Frantz Fanon anzusiedeln vermag, bleibt als Frage offen. Über der stilisierten Welt Mapplethorpes liegt – trotz aller Lebensfülle – ein großes Schweigen.

* * *

Zeunepromenade. Beim Weg durch die Sträucher hinter dem Botanischen Garten halte ich plötzlich inne und hole tief Luft. »Du mußt ruhiger werden. Du mußt der Exaltation helfen abzuklingen. So geht es eigentlich nicht weiter. Auch nicht mit dem Buch. Du bist viel zu distanzlos zu deinen Emotionen.«

* * *

Mir fällt das Zitat von Oscar Wilde ein: »Hinter jedem schlechten Kunstwerk steht ein echtes Gefühl.«

* * *

Die Irritation: Mein Buch ist nicht Kunst, nicht Literatur. Deshalb werden mir auch die Überlegungen von Cage zur Disziplin problematisch. Cage fordert die Disziplin, um vom Ego in der Kunst loszukommen. Gleichgültigkeit, Wunschlosigkeit, Anästhesie des Geschmacks. Cage hat recht, und doch spüre ich, daß seine Forderung »Man muß vom Ich freikommen« für mich – zumindest jetzt – nichts Anziehendes hat. Ich will mich erfahren als Prozeß, nicht als Ende eines Prozesses.

* * *

Heileurythmie. Marlies läßt mich den »Fünfstern« gehen. Ich mag diese Übung. Als sie mir »schön« gelingt, sage ich: »Pentagramm.« – »Faust«, sagt Marlies.

* * *

Marlies hat die ersten Teile meines Textes gelesen. »Ich kam ganz schnell rein in deine Schreibweise. Die Passagen zur Kunst nahm ich dabei eigentlich eher nur zur Kenntnis. Ich weiß, daß sie dir wichtig sind, doch sie bleiben mir fern.« Und dann: »Weißt du, an wen ich beim Lesen deines Buches verrückterweise immer denken mußte? – An Cézanne.«

***

Manfred L'age schrieb mir in seinem Brief: »Viele Namen, Anspielungen und Zitate in Ihrem Text kenne ich nicht. Aber das macht nichts. Sie sind für mich wie Musik.«

***

Als ich auf Marlies im Vorraum des Musikpädagogischen Instituts wartete, saßen im Raum auch mehrere behinderte Kinder. Neben mir ein mongoloides Mädchen. Ich dachte: »Wenn das Mädchen mir jetzt seine Handinnenflächen zeigt, sehe ich die Vierfingerfurche in beiden Händen.«

***

Wieder zu Hause. Die Speditionsfirma Roggendorf ruft an. Daniel Buchholz möchte für seine Multiple-Ausstellung in Tokio die Neonarbeit von Dan Flavin »To Barbara Nüsse« ausleihen.

***

Anruf bei Gregor im AVK. Ich erkläre ihm, daß ich heute nicht ins Krankenhaus kommen werde. »Ich brauche einen Tag Ruhe.« Er ist froh darüber. »Ich habe so hohes Fieber, daß ich gar nicht richtig da bin.«

***

Anruf bei Peter D. Eigentlich wollten wir uns morgen abend treffen. Tantra-Erotik. Doch ich weiß, daß dies für mich nicht richtig ist. Ich ahne eine Gefährdung. Als wir uns beim letztenmal voneinander verabschiedeten, sagte er: »Wir müssen aufpassen!« – »Safer Sex« meinte er damit nicht.

***

In der Nacht. Die Lust am eigenen Körper. Ich bereite mich langsam darauf vor. Ich weiß, ich werde alles akzeptieren, was geschieht. Ich habe keine Angst. Auch die Extreme der Körpererfahrung werden mich nicht ängstigen. Ich nehme mir Zeit. Der Atem und die anale und genitale Erregung steigern sich. Ich weiß, daß ich auch ohne Partner durch den »Big Draw«

hindurch kann. Niemand muß mich halten. Ich halte mich selbst. Stimulierung der Erotik. Tiefes Atmen. Ich baue die Energie im Körper auf. Sie erfüllt ihn, wächst. Der Atem wird tiefer. »Es atmet mich.« Die Gedanken schwinden. Die Augen sind geschlossen. Lichtflecken, erst wirr, dann ruhig werdend. Strahlende Helle. Der Körper glüht. Der Atem wird schneller. Steigert sich ins Extrem. Ein großer, tiefer Atemzug. Ich halte ihn, halte ihn, halte ihn. Höhepunkt. Loslassen. Der »Big Draw« ergibt sich von selbst. Ich muß ihn nicht steuern. Er kommt im richtigen Moment. Ein Ganzkörperorgasmus, verbunden mit einem unendlich lauten Schrei. Ich spüre meine rechte Hand auf dem entspannten Anus. Er fühlt sich weich und zart an. Ich spüre, wie ich die Hand langsam ablöse. Ein Schauder durch den ganzen Körper. Licht, Bilder. Ein Taumel. Wegsein. Ein Bild explodiert in meinem Kopf: »Das war meine Geburt.« Die Hand, die sich von meinem eigenen Körper löst, ist das Durchtrennen der Nabelschnur. Ich bin glücklich darüber, denke: »Ich bin ein Ich!« – Die Formel durchstrahlt mich, und zugleich besitzt sie die Kraft einer großen, allesumfassenden Tatsächlichkeit.

* * *

»Ich bin ein Ich.«

* * *

Im Halbschlaf dann später nachklingend der Gedanke: »Ich bin beides – Halten und Loslassen.«

* * *

Vor dem Einschlafen fühle ich plötzlich verstärkt die Asymmetrie in meiner Körperwahrnehmung, die ich seit vorgestern spüre. Ich denke: »Die rechte Körperhälfte ist schwarz, die linke weiß.« Dann fällt mir ein, daß in der Körpersymbolik »links gleich weiblich, rechts gleich männlich« bedeutet. – »Im Gehirn ist es genau umgekehrt.« Mit komplizierten Überlegungen über »rechts und links, schwarz und weiß, männlich und weiblich«, die ich nicht zu sinnvollen Beziehungen ordnen kann, schlafe ich ein.

Samstag, 12. 9. 1992. Früh am Morgen

Das Erlebnis der letzten Nacht beschäftigt mich noch immer. Ich fühle mich stark, voller Energie. Ich spüre, daß die extreme Körpererfahrung direkt etwas mit meiner Selbst- und Weltwahrnehmung zu tun hat. »Hinter allem, was wir tun und denken, steht das, was der Körper ›weiß‹«, geht es mir durch den Kopf. Und: »Je mehr unsere Körper ›wissen‹, desto mehr können wir erkennen.«

***

Nichts anstaunen.

***

Was wird aus meinem Buch? Ich habe es – nach langer Zeit – wieder einmal von vorne an durchgelesen. Aus der relativen Ordnung der ersten Teile bin ich jetzt endgültig ins Disparate und Private gekommen. Von Gelassenheit oder Distanz kann nicht mehr die Rede sein. Jede Ordnung, die ich mir ausdenke, verfehlt meine Situation. Ich bin Viele, springe – in Erlebnissequenzen – hin und her. Was ich aufzeichne, ist nur ein Bruchteil von dem, was mit mir geschieht. Was aus mir wird, weiß ich jetzt nicht.

***

Im Menschlichen gehen Gleichungen nicht auf.

***

Die Themen, die ich in diesem Buch behandeln wollte – Alltag, Kunst, Aids –, verwischen sich. Das eine ist ohne das andere nicht mehr zu denken. Als ich gestern Dutzende von Notizen machte, sah ich das Manische meines Vorhabens. Ich nahm so viel von Sekunde zu Sekunde wahr, daß ich gar nicht so schnell schreiben konnte, was ich alles beobachtete. Plötzlich dachte ich: »Es muß etwas geben, das diese Manie steuert, das sie zusammenhält.« Und mir wurde klar, daß es zu diesem manischen Zustand auch den genauen Gegenpol gibt.

***

Über John Cage. Die Arbeit mit »Zufall« und »Unbestimmtheit« bei Cage ist eine Situation des »Danach«. Ich bin mir sicher, daß es Phasen in seinem Leben gegeben hat, in denen er diesen beiden Prinzipien nicht vertrauen konnte. Er muß durchs – negativ empfundene – Chaos hindurchgegangen sein. Berichten tut er nirgends davon.

***

Meine Situation oder mein Schreiben jetzt durch Konzepte, Strategien oder Zufallsoperationen steuern zu wollen wäre absurd. Was ich jetzt erlebe, ist keine ästhetische, sondern eine existentielle Erfahrung der Unbestimmtheit. Gebunden an mich jetzt und hier, an meine Vergangenheit und auch an meine Zukunft.

* * *

Richard Kostelanetz, der viel über Cage geschrieben hat und schöne Interviewbücher mit ihm herausgab, versteht sich selbst als Schriftsteller, der mit den Ideen von Cage arbeitet. Heraus kommt bemühtes Kunstgewerbe.

* * *

Was Cage fast verschweigt: Seine Befreiungen des Materials – des Klangs, der Sprache, der Bilder – sind nur möglich durch seine eigene Befreiung. Ist man selbst nicht in diesem Zustand, dann kann man sein Werk – oder Teile davon – durchaus auch als Zwang empfinden.

* * *

Notiz zum Verschwinden der Kunst: Cage ist in der Moderne vielleicht am weitesten vorgestoßen in Bereiche, die das Verschwinden der Kunst – als Positivum – erfahrbar machen. Ich habe das Gefühl, daß das Werk dadurch nicht vor »Mißbrauch« geschützt ist. Auch auf Cage kann man Erlebnisformen projizieren, die folgenlos bleiben und das »ungelebte Leben« stabilisieren. – Für manche ist Cage dasselbe wie Mozart, der für sie dasselbe ist wie Heino.

* * *

Cage. Die Schlüsselwörter der »Norton Lectures«: Method Structure Intention Discipline Notation Indeterminacy Interpenetration Imitation Devotion Circumstance Variable Structure Nonunderstanding Contingency Inconsistency Performance

* * *

Intentionslosigkeit. Was mir erst jetzt auffällt, ist, daß ich mich mit meinem Schreiben und meinem jetzigen Leben zunehmend in eine Zone der »Intentionslosigkeit« begeben habe. Ich brauche dafür nicht das »I Ging«. Das Leben führt mich von selbst dahin. Folge ich meinen Wunschlinien, wird das Disparate zum sicheren Halt. Zugleich verunsichert mich dies.

* * *

Der Würfler. Vor zwanzig Jahren las ich einmal ein Buch mit dem Titel »Der Würfler«. Ein Mann will nicht mehr vor der

Problematik des Entscheidens stehen. Alle Schritte seines Lebens vertraut er dem Würfel an. Ob er aus dem Haus geht oder nicht, ob er – am Schluß des Buches – einen Mord begeht oder nicht.

* * *

Der Trip. Das Buch hatte ich von Karl B. bekommen, mit dem ich meinen ersten LSD-Trip nahm. Nach einer kurzen euphorischen Phase fühlte ich mich dabei sehr schlecht. Ängste tauchten auf. Ich sah bedrohliche Flecken an der Wand. Jeder Halt im Sehen schwand. Die Zimmerecken verloren den rechten Winkel, wurden »weich«. Mit Valium dämpfte ich die Panik. Stundenlang starrte ich in eine Zimmerecke. Nach einiger Zeit bemerkte ich, daß sich die Linien endlich wieder zu einem rechtwinkligen Koordinatenkreuz zusammenfügten. Als ich dies sah, fühlte ich mich nicht nur wieder sicher, sondern ahnte, daß ich ein Urerlebnis der Menschheit nachvollzogen hatte. Die Erfindung des rechten Winkels, die Erfindung der Himmelsrichtungen, die Erfindung des Koordinatenkreuzes ist eine der großen Erfahrungen, die der Mensch gemacht hat, um sich im Raum zu sichern.

* * *

Santorin. Die Architektur des griechischen Inselortes ist »organisch«. Der rechte Winkel kommt kaum vor. Als ich 1978 mit Eckehard und Michael hier mehrere Tage verbrachte, wurde ich immer nervöser. Ich wußte nicht, warum. In einem Cafenion oberhalb der Stadt sitzend, sagte ich plötzlich: »Ich kann diese organischen Formen ohne rechten Winkel nicht mehr ertragen. Sie machen mich hilflos.«

* * *

Kunst. Sieht man genau hin, dann ist das »Schwarze Quadrat« von Malewitsch ein wenig verschoben. Drei von vier Winkeln besitzen minimale Abweichungen. Sie sind nicht 90 Grad.

* * *

Kunst. Rechter Winkel. Fast alle Gemälde basieren auf dem Format des Rechtecks. Künstlerische Kreativität – mit dem Leben, mit Chaos und Ordnung verbunden – findet einen Halt in der Mathematik. In der Natur kommt der rechte Winkel nur äußerst selten vor.

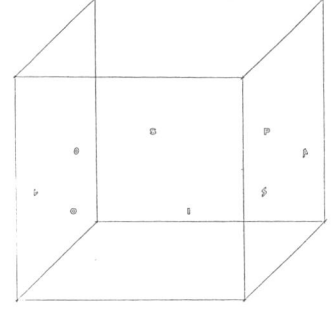

* * *

Der rechte Winkel als Thema: Mondrian, Malewitsch, El Lissitzky, Lohse, Sol LeWitt, Agnes Martin, Carl Andre, Peter

Roehr, Rückriem, Serra, Rietveld, Josef Albers, Ad Reinhardt, Brice Marden, Peter Halley...

* * *

Rhythmus. Beim Durchlesen meines Textes fällt mir auf, daß ich – ohne es zu wollen – beim Schreiben verschiedene Rhythmen benutze. Auch die Gliederung des Buches, die Einfügung der Abbildungen und Texte entstammt wohl diesem Wunsch. Ich denke an Edgar Allan Poe. Seine poetologischen Ausführungen zu seinem Gedicht »Nevermore« rücken den Rhythmus ins Zentrum. Das Gedicht findet seine Worte, weil es den Rhythmus für sie schon zuvor gefunden hat. Walter Höllerer ist dieses Moment sehr wichtig. Wenn er schreibt, geht er im Zimmer auf und ab und skandiert Rhythmen.

* * *

...nevermore, nevermore, nevermore, nevermore, nevermore, nevermore, nevermore, nevermore, nevermore, nevermore, nevermore, nevermore, nevermore, nevermore...

* * *

Der Mensch ist ein rhythmisches Wesen. Atem, Herz, Blutkreislauf, Wachen, Schlafen, die Verdauung, die Bewegungen beim Sex: überall gibt es den Rhythmus. Cage negiert in seinem Werk – wie viele Komponisten der Moderne – den Rhythmus. Deshalb wurde er als auftauchend Verdrängtes – Anfang der 70er Jahre – in der Minimal Music – bei Steve Reich, Philipp Glass – so bestimmend. Der Rhythmus treibt uns voran, und zugleich ist er immer wieder dasselbe. Er ist ein Paradox.

* * *

Paradox: Als ich gerade das Wort »Paradox« schrieb, war mir nicht klar, daß dies offensichtlich auch ein Schlüssel zu meiner jetzigen Situation ist. »Unbestimmtheit« und »Intentionslosigkeit« sind beide eng mit dem Paradoxon verbunden. Es besitzt keine feste Grundstruktur, sondern ist – als Gedanken- und Körpererfahrung – ein dynamischer Prozeß. Er pendelt zwischen Extremen. Zugleich hält er das Ineins von Gegensätzen in Bewegung. Paradoxa pulsieren.

* * *

Tantra. Was ich bei meinem »Lichtsehen« im Tantra oft erlebe: daß das helle, strahlende, kreisrund pulsierende Licht umgeben ist von einem ebenfalls pulsierenden schwarzen Ring. Um ihn herum wieder ein weißer Ring. Und so fort. Im Weiß der Mitte entwickelt sich – beim unaufmerksamen Gewährenlassen des Lichts – langsam ein schwarzer Punkt. Er wird stetig größer, nimmt den Raum des hellen Lichts ein. Dann folgt im Schwarz ein heller Fleck, und so geht es langsam rhythmisch weiter.

* * *

Bei diesem »Lichtsehen« oft der Gedanke: »Auch dies ist nur eine Vorstufe. Das Ineins von Licht und Schwärze ist noch verrückter. Ich sehe immer noch Unterschiede. Doch ich weiß, auf einer anderen Ebene werden auch sie verschwinden. Es gibt eine absolute Energie jenseits aller Scheidungen.«

* * *

Weißes Rauschen.

* * *

Big Draw. Im »Big Draw« der Tantra-Ekstase höre ich manchmal einen langen, stehenden, grellen Ton im Kopf, der Panik machen könnte. Es gibt keine Bilder mehr, kein Lichtsehen, der Zustand ist ein wacher, zwischen Schmerz und Freude angesiedelter, wortloser Gedanke des ekstatischen Daseins.

* * *

Früher wollte ich dies immer nutzen, um eine Erkenntnis für mein Leben daraus zu gewinnen. Doch ich begann, diesen Zustand erst wirklich zu erleben, als ich mich davon losmachte, ihn festhalten oder erinnern zu wollen. Ähnliches erlebte ich in der sexuellen Ekstase. Wenn die erotische Situation vollkommen war, ein unfaßliches Erleben enthielt, schoß mir der Gedanke durch den Kopf: »Daran mußt du dich erinnern. Das war großartig!« Erst als ich mich von diesem Festhaltenwollen langsam löste, konnte ich ganz in die sexuelle Erfahrung hineingehen und sie leben.

* * *

Die Einübungen ins bewußtlose Sein bahnen mir einen Weg hin zum Leben im Paradox. Sie führen zur Intensität des Gegenpols zum Rationalen, zum Auf-den-Begriff-Bringen, zum rechten Winkel, die ich offensichtlich erleben soll.

* * *

Yoko Ono zitiert in einem ihrer Konzeptstücke ein Koan, eine Zen-Aufgabe für Initianden: »Klatsche in die Hände und höre auf den Ton der Einen Hand. – Was hörst du dann?«

* * *

Im Gespräch mit Gerd kamen wir letztens plötzlich auf die Idee: »Das ganze Leben ist ein Koan.« Doch damals war mir die Radikalität dieses Gedankens noch gar nicht bewußt. Wenn der Zen-Schüler dem Meister eine – im üblichen Sinne sinnlose – Lösung für das »Was hörst du dann« anbietet, dann erkennt der Meister an der Lösung, ob der Schüler das Satori erlangt hat oder nicht. Früher dachte ich immer, daß es dabei vor allem um den Inhalt der Antwort des Schülers gehe. Doch jetzt weiß ich, daß es der Inhalt ist, gebunden an den existentiellen Zustand des Antwortenden. Das Sprachspiel ist demnach nur ein Medium, ein Transportmittel. Will man es wirklich begreifen, muß man es im selben Moment hinter sich lassen.

* * *

Die Konsequenz daraus: Man kann die Welt und das eigene Leben als ein Koan sehen. Die Antwort, die das Leben – im Sehen, Fühlen, Schmecken, Riechen, Hören und im Denken – findet, ist das Leben selbst.

* * *

»Was ist der Weg?«
»Er liegt vor deinen Augen.«
»Warum kann ich ihn dann nicht sehen?«
»Weil du an dein Ich denkst.«
»Siehst du ihn denn?«
»Solange du Worte gebrauchst wie ›Ich‹ und ›Du‹ und Sätze sprichst wie ›Du siehst‹ und ›Ich sehe nicht‹, kannst du ihn nicht sehen.«
»Wenn es kein Ich und kein Du mehr gibt, kann man ihn dann sehen?«
»Wenn es kein Ich und kein Du mehr gibt, wer will ihn denn dann sehen?«

* * *

Als ich vorgestern eine Stunde lang bei Christian war, wagte ich kaum zu denken: »Jetzt ist er verrückt geworden.« Die Hoffnung war stärker, daß es nicht stimmt. Doch als ich mich innerlich damit einverstanden erklärt hatte, wußte ich: »Ja, so ist es.« Und dann: »Und so, wie es ist, ist es gut.« Selbst als Christian in Krämpfe verfiel und der Todeskampf sich immer

wieder in Andeutungen zeigte, konnte ich lächeln – sicher und
gesichert. Wenn Christian dies sah, dann guckte er mich groß
an. Er verzog das Gesicht zu einer bösen Grimasse, um es gleich
darauf wieder zu entspannen und mich ebenfalls anzulächeln.
Wir sahen uns voller Glück. Er versuchte zu sprechen, sagte
mehrmals hastig und mit leiser, mit der Energie des Noch-
Lebens aufgeladener Stimme: »Ja, ja, ja, ja, ja...«

* * *

Ich spüre: All diese Erfahrungen und Überlegungen sind noch
nicht das wirkliche Ich. Etwas keimt in mir, wächst langsam aus
dem Körper, aus dem Solar plexus.

* * *

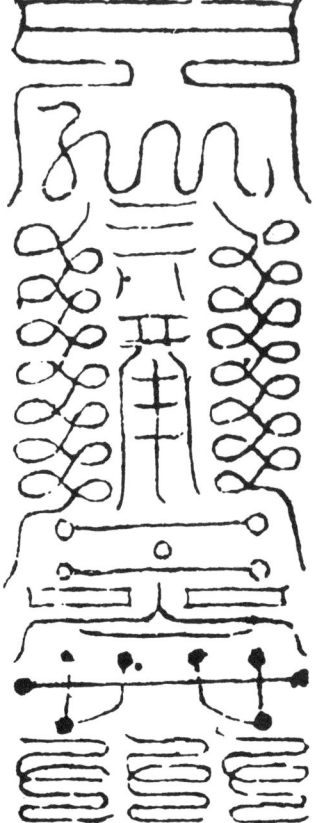

Chakren. Im Tantra kennt man sieben Energiezentren auf dem
Körper. Das erste öffnet sich nach unten auf dem Damm
zwischen Anus und Geschlecht. Es erdet den Menschen, verbin-
det ihn mit der Materie. Das zweite Chakra liegt unterhalb des
Bauchnabels. Im Chinesischen ist dies der »Schmelztiegel«, der
Ort der Zeugung und des werdenden neuen Lebens. Auch der
Mann hat diesen Ort. Er ist – in der analen Lust – zu stimulieren.
Es gibt Orgasmen des »Schmelztiegels«. – Jeder Mann ist auch
eine Frau. Meine Brustwarzen erinnern mich ständig daran. –
Das dritte Chakra ist der Solar plexus, das Sonnengeflecht
oberhalb des Bauchnabels. Das vierte Chakra ist das Herz-
chakra, das fünfte das Kehlkopfchakra, das sechste liegt auf
der Stirn, es ist das »Dritte Auge«. Das siebte Chakra ist der
»Tausendfältige Lotus« oben auf der Schädeldecke. Die Tantra-
Erotik stimuliert das erste und zweite Chakra, um die Energie
des Materiellen durch den Körper nach »Oben« zu schicken, um
die Schlange der Kundalini zu entrollen, um von der materiellen
zur spirituellen Energie zu gelangen.

* * *

All dies sind für mich Wahrheiten in Form von Bildern, die mir
eigentlich nur wichtig sind als – symbolischer – Halt für das
begriffsferne Erleben. – Daß es die Energiezentren, die die
Tantriker in Bilder und Erklärungen zu fassen versuchen, gibt,
»weiß« ich durch die Erfahrungen meines eigenen Körpers. Sie
anderen Menschen mitzuteilen ist schwierig. Wer noch nie einen
Orgasmus hatte, wird dessen Beschreibung nicht verstehen.

* * *

Die Wahrheit des Körpers. Tantra-Erotik ist ein paradoxer
Prozeß. Vom Allerkörperlichsten ausgehend, gelangt man zur

Erfahrung eines immateriellen Zustands. Die höchste Lust in diesem »Wegsein« ist die Erfahrung eines energetischen organlosen Körpers.

***

Wieder die Erinnerung an eine Zeichnung von Francesco Clemente und an ein Gespräch mit ihm 1978 in Rom. Er weigerte sich damals, über ihre »Bedeutung« zu sprechen. Die Zeichnungen und Bilder Clementes – und die von Chia, Cucchi, Paladino, de Maria – sah ich 1978 als »Chiffren«. Das Auftauchen dieser »Arte Cifra« am Ende der 70er Jahre begriff ich als einen ästhetischen wie gesellschaftlichen Widerspruch.

Den Hintergrund der Arte Cifra bildet – so können wir verkürzend sagen – die gesellschaftliche Situation am Ende der siebziger/Beginn der achtziger Jahre. Sie wird – weltweit, europäisch, italienisch – gezeichnet von einem latenten Krisenbewußtsein, das nicht nur den Bedingungen des Spätkapitalismus, sondern ebenso der Lage der antikapitalistischen Strategien und der Formation des »real existierenden Sozialismus« entstammt. Das Gefühl vom Enden einer weltgeschichtlichen Epoche breitet sich aus, hervorgerufen durch die Erfahrungen der »Grenzen des Wachstums«, der Energiekrise, der ungelösten Sozialfragen. Doch nicht nur die gegenwärtige ökonomische Situation steht zur Debatte, sondern ebenso das Menschenbild, durch das sie bestimmt wird. Resignation und Hoffnungslosigkeit lassen sich allenthalben ausmachen, Rückzüge in die Reaktion, Flucht in blinden Aktionismus. Die Enttäuschungen aber sind bei denjenigen am größten, die noch am Beginn der siebziger Jahre an einen unmittelbar bevorstehenden Zusammenbruch des Kapitalismus – hervorgerufen durch Kritik und Entlarvung – glaubten. Ihnen machte das letzte Jahrzehnt deutlich: Der Kapitalismus funktioniert, er lebt, und – was befremdlich zu sein scheint – er bedarf, um leben zu können, eines homogenen Gegenbildes der Kritik und Infragestellung. Die tiefgreifende Irritation, die diese Erfahrung vermittelt, zeigt, daß die Kritik letztlich unfähig ist, sich selbst zu kritisieren, weil sie in einem *circulus vitiosus* an die Macht gebunden ist. Deshalb muß sie – entgegen ihrer Intention – als eine negative autoritäre Beziehung zur Macht gesehen werden, die ihren humanen Aspekt nur noch durch die Veränderung des Vorzeichens zu behaupten vermag.
Die Arte Cifra verzichtet auf Aufklärung und Wahrheit im geläufigen Sinne. Statt der auf eine Zukunft gerichteten Kritik, statt der Utopie, versucht sie eine Formation des »Hier und Jetzt«. Sie will nicht – hoffend – ein Zukünftiges imaginieren, sondern eine polymorphe Verstreuung in der Gegenwart entwerfen. Ihr Ziel ist das Gegenteil der Utopie: die Atopie, die Entdeckung des anderen im unmittelbar Gegenwärtigen. Um dies zu erreichen, nistet sie sich – in quasi positiver Regression – in die Regionen des Unbewußten, in die Zonen des Wunsches und der Begierden ein. Von hier aus versucht sie, eine mehrdeutige Zeichensprache zu begründen, die sich dem verdinglichten Sprechen der Herrschaft wie der Kritik entzieht.
Das Sich-Einlassen auf diese Kunst bedeutet zugleich eine Form der Selbstgefährdung. Denn im Akzeptieren des Bildes als Wunsch-Bild, als Energie, als Potenz löst sich sowohl die tradierte Vorstellung vom autonomen »gelungenen« Kunstwerk wie vom selbstgewissen Individuum auf. Das Subjekt erscheint als ein Feld, als ein Strahlenbündel von Möglichkeiten, als eine Vielheit ohne

Zentrum. Es ist letztlich leer, ein Nichts, allenfalls ein Raum der Energetik. Kunst, die auf dieses Zentrum verweist, ist müßige Verschwendung. Sie ist im positiven Sinne überflüssig, eine Veraushabung, kein Beleg für eine Idee, einen Sinn oder eine Intention: Der Künstler verschwindet im Werk, das Werk im Betrachter.

***

Das Werk im Betrachter... Was ich gegenwärtig erlebe und beschreibe, hängt – jetzt – für mich eng mit der Arte Cifra zusammen. Die »Selbstgefährdung« jedoch, die sie herausfordert, war früher für mich nur eine Art »Gehirntatsache«. Ich realisierte sie im Text, in meinen Artikeln, Büchern. Heute beginne ich, sie zu leben.

***

Daß ich John Cage 1987 bei Francesco Clemente in New York traf, erhält nun eine völlig veränderte Bedeutung.

***

Mir fällt jetzt ein, daß es den »Körper ohne Organe« bei den neueren französischen Denkern – bei Derrida z.B. – immer wieder als Aussage gibt. Ich las das vor Jahren mit Interesse. Doch es setzte sich nicht um in Erfahrung.

***

Der Weg, den ich ziellos und ohne Programmatik schon seit Jahren gehe, ist der Weg fort vom sich in einem – gelernten – Denkbild sicher fühlenden Ich hin zu einem sich aus dem Körper erfahrenden Bewußtsein. Dieser Weg ist noch nicht zu Ende beschritten.

***

Wenn ich jetzt hier versuche, ihn zu beschreiben, höre ich viele meiner Freunde sagen: »Das ist doch unerträglich.« Ich denke dies oft selbst. Doch ich weiß, das Leben geht nicht in der Sprache auf, schon gar nicht in Theorien. Und: »Es gibt keine Werte.« Von einer Ebene »darüber« betrachtet, ist es völlig gleichgültig, ob ich zum Leben finde durch die Kunst, durch den Kitsch, durch Tantra, durch Lacan, durchs Atmen, durch Fußmassage, den Sex oder Heidegger.

***

Als ich gerade die obige Passage las, erschrak ich. Was ich in der Aufzählung nicht anführe, ist das, was mein Leben jetzt bestimmt. Ich bin aidskrank, ich habe nicht mehr lange zu leben, mein Leidensweg wird von Christian vorweggenommen, das Sterben und der Tod sind in mir.

***

Den Schatten akzeptieren.

***

Solar plexus. Weiter oben schrieb ich, daß ich das Gefühl habe, aus dem Solar plexus zu wachsen. Mir war in dem Moment, in dem ich es tippte, nicht bewußt, was ich damit meinte. Höre ich in mich hinein, denke ich darüber nach, daß ich mich auf einem Weg befinde, dann ist die Vorstellung vom Wachsen jetzt – in diesem Moment – mit der Assoziation »Sonnengeflecht« verbunden. Das erste und zweite Chakra habe ich offensichtlich begriffen. Ich habe keinerlei Hemmungen, Ängste, Vorbehalte mehr beim Erleben der genitalen und analen Ekstase. Durch diese Zonen bin ich »hindurch«.

***

In einem populären Chakra-Handbuch finde ich zum »Solar plexus«, zum »3. Chakra«: »Entfaltung der Persönlichkeit, Verarbeitung von Gefühlen und Erlebnissen, Gestaltung des Seins, Einfluß und Macht, Kraft und Fülle, Weisheit, die aus Erfahrung wächst.«

***

Esoterik, so wie sie gegenwärtig den Buchmarkt überflutet, ist mir unerträglich. Fast alles ist Kitsch, unbegriffen, emotionales und intellektuelles Makramé. Zugleich weiß ich, daß in ihrer »Unreinheit« eine Wahrheit steckt, zu der ich durchs eigene Erfahren hindurchschauen kann. Die Bücher sind nur eine Folie, durch die ich blicke. Letztlich brauche ich sie nicht.

***

Kunst. Die großen puristischen Entwürfe dieses Jahrhunderts – Kandinsky, Mondrian, Malewitsch – sind »Visionen der Reinheit«. Ihr Traum: daß sich ihr Erleben in Leben verwandelt. Auch sie sind Folien. Doch ihre Reinheit provoziert eine Selbstinfragestellung. Daß Mondrians Ästhetik zur Designvorlage für die »L'Oréal«-Haarkosmetikserie werden konnte, ist nicht nur ein gesellschaftlicher Mißbrauch. Selbst radikale Reinheit läßt sich entfremden, weil sie offensichtlich auch Momente der Entfremdung enthält.

***

Kunst. Auch den spirituellen Entwürfen der Moderne haftet ein innerer Widerspruch an. Noch akzeptieren wir sie als Verwirklichung der Konzeptionen, die sie bestimmten. Wir glauben zu sehen, was Barnett Newman über seine Bilder behauptete. Doch »das Erhabene, das Sublime« ist in ihnen vielleicht nur als Wunsch und Sehnsucht anwesend. Ob es »sichtbar« ist, wird heute zur Frage.

***

Die Kunst als Frage.

***

Von Jean-Christophe Ammann erhielt ich seine »Ansprache zum Neujahrsempfang ›Heiner Thorborg‹ in der Alten Oper, Frankfurt am Main, am 21. Januar 1992«. Ammann beschreibt die Kunst des 20. Jahrhunderts in einer systematischen Gliederung:

Erstens: Bis 1925 sind unwiderruflich die Weichen für dieses Jahrhundert gestellt worden. Begriffe wie Fortschritt und künstlerische Avantgarde wurden fest aneinandergekoppelt.

Zweitens: Zwei Weltkriege, Faschismus, Stalinismus und Nationalsozialismus haben der Kunst Wunden geschlagen, deren Vernarbungen in lang andauernden Regenierungsphasen deutlich werden.

Manchmal fragt man sich, wo in der Kunst dieses Jahrhunderts die 100 Millionen Opfer, die Schrecken von Verfolgung und Krieg sichtbar sind. Ich glaube, daß diese Frage ganz grundsätzlich das Problem nicht trifft. Vielmehr muß sie lauten: Wie lange hat die Kunst gebraucht, um den Schock, die Sprachlosigkeit zu überwinden, um erneut zum eigenen und kollektiven Bewußtsein vordringen zu können?

Bis weit in die 60er Jahre mußten aufgrund der alles auslöschenden Katastrophen die frühen, bestimmenden Entwürfe, also jene bis 1925, gleich einer Partitur immer wieder aufgegriffen, unter veränderten Bedingungen erprobt und transformiert werden; sowohl in Amerika als auch, unvergleichlich stärker, in Europa. Erst die Generation, die nach 1950 geboren wurde, hat den Weg in ein neues, für sie unbelastetes Jahrhundert gefunden. Mit dem Ende der Avantgarden, in den späten 60er Jahren, ist diese Generation innerlich frei geworden, buchstäblich ungebunden, nicht mehr jener Tradition der Moderne verpflichtet, die das Bewußtsein meiner Generation noch weitgehend prägt und geprägt hat.

***

»Das Ende der Avantgarden in den späten 60er Jahren...« Fast beiläufig taucht diese Beobachtung in Ammanns Vortrag auf. Aber enthält sie nicht eine Ungeheuerlichkeit? Bedeutet das nicht, daß die gesamte Kunstgeschichte dieses Jahrhunderts umgeschrieben werden muß? Muß sie nicht von ihrem »Enden« her begriffen werden? Von dem aus, was sie nicht mehr ist? Von der Erkenntnis ihres Verschwindens?

***

Kubismus, Futurismus, Suprematismus, Konstruktivismus, Dada, Ready made, Surrealismus, Pittura metafisica, Fauvismus, Expressionismus, Neue Sachlichkeit, Neo-Realismus, Abstract expressionism, Action Painting, Informel, Tachismus, Art Brut, Konkrete Kunst, Op Art, Zero, Monochromie, Post-Painterly Abstraction, Colourfield Painting, Shaped Canvas, Neo-Dada, Nouveau Réalisme, Décollage, Fluxus, Happening, Pop Art, Anti-Form, Land Art, Arte Povera, Minimal Art, Conceptual Art: All dies ist unter der Perspektive des »Endes der Avantgarden« nicht nur neu zu interpretieren, sondern – vor den Werken – neu wahrzunehmen. Der Fluchtpunkt für diese Perspektive: »Verlorene Illusionen«?

***

Notiz zum Verschwinden der Kunst. Die junge Generation. Ammann sieht sie »ohne Stoßrichtung«. Sie repräsentiert für ihn eine neue »Freiheit des Denkens«. Das reiche Potential der Moderne eignet sie sich heute spielerisch und imaginativ an. »Richtungslosigkeit« ist für Ammann eine positive Qualität. – Ich sehe dies heute eher als Überdehnung der Moderne. Ich erkenne keinen Bruch oder grundlegenden Neuanfang.

***

In einem Telefonat erläutere ich Jean-Christophe meine Vorstellungen: »Solange etwas ›Kunst‹ bleiben möchte, solange sich deren Produzenten ›Künstler‹ nennen, ist das Ende der Avantgarden nicht erreicht. ›Menschwerden wird eine Kunst!‹« – Jean-Christophe erwidert: »Kunst und Leben werden immer getrennt bleiben. Es wird immer Menschen geben, die ›Artefakte‹ herstellen. Es hat sie immer gegeben.« – Ich erinnere ihn daran, daß dies der Blick der Moderne ist, zurückprojiziert in die Vergangenheit. »Die Kunst der griechischen Antike oder des

Mittelalters verstehen wir überhaupt nicht, weil wir ihre Einbindungen ins Religiöse oder Magische nicht mehr leben.« — »Das stimmt«, sagt Jean-Christophe. »Es gibt die Kirche nicht mehr. Und wir wollen keine neue. Was die Zukunft der Kunst sein wird, können wir nur erahnen.«

* * *

Unsicherheit. Offenheit. Ungewißheit.

* * *

Das Orakel von Delphi. Die drei Orakelsprüche in Delphi haben mich immer fasziniert: »Erkenne Dich selbst«, »Nichts im Übermaß« und — der griechische Buchstabe »E«. Was das »E« zu bedeuten hat, ist umstritten. Ich sah es immer unter dem Aspekt der Akzeptierung des Unbegreifbaren. Das »E« ist im griechischen Denken »das Leben als Koan«.

* * *

Erschöpft höre ich jetzt mit dem Tippen auf, gehe mir Zigaretten kaufen, werde frühstücken und ein heißes Bad nehmen.

Zum Frühstück — im Hintergrund Morton Feldmans »The Viola in my Life« — lese ich den Tagesspiegel und die Berliner Zeitung. »Umfrage belegt Ausländerfeindlichkeit: Die Angst vor neuer Gewalt wächst.« — »Landeskonservator Engel wird abgelöst.« — »Krabbe, Breuer und Derr bleiben suspendiert.« — »Fünf Mark pro Stunde für das City-Parken.« — »SPD droht mit Scheitern der Gesundheitsreform.« — »Serbische Luftwaffe mißbraucht Radarschatten der Luftbrücke.« — »TÜV: Duales System hat Anlaufschwierigkeiten.« — »Massive Kritik der Opposition an Kürzungen der Arbeitsförderung.« — »Berlin: Stadt der Kräne und Baugruben.« — »Ein bißchen Herbst fürs Paradies.« — »Kabbala in Musik.« — »Warburg-Sammlung für Universität Hamburg.« — »Wirbelnder Reigen unvereinbarer Symbole.« — »150 Milliarden für den Osten.« — »30000 Stahl-Stellen gefährdet.« — »Außenhandelsplus verdoppelt.« — »Rätsel um Krankheit Michael Jacksons.« — »Schmiergeld in der Schweiz steuerabzugsfähig.« — »Ariane-Rakete bringt Satelliten ins All.«

Ich bin jetzt 49 Jahre alt: sieben mal sieben.

* * *

In Kassel sagte ich zu Rotraud Cros: »Die Entwicklung der westlichen Zivilisation: 90 Prozent der Menschen werden Zombies werden; zehn Prozent sind Erleuchtete. – Die Zombies sollten mit den Erleuchteten bumsen.«

***

Anruf von Jeff: »Christian ist – fast – wieder normal. Gestern konnte ich vieles mit ihm besprechen. Zwar hat er noch Absencen und zeigt ein seltsames Fehlverhalten, doch ich glaube, er weiß jetzt wieder, wovon er redet. – Wahrscheinlich hat man das Morphium reduziert. – Wir konnten über unsere Beziehung sprechen, ganz offen, über Dinge, über die wir früher nie redeten.«

***

»Unfinished Business« nennt Chohan Neale diese Phase vor dem Sterben.

***

Als Jeff im Telefonat seine Antipathie gegen einen Arzt im AVK äußert, merke ich, daß dies Denken mir völlig fremd wird. Daß jemand »fett« ist, »ungepflegt«, »unmöglich angezogen«, provoziert bei mir keine Wertungen mehr.

***

Es geht um »Evidenz«, fällt mir ein, um den Moment, den ich früher eigentlich nur beim Erleben von Kunst hatte: »Das ist es. Und so ist es gut.« Jetzt – durch das Schreiben und den Körper hindurchgehend – merke ich, daß sich diese Evidenz-Erfahrung auf jeden Aspekt des Lebens zu beziehen vermag.

***

Evidenz und Kunst. Sprachlos, denkentfernt wird das Sehen vor manchen Werken. Picasso, Pollock, Manzoni, Paolini, Yves Klein, Salvo, Ad Reinhardt, Agnes Martin, Dürer, Caspar David Friedrich, Turner...

***

Als ich im Nationalmuseum von Athen die Räume der »Kuroi« durchschritt und den Weg von der Starre der Archaik zum Aufscheinen des »Menschen« nachvollzog, mußte ich beim Anblick des »Kouros Aristodikos« weinen.

***

Aber es ist wahr, sie fürchten sie
mehr als den Tod, die Schönheit ist gefürchtet,
mehr als der Tod, mehr als sie den Tod fürchten.

William Carlos Williams

* * *

Was ich jetzt schreibe, ist permanent von Assoziationsketten umgeben.

* * *

Als ich gerade Eckehard von dem »Drive« erzählte, den mein Buch jetzt bekommt, sagt er: »Offensichtlich schreibst du nicht nur ein Sachbuch, sondern auch noch eine Lebenshilfe. Paß auf!«

* * *

Bekenntnisse einer schönen Seele.

* * *

Kunst ist, dachte ich früher, wenn etwas »schlackenlos« wird. Es ist das Erreichen eines Pols im Paradoxon des Lebens. Was ich selbst hier im Schreiben versuche, ist, »die Schlacke« zu erfassen. Sie zeigt sich für mich im Zugleich von »weder – noch«, »sowohl – als auch«, »nicht mehr« und »noch nicht«. Ich weiß nicht, ob sich dies als tragfähig für mich oder andere Leser herausstellt. – Wer einen ähnlichen Lebensweg geht oder wer ahnt, wohin er führt, der hat dieses Buch nicht nötig.

* * *

Archetypen. Wahrscheinlich besteht das Leben des Menschen aus wenigen Grunderfahrungen. C.G. Jungs »Archetypen« deuten es an. Das Verblüffende ist nur, daß das Erkennen dieser Grunderfahrungen fast Langeweile erzeugt. Der Traum mit den riesigen Augen meiner Mutter vor einigen Tagen: Für einen Psychoanalytiker ist er nichts Besonderes. Hundertmal hat er, neben der Couch sitzend, von seinen Klienten gehört: »Ich erzähle Ihnen jetzt einen Traum, den Sie wahrscheinlich noch nie erzählt bekommen haben.« Und dann beschreiben die Klienten »die riesigen Augen meiner Mutter«.

* * *

Ich ahne: Durch die Erfassung der Archetypen – in der Sprache, im Bild, vielleicht auch in der Musik – muß der Mensch hindurch. Er muß die sich in ihnen zeigende Energie – das Chi, das Ki im asiatischen Denken – begreifen ohne Begriffe.

***

Was die Welt im Innersten zusammenhält.

***

Dieser Weg aber ist ein Doppel, so merke ich jetzt beim Schreiben. Er ist harte Arbeit: Es gilt, die mystische Erfahrung mit dem präzisen Denken »in der Sprache« zu verbinden. Das eine erscheint nicht ohne das andere. Kommt es zu einer Vereinigung, dann – so fühle ich es – strahlt das Paradox: Die Welt als Fülle ist zugleich die Welt als Leere.

***

Archetypen, Mythen, Sagen sind verführerisch. Ihre Bilder und Erzählungen sind Faszinosum und Langeweile zugleich. Aus ihnen »Kunst« machen zu wollen, erfordert eine große Diskretion. »Triumph« und »Scheitern« liegen nahe beieinander.

Die bleiernen Flügel des Anselm Kiefer. – Anselm Kiefer hat im Laufe der Jahre eine solche Fülle von Mythen und großen Themen aufgegriffen, daß man angesichts der Zusammenstellung in der Retrospektive der Berliner National-galerie von einer Peripetie – analog zum Umschlag auf dem Höhepunkt des klassischen Dramas – sprechen kann. Was sich früher in verschiedenen Werk-zyklen eher diskret nebeneinander entwickelte und stets von einem seltsamen Erstaunen gezeichnet war, erscheint hier wie ein bedeutungsschwangeres Pot-pourri.

An Kiefers Werk läßt sich exemplarisch eine Problematik in der Kunst aufzeigen, die man als Falle des Sujets bezeichnen könnte. Der ursprünglich mit einer – im positiven Sinne – naiven Überzeugung begangene Weg, mythische Elemente zum Bild werden zu lassen, hat sich zum Arbeitsschema verfestigt. Wenn er in die aktuellen Bilder, die zum Teil durch den Hinweis »Zustand« als noch nicht vollendet bezeichnet werden, aus dem Kieferschen Repertoire stammende Worte wie »Lilith«, »The golden fleece« oder »Die Rheintöchter« einschreibt, dann wirkt dies heute wie eine automatische, vor allem auf den Erwartungshori-zont des Betrachters bezogene Handlung.

Verstärkt wird dieser Eindruck durch die andere Falle, in die Kiefer gegenwärtig ebenfalls zu laufen scheint, die Falle des Materials und der künstlerischen Verfahren. Auch hier hat er zu Realisierungen gefunden, die – technisch brillant – ihre eigenen Erfindungen variativ vorführen und gekonnt zelebrieren. Der raffinierte Umgang mit dicken Farbschichten, Blei, applizierten Fundstücken lenkt jedoch den Blick weg von dem ehemals überzeugenden Zusammenspiel zwischen Thema und Gestaltung. Die Machart drängt sich in den Vordergrund, dekorative Routine beginnt sich zu verselbständigen.

Kiefers Behauptung, aus der Aneignung der Kabbala, des Christentums, der Poesie und diverser Mythen könne man heute Kunst schaffen, die sich mit der Selbsterfahrung des Künstlers wie der des Betrachters verbindet, zerbröselt in dieser Ausstellung. Zu sehr auf Effekt bedacht wirken die Werke, zu illustrativ geht Kiefer an seine Aufgabe. Ein Moment von Hybris kommt ins Spiel. Daß Kiefer um diese Problematik weiß, hat er in Interviews immer wieder betont. Doch auch die Versuche, das *eine* Bild zu finden, müssen von einem Weg zeugen, der gangbar ist. Mit den neuen Werken zeigt sich die Problematik von Kiefers Weg überdeutlich. Die gigantischen Formate, die Themenklitterungen sollen erzwingen, was von dieser Haltung aus wohl kaum zu leisten ist. Hinter der trotz Verfremdungen und Irritationen glatten Oberfläche scheint eine Leere auf, die durch große Gesten überdeckt werden soll. Man spürt, daß diese Werke um jeden Preis »Meisterwerke« sein sollen, daß sie als »Museumsstücke« geplant sind. Ihr ausgestellter »tiefer Sinn« wird jedoch gerade dadurch unterlaufen. Wie praktikable Versatzstücke tauchen die Mythenzitate auf, wie theatralische Schaunummern wirken die Maltechnik und der Umgang mit dem Material. Und fast erschrocken nimmt man wahr, wie Kiefer wiederholt, was zu wiederholen keine innere Notwendigkeit besitzt. An diesen Wiederholungen und Selbstzitaten Kiefers ist ein Zustand der Erschöpfung zu erkennen, der sich aus einem Zwang zur spektakulären Produktion herzuleiten scheint.

Damit tut sich eine weitere Falle auf, die Falle des Erfolgs. Für Kiefers Werke hat sich international ein hypertropher Markt entwickelt, der seine Forderungen stellt. Das hat Spuren hinterlassen. Die neuen Werke bieten sich – so der Eindruck – der Begehrlichkeit des Marktes an. Sie lösen ohne Widerstand ein, was dieser von ihnen erwartet. Und zwar nicht nur im ökonomischen Sinn. Parallel zum überhitzten Markt hat sich eine hypertrophe Theorie entwickelt, die mit dem Blick auf Kiefer fast schon zum Geniekult geworden ist. Weitgehend ohne Distanz wird sein Œuvre aus dem Denken der Kabbala, der Alchemie, der germanischen und anderer Mythologien gedeutet. Die Frage: Wie viele Mythen braucht der Mensch? wird nicht gestellt.

***

Wie viele Mythen braucht der Mensch?

***

Ein Spaziergang im Grunewald. Herbstsonne. Die Blätter der Bäume färben sich golden. Die Wege sind staubig. Mir fällt auf, daß sie wie ein großes Gitter – rechtwinklig – angelegt sind. Die ökonomischen Gesetze der Forstwirtschaft erfordern dies so.

***

Wieder zu Hause. Erst jetzt kommt mir die Assoziation, daß das, was ich gegenwärtig erlebe/schreibe, mit dem Erfahrungsweg der Alchemie zusammenhängen könnte. Ich habe mich nie wirklich für Alchemie interessiert. Ihre Details waren mir zu ausgedacht und konstruiert.

***

»Die chymische Hochzeit.« – »Das Große Glas.« – »Der Sandmann.« – Vage erinnere ich mich: »Es geht um Transformation und Verschmelzen.«

***

Sie machen eine Wandlung durch.

* * *

Ein Gedanke taucht auf, verunsichernd und unklar, ich zittere beim Tippen: »Du mußt dich mit dem Tod vermählen.«

....

Spät am Nachmittag: »Es gibt die Schlange der Kundalini.«

* * *

Als ich heute morgen den Satz »Du mußt dich mit dem Tod vermählen« geschrieben hatte, war ich wie gelähmt. Ich dachte an Sylvia Plath, an Hemingway, an Virginia Woolf, Cesare Pavese, an Konrad Bayer, Peter Szondi, Bernd Alois Zimmermann, an Josef P., Siegfried R., Cornelia K., an meine Tante Klara. Die Idee des Selbstmords war mir – ohne Angst – ganz nah.

* * *

Josef P.: Als er entdeckte, daß er durch die Toxoplasmose ein »Mickymaus-Hirn« bekommt, macht er wahr, wovon er schon Monate zuvor gesprochen hatte. Die Tabletten hatte er sich in der Reißverschlußtasche seines kleinen Dinosauriers »Fritz« ins Krankenhaus geschmuggelt. Josef war Arzt. Er wußte, wie man es richtig macht.

* * *

Siegfried R.: Als ich zwölf Jahre alt war, nahm sich mein Klassenkamerad Siegfried R. das Leben. Sein Vater war Chemiker. Er hatte uns immer davon erzählt, daß es im Labor seines Vaters »Zyankali« gibt. Er nahm es im Wald, im Winter, im Schnee. Ich stellte mir das immer sehr schön vor.

* * *

Cornelia K.: Sie war eine Freundin von mir aus dem Studentendorf in Schlachtensee. Eine lebenslustige Frau. Als Psychoanalytikerin half sie einmal meiner Freundin Ingrid N. deren katastrophale Arbeitsstörungen zu überwinden. Doch Cornelia erschien nur an der Oberfläche als gefestigt. Ihre eigenen Probleme waren wohl riesig. Heiligabend 1987 brachte sie sich um. Umgeben von halbfertig gepackten Weihnachtsgeschenken.

* * *

Tante Klara. Als ich fünfzehn Jahre alt war, entdeckten meine Mutter und ich den Selbstmord meiner Tante. Es war eine schreckliche Szene. Sie hatte alles genau vorbereitet. Im Bett liegend, hatte sie sich die Pulsadern über einem kleinen Eimer neben dem Bett aufgeschnitten. Den Mund hatte sie sich mit Tempotüchern verstopft, um nicht zu schreien. An der Nachttischlampe waren Blutspuren zu erkennen. Sie wollte wohl noch das Licht löschen. Die Hände hielt sie auf der Bettdecke über den Flecken ihres Bluts gefaltet. Sie war eine freundliche, gläubige Frau. Auf einen Zettel hatte sie gekritzelt: »Verzeiht mir, ich konnte nicht anders.« Und darunter: »Den Fernseher bekommt Wolfgang.«

* * *

Plötzlich denke ich auch an Klaus, der vor wenigen Wochen seinen Selbstmord so präzis plante. Klaus: »Schön ist ein Selbstmord nur, wenn er ›aus heiterem Himmel‹ geschieht. Wenn irgend etwas einen dazu zwingt, ist er nicht ein Zeichen der Freiheit.« – Dieser Gedanke beunruhigt mich jetzt sehr. Ich lasse ihn ausklingen, weiß, daß ich ihn durchdenken muß.

* * *

Oskar Panizza: Was ist der Zweck Deines Lebens? Den Spuk dieser Welt aufzulösen. Ihn denkend zu verzehren. Zu wissen, daß Du halluzinierst. Und damit zu Dir zurückzukehren.

* * *

Ich lege mich auf mein Bett, döse ein, schlafe, werde wieder wach, spüre eine sexuelle Erregung. »Genau, das ist die andere

Seite.« Durch Tantra-Atmen komme ich wieder in einen allum-
fassenden Zustand. Im Orgasmus entrollt sich die Kundalini-
Schlange. Die Energie durchflutet den ganzen Körper. Läßt das
Denken entschwinden. Dasein ohne Bild, ohne Sprache.

***

Ein Gedankenspiel – nur halb bewußt – beginnt: »Der Orgasmus ist der Tod ist die Geburt. Der Tod ist die Geburt ist der
Orgasmus. Die Geburt ist der Orgasmus ist der Tod.« Und
dann: »Es geht um Zeugung. Es geht um das Ineins von Werden
und Vergehen.«

***

Als ich – nach einem kurzen, tiefen Schlaf ohne Träume – vom
Bett aufstehe, sehe ich an der Wand eine Collage, die ich vor
einem Jahr im »Healing Circle« aus Bildern des »Sterns« und
des »Zeit-Magazins« herstellte. Was ich damals – eher in einem
Nebenbei – in nicht mehr als zehn Minuten auf das Blatt klebte,
ist das Erlebnis der letzten beiden Tage. Im »Bild« hatte ich
vorweggenommen, was ich durch den Körper jetzt erfahre.

***

Die Anstrengungen lösen sich langsam auf. Ich fühle mich
leichter und leichter.

Triumf! Wirr fahrn! Triumf! nun endlich sanfft!
Triumf! Es schaumt! Triumf! umsonst das Meer!
Triumf! Di Hoell! Triumf! ligt uns zum fus!
Triumf! Di Furcht! Triumf! faellt auf den Feind!
Triumf! Nun fleucht! Triumf! was *uns* gehemmt!
Triumf! Wir sehn! Triumf! den gleichen weg!
Triumf! Triumf! Triumf! Wir fahren ein!
Triumf! Es schallt! Triumf! ein Freudgeschrei!
Triumf! Das uns! Triumf! willkommen heisst!
Triumf! Es naht! Triumf! ein heilig Volk!
Triumf! Sein hertz! Triumf! ist eins mit uns!
Triumf! Zum werk! Triumf! des grossen Gotts!
Triumf! Von dem! Triumf! gezeugt di Schrifft!
Triumf! Triumf! Triumf! Wir ankern an!
Triumf! Wir sind! Triumf! aufs neu beseelt!
Triumf! Di lust! Triumf! hat uns umhalst!
Triumf! Der Nord! Triumf! gibt seine frucht!
Triumf! zum Ost! Triumf! des Jesusreichs!
Triumf! Willkomm! Triumf! im Christwillkomm!
Triumf! Willkomm! Triumf! O Gottesvolk!
Triumf! Triumf! Triumf! Wir steigen aus!
Triumf! Gottlob! Triumf! Gottdank! Gottpreis!
Triumf! Mein Christ! Triumf! hat doch gesigt!
Triumf! Sein bleibt! Triumf! doch kron und thron!
Triumf! Ich bin! Triumf! Sein knecht und kind!
Triumf! Gott thut! Triumf! Was ihn gefelt!
Triumf! Den kreis! Triumf! erschrekkt dis Neus!
Triumf! Triumf! Triumf! Es ist geschehn!

Quirinus Kuhlmann

TEIL ZEHN

Sonntag, 13. 9. 92. Morgens. Hellblauer Himmel mit zarten Rokokowölkchen

»Words don't come easy...« Im Moment stimmt dies nicht für mich. Die Wörter kommen zu schnell. Mein Denken hat immer noch eine rasante Geschwindigkeit. Das Buch diktiert seine eigene Form. Das liegt auch an der Arbeit mit dem Computer. Was ich denke, setzt sich sofort in ein neutrales Schriftbild um, erscheint schon wie im Druck. Meine früheren Bücher – »Hunger nach Bildern«, »Bilder werden Worte« – habe ich alle mit der Hand geschrieben. Evelyn, eine ehemalige Studentin von mir, tippte die Manuskripte ab. Sie war so vertraut mit meinen Texten, daß ich nur »K« schreiben mußte und sie wußte, es war das Wort »Kunst«.

***

Wörter und Handeln. Oft fallen mir jetzt Assoziationen ein, die über die Tastatur des Computers hinausführen. Als ich im Datum die Wetterangabe schrieb, dachte ich: »Es ist nicht wirklich ›hellblau‹. Es ist noch ein anderer Farbton.« Ich bekam Lust, in der Anthologie »Das Blaue Buch« nachzusehen. Dort gibt es eine Liste mit Bezeichnungen für »Blau«. Dann der Gedanke: »Du schreibst nur, was du im Kopf hast.« Er brachte mich in einen Zwiespalt, den ich schon mehrmals in den vergangenen Tagen erlebt, den ich aber nicht wirklich realisiert hatte. Das Denken und Schreiben ist umgeben von Handlungsmomenten. Ich sehe ein Zitat nach, schaue in den »Duden«, bringe mich – eher selten – in Situationen, von denen ich annehme, daß sie Notizen provozieren. Beim Schreiben dann – gestern – ein Stutzen: Mir fällt auf, daß ich – im Schreiben – in der Welt meiner Sprache – der Sprache – bleibe. Ist die Grenze meiner Sprache die Grenze meiner Welt?

***

Nietzsche: »Wer spricht?« – »Die Sprache.«: Mallarmé.

***

Doch die Sprache bin jetzt Ich. Sie folgt den Spuren meines Denkens, ist jetzt mein Denken. Ich will mir für sie nichts ausdenken. Ich will keinen »Stil«. Je weniger ich gestalte, desto mehr bin ich in der Sprache. – »Intentionslosigkeit« – der Begriff wird jetzt immer wichtiger. Ich folge ihm im Schreiben, aber auch im Erleben, im Leben. Er ist nicht – wie bei Cage – mit Gelassenheit und emotionaler Neutralität verbunden. Ich bin immer noch in einer enormen Anspannung. »Vor die Gelassenheit haben die Götter die Erregung gestellt«, fällt mir ein. Was ich jetzt schreibe, ist die Fülle der Welt in der Fülle meiner Gedanken. Sie überfluten mich. Ich weiß: »Lange halte ich das nicht aus.« Das Leben als Paradoxon ist ausgespannt zwischen den Extremen von Sprechen und Schweigen. Ich bin jetzt im Extrem des Sprechens.

* * *

Wittgenstein: »Wovon man nicht sprechen kann, darüber muß man schweigen. Es gibt allerdings Unaussprechliches. Dies zeigt sich, es ist das Mystische.«

* * *

Als ich gestern abend aus dem Haus ging, fühlte ich mich ruhig. Beim Gehen spürte ich die Erde unter meinen Füßen. »Ihr kannst du vertrauen«, dachte ich. Ich war ganz in den Füßen. Wenn ich dies fühle, wird der Kopf leerer. Das ist angenehm. Im TaiChi lernt man, die Gedanken zu sehen »wie Wolken«. »Laß sie vorbeiziehen. Halte sie nicht fest. Du bist nicht dein Denken. Du bist <u>auch</u> dein Denken.«

* * *

Doch schon als ich auf dem U-Bahnhof »Friedrich-Wilhelm-Platz« war, wußte ich, daß der Zustand der Ruhe noch nicht eingekehrt ist. Mein Blick fällt auf ein Plakat für die Sandro Chia-Ausstellung in der Nationalgalerie. Groß hat Chia seinen Namen in ein Gemälde geschrieben. Es ist mir unangenehm. Das Bild ist das, was man heute in der »Postmoderne« so malt. Gefällige »Überdehnung der Moderne«, »Kunstmarktkunst«.

* * *

Sandro Chia. Ich erinnere mich: 1984 besuchte ich ihn mit Gerd in seinem New Yorker Atelier. Es lag eine Etage über dem Atelier von Rainer Fetting, bei dem wir zuvor waren. Als ich Chias Atelierräume betrat, wußte ich, daß ich eine Enttäuschung erleben werde. Überall standen halbfertige Bilder herum, Assistenten bereiteten die Ölfarben vor, Sandro lief aufgeregt umher. Was ich sah, verband sich schlagartig mit dem Begriff »Überproduktion«. Wir kamen ins Gespräch. Vorsichtig versuchte ich, Sandro mein Mißvergnügen zu erklären. Er wurde sehr aggressiv, spielte den autonomen Künstler, das selbstsichere Genie. Wir standen vor einem großen Hochformat, das jedoch auf der Seite liegend an einer Wand abgestellt worden war. Unsere Blicke fielen auf dieses Bild. Ich spürte, es kommt zum Machtkampf. Ich wußte, daß Sandro von mir die Frage erwartete: »Das Bild würde ich gerne richtig herum sehen. Können wir es nicht hochkant hinstellen?« Doch ich stellte die Frage nicht. Sandro redete sich pathetisch in sein Künstlertum hinein. Gerd und ich hörten immer distanzierter zu. Dann gab er sich einen Ruck, stellte – ohne Kommentar – das Bild hochkant hin. – Es war noch schwächer, als ich erwartet hatte.

***

Upside down. Bei einer Diskussion mit Clement Greenberg, Marcia Tucker, Achille Bonito Oliva, Peter Selz und Donald Kuspit im »Herbst-Theater« in San Francisco hielt ich meinen Vortrag »Hunger for Images«. Ich war sehr aufgeregt. Vor 900 Menschen hatte ich noch nie gesprochen. Die Dias, die ich zeigte, hatten Cinemascope-Format. Als ich Fettings »Männer unter der Dusche« im Riesenformat der Projektion hinter mir sah, dachte ich nur: »Das hat überhaupt nichts mehr mit dem Gemälde zu tun.«

***

Das Kunstwerk im Zeitalter seiner technischen Reproduzierbarkeit.

***

In meinen Ausführungen im »Herbst-Theater« kam ich zu: Baselitz. Kurz erschien auf der Leinwand sein Bild »Orangenesser«. Dann verschwand es wieder. Seit 1969 malt Baselitz seine Sujets »auf dem Kopf«, um an ihnen nur »Malerei als Malerei« zu demonstrieren. Das Dia zeigte den »Orangenesser« richtig herum, also »auf dem Kopf« stehend. Doch der »Projectionist« hielt dies für einen Fehler. Er ging zum vorhergehenden Dia zurück, drehte das Baselitz-Dia um 180 Grad, und nun war es – für ihn – richtig. Ich versuchte, ihm über das Mikrofon zu erklären, daß das Bild »andersherum« gezeigt werden muß. Doch er reagierte nicht. Ich versuchte, dem Publikum zu erklären, daß das, was es jetzt sieht, nicht stimmt, daß es sich das Bild »auf dem Kopf« vorstellen muß. Doch an den Gesichtern der Zuhörer in den ersten Reihen erkannte ich, daß man mich nicht verstand. Ich machte noch mehrere Erklärungsversuche, doch dann gab ich auf und ging weiter zu Gerhard Richter. – »Richtig falsch« projiziert, wurde das Bild von Baselitz völlig belanglos.

***

In der U-Bahn. Zu Sandro Chias Plakat machte ich mir keine Notiz. Ich hatte mir vorgenommen, mich an diesem Abend vom Schreiben zu erholen. »Du mußt nicht alles festhalten. Es gibt die Welt auch ohne deine Notizen.« Doch als die junge Frau im U-Bahn-Sitzabteil gegenüber das Buch »Bekenntnisse eines Tao-isten aus der Wallstreet« von David Payne aus der Tasche holte, wußte ich: »Jetzt geht es wieder los.« »Bleib ruhig«, sagte ich mir. Ich versuchte, meine Füße zu »erden«, doch ich merkte, daß dies nicht wirklich gelang.

***

U-Bahnhof »Kurfürstendamm«. Als ich auf dem Bahnhof aus-stieg, spürte ich ein Erschrecken. Ich blieb stehen. Eine Erinne-rung: Vor mehreren Jahren stand ich an einem Spätnachmittag auf dem von Menschen vollen U-Bahnhof. Der Windhauch des herannahenden Zuges war schon zu fühlen. Ich blickte in seine Richtung. Plötzlich sah ich, wie eine ältere Frau am Beginn des Bahnsteigs auf die Gleise sprang, sich hinlegte, ihren Kopf auf die Schiene. Viele Menschen sahen dies. Stille machte sich breit. Eine panische Stille. Nur das Geräusch des einfahrenden Zuges war zu hören. Niemand reagierte auf die Frau. Alle waren wie gelähmt. Jeder wußte: Es ist jetzt nichts mehr zu retten. Der U-Bahn-Zug raste aus dem Tunnel heraus. Ein Aufschrei über den ganzen Bahnhof. Er wurde überdeckt vom ohrenbetäuben-den Lärm des bremsenden Zuges. Die Frau verschwand unter ihm wie durch einen Zauber. Eine junge Frau neben mir fiel mir in die Arme. Wir bekamen beide einen Weinkrampf, blieben einen Moment so stehen. Dann gingen wir – uns gegenseitig stützend – aus dem Bahnhof hinaus, umarmten uns, sprachen kein Wort. Immer wieder streichelte die Frau meinen Hinter-kopf.

***

Auf dem Kurfürstendamm. Eine Flut von Szenen, Zeichen, Gesten, Bewegungen, Gerüchen, Berührungen, die ich am lieb-sten alle festhalten möchte. Der Kudamm ist voller Menschen. Es ist kurz vor 20 Uhr. Man geht ins Kino, flaniert, geht zum Essen. Ein Junge mit einem T-Shirt: MOTHER FUCKING. Gruppen von laut redenden »Westdeutschen«. Alle fünfzig Meter »Hütchenspieler«. Der Pflastermaler malt: »Die Verhaftung der Bojarin Morosowa«. Dann ein Junge mit einem T-Shirt: ICH WAR EINE WEISSBLECHDOSE.

* * *

Als ich gerade WEISSBLECHDOSE tippte, vergoß ich aus Versehen Kaffee über die Tastatur meines Computers. Plötzlich eine Angst: »Was machst du eigentlich, wenn jetzt der Computer zusammenbricht? Ist das das Ende deines Buches? Höhere Gewalt? Könntest du jetzt weiterleben, ohne zu schreiben?« – Ich glaube, ich könnte es.

* * *

On Kawara verschickte jahrelang jeden Tag zwei Postkarten mit dem gestempelten Text »I got up at...« und dann wurde die Zeitangabe eingefügt. Er hatte 1966 damit begonnen. In Stockholm hörte er 1979 damit auf, als ihm in einer Bank seine Aktentasche gestohlen worden war, in der sich der Stempel für den Satz befand. – Wenigstens erzählte On es mir so, als ich ihn zum letztenmal 1991 in New York besuchte. Ein ganz feines Lächeln war dabei auf seinem Gesicht.

* * *

Kudamm: »Burger King«, »Seiko«, »Papillon«. Ein T-Shirt: »I AM TOO SEXY FOR THIS T-SHIRT.« Bildschöne Nutten stehen vor den Schaufensterscheiben. Sie blicken leer und zugleich gespannt die Passanten an. Ich möchte sie berühren. »Ihr Körper ist bestimmt vollkommen«, denke ich. Mir fällt ein Satz von Dorith ein: »Weißt du eigentlich, was du bist, Wolfgang? – Du bist ein nichtpraktizierender Heterosexueller!« – Darüber hatte ich zuvor noch nie nachgedacht. Ich empfand mich immer als schwul. Erst in den letzten Jahren wurde das Begehren für Frauen auch körperlich immer stärker.

* * *

Beim Schreiben der obigen Stelle ein Innehalten. »Würdest du jetzt einen Roman schreiben, hättest du den Weg des Helden damit festgelegt. Er führt hin zur ›Frau‹. Sie fehlt noch im Szenario der Wandlung.« Der Gedanke ist verführerisch. Ich spüre, daß er nicht nur »im Kopf« ist, er ist auch im Körper. Die Lust an der Intentionslosigkeit aber läßt mich fühlen: »Wenn es sich so ergibt, ist es gut, wenn es sich nicht ergibt, ist es auch gut.«

* * *

31. Juli 1976

I GOT UP AT 9.09 A.M.

HARALD SZEEMANN
GURTENGASSE 4
3011 BERN
SCHWEIZ

On Kawara
Damaschkestr. 21
1 Berlin 31
Deutschland

MIT LUFTPOST PAR AVION

2. Aug. 1976

I GOT UP AT 10.00 A.M.

HANNE DARBOVEN
AM BURGBERG 26

21 HAMBURG 90

On Kawara
Damaschkestr 21
1 Berlin 31

MIT LUFTPOST PAR AVION

Cinema Paris. Ich stehe vor dem Kino am Kudamm. Sehe die Leuchtschrift: »Grüne Tomaten«. Ich beschließe, in den Film zu gehen, obwohl ich nicht weiß, was mich erwartet. »Du kannst dann abschalten. Die vorfabrizierte Fiktion befreit dich von deinem Denk- und Wahrnehmungszwang.« Doch es kommt – natürlich – anders. Ich sehe den Film auf vielen verschiedenen Ebenen. Im Dunkeln versuche ich, mir Notizen zu machen, weil ich mir immer wieder sage: »Das darf nicht wahr sein. Der Film ist ja ein Teil deines Lebens.« Überall finde ich mich in Szenen wieder. Das Sterben der jungen Frau ist das Sterben von Christian. Sie heißt Ruth, wie Michaels Tochter. Es geht um einen Emanzipationsprozeß. Zwei Freundinnen. »Das sind Eckehard und ich.« Es geht um den Wahnsinn unserer alltäglichen Welt. Es geht um die Sehnsucht nach gelebtem Leben. Doch nicht nur das: Der Film spielt in den Südstaaten. Erinnerung an Chapel Hill, an Richard. Erinnerungen an Dirk H.s Freund Lee, der mir in Seattle erzählte, was ich zuvor noch nie von einem Menschen erzählt bekommen hatte: »Als Schwarzer mußten wir am Beginn der 50er Jahre in Georgia in den ersten Waggons der Züge fahren. Auf sie fiel der Dreck der Loks. Es gab Bänke, Toiletten, Abteilungen in Restaurants für ›Blacks‹ und ›Whites‹.« Und dann – nach einem langen Gespräch, das mich sehr berührte: »Und weißt du, was das Verrückteste ist? Ich habe mich als Schwarzer immer ›minderwertig‹ gefühlt, fühle mich jetzt noch so.«

* * *

Lee starb vor zwei Jahren bei einem Autounfall in Rio de Janeiro. – »R.I.P.«

* * *

Vor dem Hauptfilm ein lustiger Werbespot: »Gib Aids keine Chance!«

* * *

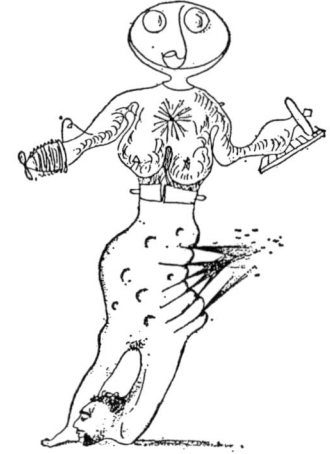

Als ich das Kino verließ, sagte eine Frau neben mir zu ihrem Begleiter: »Hast du eigentlich die Pointe des Films verstanden? Die Zukunft gehört den Frauen. Die Welt der Männer ist endgültig passé. Sie sind nur noch Witzfiguren.«

* * *

Botho Strauß und »Grüne Tomaten«. Die Story des Films hätte auch Botho Strauß erfinden können. Die Berliner Schaubühne hätte sie dann – ästhetisch perfekt – produziert. Doch ich hätte nicht lachen können. Alles wäre voller »Bedeutung« gewesen.

Eine Handlung mit doppeltem Boden, mit Tiefsinn. »Grüne Tomaten« war dagegen vor allem nur Story. Mit banalen Lebensweisheiten, mit Klischees, mit Versatzstücken. Doch weil ihr Regisseur keine Kunst machen wollte, ist ihm die Unterhaltung »als Leben« besser gelungen als in den ästhetischen Klischees der Schaubühnen-Kunst.

* * *

Jetzt – beim Tippen – fällt mir ein: »Du gehst kaum noch ins Theater.« Nachdem ich 1987 – mit der Erfahrung von Robert Wilsons Fortsetzung von »Death Destruction & Detroit«, Peter Steins Inszenierung von O'Neills »Der haarige Affe« in der Schaubühne und Peter Zadeks »Ghetto« von Joshua Sobol in der Freien Volksbühne – einen Artikel für den »Wolkenkratzer« geschrieben habe, sehe ich nur noch sehr selten Theateraufführungen.

Wozu noch Theater? – Das Licht verlöscht. Der Vorhang geht hoch. Eine fremde Welt tut sich auf. Nach eigenen Gesetzen, gezeigt in einem eigenen Raum, in einer eigenen Zeit. Menschen spielen sie. Wir erfahren ihr Schicksal, doch wir wissen, daß es nicht die sind, die wir vor uns haben, sondern Menschen als Rollenträger, als Sprecher fremder, vor langer Zeit geschriebener Texte. Verzauberung, ferne Nähe. Wir hören von fremden Schicksalen, mythisch entrückt oder aus einer anderen Welt, Griechenland und Mexiko, Germanien und Rom. Wir sehen Arbeiter in Chicago, Menschen, die zu bizarren Wesen degenerierten, wir sehen Könige und Nutten, Bankangestellte und Diktatoren. Und wir sitzen da, betroffen, hineingezogen in diese fremde Welt, zusammen mit anderen, die ebenso gebannt den Blick auf die Bühne richten, die eintauchen in dies Erlebnis einer anderen Zeit und die danach herausfinden werden in den Alltag mit seinen anderen Gesetzen. Ein überwältigendes Erlebnis.
Doch offensichtlich wird es vielen Zeitgenossen ziemlich gleichgültig. Das Theater ist in einer Krise. Die Verzauberung scheint sich zu verschleißen. Zahlreiche Besucher – vor allem Kunstinteressierte – gehen heute nur noch ab und zu ins Theater. Wenn ein Name sie lockt, ein neues Stück für Schlagzeilen sorgt oder eine Inszenierung einen besonderen Ruf genießt. Als kontinuierlich miterlebte Kulturinstitution, wie sie es früher wohl einmal verkörperte, ist das Theater für viele nicht mehr interessant. Es ist gleichgültig, ob »Minna von Barnhelm« diesmal nun psychologisch oder soziologisch, als Emanzipationsdrama oder als Preußenkritik inszeniert wird. Das Desinteresse am Theater wirkt auf den ersten Blick absurd. In der Mediengesellschaft müßte es als »lebendiges Miteinander« der Menschen gerade einen besonderen Wert besitzen, es müßte als Garant für die Nichtentfremdung funktionieren, als ein Ort der Kommunikation. Genau diese Aufgabe aber scheint das Theater nicht mehr zu erfüllen, auch wenn viele Bühnen mit den verschiedensten Angeboten das Publikum zu aktivieren versuchen. Woran liegt die Krise des Theaters? Und ist sie nur eine momentane Erscheinung, weil z.B. der Nachwuchs an guten Regisseuren fehlt oder weil der Subventionsbetrieb zu einer Art Verfettung geführt hat?
Die Krise des Theaters resultiert heute offensichtlich aus der Frage, was überhaupt aufgeführt werden soll. Die Selbstverständlichkeit, mit der dies

früher durch »Dramen« oder auch durch »Avantgardestücke«, die von der Opposition zum tradierten Dramenbegriff ausgingen, beantwortet wurde, löst sich auf. Zugleich steht das Theater als soziale Institution zur Debatte. Es wurde veranstaltet – und bis in die Gegenwart hoch subventioniert –, weil es das Gesamt der Gesellschaft im Blick hatte.

Um dies auch heute noch zu erreichen, verlängert es permanent seine eigenen Klischees. Robert Wilson – früher ein genialer Bild-Erfinder – wird zum bravourösen Zitat seiner selbst, das in der Opulenz der technischen Möglichkeiten der Schaubühne ins ästhetische Kunstgewerbe umschlägt. Peter Stein versucht – mit einem schwachen Stück – an seine große Zeit des Umbruchs in den 70er Jahren anzuknüpfen.

Damals konnte das Wörtlich-Nehmen des Theatralischen, die konsequente Ausspielung eines eigentlich bürgerlichen Theater- und Kunstbegriffs, als Opposition zu den Standards der üblichen Inszenierungen und ihrem faulen Modernismus verstanden werden. Das Progressive schien auf nicht in avantgardistischen Neuerfindungen, sondern im Zeigen der utopischen Momente der Ästhetik der Vergangenheit. Die Ästhetik der Schaubühne besaß letztlich immer retrospektive Züge, doch genau aus ihnen heraus konnte sie – früher – Zukunft entwerfen. Heute haben sich diese retrospektiven Momente als Automatik einer Haltung eingespielt, die sich nicht mehr an den gesellschaftlichen Verhältnissen reibt. Virtuosität wird Selbstzweck. Die ehemals progressive Haltung produziert eine ästhetische Dekoration des Bestehenden.

Peter Zadeks Inszenierung von »Ghetto« ist das gegenwärtig unangenehmste Beispiel für die Krise des Theaters. Sobols Stück erweist sich in seiner Inszenierung als sentimentale Schnulze, die perfekt nach den Mustern einer heruntergekommenen Dramaturgie funktioniert. Das Unfaßbare der Judenvernichtung hat Sobol in eine Theaterform gepreßt, die nach denselben Gesetzen wie jede x-beliebige Boulevardkomödie oder Krimi-Story funktioniert. Zadek überhöht in seiner Inszenierung diesen Aspekt, indem er hemmungslos seine aus der Unterhaltungsbranche stammenden Regieeinfälle ausstellt. Höhepunkt der Schau: eine schick perverse Orgie im KZ. Schrecken, Songs, Komik, eingeplante Tränen in effektvoller Auschwitz-Dekoration. Die Judenvernichtung findet gleichsam zum zweiten Male statt. Der Alptraum der deutschen Geschichte wird ins Repertoire der Entertainmentstücke eingefügt. Der riesige Erfolg der Inszenierung wird – unfreiwillig – zum Beweis eines immer noch vorhandenen Antisemitismus: Endlich hat der Holocaust auf dem Theater eine goutierbare Form gefunden, die das Trauma der Geschichte genießbar macht.

Es fragt sich, ob diese Deformationen nicht notwendigerweise dem tradierten Zwang entstammen, daß das Theater für das Gesamt der Gesellschaft sprechen möchte. Denn was sich im Theater heute manifestiert, läßt sich in Beziehung setzen zum Begriff von Öffentlichkeit, wie er in den Massenmedien vermittelt wird. Um eine breite Wirkung und Akzeptanz zu erreichen, muß in ihnen Wirklichkeit nach den Gesetzen der Unterhaltung produziert werden.

Neil Postman hat dies in »Wir amüsieren uns zu Tode« untersucht. Nachrichten werden – besonders in den USA – nach den Prinzipien des Entertainments gestaltet. Das hat zu tun mit der Fiktionalisierung der Wirklichkeit, die uns heute – medienvermittelt – überall begegnet. Doch an den Präsidentenfilmstar Ronald Reagan oder an die »Inszenierung« des Schauspiels »Demokratie« – schwankend zwischen Enthüllungsdrama (Iran-Contra-Affäre), Posse (Bundestagswahl), Tragödie (Sandoz) oder Schmierenkomödie (Parteienfinanzierung) – reicht gegenwärtig kein Theaterabend heran.

***

Als ich aus dem Kino komme, steht eine Gruppe Wachpolizisten in einer Ecke des Foyers. Beim Einlaß wurden die Taschen kontrolliert. – New York 1985. Keith Haring gibt in der »Paradise Garage« eine »Keith Haring-Party«. Vor dem Eingang muß man durch eine Kontrollschleuse wie auf einem Flughafen. Ich frage Toni Shafrazy, warum man diese Kontrollen macht. »Vor mehreren Monaten ist ein Besucher in der Disco Amok gelaufen. Er hat einen jungen Mann erstochen. – Drogen, weißt du.« – Spät in der Nacht – die Disco ist überfüllt, laute rhythmische Musik, riesige Keith Haring-Fahnen im Dayglow-Licht – taucht Andy Warhol auf. Er sieht aus wie eine Wachsfigur. Im Eingang wird er von einem ferngesteuerten Roboter in Mannsgröße begrüßt. Über einen Lautsprecher im Roboter spricht der Android mit Warhol. Er antwortet nicht. Starrt den Roboter nur an.

* * *

In der post-Warhol Ära kann eine einzelne Geste wie das Übereinanderschlagen der Beine eine größere Bedeutung haben als sämtliche Seiten von »Krieg und Frieden« … – J. G. Ballard

* * *

Wieder ein Gang über den Kudamm. Plötzlich bemerke ich die grellen Lichter der fahrenden Autos. »Wie damals im Advent!« Doch es gibt keine Lust in meinem Körper, mich auf die Straße zu stürzen. Ich bin extrem erregt, ganz da und ganz nüchtern. Keine Spur des Gedankens »Das war's!«

* * *

»Ich gehe noch in ›Andreas Kneipe‹.« – Auf der U-Bahn-Station »Kudamm« zwinkert mir ein türkischer Müllarbeiter zu. Ich fühle, wie diese kleine Geste mich erfreut.

* * *

Andreas Kneipe. Als ich sie betrete, fällt mir auf, daß ich schon seit Wochen nicht mehr in einer schwulen Bar war. Die Szene fehlt mir nicht. »Nur Männer!« denke ich und muß darüber schmunzeln. Die Atmosphäre ist angestrengt. Hektisches, lautes Reden, Songs von Marianne Rosenberg, Blicke, abweisend, verhaltensgestört, nur ganz selten einmal ein Anflug von »Freundlichkeit«. Früher hatte ich mich ab und zu mit Gregor hier verabredet. Ich denke an ihn. Sehe ihn jetzt vor mir im AVK. Sehe Christian im AVK. Sehe Alf im AVK. – Vielen Besuchern von »Andreas Kneipe« merkt man an, daß sie auch diesen Weg vor sich haben. »Die Pompadour«, ein schriller Szenetyp, ist abgemagert. Kaposiflecken im Gesicht. Ich treffe Ralf B., den ich aus dem Studentendorf kenne und den ich seit Jahren nicht mehr gesehen habe. Er bemerkt, daß ich »aufgedreht« bin. »Das liegt am Vollmond«, sagt er.

* * *

Mond, Wasser, Frau.

* * *

Nach einer halben Stunde gehe ich wieder. Überlege, ob ich noch ins »Toms«, in den »Knast«, ins »Connection« will. Doch ich bin nicht in der Stimmung.

* * *

Mit dem Taxi zum Friedrich-Wilhelm-Platz. Während der Fahrt stürzen dreimal junge Passanten auf die Straße. Beinahe hätte der Fahrer sie angefahren. »Das liegt am Vollmond«, sagt er. »Heute gab es schon eine Massenschlägerei auf dem Kudamm.« – »Verkehrsunfall auf der Lietzenburger«, tönt es aus dem Funkgerät. Ein Taxi hat einen Fußgänger überfahren. »Das wird teuer«, sagt die Frauenstimme im Lautsprecher.

* * *

Auf dem Friedrich-Wilhelm-Platz im kleinen Park: Junge Männer streichen herum. Einer spricht mich an, bittet um Feuer und sagt gleich: »Können wir zu dir gehen?« Ich verneine. Dann kommen wir ins Gespräch, setzen uns auf eine Bank. Er ist siebzehn Jahre alt. Vor zehn Jahren kam er mit seinen Eltern aus dem Iran nach Berlin. Er erzählt vom Leben in der Familie, vom Streit mit den Eltern. Dann plötzlich: »Vor vier Jahren habe ich einen Mann erstochen. Zwei Jahre Jugendhaft.« Er holt ein Klappmesser aus seiner Tasche. Ich habe überhaupt keine Angst. »Man muß auf alles vorbereitet sein«, sagt der Junge. Ich blicke ihn an. »Ich glaube, du hast eine große Sehnsucht nach dem Gefängnis in dir«, sage ich zu ihm. Doch er versteht nicht, was ich damit meine. Er geht fort. – Ich gehe ziellos umher, will nach Hause. Dann treffe ich einen Mann, den ich schon öfters getroffen habe, wenn ich »unterwegs« war. Wir erkennen uns. Der Sex – ohne ein Wort – ist wie ein kleines Ritual. Ich fühle mich sehr gut.

* * *

Anonymer Sex und Promiskuität. »Sex hat nichts mit Liebe zu tun«, sagte ich einmal zu Eckehard. – »Doch er wird schöner, wenn man verliebt ist«, antwortete er. Er hat recht und unrecht zugleich. In der Erotik verschwinden die Personen. Das macht den Reiz und den Wert der Promiskuität aus. Mit einem Partner, den man liebt, durchlebt man im Sex ein anderes Faszinosum. Der Geliebte muß anonym werden, und er muß zugleich als »diese« Person ganz präsent sein. »Der Mensch« und das Einmalige des Menschen, den man liebt, verschmelzen miteinander. Indem man sich selbst hingibt, entsteht dadurch ein »Drittes«.

***

Ihr werdet sein ein Fleisch.

***

»Das Thema ›Verschwinden der Kunst‹ hast du schon eine ganze Weile aus dem Blick verloren«, fällt mir jetzt ein. Ich zwinge mich nicht, es aufzugreifen. »Es wird wieder auftauchen«, sage ich mir. »Vielleicht aber auch nicht. Vielleicht ist es unwichtig für dich geworden.«

***

Dürer: »Die Kunst steckt wahrhaft in der Natur; wer sie herausreißen kann, der hat sie.«

***

Ich blicke – jetzt beim Tippen – aus dem Fenster. Mittlerweile scheint die Sonne auf unseren Balkon. Die Blätter des Korallenbaums färben sich gelb: Herbstspaziergänge in Hoheleye.

***

Hälfte des Lebens: Mit gelben Birnen hänget / und voll mit wilden Rosen / Das Land in den See, / Ihr holden Schwäne, / Und trunken von Küssen / Tunkt ihr das Haupt / ins heilig nüchterne Wasser.

***

Anruf bei den Eltern. Immer wenn sie den Hörer abnehmen, ertönt sofort danach das Besetztzeichen. Ich warte darauf, daß sie anrufen. Es klingelt. Meine Mutter: »Als ich nach dem Klingeln den Hörer abnahm, war die Leitung tot.« – Ich erzähle von meinem Buch, von meiner Situation. »Die Wörter finden sich von selbst. Ich habe keine Angst beim Schreiben.« – Meine Mutter: »Es ist wie beim Waldorfsalat. Wenn ich mich ängstlich frage: ›Schmeckt er denn auch?‹, dann wird er meistens nicht lecker.« – Mein Vater kommt ans Telefon. Er hat das Gespräch mit meiner Mutter wohl zum Teil mitgehört. »Du bist im

Schreibrausch? – Paß auf dich auf. – Gehe zwischendurch spazieren.« Und dann: »Teile dir deine Kräfte ein. Ich habe das Gefühl, daß du das Buch schreiben mußt. Vielleicht ist es dir gar nicht mehr wichtig, wenn du damit fertig bist. Aber die Erfahrung mußt du machen.«

***

Jeder Mensch weiß alles.

***

Aids-Treatment-News: »*566C80 gegen Toxo und PCP. – Endokrine Komplikationen. – Gastrointestinale Manifestationen. – Hochdosiertes Aciclovir. – Neues von DDI. – Studie zu Immunotoxinen.*«

***

Ich gehe in die Küche. Ich trinke drei große Gläser Wasser – hintereinander, auf einen Zug.

***

In der Küche. Faulende Tomaten im Obstkorb. Seit zwei Tagen habe ich nicht gespült. Eckehard ist übers Wochenende verreist. Dann lasse ich mich immer gehen. Doch ich weiß: Bis er heute abend nach Hause kommt, werde ich die Küche aufgeräumt haben.

***

Faulende Tomaten. Ich nehme sie aus dem Obstkorb, werfe sie in den Abfalleimer. Ich habe keine Schuldgefühle dabei. Ich bin ganz ruhig. »Die Dinge tun, die zu tun sind.« Das ist der nächste Schritt. Noch aber will ich in meiner Erregung bleiben. Sie ist mir wichtig. »Das Schreiben, das bist jetzt du. Du brauchst diese Manie.«

***

Und dann, als ich den Käse in den Kühlschrank zurücklege, der Gedanke: »Mit deinem Schreiben treibst du das Aids aus deinem Körper hinaus.«

***

Ich stehe da, leer blickend, vergesse, die Kühlschranktür zu schließen.

Zwei Stunden später

Maria Callas: Auf dem buntgemischten Tonband, das Michael mir zum Geburtstag geschenkt hat, singt Maria Callas: »La Casta Diva.« – Gerd sagte einmal zu mir: »Die Callas ist die einzige Kreatur, die im 20. Jahrhundert die Opernbühne betreten hat.«

* * *

Ich habe Hemmungen, an Christian, an Alf, an Gregor zu denken. – Als vor wenigen Augenblicken Peter H. aus Frankfurt anrief und mir sagte: »Am 17. Oktober gebe ich eine ›Danke-schön-Party‹ für alle meine Freunde«, verschlug es mir die Sprache. (Peter ist seit fünf Jahren HIV+.) Ich stottere. Ich frage ihn: »Muß ich mir Sorgen machen?« – »Nein«, antwortet er. »Ich springe noch nicht in die Kiste.«

* * *

Greta Keller singt: »Thanks for the memories…«

* * *

Freddie Mercury singt: »We are the champions, my friend…«

* * *

In der Küche. Ich räume auf.

* * *

Alexandra singt: »Das Glück kam zu mir wie ein Traum, Musik aus dem endlosen Raum…«

* * *

Billie Holiday singt: »Georgia on my mind…«

* * *

Ich spüle das Geschirr, spüle es so, wie es gespült werden muß. Plötzlich habe ich ein großes Messer in meiner Hand. »Das legen wir jetzt weg«, denke ich.

* * *

Das Messer. Als bei einer Orgie vor mehr als zehn Jahren ein Messer auftauchte – die Verpackung des Bierdosen-Sixpacks war damit geöffnet worden –, nahm es Otmar K. an sich, blickte es lange an und sagte dann: »Das legen wir aber jetzt weg.« Er brachte es in die Küche.

* * *

245

»Die Glasglocke« von Sylvia Plath fällt mir jetzt ein. Ich weiß überhaupt nicht mehr, worum es in diesem Roman geht. Aber ich spüre die Nähe seiner Atmosphäre.

***

Eartha Kitt singt: »Let's fall in love…« Die Zeile »Folks in Siam do it, think of Siamese twins« liebe ich, seitdem ich die Platte zum erstenmal – 1964 in Kopenhagen bei Sören – hörte. »Den Humor kennen die Deutschen nicht.«

***

Vera Lynn singt: »When the lights go on again…«

***

Grace Jones singt: »Walking in the shade…«

***

New York. 1984. Grace Jones im »Saints«. Eine Kunstfigur, die ganz menschlich ist.

***

New York. Immer wieder taucht New York in diesem Text auf. Ich wundere mich nicht darüber. In New York war ich oft in einer ähnlichen Stimmung. Ich liebe die Stadt. Doch länger als drei Monate hielt ich es dort nie aus. Die Anspannung wurde zu groß. Ich wurde zu hektisch.

***

Pharmacy. Als ich einmal in New York vor Nervosität kaum schlafen konnte, ging ich oben in den Achtzigern – in der Nähe von Hanna Loewys Wohnung – in eine Apotheke und fragte nach »Valeriana«. »We don't have it in stock«, sagte die Verkäuferin. »But we have ›Nervenruh‹, a German product. Only German immigrants buy it.«

***

»New York, Jerusalem, Venedig – das sind unsere Städte«, sagte Eckehard letztens.

***

Die Fehlfarben singen: »Geschichte wird gemacht, es geht voran…«

***

Beim Tippen jetzt plötzlich ein lauter Pfeifton im rechten Ohr. – »Smetana!« – Ich nehme ihn wahr, erschrecke nicht. »Er verschwindet wieder!« – Und er verschwand.

***

Die Beatles singen: »When I'm sixty-four…«

***

Als das Band zu Ende ist, lege ich eine Platte von Klaus Nomi auf. »The Cold Song«.

***

What Power art thou, Who from below, Hast made me Rise, Unwillingly and slow, From Beds of Everlasting Snow! And wondrous old, Far unfit to bear the bitter Cold, I can scarcely move, Or draw my Breath, Let me, let me, Freeze again to Death.

***

Während ich den Text von Purcells Arie von der Plattenhülle abtippe, skandiere ich laut die Worte mit.

***

Vom Tippen bin ich jetzt völlig erschöpft. Ich gehe in mein Schlafzimmer, lege mich hin. Meine Hände glühen. »Ich verbrenne«, sage ich zu mir und staune über die pathetische Metapher. »Irgendwie bist du auch eiskalt«, füge ich hinzu.

Im Bett. Die Fenster des Schlafzimmers habe ich weit geöffnet. Vogelgezwitscher. Das Ping-Pong der Tischtennis spielenden Kinder im Garten hinter dem Haus. Perez-Prado-Musik – nicht zu laut – von gegenüber. Ein Flugzeug donnert über unsere Straße. – Ich bin nicht wirklich entspannt. Lege mich in Embryostellung. Spreche zu mir wie zu einem kleinen Kind: »So, jetzt wirst du aber schlafen.« Es nützt nichts. Ich lege mich wieder auf den Rücken. Die Hände übereinander auf dem Solar plexus.

***

Assoziationen.

***

Meine Hände. Sie waren immer älter, als ich es war. Da ich seit meiner Geburt eine leichte Ichthyosis habe, sind sie sehr rauh. Doch sie reagieren sehr empfindlich. Jetzt – im Streß – habe ich wieder einen Pilz in den Handinnenflächen. Die Haut löst sich in Fetzen ab. »Ich muß mir morgen ›Canesten‹ kaufen.«

***

Ichthyosis. Fischschuppenkrankheit. Als ich zur Musterung der Bundeswehr mußte, überlegten mein Vater und ich, wie wir eine Einberufung verhindern konnten. Mein Vater war durch das Erlebnis des Krieges Pazifist geworden. Als ich fünf oder sechs Jahre alt war, bat ich ihn, mir auf der Kirmes eine Rose zu schießen. »Ich werde nie wieder ein Gewehr in die Hand nehmen. Noch nicht einmal ein Spielzeuggewehr. Und ich hoffe, daß du nie Waffen tragen mußt.« – Das imponierte mir. – Vor der Musterung schickte mich mein Vater zu einem befreundeten Hautarzt. Er sah sich die Ichthyosis an, die nicht allzu dramatisch war. Doch er schrieb mir ein Attest. Außerdem empfahl er mir, mich drei Tage lang vor der Musterung nur mit Kernseife zu waschen. »Das trocknet die Haut schön aus.« – Wir hatten Erfolg.

***

Ich falle in einen tiefen Schlaf. Nach genau einer Stunde werde ich wieder wach. Der Schlaf erinnert mich an meine Experimente mit dem »Stechapfel«, der Datura, vor zehn Jahren. Ich hatte wunderschöne Exemplare auf meinem Balkon gezüchtet. Die Blätter wurden getrocknet und dann geraucht. Als ich dies einmal zusammen mit einem Jungen beim Sex tat, war es eine neue Erfahrung. Im Gegensatz zu Marihuana, das einen leicht werden und schweben läßt, ist die Datura erdverbunden. Sie zieht einen zu Boden, macht den Körper voluminös und schwer. Unsere Schwänze waren große männliche Schwänze. Nachdem wir gekommen waren, schliefen wir schlagartig ein. Für mehrere Stunden.

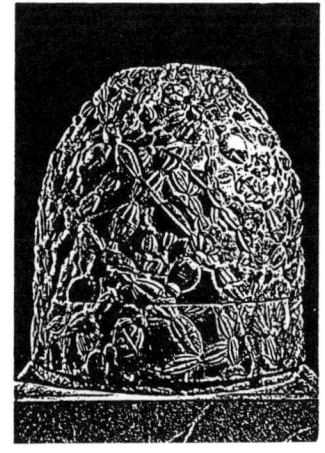

***

Omphalos. Bei einem Besuch in Delphi sah ich im Museum den »Nabel der Welt«. Er erregte mich sehr. Ich wußte, er war auch ein gigantischer Phallus.

***

Datura: die heilige Pflanze des Nordsterns. »Ich aß die Stechapfelblätter, und die Blätter machten mich schwindlig. Ich trank die Stechapfelblüten, und das Getränk machte mich taumeln. Der Jäger hielt den Bogen gespannt, traf und tötete mich. Der Jäger schnitt meine Hörner ab und warf sie weg, der Pfeil blieb stecken. Er traf und tötete mich, schnitt meine Füße ab und warf sie weg. Jetzt werden die Fliegen verrückt und fallen mit zuckenden Flügeln zu Boden. Jetzt sitzen betrunkene Schmetterlinge da und öffnen und schließen ihre Flügel.« – Diesen »Jagdgesang der Pima« zitiert Albert Hofmann, der Entdecker des LSD, in seinem wunderschönen Buch »Die Pflanzen der Götter«.

***

Schmetterling. »Einen goldenen Schmetterling, so wie er den Grabstein von E.T.A Hoffmann schmückt, möchte ich auch auf meinem Grabstein haben«, dachte ich im vorigen Herbst, als Eckehard und ich den »Jerusalemer Friedhof« in Berlin besuchten.

***

Turn-On, Tune-In, Get-High.

***

LSD: Mit Roger Hermann gehe ich in Hollywood zu einer Party. Timothy Leary – der »Drogen-Papst« der Hippie-Generation – ist auch anwesend. Ich werde ihm vorgestellt, doch es ergibt sich kein Gespräch. Statt dessen kümmert sich Barbara Steele um mich. Sie ist ganz aufgeregt darüber, daß ich »Europäer« bin. Obwohl sie seit fast dreißig Jahren in Los Angeles lebt, fühlt sie sich immer noch als Britin. Wir unterhalten uns lange. Ich weiß allerdings nicht, woher ich ihr Gesicht kenne. Erst im Motel »Capri« fällt mir ein, daß sie immer Bela Lugosis Opfer in den Dracula-Filmen spielte.

***

Hollywood: Die Party fand statt auf der Dachterrasse einer luxuriösen Villa. Lautes Lachen, viele alkoholisierte und bekiffte Leute, Musik. Ein Hubschrauber der Polizei kreist über dem Haus.

***

Timothy Leary. Politik der Ekstase. Bewußtseinserweiternde Drogen schaffen – nach Leary – eine Veränderung des »ganzen Menschen«. Sie reicht auf verschiedenen Stufen von der »zellularen Bewußtseinsebene« bis zur »kosmischen Ebene«.

Jede Bewußtseinsebene wird ihre eigene Kunstform verlangen.
Die sieben Künste der Zukunft werden sein:
1. *Ars energetica – atomar-nukleare Dramen*
2. *Ars genetica – evolutionäre Dramen*
3. *Ars som-aesthetica – körperliche Dramen*
4. *Ars aesthetica (erotica) – sinnliche Dramen*
5. *Ars ascetica – intellektuelle Dramen*
6. *Ars athletica (politica) – emotionale Dramen*
7. *Ars anaesthetica – Fluchtdramen.*

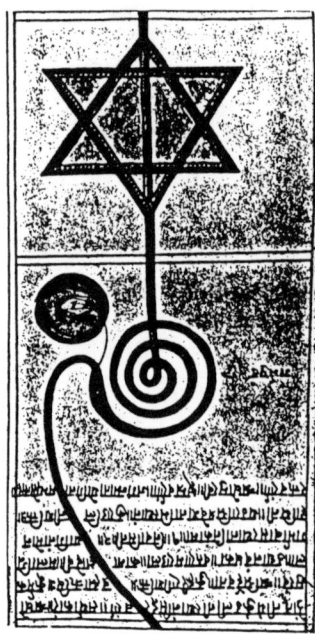

***

Schreckensbilder. Nach der Rückkehr von der Party lag in meinem Motel-Zimmer ein dicker Brief mit mindestens 200 Dias. Ein Mann, der meinen Vortrag im Los Angeles County Museum gehört hatte, hatte sie mir geschickt. Er schlug mir vor, daß ich ihn am nächsten Abend besuche. Ich rief ihn an und stimmte zu. Nach einer Fahrt nach Laguna Beach kamen wir zu seinem Haus. Er zeigte mir die Garage, in der er malte. Schreckensbilder mit KZ-Häftlingen und SS-Offizieren. »Ich höre beim Malen immer laute Tango-Musik aus der Heimat meiner Frau. Sonst halte ich das Malen nicht aus.« Als Kind war er mit seinen Eltern im KZ gewesen. Ich zeigte meine Betroffenheit. Doch er wiegelte ab und sagte: »Meine Eltern waren Kollaborateure, Kriegsgewinnler, Verbrecher. Sie paktierten mit den Nazis und wollten an ihnen verdienen. Doch sie machten es falsch und flogen auf.« – Die Bilder waren so verliebt in den Schrecken, daß mir fast schlecht wurde.

***

Newport Harbour. Das schmucke Museum in der Nähe von Los Angeles leisten sich die Damen der Gesellschaft. Die Ausstellung »Expressions«, deutsche Malerei der Gegenwart, zusammengestellt von Donald Kuspit, wird dort gezeigt. Mein Vortrag beginnt um 20 Uhr. Doch schon um 18 Uhr soll ich im Museum sein. Im Garten ist ein Party-Zelt aufgebaut worden. Es gibt eine »Fundraising Party«. Luxuriöse Buffets, kalifornischer Champagner. Ich werde herumgereicht, vorgestellt. Eine elegante Dame klärt mich über den Beruf ihres Mannes auf: »My husband is in oil.« Roger Hermann, Maler und Dozent an der UCLA, erzählt mir: »Gestern habe ich im Museum angerufen und gefragt, ob ich einige Studenten mit zu deinem Vortrag bringen kann. Die Antwort war: ›Please, no students.‹« Als ich mir die Gäste ansehe, entdecke ich: Kein einziger »Schwarzer« ist anwesend. Selbst das Personal ist »rein weiß«. Kurz vor 21 Uhr, die Party ist in Hochstimmung, geht eine Dame händeklatschend durch die Menge: »And now the lecture!« – Ich denke: »Jetzt bist du das intellektuelle Dessert.«

***

Notiz zum Verschwinden der Kunst. Was früher eine kleine, engagierte Minderheit interessierte, wird heute zum gesellschaftlichen Ereignis. Die Kunst verschwindet im Publikum.

***

Bei der »Rembrandt-Ausstellung« im Berliner »Alten Museum« waren Mittwoch abends nur »American Express Mitglieder« zugelassen.

***

It takes art to make a company great.

***

Die Bundeswehr wirbt mit Picassos »Guernica«.

***

»BerlinArt«. Als im New Yorker Museum of Modern Art 1987 die Ausstellung »BerlinArt« gezeigt wurde, ging ich am Mittag vor der Eröffnung durch die noch leeren Räume, um mir Notizen für meinen Vortrag zu machen. Kynaston McShine, der Kurator der Schau, kam mit einer Gruppe elegant gekleideter Männer und Frauen in die Ausstellung und ging auf mich zu. »Das sind die Mitglieder des ›Board of Trustees‹. Würdest du bitte die Ausstellung verlassen. Sie haben es nicht gerne, wenn bei ihrem ›Preview‹ noch anderes Publikum anwesend ist.«

***

»Jede existentielle Geste in der heutigen Kunst endet über dem Kosmetiktisch einer reichen Tussi«, sagte einmal ein Freund von mir, als wir einen Francis Bacon im Boudoir einer Ölmillionärin in Houston sahen. – Das Tragische war: Genau für diese Stelle hatte Francis Bacon das Bild gemalt! Man sah es dem Bild an.

***

Ich komme wieder ins Erzählen. In jeder Erinnerung sind Dutzende von Kernen für weitere Erinnerungen. Das könnte jetzt endlos weitergehen.

***

Ich trinke Wasser. Viel Wasser. – »Wie Hildegard Knef es beim Schreiben tut«, fällt mir ein. Ein Student hatte dies zitiert, als wir in einem Seminar zur Unterhaltungsliteratur ihren »Geschenkten Gaul« besprachen. Auch sie rannte beim Schreiben oft zum Klo.

* * *

Ich denke: »Du schuftest wie Madonna.«

* * *

Denken. Plötzlich fällt mir jetzt ein Text ein, den ich als Vorstudie vor über einem Jahr für den On Kawara-Text schrieb. Ich suche ihn heraus.

DENK-ERFAHRUNGEN: Die Erfahrung einer proteischen Gestalt des Denkens rückt heute, nach dem Zeitalter der Diskurse, zunehmend ins allgemeine Bewußtsein. Sie deutet eine veränderte Möglichkeit an, Welt und Ich neu zu begreifen und aus ihr heraus ein neues Handeln und einen neuen Lebensvollzug zu entwerfen. Nicht mehr bezogen auf Aussagen *über* die Welt, sondern als ein Verhalten *in* der Welt löst sich das Denken von der Dominanz diskursiver Monologe. Fließend werden die Übergänge und Konfigurationen zwischen Ich und Gedanke. Der Bereich der Rede und der nachzeichnenden Erzählung schrumpft: »Ich bin dieser Gedanke« verbindet sich mit dem »Es denkt mich«, das – unbeteiligt – betrachtet werden kann als ein Vorgang, der mit mir zu tun hat, der ich aber nur partiell bin. Dies bejahend, entwickelt sich das Denken zum offenen, experimentellen Feld, dessen Gestalt durch den Willen und das Gewährenlassen beständig zwischen Nähe und Ferne changiert. Das Denken entdeckt sein »fading out«, sein Hinübergleiten ins Amorphe bis an jene Grenze, an der es eintritt ins stumme Wissen einer reinen Befindlichkeit. Das argumentative »Ja/Nein« überschreitet dabei die Erweiterung ins »Sowohl/Als auch« und »Weder/Noch«, um im Durchbruch der Zusammenschau von »Ja *und* Nein« seine polare Begrenztheit zu verlassen. Hindurchgegangen durch die Verschmelzung des Unvereinbaren, kehrt es zurück zum »Dies ist das«, wohl wissend, daß nichts mehr so ist, wie es zuvor war. Der eigene Gedanke löst sich auf im »Jeder weiß alles« und im Erleben des »Pars pro toto«. Im Staunen und Starren taucht die Sehnsucht nach Begrifflosigkeit auf, die im »nunc stans« zur intensivsten Gewißheit führt. Fraglos verzichtet das Denken aufs Denken, um allein in der Schau anwesend zu sein. Sich selbst vergessend, führt es zur mantrischen Wiederholung einer identifizierenden Aussage, deren zum Endlosen tendierende Kraft den Gedanken befreiend entleert. Kein anderer Vorgang beschäftigt das gegenwärtige Denken so sehr, wie die Entdeckung seiner Überschreitung und das Halt gewährende Potential seiner Zonen des Verschwindens.
Hierdurch erlangt das Denken eine relationale Position zum Nichtdenkbaren und Nichtgedachten, von dessen elementarer Dimension es sich ohne Tragik abhängig weiß. Beständig in der Nähe eines Sprungs hin zum Elementaren, entdeckt es seine multiple Gestalt. Sie ist Annäherung und Distanz zugleich. Sie taucht auf in der zweiten, dritten Stimme, die sich um den Hauptstrom eines Denkvorgangs lagern. Aus dem Nacheinander des Denkens wird ein Ineinander und Nebeneinander im Denken, das – gemischten Gefühlen ähnlich – Formierungen der Polyphonie und des Clusters bildet.
Sich von der Finalität abwendend, erzeugt das Denken ein pulsierendes Ineins, das aufgeladen wird durchs Akzeptieren psychischer und physischer Komponenten. Galt dies früher eher als Vorstufe für zu erarbeitende Urteile und

Diskurse, so wird jetzt die eigene Qualität dieser mit dem Denken verbundenen Erfahrung im »Hier und Jetzt« einer erfüllten Gegenwart begriffen. In sie dringen Momente des Staunens und der Dankbarkeit ein. Desinteresse und Ablehnung stehen neben Überwältigungen. Was erfahren wird, will und braucht nicht mehr notwendigerweise auf den Begriff gebracht zu werden. Mitteilung geschieht in der Umschreibung, die ums Nichtbenennbare weiß. Der Schwenk der Denkerfahrungen hin zum Momentanen gibt dem Augenblick seine Würde zurück. Damit formuliert er einen Widerspruch zur Dominanz der Vermittlungen, in die sich in der zweiten Hälfte des 20. Jahrhunderts die Erfahrung vor allem kanalisiert. Wie ein Ausweichen vor dem Unmittelbaren wirkt die Vorherrschaft der mediatisierten Rede, die zunehmend den Platz situativer Konfrontationen eingenommen hat.

Kommentar, Kritik, Theorie schaffen in der Gegenwart die Welt als sekundäre Welt nach. Dies führt in zwei Richtungen: Auf der einen Seite bahnt sich eine Potenzierung des Raums der Vermittlungen an, auf der anderen Seite entdecken wir die Auflösung ihrer dominanten Strukturen. Das Denken verbindet sich mit dem Undenkbaren und mit Formen des Überlebens. Es wendet sich dem Unmittelbaren zu und führt zu neuen Denk-Erfahrungen, die nicht mehr darauf aus sind, sich in ein permanentes »Sprechen über etwas« zu verwandeln. Unabgesichert wird diese Haltung zum Ausgangspunkt für eine komplexe Weltwahrnehmung, die sich – ohne Ziel – auf den Weg macht.

* * *

Als ich dies vor Monaten schrieb, gab es noch keinen Gedanken an dieses Buch.

* * *

Feeling fine. Beim Abtippen der obigen Passage hörte ich im Hintergrund das »Subliminal Tape« von Louise Hay »Feeling fine«. Ben hat es mir vor einigen Wochen geschenkt. »Tante Louise« ist sein Halt im Leben. Er vertraut ihrem Programm des »Positiven Denkens«. Ich machte mich immer über sie lustig, obwohl ich selbst begann, »positiv« zu denken. Ihre Empfehlung, sich mehrere hundertmal am Tag zu sagen: »Ich bin jung, schön und erfolgreich«, hielt ich immer für absurd. Die Empfehlung ist egozentrisch, basiert auf dem Willen, schafft Schuldgefühle, Leistungsdruck und provoziert das Versagen. – Als ich jetzt von Bekannten aus San Francisco hörte, daß gemunkelt wird, »Louise Hay – die ›Meisterin des Positiven Denkens‹ – ist Alkoholikerin geworden«, hat mich das erschreckt.

* * *

Ja, ja, ja, ja, ja...

* * *

Positiv. Das Wort »positiv« hat für einen Aids-Kranken einen absurden Klang. »Positiv«, das ist die Bestätigung des HI-Virus beim Test des Blutes. Ich machte ihn erst 1989, obwohl ich schon vorher – durch die Zahl der T4-Zellen – wußte, daß ich immungeschädigt bin. Manfred L'age hatte mich damals überzeugt, den Test zu machen. »Dann haben wir eine Sicherheit, wenn wir mit der AZT-Therapie beginnen wollen.« Ich stimmte zu. Als ich mir das Testergebnis in seinem Klinikraum abholte, saß er schon mit dem Formular an seinem Schreibtisch. Er sah mich an, unterdrückte die Tränen, gab mir das Blatt. Sechsmal war mit einem großen roten Stempel das Wort POSITIV hinter die Testrubriken gestempelt worden. Ich war nicht schockiert. Eher erleichtert. Ich fuhr mit dem Bus nach Hause, kaufte unterwegs bei Eduscho einen billigen »Stummen Diener«, den ich nicht brauchte. Am Abend ging ich, da Eckehard verreist war, mit Dorith zum Essen. Wir waren munter, lachten viel. Auf einmal sagte sie: »Wenn die Leute um uns herum jetzt wüßten, weshalb wir uns zum Essen getroffen haben, wären sie entsetzt.«

* * *

Josef P.: Als ich 1987 aus New York nach Frankfurt kam, um in der Redaktion des »Wolkenkratzer Art Journals« zu arbeiten, hatte ich einen Zusammenbruch. Josef war Arzt. Ich ging zu ihm in die Praxis. Er nahm mir Blut ab. Nach ein paar Tagen sagte er mir: »Es ist alles okay. Du hast nur Vitamin- und Eisenmangel.« Er verschrieb die entsprechenden Präparate. – Als ich ihm 1989 am Telefon mein »positives Testergebnis« mitteilte, gab es am anderen Ende der Leitung erst einmal ein langes Schweigen. Dann sagte Josef: »Ich weiß es schon seit 1987. Damals hatte ich – ohne dich zu informieren – auch den HIV-Test machen lassen. Ich hatte gehofft, dir ›negativ‹ mitteilen zu können. Doch es sollte nicht sein.«

* * *

Ich gehe davon aus, daß ich seit Anfang der 80er Jahre »positiv« bin. 1983 – nach dem Erlebnis des Sterbens von Klaus Nomi – hatte ich eine schwere Krise. 1985 und 1987 folgten weitere. Doch im Laufe der Jahre wurde ich immer gelassener. Meine T4-Zellen – Parameter für den Immunstatus – fallen. Ob ich jetzt in einer Krise bin, weiß ich eigentlich gar nicht. – »Ruhe vor dem Sturm«, taucht manchmal als Assoziation auf.

....

Den ganzen Tag habe ich heute geschrieben. Als ich mir jetzt beim Blick in den Spiegel in die Augen sah, sagte ich zu mir: »Du hast heute wie ein Besessener geschrieben, um nicht an Christian denken zu müssen.«

* * *

Hoc est corpus meum.

* * *

Musik von Darius Milhaud: »La Création du monde«. – Beim
Gang durch unser großes, fast leeres »Berliner Zimmer« beginne
ich plötzlich zu tanzen. Wie in meiner Jugend in der Diele
unserer Wohnung, wenn meine Eltern fortgegangen waren.

* * *

Tagesschau: »Heute starb Anthony Perkins in Hollywood im
Alter von sechzig Jahren an den Folgen von Aids.« – »R.I.P.«

Wenn ich ein Stückchen Land besäße, ich würde mir ein kleines Wäldchen von Ebereschen pflanzen. Ein einziger der glühenden Bäume könnte schon das Glück eines Spätsommers ausmachen und verklären. Ja, die Eberesche leuchtet in den Dezember hinein, täglich etwas dunkler werdend und zweighängerischer. Bis die letzte Koralle an der Dolde wartet auf die Schwarzdrossel, die sie aufpickt. Im schwarzen Frack, elegant, vornehmer noch als die Krähe, setzt sie sich nieder zum roten Beerenmahle. Oft schwingt sie sich aus einer Schneewolke herab, versammelt drei, vier, fünf und noch mehr der schwarzen Wintergäste auf den gastlichen Baum. Auf den gerade haben sie es abgesehen! Aus den Gärten der Umgegend ragen ja noch einige Ebereschen korallengekrönt über die Dächer der Häuser, aber eben auf unserer Eberesche zu dinieren, sind die Gourmets erpicht. Ich bin ihr Truchseß und bringe Dessert: Brotkrumen; allerdings an Sonn- und Feiertagen dediziere ich den entzückenden Schwarzdrosseln süßeste Schnecken. Nicht lebendige etwa im Schneckenhäuschen, doch aus Weizen gebackene mit Korinthen bestreute, zuckerglasierte. Wie selig, ein ganzes Wäldchen von Ebereschen zu besitzen, von flammenden Bäumen, von Zweigen, an denen die lebendige Koralle wächst. Schwarze Vögel kommen und vollenden das Farbenspiel! Oft durch herabgefallenes Laub nahen sie mir märchenhaft entgegen oder schnellen auf wie der Wind mit dem Wind!

Else Lasker-Schüler

TEIL ELF

Montag, 14. 9. 92. Frühmorgens, es ist noch fast dunkel

Am Schreibtisch im Arbeitszimmer. Die Balkontür ist geöffnet. Kühle Luft. Die Spatzen im wilden Wein am Haus gegenüber tschilpen.

* * *

Ich fühle mich asymmetrisch. Die rechte Körperhälfte ist schwerer. Beim Tipppen bin ich mit der rechten Hand langsamer. Erst jetzt entdecke ich, daß sich bei meinem Zweifingertippen die Buchstabenfolge öfter »umdreht« als sonst. Der rechte Mittelfinger ist schwerer als der linke.

* * *

Als ich mich in das Computerprogramm hineintippte, machte ich gerade Fehler. »Falscher Befehl oder Dateiname« tauchte auf dem Bildschirm auf. Ich liebe diese Zuverlässigkeit des Computers. Wenn er einblendet: »Bitte sichern«, bin ich's zufrieden.

* * *

Dankbarkeit und Faszination. Als der High-Tech-Kopierer letztens meine 700 Seiten – Vorder- und Rückseite – ohne Fehler kopierte, habe ich mich bei ihm bedankt. Als der Angestellte die Papierkassetten des Kopierers auffüllte, tauchte auf einem Bildschirm der gesamte Kopierer als dreidimensional gezeichnetes Bild auf. Ein imaginäres Blatt wanderte durch dieses Bild und zeigte den Ablauf des Kopiervorgangs – immer wieder – wie ein mechanisches Ballett.

* * *

Fernand Léger: Ballet mécanique.

* * *

Spektrum. Im Wuppertaler Carl-Duisberg-Gymnasium, im Physikunterricht, nahmen wir die »Spektralanalyse« durch. Ein großes Prisma wurde ins Sonnenlicht gehalten, es war so präpariert, daß man die Gase der Sonne im Spektrum des »Regenbogens« als schwarze Streifen sehen konnte. Als ich an der Reihe war, dies zu betrachten, war ich fasziniert. Die schwarzen Streifen nahm ich kaum wahr. Mich begeisterte die immaterielle Schönheit des Regenbogens. Ich sagte laut: »Schön! Wunderschön!« Mein Physiklehrer sah mich verstört an.

* * *

Als ich wieder in meiner Schulbank saß, dann der Gedanke: »Und die schwarzen Streifen sind auch schön.« Ich wußte in dem Moment nicht, warum ich dies dachte. Erst Jahre später fand ich den Grund. Daß der menschliche Geist fähig ist, die Welt zu erkennen, daß er eine Versuchsanordnung erfindet, um sich die Gase der Sonne in Zeichen sichtbar zu machen, das ist »schön«.

* * *

Wissenschaftliche Erfindungen, technische Entdeckungen, medizinische Erkenntnisse, all das ist seitdem für mich mit dem Begriff »schön« verbunden.

* * *

Wenn L'age mir zu Aids komplizierte Vorgänge der »Reversalen Transskriptase« erklärt, kann ich sie so mitdenken, daß ich die richtigen Fragen stelle. »Sie wären auch ein guter Mediziner geworden«, sagte er neulich.

* * *

Goethe: »Das Höchste, wozu der Mensch gelangen kann, ist das Erstaunen.«

* * *

Fallgesetz. Als wir das »Fallgesetz« in der Schule durchnahmen, erklärte uns unser Physiklehrer, Herr Hein: »Im luftleeren Raum würden ein Blatt Papier und ein Stein mit derselben Geschwindigkeit von einem Turm zu Boden fallen.« Ich fragte: »Und was haben wir jetzt davon, daß wir das wissen. Erstens werden wir auf der Erde den luftleeren Raum nie erleben. Und zweitens: Wenn mir das Blatt auf den Kopf fällt, ist das doch etwas völlig anderes, als wenn mir der Stein auf den Kopf fällt.«

* * *

Geisteswissenschaften. Die in Formeln gefaßten Erkenntnisse in den Naturwissenschaften akzeptierte ich immer ohne Probleme. Heute weiß ich, daß sie nur unter ganz bestimmten Voraussetzungen stimmen. Die Chaosforschung führt sie in die Unsicherheit. Wenigstens bis jetzt. In den Geisteswissenschaften waren mir Formeln immer zuwider. Die Zeichentheorie von Morris etwa, die die Welt der Zeichen auf drei Grundkategorien »Anzeichen, Ikon, Symbol« reduziert, erzeugte vor Jahren – beim Schreiben von »Bilder werden Worte« – bei mir eine fast körperliche Ablehnung. Deshalb kommt sie im Buch kaum vor.

* * *

Marx: »Die Philosophen haben die Welt nur verschieden interpretiert, es kömmt darauf an, sie zu verändern.«

* * *

Heidegger: »Marx fußt auf einer ganz bestimmten Weltinterpretation, um seine ›Veränderung‹ zu fordern, und damit erweist sich dieser Satz als nicht fundierter Satz.«

* * *

»Es, Ich, Über-Ich« – Freuds Kategorien haben ihren plausiblen Sinn. Doch für mich war eigentlich immer nur die Dynamik »dazwischen« anziehend. »Wie fließt das Es ins Ich, das Ich ins Über-Ich, das Über-Ich ins Es, das Es ins Über-Ich, das Ich ins Es?«

* * *

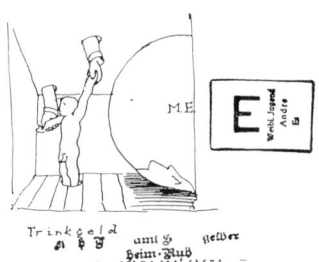

Trinkgeld a b g am S selber Heim·Rub

Vater. »Die Formeln der Geisteswissenschaften sind der strafende Vater«, fällt mir jetzt ein. Mein Vater hat mich als Kind fast nie gelobt. Als ich zehn Jahre alt war, schenkte ich meinen Eltern die Übersetzungen der ersten Lektionen meines Lateinbuchs »Ludus latinus«, handgeschrieben, mit einem Kartoffeldruckumschlag in Grün, zu Weihnachten. Um das dicke Heft, das ich hierzu verwendete, auf das Format der Insel-Bücher zu verkleinern, schnitt ich die Ränder ab. Die Seiten verschoben sich dabei, die Schnittkanten wurden etwas schräg. Voller Erwartung gab ich das Heft meinen Eltern. »Schön«, sagte meine Mutter. – »Die Seiten sind schräg geschnitten. Da hättest du aber sorgfältiger arbeiten sollen«, sagte mein Vater.

* * *

Auf Bevormundungen reagiere ich seitdem allergisch. Erst vor kurzem fiel mir auf, daß hinter ihnen die Angst steht. Das fixierte Weltbild darf nicht irritiert werden. Nach meinem

Vortrag in Kassel, in dem es um das »Verschwinden der Kunst« ging, meldete sich ein Zuhörer zu Wort: »Der Künstler Bijl wird nicht ›Beil‹ ausgesprochen, sondern ›Beiil‹.« Timm Ulrichs rief aus der letzten Reihe: »Das ist doch alles Unsinn, was der Faust da sagt. Außerdem zitiert er falsch. Bei Novalis heißt es nicht ›Menschwerdung ist eine Kunst‹, sondern ›Menschwerden ist eine Kunst‹.« Ich erklärte ihm, daß ich »Menschwerden« gesagt hatte. Das Publikum stimmte mir mit emotionaler Emphase zu. »Hat er nicht gesagt, hat er nicht gesagt!« wiederholte Timm Ulrichs.

***

»Den Vater ausatmen.« In dieser Phase bin ich wohl jetzt.

***

»Haltlos wird mein Leben«, dachte ich heute morgen im Halbschlaf.

***

Der ungezeugte Vater.

***

Finanzen. Zum erstenmal weiß ich jetzt nicht, ob ich auf meinem Konto in den roten oder schwarzen Zahlen bin. Früher hatte ich – trotz des Desinteresses am Geld – immer den Überblick.

***

Bevormundung. Hält man in Deutschland Vorträge, dann kommt prompt nach dem Ende »Ja, aber…« – In den USA ist das meist anders. »Vielleicht könnte man noch sagen, daß…«

***

Frauen und Kunst. Nach den Vorträgen zu »Hunger for Images. German Painting of Today« am Anfang der 80er Jahre in den USA und Kanada entwickelten sich regelmäßig lebhafte Diskussionen. Eine der ersten Fragen zum Vortrag war stets: »Why only two women?« Ich hatte im Vortrag als Malerinnen nur Ina Barfuss und Elvira Bach präsentiert. Die Antworten entwickelten sich dann häufig aus dem Publikum: »Die Malerei ist eine männliche Erfindung. Sie zielt linear auf einen fixierten Abschluß – ›das Bild‹ – hin. Damit ist sie vor allem ein Phänomen der linken, rationalen Gehirnhälfte – trotz der Phantasie.« – »Frauen denken, erfahren anders als Männer. Um in der männlichen Welt überleben zu können, müssen sie permanent die linke Gehirnhälfte mit der rechten verweben.« –

»Männer denken ›vertikal‹ – Fortschritt, Zukunft, Finalität. Frauen denken eher ›horizontal‹, sind interessiert an Phänomenen, die sie miteinander verknüpfen können.« – »Frauen haben eine andere Zeiterfahrung als Männer. Der Mann ist linear. Permanente Fruchtbarkeit bis ins hohe Alter. Chaplin! Frauen erfahren die Zeit zyklisch: Anspannung – Entspannung, Aktivität – Passivität.« – »Der Mann ist das diachrone Wesen. Er will auf dem Zeitpfeil voranschreiten. Die Frau ist eher ein synchrones Wesen. Sie lebt an vielen Punkten gleichzeitig in der Gegenwart.«

* * *

All dies kam aus dem Publikum und sorgte für lebhafte Diskussionen. Vor allem der Biologismus dieser Vorstellungen wurde angegriffen. »Frauenkunst muß Machtkampf sein!« forderten Zuhörerinnen. Andere sagten: »Sollen doch die Männer ihre Bilder malen. Wir nutzen andere Medien: Performance, Installation, Video.«

* * *

On Women and Weaving. In den Beiträgen der Zuhörerinnen tauchten immer wieder die Begriffe »verweben, verbinden, verknüpfen« auf. Ich dachte über das Werk von Künstlerinnen nach und fand diese Aspekte bestätigt.

* * *

Verweben: Hanne Darboven, Marisa Merz, Agnes Martin, Meret Oppenheim, Joan Jonas, Rosemarie Trockel, Cady Noland. – Überall Strukturen des Verwebens.

* * *

Die Parzen. Die Nornen.

* * *

Das Verweben macht den Männern angst. Sie ahnen, daß die Gewebe sie einspinnen könnten. Der Mann im Netz der Spinne.

* * *

Notiz zum Verschwinden der Kunst: Die Kunst ist eine männliche Erfindung. Mit der Auflösung des Patriarchats könnte sie verschwinden. Es wird kein Matriarchat geben, sondern eine Gesellschaft jenseits des Geschlechts, beide verehrend.

* * *

»Die Kunst ist ein Resultat des Schwangerschaftsneids«, sagte eine Frau nach meinem Vortrag in Berkeley.

* * *

Die retrospektiven Genies dieses Jahrhunderts waren Familienväter: Picasso und Beuys. Die prospektiven (Duchamp, Warhol, Cage) blieben »Junggesellen«.

* * *

Kunst: Eine »Junggesellen-Maschine«.

* * *

»Beide verehrend...« – Als ich dies vorhin zu Eckehard sagte, meinte er nur: »Jetzt wirst du auch noch pathetisch.« – Eckehard liest gerade Walt Whitmans »Leaves of Grass.« Er fand darin das Gedicht, aus dem Joseph Kramer, mein Tantra-Lehrer, den Namen für seine Tantra-Massagen entnahm: »Body electric«.

* * *

«I sing the body electric.« – »The love of the body of man or woman balks account, the body itself balks account. That of the male is perfect, and that of the female is perfect.« – »Touch me, touch the palm of your hand to my body as I pass. Be not afraid of my body.«

* * *

Whitmans Pathos bringt mich nun völlig durcheinander. »Ich singe den Leib, den elektrischen...« Beim Lesen der Verse erlebe ich körperliche Empfindungen. Kunst reicht bis in die Physis. Unser Atem verändert sich. Unser Herzschlag. Unser Fühlen. »Whitmans Verse kann man eigentlich nur singen«, dachte ich gerade. »Jeder seine eigene Melodie.« – Und dann: »Singen, das ist es. Ohne Worte. – Die Musik ist doch die größte Kunstform.«

* * *

If music be the food of love...

* * *

Und jetzt: Kunst, das ist die übersteigerte Verehrung des Lebens. Vielleicht hängt das Verschwinden der Kunst heute damit zusammen. Die Kunst muß sich selbst verzehren, weil sie in der Moderne einen Riß durch den Menschen riß. Sie trennte den Menschen vom Leben, vom All. Den Verlust mußte sie verdrängen. Hypertroph versuchte sie, gelebtes Leben – in der Kunst –

aufzubewahren. Es gelang ihr in den großen Werken. Doch der Preis war zu hoch. Die Kunst entfernte sich zu weit vom Leben. Ins Leben konnte sie nicht mehr hineinreichen. Sie half mit, den Raum des ungelebten Lebens auszuweiten. Sie isolierte sich vom Leben. Die Autonomie der Kunst – das ist ihr notwendiges Schuldigwerden. Eng hängt Autonomie mit dem Begriff der »Individualität« zusammen. Der Mensch als Individuum, diese moderne Erfindung, hat den Bezug zur Welt verloren.

***

Wir leben in einer Schwellenzeit.

***

Seit der Renaissance drängt sich »der Mensch« in die Kunst. Ein wunderbarer Vorgang. Der Mensch entdeckt, was er als einzelner sein kann. Im Paradox des Lebens begibt er sich dabei in ein Extrem. Daß das Individuum zugleich auch immer »transpersonal« ist, müssen wir heute erst wieder schmerzhaft begreifen.

***

»Ich bin diese Frau, die Tankstelle, die Datura. Ich bin Christian, die Postkarte von Picasso, der Krieg in Sarajevo. Ich bin das Spektrum im Prisma, das Wasser der Havel, meine Mutter. Ich bin die Zigarette, der Computer, der Mond. Ich bin Gerd, Eckehard, Michael, Tante Klara, der Amokläufer in der ›Paradise-Garage‹. Ich bin Wölfli, ein Kouros. Ich bin die Schwebebahn, das ›Große Glas‹, mein Penis. Ich bin das Messer, die Verschwendung, der Mangel. Ich bin dieses Buch, diese Wörter, dieser Geruch. Ich bin die Kerze, ›Agathé Týche‹, die Concord-Sonate. Ich bin Gregor, L'age, Klaus Ebbeke, Rotraud Cros. Ich bin der Computertomograph, der ›Electric Body‹, der Atem, der Orgasmus, der Zusammenbruch, die Angst, die Freude, die Dankbarkeit, der Kalender, das Alpenveilchen, das Feuerzeug, das weiße Blatt Papier.« – Jetzt denke ich an Cage. Sehe ihn vor mir, freundlich lächelnd, ruhig sprechend. Er strahlt Sicherheit aus. Ich habe ihn immer geliebt.

***

Ich gehe aufs Klo. Durchfall.

***

Ein Mönch fragt: »Was ist die reine Gestalt der Wahrheit?«
Yün-men antwortet: »Die Hecke um den Abort.«
»Und wie ist sie dahin gekommen?«
»Als goldener Löwe.«

***

263

Ich erzähle Eckehard von meinen »Identitäten«. Er sagt: »Paß auf dich auf. Alle Verrückten sagen irgendwann einmal: Ich bin Christus!« Und dann: »Dabei ist es theologisch fast richtig. Es fehlt nur die Vergleichspartikel. Das ›wie‹.« – Er holt die Bibel und liest vor.

»Ein jeglicher sei gesinnt, <u>wie</u> Jesus Christus auch war.« – So übersetzt Luther. In der revidierten Fassung heißt das heute: »Seid so unter euch gesinnt, wie es auch der Gemeinschaft in Christus Jesus entspricht.« Und er holt noch eine Übersetzung: »Habt im Umgang miteinander stets vor Augen, was für einen Maßstab Jesus Christus gesetzt hat.« – »Philipper 2, Vers 5«, fügt er hinzu. Und dann: »Er war in allem Gott gleich, und doch hielt er nicht daran fest, zu sein wie Gott. Er gab es willig auf und wurde einem Sklaven gleich. Er wurde ein Mensch in dieser Welt und teilte das Leben der Menschen. Im Gehorsam gegen Gott erniedrigte er sich so tief, daß er sogar den Tod auf sich nahm, ja, den Verbrechertod am Kreuz. Darum hat Gott ihn auch erhöht und ihm den Ehrennamen verliehen, der ihn hoch über alle stellt. Vor Jesus müssen alle hinknien – alle, die im Himmel sind, auf der Erde und unter der Erde; alle müssen feierlich bekennen: Jesus Christus ist der Herr! So sollen sie Gott, den Vater, ehren.«

* * *

Wir schweigen. – Ich bin kein Christ, werde es nicht werden. Das Christentum ist für mich eine »späte« Religion. Rettung des Numinosen ins – noch – verstehbare Bild des Menschen. Für mich stehen hinter Christus die Upanishaden, die ich am Anfang des Buches zitierte. »Theologisch ist das falsch«, sagt Eckehard zu mir. Und er hat recht.

* * *

Jerusalem. Es gibt heilige Orte. Jerusalem ist heilig. Als ich die Stadt zum erstenmal besuchte, wollte ich sie allein erleben. Mit der Bibel in der linken Hand und dem kleinen Polyglott-Reiseführer in der rechten ging ich durch die Stadt. Am Grab Christi weinte ich nur noch. Der ganze Rummel um mich herum war vergessen. Ich dachte: »Und die Welt hat es nicht begriffen.« – Christus wurde für mich zum Symbol für das richtige Leben im falschen. Warum gibt es das Böse?

* * *

Rüben und Jagen
(Fahnenbild)

Ich finde keine Antwort darauf. Die Schöpfungsgeschichte hat mich immer geärgert. »Auch die Schlange wurde von Gott geschaffen.«

***

»Das Böse ist der Tod«, sagt mir jetzt mein Gehirn. »Und doch hast du gelächelt, als du Christian in seiner Nähe sahst.« – »Du mußt dich mit dem Tod vermählen«, höre ich mich sagen.

***

Erkennen, daß wir sterblich sind.

***

»Erkennen« – erst jetzt geht mir die Dimension dieses Worts auf. »Und er erkannte sein Weib.« – »Erkennen« – das ist Verschmelzen, sexuelle Vereinigung, Einswerden. Mir fällt jetzt ein, daß ich weiter oben – bei der Beschreibung der Sexszene am Friedrich-Wilhelm-Platz – über die Begegnung mit dem fremden Mann schrieb: »Wir erkannten uns.«

***

Ich trinke Wasser. Viel Wasser.

***

»Das Böse und das Gute sind nur zwei Seiten einer Medaille. Nur wenn wir die eine Seite von der anderen trennen, erschreckt uns das Böse, wird das Gute zur Lüge.«

***

Ich schreibe das jetzt, ohne es in seinen Konsequenzen wirklich begriffen zu haben. Ich bin noch »in der Schlacke«. Werde es vielleicht immer bleiben. – Wenn ich meine Texte lese, entdecke ich dies als Problem. Zu Eckehard sage ich: »Vieles klingt noch so, daß es mir nicht gefällt.« – Er antwortet: »Betulich, das ist manches in deinen Ansichten.« Ich spüre es auch. Bei einer Endredaktion könnte man dies tilgen. Doch das Buch wäre dann kein Prozeß mehr. Schwierig ist es, das zu akzeptieren, was man noch nicht ist und vielleicht nie sein wird.

***

Parzival.

***

»Es gibt unerlöste Seelen«, sagte einmal Gerd.

***

»Lebenskunst ist, wenn es sie gibt, die Kunst, das Nichtkönnen zu handhaben, die Kunst des Indirekten, die Philosophie, die in ihrem Scheitern glückt.« – Zwei Momente fallen mir jetzt in dem Zitat von Hannes Böhringer auf, das ich schon am Beginn des Buches zitierte. »Lebenskunst« – ich las das zuvor immer ohne Betonung auf »Kunst«. Und: »wenn es sie gibt.«

***

»Wenn es sie gibt.« – Es gibt sie. Ich ahne: Mit meinem Schreiben nähere ich mich ihr an. Ich lasse mich ein auf den Strom meiner Assoziationen und Erinnerungen. Das ist eine neue Erfahrung. In dieser Form habe ich noch nie geschrieben.

***

Ich bin. Aber ich habe mich nicht. Darum werden wir erst.

***

»Alles, was mit mir jetzt geschieht, geschieht mit anderen.«

***

»Zwei Gehirne denken besser als eins.« Das war eine Parole in meinem Unterricht.

***

Ars vivendi. Ars moriendi. Vis vitalis.

***

»Wir haben die Kunst, damit wir nicht an der Wahrheit zugrunde gehen.« – Heißt »in der Wahrheit leben«, die Kunst zu vernichten?

***

»Wahrheit gibt es nicht«, höre ich die Anhänger des neuen französischen Denkens jetzt sagen. Sie haben recht. Jede gesprochene Wahrheit ist nur die halbe Wahrheit. Das ist das Dilemma. Und das ist die große Freude. Nur wenn das, was erscheint, zugleich über sich hinausweist – ins Sprachlose, ins Bildlose, in den Tanz –, dann erscheint Wahrheit als Leben. Nichts geht auf in <u>einer</u> Formulierung, in <u>einem</u> Bild, in <u>einer</u> Geste.

***

Als ich gerade »Geste« schrieb, zögerte ich. Plötzlich die Erinnerung an Cesare Paveses »Handwerk des Lebens«. Ich hole das

Buch. Hier das Zitat: »Nicht Worte. Eine Geste. Ich werde nicht mehr schreiben.« – Nach diesen Sätzen brachte sich Pavese um.

***

Ich denke: »Mein Buch besitzt Züge der Selbstzerstörung. Das Bild, das ich von mir hatte und das ich anderen zeigte, löst sich auf. Ich weiß, ich mache mich angreifbar. Die Grenze zwischen ›privat‹ und ›öffentlich‹ verschwindet. Oft bin ich darüber selbst erschrocken. Jede Wandlung verändert den ganzen Menschen.«

***

»Der alte Adam.«

***

»Schmetterling.«

***

»Die Welt, der Mensch, das Ich als Metapher.«

***

Nachdem die blauvioletten Blüten der Datura verblüht sind, blühen jetzt wieder die weißen. – Ich schreibe dies jetzt im vollen Bewußtsein, daß ich es als »Symbol« denke. Als ich vor einigen Tagen die blauviolette Blüte erwähnte, war dies nichts als eine zufällige Beobachtung beim Blick aus meinem Fenster.

***

Eckehard wollte dies nicht glauben, als er die erste Erwähnung der Datura las. Er hielt es für eine Symbol-Konstruktion. Doch: Der doppelte Boden, das Banale, der Kitsch, die Erkenntnis, die in diesem Buch enthalten sind, schreiben sich selbst. – »Ich ist kein anderer.«

***

Ich fühle mich stark. Und gefährdet.

***

Ich gehe einkaufen. Pril, Vitaminpillen, Isostar, Scheuermilch, Kneipp-Ölbad »Rosmarin«, Kaugummi, Canesten.

....

Ich trinke meine Astronautenkost. Nehme zwei Kapseln »AZT«, zwei Tabletten »DDC«, vier Pillen »Eleukokk«, die Brausetablette »Acetylcystein« löse ich auf. Ich werde sie später trinken.

***

Ich bin in einem Zwiespalt. Die Idee »Kunst« zieht mich jetzt magisch an. (»Kunst – wie wir sie kennen – sollte ich schreiben«, denke ich. Oder besser noch: »wie ich sie kenne.«) »Kunst« – das klingt jetzt wie eine suggestive Verheißung. Etwas schaffen, das »schlackenlos« ist, das das »Private« hinter sich läßt, das meine Erfahrung, mein Leben objektiviert.

***

Kafka: »Als ich in meinem Schreiben vom ›Ich‹ zum ›Er‹ fand, wurde ich zum Schriftsteller.«

***

Da mir nun das Schreiben so leichtfällt, denke ich: »Vielleicht ein Gedicht, einen Roman«. Das ist verführerisch. Und doch weiß ich, daß ich genau dies nicht will. Unter dem Aspekt von »Kunst« zu schreiben verengt meine Erfahrung. Es führt mich fort von der »Intentionslosigkeit«, die ich jetzt bin. – Und »Intentionslosigkeit« heißt für mich: Das Leben lebt sich selbst.

***

DAS LEBEN LEBT SICH SELBST!

***

Da ist sie, die Formel. Und der Zauber ihrer Aussage verschwindet im selben Moment, in dem ich sie tippe.

***

Das Plakat in der U-Bahn bekommt nun einen neuen Denkanreiz: »Langeweile ist die Grundbefindlichkeit des Philosophierens.«

***

Die Welt, auf den Begriff gebracht, ist langweilig. Wie gehe ich jetzt mit dieser Erfahrung um?

***

Es muß Gründe fürs Sprechen geben! – Der Mensch ist das symbolschaffende Tier. Die Sprache gehört zum Menschen wie das Schweigen.

***

Preisen will ich die großen Männer!

***

Preisen! – Ich ahne: »Mein Buch ist ein Hymnus auf mein Leben. Daß ich durch das Buch in jedem Moment erkenne: ›So wie es ist, ist es richtig!‹, das ist der Weg des Buches.«

* * *

»Darüber spricht man nicht.«

* * *

»Schlackenlos in der Schlacke.«

* * *

»Vielleicht sind wir nur bescheidener geworden«, höre ich Ursula Block sagen.

* * *

»Tu, was du willst, aber wolle, was du tust«, sagt Gerd.

* * *

»Die Dinge tun, wie sie getan werden müssen«, sage ich. – Ich kann das Buch nur so schreiben, collagieren, zusammenstellen, wie ich es kann.

* * *

Ich denke an ein Gespräch mit Keith Haring in New York einige Zeit vor seinem Tod. Er sagte mir damals: »Positivsein verändert das Leben. Plötzlich wird alles viel klarer. Man setzt Prioritäten. Man kommt zu dem, was man immer schon machen wollte.«

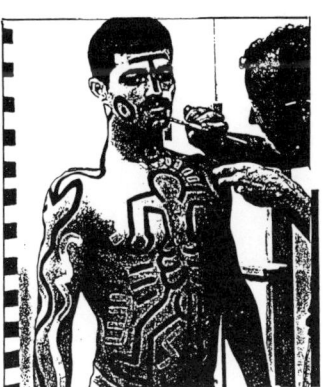

ES GIBT DAS GLÜCK! – Unbekümmerte Heiterkeit strahlen die Subway-Drawings von Keith Haring aus, die er am Beginn der 80er Jahre auf die schwarz überklebten Werbetafeln der New Yorker U-Bahn zeichnete. Auch wenn sie von Liebesleid und Kampf erzählen, enthalten sie doch eine Botschaft, die auch Barry McFarran in seinem Song »Don't worry, be happy« beschrieb. Heute nun sehen wir die Zeichnungen aus einer anderen Perspektive. Wir wissen vom frühen Tod des Künstlers, der im Frühjahr 1990 im Alter von 31 Jahren an Aids verstarb. Die Subway-Drawings sprechen vom Optimismus der Jugend, vom Spaß am Leben, von den Hoffnungen auf eine bessere Zukunft. Haring entdeckte in ihnen die Kraft einer Zeichensprache, die – Comics, Computergraphik und Werbung entstammend – mit lapidaren Strichen ein Panorama menschlicher Beziehungen entwarf. Am Beginn standen dabei groteske Situationen und witzige Einfälle im Vordergrund. Sie provozierten die Neugier des Kunstbetriebs und machten ihn fast über Nacht zum Star der Nach-Warhol-Ära. Haring verkörperte die Sehnsucht nach Jugend und Erneuerung, nach einer einfachen Bildsprache, die die Komplexität des Lebens in markante Zeichen bannt. Auch seine Verbindung von Kunst und Kommerz – in seinem Pop-Shop gab es T-Shirts, Buttons, Sticker mit Haring-Motiven – wurde als ein typischer »American Way of Art« gesehen. Doch Haring blieb nicht bei einfachen »Logos« stehen. Im Laufe der Jahre

erweiterte er das Repertoire seiner Themen und fügte in seine Bildwelt zuneh-
mend politische Motive ein. In einer Ausstellung des Amsterdamer Stedelijk
Museums überraschte er 1986 die Besucher mit wuchernden Szenarien der
Unterdrückung, des Kampfes und der Unmenschlichkeit. Aus der eher heiteren
Welt der frühen Subway-Drawings entwickelte sich ein erbarmungsloser Krieg
aller gegen alle, der Themen wie Ausbeutung, Apartheid, Entfremdung in den
Blick rückte. Der Pessimist Haring, der sich hier artikulierte, wollte jedoch nicht
das letzte Wort behalten. Deshalb konfrontierte er die bösen Szenen mit Zeichen
der Liebe, der Freundschaft, der Erotik. Als das Aids-Desaster ihn selbst betraf,
fügte er dies Zusammensehen menschlicher Widersprüche in sein künstlerisches
Werk ein. Er verheimlichte seine Erkrankung nicht, sondern machte sie öffentlich. Er verband seine künstlerische Arbeit mit dem Kampf gegen Aids. Auf
Postern, Buttons, T-Shirts für die Aids-Hilfen illustrierte er nicht die Schrecken,
die die Krise besitzt, sondern appellierte an die Verantwortung, um die Lust und
die Schönheit der Sexualität zu retten. Die Liebe zum Leben, die Bejahung der
Wirklichkeit mit all ihren Widersprüchen, das ist die Botschaft, die Harings
Werk von den Subway-Drawings bis zu den »Aids-Bildern« für den Betrachter
bereithält. Und noch ein anderes Moment taucht auf: Ohne Verkrampfung,
ohne Künstlichkeit gelang es Haring in seinen Werken, eine Kindlichkeit zu
entdecken, die nichts mit dumpfer Regression zu tun hat. Wer Keith Haring
einmal zeichnen sah, der kam aus dem Staunen nicht heraus. Ohne Zögern, ohne
Korrekturen, mit präziser Sicherheit fügten sich die Linien zueinander. Nicht
Keith Haring – so der Eindruck – zeichnete, sondern seine Hand führte nur aus,
was gezeichnet werden wollte. Neugier und Vertrauen, Ernst und Komik –
Harings Werke verbinden extreme Erfahrungen. Was er dabei vor Augen stellt,
ist – trotz aller Tragik – eine ebenso einfache wie beunruhigende Aussage: Es
gibt das Glück!

* * *

Aufhören oder weiterschreiben?

* * *

Weiterschreiben. Was ich mir für dieses Buch noch vornehme:
Ich werde vom Sterben Christians berichten. Ich werde die
»Notizen zum Verschwinden der Kunst« fortführen. Ich werde
vom Alltag, von der Kunst, von Aids erzählen.

* * *

Vielleicht werde ich versuchen, das Buch noch zu veröffentlichen. Wenn dies wirklich mein Wunsch ist, dann würde ich es
gerne noch vor meinem Tod in der Hand halten.

Auf eine Lampe

Noch unverrückt, o schöne Lampe, schmückest du,
An leichten Ketten zierlich aufgehangen hier,
Die Decke des nun fast vergessnen Lustgemachs.
Auf deiner weißen Marmorschale, deren Rand
Der Efeukranz von goldengrünem Erz umflicht,
Schlingt fröhlich eine Kinderschar den Ringelreihn.
Wie reizend alles! lachend, und ein sanfter Geist
Des Ernstes doch ergossen um die ganze Form –
Ein Kunstgebild der echten Art. Wer achtet sein?
Was aber schön ist, selig scheint es in ihm selbst.

Eduard Mörike

TEIL ZWÖLF

14. 9. 92. Nachmittags

Ich bin noch nicht »durch«. – Der Satz »Das Leben lebt sich selbst« ist immer noch nur im Munde hergestellt. Ich habe ihn noch nicht gegessen, verzehrt, ins stumme Wissen verdaut.

***

Der Satz muß verschwinden, muß »langweilig« werden, muß »gleichgültig« werden. Und so – verwandelt, transformiert – muß er strahlen. Ich ahne die Freude, die mit diesem Satz verbunden ist, ahne, wie er mich »halten« könnte – ohne ihn zu denken oder zu sprechen.

***

»Wunschlos werden«, fällt mir jetzt ein.

***

Denken – Fühlen – Wollen. Kann ich das Begreifen des Satzes »wollen«? Ist sein Begreifen »Gnade«, ein Geschenk?

***

»Das Leben lebt sich selbst.« – Wenn es sein soll, werde ich den Satz erleben. Wenn es nicht sein soll, werde ich nicht darüber verzweifeln. – Hoffe ich.

***

Laß alle Hoffnung fahren.

***

Als ich vorhin am Ende des vorigen Teils angelangt war, wußte ich, daß ich das Gedicht »Auf eine Lampe« als Zwischentext einfügen möchte. Der Inhalt des Gedichts war mir kaum gegenwärtig.

***

Panik. Ich kopierte das Gedicht aus einer Anthologie. Dann wollte ich es für das Blatt des Zwischentexts ausschneiden. Doch ich fand meine Schere nicht. »Sie muß auf dem Schreibtisch liegen! Du hast sie gestern benutzt!« Ich suchte. Suchte in meinen Schubladen. Neben dem Computer. In den Stapeln Manuskripte auf dem Boden. Panik machte sich in mir breit. Ich wurde hektisch. Mein Sehen wurde ein Starren. Meine Hände machten etwas anderes, als ich dachte. Hypermotorik. Das Herz schlug heftig. »Genau dies hattest du nicht erwartet«, sagte ich zu mir. »In diesen Zustand wolltest du nicht geraten.«

* * *

Das Telefon klingelt. Michael ruft an. Er erzählt mir von den neuen Räumen der Aids-Hilfe in Kreuzberg. Fragt nach dem Buch. Er kennt noch keine einzige Zeile davon. »Ich würde dich so gerne sehen«, sagt er. Ich fühle mich ruhiger. Habe die Schere vergessen. Und blicke während des Telefonats auf die dicke Gedichtanthologie auf dem Schreibtisch. – Ich sehe plötzlich: Die Schere hatte ich mir als Lesezeichen an die Stelle »Auf eine Lampe« gelegt.

* * *

Die Herausforderung durch die Dinge.

* * *

Peter kommt in die Wohnung. Er war für eine Woche verreist. Nun beginnt er wieder mit dem Streichen der Türen im »Berliner Zimmer«. Beim Kaffee erzählt er mir von seinem heutigen ersten Semestertag. Er besucht einen Aufbaukurs in Mathematik. »Ich weiß nicht, ob ich das schaffen werde.« Er holt seine Aufzeichnungen. »Elementare Aussagenlogik und Naive Mengenlehre« lautete der Titel der heutigen Vorlesung. Er fragt mich: »Was ist Äquivalenz? Was eine Tautologie? Was sind aussagelogische Junktoren?« Manches fällt mir wieder aus meinem Statistikkurs im Studium ein. Bevor ich Literaturwissenschaft und Kunstwissenschaft studierte, hatte ich Volkswirtschaft belegt.

* * *

Mnemosyne.

* * *

Paul Vasil. 1967 befreundete ich mich mit einem jungen französischen Regisseur, der in Berlin am Forum-Theater inszenierte. Ich half ihm bei seiner Arbeit. In der kleinen Studiobühne wurde alles selbst gebaut. Ich bastelte für ihn den Miniatur-Autobus,

den er in der Bearbeitung von »Autobus S« von Raymond
Queneau über die Bühne fahren ließ. Paul war sein eigener
Bühnenbildner, er komponierte seine Musik selbst, machte die
Choreographie. Nachdem ich ihn kennengelernt hatte, wußte
ich: »›Volkswirtschaft‹, das bist nicht du.« Ich wechselte meine
Fächer. Mein Vater wollte den Wechsel des Studiums nicht
finanzieren. Ich finanzierte es von da an selber.

* * *

Paul Vasil starb Ende der siebziger Jahre. – »R.I.P.« tippe ich
jetzt. Damals wäre mir die Formel nicht eingefallen.

* * *

Ich zitiere. Raymond Queneau: »Stilübungen«. – »Angaben: Im
Autobus der Linie S, zur Hauptverkehrszeit. Ein Kerl von etwa
sechsundzwanzig Jahren, weicher Hut mit Kordel anstelle des
Bandes, zu langer Hals, als hätte man daran gezogen. Leute
steigen aus. Der in Frage stehende Kerl ist über seinen Nachbarn
erbost. Er wirft ihm vor, ihn jedesmal, wenn jemand vorbeikommt, anzurempeln. Weinerlicher Ton, der bösartig klingen
soll. Als er einen leeren Platz sieht, stürzt er sich drauf. – Zwei
Stunden später sehe ich ihn an der Cour de Rome, vor der Gare
Saint-Lazare, wieder. Er ist mit einem Kameraden zusammen,
der zu ihm sagt: ›Du solltest dir noch einen Knopf an deinen
Überzieher nähen lassen.‹ Er zeigt ihm wo (am Ausschnitt) und
warum.«

* * *

Über einhundert Stilvarianten führt Queneau anhand dieser
Geschichte vor. Etwa achtzig hatte Paul für die Inszenierung
ausgewählt. Meine Lieblingsfassung war das »Haiku«.

S und langer Hals
Fußtritt Schrei und Rückzug
Bahnhof Knopf Begegnung

Über 200mal war ich während der Vorstellungen anwesend. Die
meisten Varianten – »Litotes«, »Negativitäten«, »Anagram-
me«, »Synkopen«, »Verdopplung« kann ich heute noch –
teilweise mit den Melodien – auswendig.

* * *

Eckehard kommt nach Hause. Er schenkt mir eine CD: Frédéric
Chopin »24 Préludes op. 28«, gespielt von Maurizio Pollini.

* * *

Als ich dies gerade tippe, geht Eckehard durch mein Arbeitszimmer. Ich blicke ihn an. Erst jetzt fällt mir auf, warum er mir die Platte geschenkt hat. Ich sage: »Du liest aber mein Buch genau. Chopin schenkst du mir, weil ich unsere Reise nach Valldemosa erwähnt habe.« – »Naja«, sagt Eckehard.

* * *

Ich gehe ins Bad. Seit Tagen habe ich mich nicht rasiert.

* * *

Klaus Ebbeke. – Als er den Termin für seinen geplanten Selbstmord festgesetzt hatte, rasierte er sich nicht mehr.

* * *

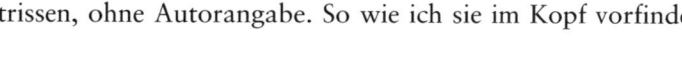

Wolfram N. bestand darauf, daß man ihn täglich rasierte. Noch am Tage seines Todes wollte er rasiert werden.

* * *

Ich mache mir ein Bad. Im Wasser liegend, löst sich die Schaumdecke langsam auf. In »organologischen« Formen kreisen die kleinen Flecken auf der Wasseroberfläche. Seit Jahren denke ich dabei: Hans Arp.

* * *

»Flucht in die Wanne«, sagte Eckehard einmal, als es mir schlechtging und ich mir täglich ein Bad machte.

* * *

»Chateaubriand: Attala.« – Niemand weiß, warum ich dies jetzt geschrieben habe. Außer vielleicht Oskar Sahlberg. Als er im »Institut für Sprache im technischen Zeitalter« der Technischen Universität Berlin unterrichtete, führte er ein Seminar »Literatur und Psychoanalyse« durch. Wir besprachen die Erzählung von Chateaubriand. Darin gibt es eine wunderschöne Badeszene. Für Sahlberg war sie – psychoanalytisch eindeutig – die Sehnsucht nach dem pränatalen Glück im Mutterleib. Ich hörte dies mit großer Distanz. Heute denke ich: »Es <u>ist</u> diese Sehnsucht und es ist ›ein Bad‹.«

* * *

Die Welt ist alles, was der Fall ist.

* * *

Meine Zitate in diesem Buch sind oft »ungenau«, den Kontexten entrissen, ohne Autorangabe. So wie ich sie im Kopf vorfinde oder so wie ich sie gerade – verändert – brauche. Wer sie nachschlägt, wird dann wissen, warum. Die Musik, die ich erwähne, sollte man hören. Die Bücher, die ich zitiere, lesen. Das beste wäre, die Lektüre meines Buches deshalb zu unterbrechen. Vielleicht sollte man nach Jerusalem reisen oder nach New York oder nach Venedig.

***

Venedig. – »Über meine Liebe zu Venedig habe ich in meinem Buch noch gar nichts geschrieben«, sagte ich vorhin zu Peter. Und dann: »Ich habe Scheu, das zu tun. Venedig, das ist Sterben, Untergang.«

***

Mittagessen. Als ich einmal zu einem Mittagessen mit Joseph Beuys und Hansjürgen Syberberg eingeladen war, fühlte ich mich sehr unwohl. Beuys hatte beim Hofer-Symposium »Überleben durch Kunst« seine Weltanschauung präsentiert. Alles klang für mich wie aus einem Sprechautomaten. Beuys war für mich eine tragische Figur geworden. Er leierte seine Formeln herunter wie eine Gebetsmühle. Beim Mittagessen erlebte ich dann einen anderen Beuys. Syberberg erzählte von seinem »Parsifal-Film«. Pathetisch und unangenehm aufgeblasen. Beuys hörte nachdenklich zu. Und dann phantasierte er sich eine Szene für den Film. Der alte Wagner, kurz vor seinem Tod, das Gesicht voller Hautkrebs, in einer Gondel auf dem Heimweg in den Palazzo Vendramin. Sein Gesicht ist von einem dünnen schwarzen Schleier verhüllt... Beuys erzählte dies zögernd, stotternd, voller Emphase und voller Nachdenklichkeit. Er war ganz präsent in dieser Erzählung. – Bei der Diskussion später sah ich ihn mit völlig anderen Augen.

***

»Aramis? – Monsieur Balmain? – Azarro? – Davidoff?« frage ich mich nach dem Bad. Ich entschied mich für »Azarro«. Wer den Duft kennt, versteht jetzt die zuvor geschriebenen Passagen besser.

***

Anruf von Conrad Beckmann. Die Unterbrechung stört mich nicht. »Cage machten Anrufe bei seiner Arbeit nichts aus«, fällt mir dazu ein. Mit Conrad hatte ich vorige Woche telefoniert. Er sagte damals »Initiation, das ist Schmerz«. – Conrad: »Ich habe an dich gedacht, als ich wieder einmal Hölderlins ›Patmos‹ las.« – Ich weiß nicht, wie das Gedicht beginnt. Er zitiert: »Nah ist /

Und schwer zu fassen der Gott. / Wo aber Gefahr ist, wächst / Das Rettende nach.« Ich spüre eine Scheu in mir. Das Zitat ist »zu groß«. Ich habe nie gewagt, mich gedanklich in Hölderlins Nähe zu begeben. Ich hatte immer das Gefühl: »Er spricht nicht von dir.« Doch jetzt ahne ich, daß ich mich in seine Nähe begeben darf. Ich gehe durch eine Gefährdung hindurch. Ich wage zu leben, was ich zuvor nie zu leben wagte. Das Aushalten der Angst in den letzten Tagen und das Sichannähern an die Intentionslosigkeit sind Marken auf diesem Weg.

***

»Du hast es so gewollt. Dein Wille wollte es«, sagt Conrad. Doch ich sehe es anders. »Das Leben hat es so gewollt.« — »Die Welt als Wille und Vorstellung.« Wir müssen lachen.

***

The Power of Decision.

***

Als ich in die Küche gehe, singt im Radio Hape Kerkeling: »Das ganze Leben ist ein Quiz. Und wir die Kandidaten. Das ganze Leben ist ein Quiz, und wir raten, raten, raten.« — »Er weiß gar nicht, wie recht er hat«, höre ich Gerd sagen.

***

Hünxe. Hoyerswerda. Rostock. Mölln.

***

Eckehard kommt mit meiner jetzigen Situation nicht wirklich zurecht. Manchmal wird er unwirsch. »Ich frage mich, was das ganze Schreiben eigentlich soll!« — Beim Tee sprechen wir über die widerlichen Krawalle und die Reaktionen der deutschen Politiker. Er legt mir einen Kommentar aus der »Zitty« hin.

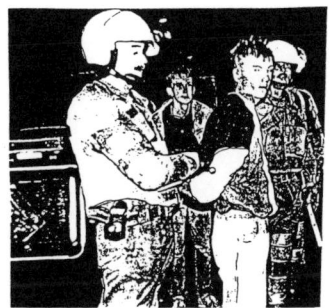

Reihenweise sind deutsche Politiker zu indirekten Komplizen von Terroristen und potentiellen Mördern geworden. Dieselben Politiker, die sonst ständig den Rechtsstaat bedroht sehen, bei jedem Furz sofort von der Würde des Parlaments herumschleimen. Dieselben Figuren, die seit Jahrzehnten allerorten aus symbolischen Gründen knüppeln und einkesseln lassen. Das ist der Skandal von Rostock. — Wer sich hinstellt, während die Mordbanden und ihr »gutbürgerlicher« Sympathisanten-Mob noch toben, und Worte wie »Asyldebatte« und »Grundgesetzänderung beschleunigen« überhaupt nur in den Mund nimmt, handelt schamlos. Wer als gewählter Volksvertreter Sympathie

und Verständnis für »gutbürgerliche« Anwohner bekundet, die gerade eben noch »Heil Hitler«, »Skins haltet durch« und »Zündet sie an!« jubelten, wird Unterstützer einer terroristischen Vereinigung. Und wer dies – aus Angst um Wählerstimmen – tut und dabei noch nicht einmal ein Lippenbekenntnis für die Opfer und ihre Todesfurcht über die Lippen bringt, verdient Verachtung.

***

»Und was machen <u>wir</u> jetzt?« frage ich Eckehard.

***

Frau Menge ruft an. Eine alte Dame aus seinem »Seniorenkreis«. Sie bedankt sich für die Geburtstagsgrüße, die Eckehard ihr geschickt hat.

***

Ich versuche, Ben anzurufen. Ich weiß nicht, wie es ihm geht. Doch niemand geht ans Telefon.

***

»Heute warst du nicht im AVK!« – Ich denke an Christian, an Alf, an Gregor. – »Du wärst bei ihnen gewesen, und du wärst gleichzeitig nicht bei ihnen gewesen. Morgen wirst du sie besuchen.«

***

»Morgen muß auch die Wäsche gewaschen werden«, sagt Eckehard.

***

»Grüne Tomaten«. – Im Moment weiß ich gar nicht mehr, ob ich noch mein Buch zu »Alltag, Kunst, Aids« schreibe oder nicht schon die Fortsetzung des Films »Grüne Tomaten« in den Computer tippe. Mein Leben wird zunehmend zur Komödie. Als ich mir vorhin in der Küche eine Tasse Tee eingießen wollte, schüttete ich den Tee in den Aschenbecher. Ich sah dabei fasziniert zu und bekam einen Lachanfall.

***

Das Buch des Lebens.

***

Beim Abendessen – Möhrensalat, Spaghetti – frage ich Eckehard: »Stammt eigentlich ›Das Buch des Lebens‹ aus der Bibel?« – »Natürlich«, antwortet er. »Es gibt viele Stellen dazu.« Ich bitte ihn, die Bibel zu holen. Doch er sagt: »Jetzt wird erst einmal gegessen!«

***

Psalm 69. David spricht von seinen Widersachern: »Ihr Tisch werde ihnen zur Falle, / zur Vergeltung und zum Strick. Ihre Augen sollen finster werden, daß sie nicht sehen, / und ihre Hüften laß immerfort wanken. Gieße deine Ungnade über sie aus, / und dein grimmiger Zorn ergreife sie. Ihre Wohnstatt soll verwüstet werden, / und niemand wohne in ihren Zelten. Denn sie verfolgen, den du geschlagen hast, / und reden gern von dem Schmerz dessen, den du hart getroffen hast. Laß sie aus einer Schuld in die andre fallen, / daß sie nicht kommen zu deiner Gerechtigkeit. Tilge sie aus dem Buch des Lebens, / daß sie nicht geschrieben stehen bei den Gerechten.

***

»Jetzt müssen wir aber auch im Neuen Testament nachsehen«, sagt Eckehard. »Die ›Offenbarung Johannes‹ erwähnt das Buch des Lebens häufig.« – »Wer überwindet, der soll mit weißen Kleidern angetan werden, und ich werde seinen Namen nicht austilgen aus dem Buch des Lebens, und ich will seinen Namen bekennen vor meinem Vater und seinen Engeln.«

***

Erinnerung, seit langem vergessen: »Das schreibt der liebe Gott alles in sein großes Buch«, sagte meine Mutter in meiner Kindheit immer zu mir, wenn ich etwas »Böses« getan hatte.

***

Notizen »Amerikanische Kunst«: Das Grundmuster: Europa. – (Die Urschuld: Indianer. Bis heute: Verdrängungen.) – »Tiefe« wird zur »Oberfläche«. – Faszination der Oberfläche. – Warhol, Pollock, Newman, Hopper. – Jeff Koons und die Folgen. – Realismus versus Spiritualismus. – Radikalisierung europäischer Illusionen. – »Mainstream« und Außenseiter. – Kunst, Politik, Entertainment. – Kunst als Ware: die wahre Kunst. – Neue Tendenzen: »Site specific art«, orts-, kontextbezogene Kunst. – Kunst und Medien. – Sponsorenfeudalismus. – Große Gesten, große Formate. – Der Künstler als Produkt. – Das inhomogene Publikum, das homogene (Markenartikel-) Werk. – Anarchie und Normierung. – Multikulturell, eklektisch. –

»Politically correct«. – Individualität als Rolle. – Pragmatismus
des Tuns. – Offenheit, Neugierde.

....

Dienstag, 15. 9. 92. Frühmorgens. Es ist noch dunkel.

Als ich vorhin, nach einem Traum, an den ich mich in jenem
Moment nicht erinnerte, wach wurde und sah, daß es noch
dunkel ist, dachte ich: »Viertel nach fünf.« Ich machte das Licht
an: Es war sechzehn nach fünf.

* * *

Traumrest, jetzt wieder da: Ich bin im Umkleideraum einer
Turnhalle und will mir gerade die Schuhe anziehen. Rolf K.
kommt auf mich zu. Er beugt sich ganz nah zu mir. Die Wärme
seines Gesichts kann ich angenehm spüren. Er sagt: »Ich werde
mich umbringen.« Ich bin entsetzt darüber und weiß nicht, wie
ich darauf reagieren soll. »Warum denn?« frage ich ihn. Die
Antwort ist verworren. Irgend etwas mit Aids höre ich heraus.
Ich werde wach.

* * *

Der Sog der Erinnerung.

* * *

Rolf K. war mein Klassenkamerad im Gymnasium. Als ich
fünfzehn war, kam er – sitzengeblieben – zu uns. Ich verliebte
mich in ihn. Er in mich. Meine Lösung von einem anderen
Freund, der mir nicht so nahe war wie Rolf, war ein Drama, das
meine Klasse mit durchlitt. (Damals gab es noch keine Ko-
edukation. Der Unterricht im benachbarten Mädchengymna-
sium begann eine Viertelstunde später. »Damit die Straßenbah-
nen nicht überfüllt sind...«)

* * *

Rolf war das Gegenteil von mir. Handfest, jungenhaft, kräftig,
frech, naiv. Über ein Jahr waren wir zusammen. Wenn wir uns
trafen, waren wir wie elektrisiert. (»Electric Body« fällt mir jetzt
ein.) Im Sommer 1959 – einem langen heißen Sommer –
verbrachten wir mit meinen Eltern vier Wochen in unserem
Sommerhaus in Hoheleye. Wir verbrannten füreinander.
Berührten uns ständig. Als Rolf einmal im Bett hinter mir lag,
sagte er: »Die Schwulen machen's von hinten.« – Ich war

entsetzt, drehte mich um und protestierte: »Wir sind doch nicht schwul!«

* * *

»Boys in the Band«. Jahre später. Rolf mußte mit dem »Einjährigen« abgehen. Meine Eltern wollten ihn nicht, wie ich es vorgeschlagen hatte, als meinen Bruder adoptieren – obwohl er mich zum Sportler trainierte. Ich wurde Dritter von Nordrhein-Westfalen bei den Bundesjugendspielen im 100-Meter-Lauf: 11,7 sec. – 1967: Ich hatte mich dazu bekannt, »schwul« zu sein. Was sonst konnte ich sein, wenn ich Männer liebte? Neben Paul tauchte Richard Fitzpatrick auf, den ich in Ost-Berlin in der Pause der »Götterdämmerung« kennenlernte. Ich flog zum erstenmal in die USA. Am Abend vor dem Abflug ging ich mit mehreren Bekannten in den Film »The Boys in the Band«. Es war einer der ersten Filme, die das Thema Schwulsein fast »selbstverständlich« aufgriffen. Darin gibt es ein Partyspiel. Man muß denjenigen anrufen, den man am meisten in seinem Leben geliebt hat. Man muß es ihm so schnell wie möglich sagen, doch es muß sich aus einem vernünftigen Gespräch, gleichsam ganz natürlich entwickeln. – Trotz der Liebe zu Paul und Richard war damals Rolf für mich immer noch diese große Liebe.

* * *

Der Anruf. Nach dem Kino spielten wir das Spiel in meiner Wohnung in der Ahornstraße. Das Los bestimmte, daß ich der erste Anrufer war. Über die Auskunft bekam ich die Telefonnummer von Rolfs Eltern. Ich hatte neun Jahre nichts mehr von ihm gehört. In Wuppertal wohnten wir an zwei verschiedenen Enden der Stadt. Nach seinem Schulabgang verloren wir uns rasch aus den Augen. Ich blieb »sitzen«. – »Rolf lebt jetzt in Mainz«, sagt seine Mutter, als ich sie am Telefon erreiche. Sie gibt mir seine Telefonnummer. Ich rufe an. Er meldet sich. Ich frage das übliche »Wie geht es dir«. Die üblichen Antworten. Dann sage ich ihm: »Weißt du eigentlich, daß ich dich immer geliebt habe?« – Eine lange Pause am anderen Ende der Leitung. – »Ja, das weiß ich. Und ich dich auch.« – Und dann: »Seit drei Monaten bin ich verheiratet. Wir haben schon einen einjährigen Sohn.« – Wir reden noch eine Weile miteinander. Versprechen uns, daß wir uns irgendwann einmal sehen müssen. Wir haben nie wieder voneinander gehört.

* * *

Ich gehe Zigaretten kaufen. Der Himmel ist noch dunkel. Der Vollmond scheint durch die ziehenden Wolken. Er hat einen Hof. Der Zigarettenladen ist noch geschlossen. Es ist erst halb sechs. Ich dachte, halb sieben.

***

Wieder am Computer, denke ich: »Mein Buch wird jetzt eine ›human touch story‹. Kannst du dir das erlauben? Wo willst du eigentlich hin?« – Ich merke, daß das Erinnern und Schreiben seine eigene Dynamik entwickelt. »Die Welt ist auch eine Erzählung.«

***

Im Anfang war das Wort.

***

Ich verband »das Wort« immer mit dem griechischen »Logos« und brachte es dadurch in Verbindung mit Rationalität, klaren Aussagen, obwohl es den Beginn der Schöpfung darstellt, das magische »Es werde Licht!« Jetzt denke ich: »Gott hat sich die Welt erzählt. Er wollte nicht allein sein. Er sprach mit sich selbst. Die Welt ist ein materialisiertes Selbstgespräch Gottes. Sie ist ein Längeres Gedankenspiel.« – Und zögernd füge ich hinzu: »Wie dein Buch.«

***

Die stumme Poesie der sprechenden Bilder. – Vor Jahren schrieb ich einen Text zu Bildergeschichten von Max Klinger, Max Ernst, Urs Lüthi. Ich deutete sie als »visuelle Längere Gedankenspiele«.

In den Bildergeschichten ist optisch wiederzufinden, was Arno Schmidt zur Erläuterung des Längeren Gedankenspiels anführt, nämlich »wie die ›längeren Gedankenspiele‹, die LG's eines Menschen, je reicher komplizierter ausgebauter affektbesetzter sie sind, sich zwischen ihn & seine Wahrnehmung des Realen zu schiebmflegn, wie eine schlecht=passende & dazu noch scheckig=farbige Brille: jeglichen, verwendbare Anregungen aussehenden Gegenstand, wird er zwar durchaus ›gewahren‹, aber ebm sub specie seines LG; jedwede Handlung der andern, ihn umringelspielenden LG=Besessenen, objektiv ›fehldeuten‹, subjektiv *das* an ihr erwittern, was in sein LG paßt.« Zu den LG's wird in einer Glosse vermerkt: »(die Freud unscharf – da sie sich mehr dem DP=Kunstwerk nähern, als dem Traum – ›Tagträume‹ benannt hat; KG's sind seine!).« (DP = Dichter – Priester; KG = künstlerische Gebilde). Und als Abgrenzung gegenüber dem Traum schreibt Schmidt: »Der Unterschied zwischen ›Traum‹ und ›Gedankenspiel‹ liegt ja darin, daß die *Traum*-Ereignisse in ausschlaggebendem Maß *passiv* erlitten werden… Während beim *Gedankenspiel* das Individuum *souverän* schaltet… die ›Traumspiele‹ der Literatur sind im Grunde *Gedankenspiele*.«

Germinal, meine schwester, die Femme 100 Têtes. (Im hintergrund, im käfig, der Ewige Vater)

***

...und Gott hatte Freude daran; denn es war gut.

***

Requiem. Als ich Rolf liebte, bereitete der Schulchor die Aufführung von Mozarts »Requiem« vor. Unser Musiklehrer war bei den Proben unerbittlich. Wir – die Jungen vom Carl-Duisberg-Gymnasium und die Mädchen von der Sternstraße – spürten den tiefen Ernst unserer Arbeit. Das Requiem zog uns in seinen Bann. Am Tag vor der Aufführung kam Frau Koch, die als Musiklehrerin der Sternstraße Herrn Pritzkat assistierte, aufs Dirigentenpodium. Sie ließ den Chor sich aufstellen. Wir waren still wie vor dem ersten Einsatz, dann sagte sie: »Herr Pritzkat ist gestern aus dem Leben geschieden.« – Wir waren wie erstarrt. Die Chorprobe fand so konzentriert statt wie noch nie. Die Aufführung am nächsten Abend – die Zuhörer waren vom Tod Herrn Pritzkats informiert worden – wurde »schlackenlos«. Nach dem Ende des Requiems eine lange, unerträgliche Stille. Dann Applaus.

***

Ich gehe wieder aus dem Haus zum Zigarettenkaufen. Der Himmel ist wolkenlos. Der Mond strahlt. Im Zigarettengeschäft fällt mein Blick auf die BZ: »Berlin: Autobahn Dreilinden. Vollmond. Fußgänger total zerfetzt.«

***

Der Schleier der Maja. Ich schreibe das jetzt ruhig und zugleich erregt. Lag früher die Welt für mich wie hinter einem Schleier – meinen Worten, Gedanken, Wertungen –, so zeigt sie sich jetzt permanent als ein Teil von mir. Diese Nähe ist schwer auszuhalten. Sie tut weh.

***

Krähen fliegen, laut schreiend, über den Himmel. »Es sind Krähen«, sage ich mir. »Kein Symbol.«

***

Beckett: »No symbols where none intended.«

***

Mein Denken und Fühlen hat sich verändert. Gestern abend hörte ich mit Eckehard Chopins »Préludes«. Ich hatte das Gefühl, daß ich zum erstenmal Musik höre. Jeder Ton war ganz in mir. Ich war der Ton, und ich war das Zuhören.

***

Chopin: »Préludes«. – Der »Aufrauscher« des ersten Stücks: Das war Paul Vasil. Er spielte es immer spontan zwischen der Probenarbeit, um sich wieder mit Kraft aufzuladen. – Das vierte Stück liebt Andrew Larsen, ein Freund von mir. Ich denke: »Er könnte es bei meiner Beerdigung spielen.« – Als die Nummer 16 beginnt, sage ich zu Eckehard: »Chopin ist durchs Feuer gegangen.« Ich zeige ihm meine Handinnenflächen. Vom Hautpilz sind manche der abgelösten Hautpartien wie frisches Fleisch, zart hellrot. Eckehard sieht ins Beiheft zur Platte und liest: »Nummer 16: b-moll. Presto con fuoco.«

* * *

Als ich dies Gerd später am Telefon erzähle, muß er laut lachen. »Ja, so muß es sein«, sagt er. »Doch Leser, die nicht wissen, daß ›con fuoco‹ ›mit Feuer‹ heißt, werden die Stelle nicht begreifen.«

* * *

Abbildungen. Gerd, der die ersten Teile des Buches noch nicht gelesen hat, aber schon die Abbildungen kennt, findet das Konzept der bearbeiteten Fotokopien gut. »So verfremdet sind sie wie Erinnerungen, nicht wie Illustrationen. Das solltest du so stehenlassen.« Wir sprechen über technische Probleme des Buches, über Copyright-Fragen. »Als Zitat benutzt, sind Abbildungen honorarfrei«, sage ich. »Da bin ich nicht so sicher«, meint Gerd. Mir fällt ein, daß wir für die Taschenbuchausgabe meines Buches »Bilder werden Worte« die Abdruckgenehmigung für Magrittes »Ceci n'est pas une pipe« nicht erhielten. Der Grafiker des Verlags zeichnete deshalb Magrittes Zeichnung – in groben Umrissen – nach. Nun ist sie im Buch abgebildet mit dem Hinweis »nach Magritte«. – Kein einziger Kritiker, Literatur- oder Kunstwissenschaftler hat das je gesehen oder erwähnt. Die Brisanz, die sich dahinter verbirgt, die Frage nach dem geistigen Eigentum, der Kunst als Ware, der Originalität, der Authentizität hat niemand erkannt.

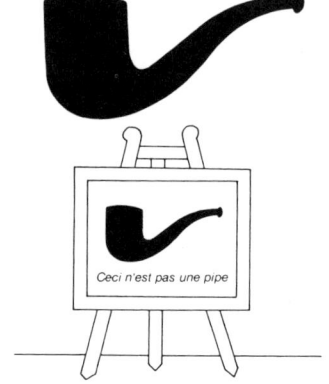

* * *

Ich gehe ins Bad, wasche mich, stelle mich auf die Waage. Ich habe ein Kilo zugenommen.

* * *

»Wen interessiert das?« höre ich wieder Joachim sagen. Und ich kann seine Frage gut verstehen. – Es gibt in unserer Zivilisation eine tiefe Abneigung gegen die Begegnung mit dem wirklichen Menschen. Das »Glanzvolle Elend« heute, die Massaker des

Dritten Reiches hängen damit zusammen. »Individualismus«
wurde nie erfüllt gelebt. – Masochismus statt Selbstliebe.

* * *

Der Verrat im 20. Jahrhundert.

* * *

Kunst als Kompensation.

* * *

Die einsame Masse.

* * *

Im Radio: »Yesterday« von den Beatles.

* * *

Beim Frühstück erzähle ich Eckehard, was ich gerade alles
geschrieben habe. Er sagt: »Anekdoten aus einem schwulen
Intellektuellenleben! Paß auf! Denke an Paul: ›Hildegard
Knef‹!« – Dann schildere ich meine Paraphrase von Johannes 1.
Er widerspricht. »Mit ›Logos‹ ist natürlich im Neuen Testament
nicht die Genesis, nicht das ›Es werde Licht‹ gemeint. ›Logos‹ ist
Christus.« Er zitiert: »Im Anfang war das Wort, und das Wort
war bei Gott, und Gott war das Wort. – Und das Wort ward
Fleisch und wohnte unter uns.«

* * *

Emendationen. Ich versuche, ihm zu erklären, daß für mich –
und sicher auch für die Juden zur Zeit Christi – hinter dem ersten
Teil des Zitats die »Genesis« steht. »Die ganze Geschichte der
Welt bis zu Christus.« Wir streiten uns. Er sagt: »Lies mal bei
Bultmann nach.« – Ich sage: »Das interessiert mich nicht. Ich
weiß, wie das theologische Denken funktioniert. Bei allem, was
ihr analysiert oder predigt, starrt ihr nur darauf, möglichst
schnell die ›christologische Kurve‹ zu kriegen.«

* * *

Als ich mir jetzt gerade den Bibeltext heraussuchte, stelle ich
verblüfft fest, daß Eckehard geschummelt hat. »Und das Wort
ward Fleisch« ist erst Vers 14. Dazwischen eine ausführliche
Schilderung der Welt vor Christus. – DAS WORT: »Dasselbe
war im Anfang bei Gott. Alle Dinge sind durch dasselbe
gemacht, und ohne dasselbe ist nichts gemacht, was gemacht ist.
In ihm war das Leben, und das Leben war das Licht der

Menschen. Und das Licht scheint in der Finsternis, und die Finsternis hat's nicht ergriffen.«

* * *

Als Eckehard zum Blumengießen auf den Balkon geht, sage ich ihm, daß ich meine Deutung durch die Bibel bestätigt finde. »Zuerst die Schöpfung, das Licht, dann Johannes, der das Licht verkündet, dann Christus, der das Licht in der Welt ist…« Eckehard sagt: »Man kann es auch anders sehen. Die Stelle ist für Theologen der Hinweis auf die ›Christusbeteiligung an der Schöpfung‹, logische Folge der Trinitätslehre.«

* * *

»Legitimation nach hinten«, denke ich. »Man formt sich die Geschichte so, wie man sie braucht.« Das hat jetzt viel mit meinem Buch zu tun, mit den Metastrukturen von Erzählungen. Um es nicht aus einem Vor-Urteil über das, was ein Buch, eine Erzählung zu sein hat, zu entwickeln, habe ich mich in die Intentionslosigkeit begeben, lasse ich das Buch sich selbst schreiben, ohne Konstruktion. Doch ich ahne, daß dies – fast im Paradox – die Struktur der Literatur bestätigt. Ich finde sie nicht aus dem »Wissen«, sondern aus dem »Leben«.

* * *

Jedes Leben ist eine Erzählung. »Mimesis«, seit Homer. Das Leben hat einen Anfang und ein Ende, ein Buch hat einen Anfang und ein Ende. Jede Erzählung folgt diesem Muster. Man kann sich – als Buch – ein abstraktes Schema für das Leben ausdenken. Die Leser würden ihr eigenes Leben in das Schema einschreiben. Sie würden entdecken, daß ihre vielen verschiedenen Leben letztlich immer nur »eines« sind, endlose Varianten einer »Ursprünglichkeit«.

* * *

Alle sieben Jahre.

* * *

In einem Biographiekurs der Anthroposophen vor einem Jahr lernte ich das Siebenjahres-Schema nach Rudolf Steiner kennen. Erst jetzt erinnere ich mich wieder daran. In Form einer Hyperbel wird es gezeichnet. Links oben kommt der Mensch in die Welt, dann geht es in einer geschwungenen Kurve nach unten, die sich am unteren Scheitel, im Alter von 31 1/2 Jahren umkehrt, um wieder nach oben zu führen. Die Kurve wird in Siebenjahres-Phasen eingeteilt. – »Alle sieben Jahre ändert sich der Mensch«, sagte schon meine Mutter. – Jedes Jahrsiebt hat seine besonderen »Aufgaben«. Bis zur Wende materialisiert sich der Mensch gleichsam »ganz in der Welt«. Er realisiert »Macht, Reichtum, Liebe der Frauen« – so schreibt der Patriarch Freud. Dann gibt es den Umschwung, der Mensch löst sich vom Halt in der Welt. Er erkennt die spirituelle Dimension seines Daseins. Die Siebenerphasen auf der linken Seite spiegeln sich auf der rechten wider. Auf einer höheren Ebene muß dasselbe noch einmal durchlebt werden. Die »Kehre« nennt Steiner den »Christus-Impuls«, das »Geschenk« für eine Wandlung.

***

Biographie – von »bios« (Leben) und »graphein« (schreiben).

***

C. G. Jung. »Bei C. G. Jung gibt es ähnliche Phasen in einer Biographie«, fällt mir jetzt ein. Ich habe das vor Jahren gelesen, wußte aber eigentlich nichts damit anzufangen. »Was ich in den letzten Tagen erlebt habe, was ich jetzt noch erlebe, ist eine ›Selbstanalyse‹«, denke ich. »Doch ich habe sie mir nicht erdacht, sie kam aus meinem Körper.« Ich fühle mich nicht wohl bei diesem Gedanken. Es gibt in mir dagegen einen Widerstand. »Schrecklich, eigentlich, daß jede Biographie fast wie nach ›Schema F‹ verläuft.«

***

Der Blick zurück. Gestern abend fand ich beim Aufräumen im Arbeitszimmer einen kleinen Katalog, den Paul Maenz 1981 zu seiner Ausstellung »Fleisches-Lust. Die Wiederkehr des Sinnlichen – die Erotik in der Kunst« publizierte. Darin ist ein Zitat aus einem Text von mir abgedruckt, den ich zuvor in seiner Dokumentation »Galerie Paul Maenz 1970–1980« veröffentlicht hatte. Der Titel des Aufsatzes: »Der Blick zurück ist ein Blick auf die Gegenwart«.

»Die gegenwärtig zu beobachtende Auflösung der Subjektivität, die Entleerung des tradierten Ich-Begriffs in der Kunst, wird keineswegs als Mangel empfunden. Im Gegenteil: Die Fragmentierung des Ichs weist nicht auf ein noch zu findendes Selbst (C.G. Jung), das als Glück verheißende Einheit oder Gestalt anzustreben wäre, sondern sie schließt eine Vielfalt auf, ein sich permanent wandelndes Feld, das sich nicht durch einen Diskurs absichert, sondern das sich als Widerspruch entdeckt und entfaltet.«

***

Der Text hat auch heute noch – für mich – seine Gültigkeit. Doch durch die Erfahrung der letzten Tage wurde er zugleich revidiert. Ich sehe, daß man erst sein Selbst entdecken muß, wenn man sich der Vielheit der Erfahrung wirklich öffnen will.

***

Das Selbst: 1980 blendete ich »das Selbst« wie mit einer Geste aus. Jetzt ahne ich, daß es die Folie für meine gegenwärtige Erfahrung ist. Ich will sie nicht durch Lektüre – etwa der Schriften C. G. Jungs – erfassen. Ich will meinen eigenen Weg gehen.

***

Wieder die Idee des Paradoxons: Nur wer das Selbst gefunden hat, kann sich in der Vielheit auflösen. Wer das Eine geworden ist, kann Viele sein.

***

Wir sind ein Doppel: Ursprünglichkeit und künstliche Authentizität. Jeder Moment des Lebens ist beides. Die gegenwärtige Zivilisation favorisiert ein Bild vom Menschen unter dem Aspekt der »künstlichen Authentizität«. Sie will ihn als »Rollenspieler«, als Konstrukt, als »außengeleitetes Individuum« (David Riesman). Auf den Menschen projiziert sie, was zur Grundlage ihres Funktionierens geworden ist.

***

Ursprünglichkeit und künstliche Authentizität. Wie kann das Vagabundieren der Erfahrung zwischen diesen beiden Polen erfaßt werden? Ein Spektrum von Fragen. Es erinnert mich an den Prospekt von Peter Weibel zur »Ars Electronica«, der schon seit Wochen auf meinem Schreibtisch liegt.

Wird ein neues Weltbild Endophysik heißen? Ist Endophysik, abgeleitet von endo (= innen), jene Wissenschaft, die mit der Illusion des externen Beobachters der klassischen Physik aufräumt, der glaubt, die Welt von außen vollständig beschreiben zu können? Ist unsere Welt nicht-klassisch? Sind wir immer Teile jener Systeme, die wir beobachten und mit denen wir interagieren? Sind wir innere Beobachter der Welt? Entsteht dadurch stets eine »Restwelt«, die für den inneren Beobachter in nicht erkennbarer Weise verzerrt ist? Gibt es ein »großes Auge«, das zwischen innerem und äußerem Beobachter, zwischen Exo-Welt und Endo-Welt kommuniziert? Was geschieht, wenn die Wirklichkeit, in der wir leben, eine Simulation ist? Bedeutet die

Tatsache, daß wir imstande sind, diese wieder zu simulieren, daß wir von Kopien zu Originalen, von Modellen zu Realien, von Luzifer zu Gott aufsteigen? Oder sind auch die Computer-Simulationen nur von der Evolution und vom großen Programmierer vorprogrammierte Simulationen? Wie kann man aus der Wirklichkeit aussteigen? Zeigt uns die Endophysik das Ende jener Illusion, daß wir je aus der Welt ausbrechen können? Entsteht dadurch eine neue Theorie des Todes und des »Jetzt«?

* * *

Der Tod und das »Jetzt«. Leben, Schreiben, Erinnern, Beschreiben, Erkennen. Ich suche keine »Theorie«. Ich suche die Stimme, die ich bin, die mich mir erzählt.

* * *

Der Glanz im Selbstgefühl trägt bei allen Menschen die Spuren grandioser Allmacht aus der Kindheit. – Fritz Morgenthaler

* * *

Leben/Schreiben im Moment. »Das Leben lebt sich selbst« heißt jetzt: »Es lebt mich, und ich beschreibe es.«

* * *

Fließen.

* * *

Heraklit: »Man kann nicht zweimal in denselben Fluß steigen.«

* * *

Ich muß dem Leben seine/meine Gestalt geben, muß es ausfüllen mit dem, was mir wichtig ist, was mein »stummes Wissen«, meine »innere Stimme« mir sagen. Leben ist Gewährenlassen und Entscheiden.

* * *

All das habe ich schon hundertmal zuvor irgendwo gehört oder gelesen. »Die großen Wahrheiten des Lebens sind wahrscheinlich ernüchternd banal.«

* * *

Was jetzt neu ist und womit ich sehr behutsam umgehen muß, ist, daß das Erkennen und das Erleben dieser Wahrheit »schön« ist, daß die Erkenntnis aus mir – meinem Körper, meinem Denken – »strahlt«. – Es gibt ein »schönes« Erkennen. Es ist umgeben von Ruhe, Freundlichkeit, Dankbarkeit, Liebe. Hoffe ich.

* * *

Kalokagathia – schön an Leib und Seele.

* * *

Schönheit aber ist hier nicht einfach »Harmonie«, sondern ist auch das Aushalten. Das Aushalten des Chaos, der Widersprüche, der Gefährdung. Das Aushalten der Liebe und der Schönheit.

* * *

»Auch der Tod ist schön«, denke ich jetzt. Und es gibt einen Rest in mir, der dem nicht zustimmt.

* * *

Angst ist da. Die Angst, daß mein Aids ausbricht, bevor ich wirklich bejahen kann: »Mein Leben ist schön. Mein Sterben ist schön.«

* * *

In immer kürzeren Abständen drucke ich nun meine Texte mit dem Printer aus. Sie sollen »in der Welt sein«, für mich und – wenn ich jetzt sterbe – für meine Freunde.

* * *

Ich ahne: Den Tod zu bejahen heißt auch noch etwas anderes. Es heißt anzuerkennen, daß das Leben sich selbst lebt und daß es letztlich keinen benennbaren Sinn besitzt. Der Tod ist das Unbegreifbare, und als unbegriffen müssen wir ihn ins Leben hineinnehmen.

* * *

Der Sinn / der begriffen werden kann /
Ist nicht der Sinn des Unbegreiflichen.
Der Name / der gesagt werden kann /
Ist nicht der Name des Namenlosen.
Unnambar ist das All-Eine / ist Innen.
Nambar ist das All-Viele / ist Außen.
Begehrdelos ruhen / heißt ins Innen eindringen.
Begehrdenvoll handeln / heißt beim Außen verharren.
All-Eines und All-Vieles sind gleichen Ursprungs /
Ungleich in der Erscheinung.
Ihr Gleichsein ist das Wunder /
Das Wunder der Wunder /
Alles Wunder-Vollen Tor.

* * *

»Das Leben besitzt keine Pointen«, sagte ich einmal in einem Seminar. »Nur in der Lyrik«, erwiderte ein Student. »Karin Kiwus: ›Rolltreppe rauf, Rolltreppe runter. So ist das Leben.‹«

***

Ich trinke Wasser. Viel Wasser.

***

»Das Wasser des Lebens«, denke ich.

***

Ich nehme mein AZT, mein DDC, meine Vitaminpille. Ich bin immer noch sehr angespannt. Ich nehme eine Johanniskraut-, eine Baldrian-, eine Melissepille.

***

Als ich vor einigen Tagen mit Manfred L'age über meinen Erregungszustand sprach, sagte er: »Ich könnte Ihnen jetzt Valium verschreiben. Das würde Sie dämpfen. Aber das sollten wir nicht tun. Versuchen Sie es doch mit Ihren ›Naturheilmitteln‹.«

***

Kunst. Lebenskunst. Heilkunst.

***

Heilkunst. Der Mensch ist eine umgekehrte Pflanze. In dem schönen Buch »Heilpflanzen und ihre Kräfte« berichtet Willem F. Daems in seinem Nachwort »Mensch und Pflanze – Die Heilpflanze in Vergangenheit, Gegenwart und Zukunft« davon, daß die Wurzelpartien der Pflanzen auf den Kopf, das »Nerven-Sinnes-System«, die Blatteile auf das »Rhythmische System« des Körpers, die Blüten auf den Unterleib, das »Stoffwechsel-Gliedmaßen-System«, wirken.

***

Stream of consciousness.

***

Erinnerung: Als ich mir gerade eine Zigarette ansteckte, roch ich das verbrannte Papier. »Hoheleye, Cervantes, Don Quichotte, das Feuer im Kamin«, dachte ich. Die Kindheitsferien in der »Hütte«, dem Landhaus des Chefs meines Vaters im Sauerland, erlebte ich immer sehr intensiv. Das Haus lag einsam im Wald, zehn Minuten vom nächsten Gehöft entfernt. Es war ein abgeschlossenes Paradies. Ich war nur mit meinen Eltern zusammen. Und es war – so sehe ich es jetzt – auch ein Gefängnis. Ich fühlte mich wohl in dieser Isolation. Liebte es, allein zu sein, besonders nachdem ich ganze Tage mit den Bauernkindern der Umgebung im Wald gespielt hatte. »Lesen«, das war für mich der andere Zugang zur Welt. Den »Don Quichotte« verschlang ich in mehreren Nächten.

***

Das Buch, das Paradies, das Gefängnis.

***

Erst jetzt fällt mir ein, daß Norbert Miller an der TU einmal ein wunderschönes Seminar »Die künstlichen Paradiese der Kunst« durchführte. Baudelaire, Piranesi, Beckford, de Sade, Chateaubriand, E.T.A. Hoffmann. Seine These: Literatur hat einen Hang zum »Künstlichen Paradies«. Doch Autor und Leser bleiben gleichsam gefangen im Text. »Wer leben will, muß die Literatur leben«, denke ich jetzt. Norbert Miller hat seine Vorlesungen zum »Künstlichen Paradies« niemals veröffentlicht. Obwohl er damals wie ein Besessener an ihnen arbeitete.

***

Gerade klingelt es an der Tür. »Das wird Ali sein«, sage ich mir und freue mich. Doch es war der Klempner, der sich den Schlüssel holte, um in der Wohnung der Nachbarin zu arbeiten.

***

»Jedes Kunstwerk ist eine Verzauberung«, sagte ich gestern beim Hören von Chopin zu Eckehard. »Und es ist auch eine Konstruktion«, erwiderte er. Er las mir aus dem Beiheft zur Platte vor.

Der Aufbau der »Préludes«: Hier herrscht strenge Organisation, die zu den vielen »zentrifugalen« Aspekten der Préludes kontrastiert und eine präzise Arbeit widerspiegelt. – Die tonale Anordnung umfaßt 24 Tonarten, wobei jede Dur-Tonart mit der parallelen Moll-Tonart abwechselt und insgesamt in einer aufsteigenden Reihe nach Kreuztonarten (bis zur Nr. 13 in Fis-Dur) und in einer absteigenden nach Tonarten mit b-Vorzeichen (von Nr. 14 in es-moll) disponiert ist.

***

Als ich zu Eckehard sagte: »Das klingt aber sehr akademisch, hören tut man es zum Glück nicht«, liest er weiter: »Daß offenkundig ein einheitlicher Plan besteht, mag einen Zusammenhang der Préludes mit deren Tradition als didaktisches Lehrstück zeigen, das in systematisch gegliederten Sammlungen zusammengefaßt wird.«

***

»Heiterkeit über dem Abgrund«, fällt mir als Charakterisierung der Préludes ein. – Wahrscheinlich steht dies schon irgendwo. Aber es ist schön, daß ich es jetzt denke.

***

Wagners Ring. »Und nun gehen Sie in die Oper und lassen Sie sich verzaubern«, sagte der Musikwissenschaftler Carl Dahlhaus am Ende der Vorlesung über Wagners »Ring«. Sechzehn Wochen lang hatte er Wagners Werk analysiert. Und dann: »Vergessen Sie alles, was ich Ihnen erzählt habe, hören Sie einfach nur zu. Lassen Sie sich verzaubern!« – Carl Dahlhaus. »R.I.P.«

***

Yeats: »Cast a cold eye on life and death. Horseman, pass by.«

***

Ich korrigiere den vorhergehenden Teil des Textes mit meinem Korrekturprogramm. Um mich zu entspannen, nehme ich die Kassette »Satie: Das Klavierwerk« heraus, wähle irgendeine der Platten, höre: »Prélude de la porte héroique du ciel«.

***

Schreck. Gerade warf der Klempner von nebenan den Schlüssel der Nachbarwohnung durch den Briefschlitz der Tür. Das Geräusch des Aufpralls auf dem Boden geht durch meinen ganzen Körper.

***

Zum Kopieren dieses Teils des Buches gehe ich jetzt ins Copycenter. Dann fahre ich ins AVK.

....

Mein Alltag wird immer irritierender. Gerade als ich aus dem Haus gehen wollte, kam die Post. Ein Brief der Deutschen Bank mit meinem Kontoauszug. Ich bin in den roten Zahlen. – Ein Brief vom Philadelphia Museum of Art. Ich hatte dem Museum für eine Francesco Clemente-Ausstellung meine Arbeit »Wenn die Löcher im Körper neun oder zehn sind« ausgeliehen. In eins der Mäuler der kleinen Fische, die Clemente in dies Werk gezeichnet hat, hat ein Besucher einen dicken Penis – mit Bleistift – gemalt. Das Werk mußte restauriert werden. Als Entschädigung forderte ich vor mehreren Monaten $ 5000. – Jetzt liegt der Scheck dem Brief des Museums bei. – Barbara H., die ich am Beginn des Buches erwähnte, schickt mir eine Karte. Ihre Handschrift kann ich kaum entziffern: »Lieber Faust, ich wende mich wieder postalisch an Dich. Könntest Du mir 100,– DM zuschicken? Ich wäre Dir sehr dankbar!«

* * *

Ich glaube nicht an Wunder. Ich habe ihrer zu viele gesehen.

Der Freund sprach zu seinem Geliebten:
Mein lieber Geliebter! Du hast meine Augen
erzogen und gelehrt, deine Vollkommenheiten
zu sehen, und meine Ohren,
sie zu hören. So übte mein Herz
sich im Gedenken, das meine Augen an Weinen
gewöhnt und meinen Leib an Liebesleid.
Der Geliebte antwortete dem Freunde und sagte,
daß ohne solch Lernen und Üben
sein Name nicht in das Buch geschrieben würde,
das alle enthält, die einst
das ewige Leben erlangen, und deren Namen
aus dem anderen Buche getilgt sind,
das die ewig Verlorenen nennt.

Ramon Llull

TEIL DREIZEHN

Dienstag, 15. 9. 92. Spätnachmittags

Die Schuhe, das Notizbuch, die Brille.

* * *

Bevor ich zum Kopieren fahre, noch eine schwierige Situation. Ich war entspannt, weil ich gerade – auf Anhieb – den »richtigen« Zwischentext gefunden hatte. Ich legte mir meine Kopierstapel zurecht. Dann wollte ich meine Schuhe anziehen, fand sie jedoch in der Kleiderkammer nicht. Sie waren auch nicht in meinem Zimmer, in der Diele. Ich suchte überall, bis mir einfiel, sie könnten im Regal in der Kammer stehen. Dort standen sie an einer Stelle, wo sie nicht hingehören. Eckehard hatte sie dort hingestellt. Ich war hektisch, suchte meine Brille, fand sie nicht, fand sie doch. Sie lag in der Schublade mit den Arzneimitteln. Das Notizbuch fand sich schneller. Es war in der dritten Jacke, die ich abtastete.

* * *

Dorota. Der Ehemann des Mädchens rief an, das bei uns saubermacht. Ich verstand sein gebrochenes Deutsch zuerst nicht. Doch dann begriff ich, daß Dorota krank ist und nicht kommen kann. Sie muß zum Nervenarzt. »Doch wenn Sie darauf bestehen, daß sie morgen kommt...« – Ich verneinte und wünschte »Gute Besserung«.

* * *

Hanne Darboven schickte mir ein Foto, das wohl vor zwanzig Jahren aufgenommen wurde. Es zeigt sie in einer kuriosen Pose, wie sie in einer Ausstellung Ileana Sonnabend und Leo Castelli ihre Werke erklärt. Auf die Rückseite schrieb sie: »9. 11. 94«.

* * *

Als ich 1989 in Köln bei Paul Maenz von Hanne Darboven die Ausstellung »Existenz« sah, begriff ich zum erstenmal, daß es heute nicht mehr wichtig ist zu zeigen, was ihr Werk zur Kunst macht. Wichtig ist der Punkt, an dem ihr Werk die Kunst überschreitet.

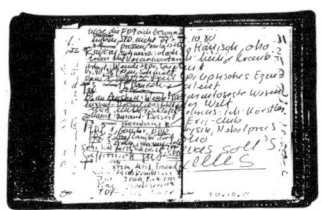

Existenz besteht aus der vollständigen fotografischen Erfassung der Notizkalender der Künstlerin aus den Jahren 1966 bis 1988. Sie wurden einzeln durchfotografiert, die Fotos auf DIN-A4-Blätter montiert und jahrgangsweise numeriert. Die gesamte Arbeit umfaßt 2261 Blätter.

Existenz stellt im Œuvre von Hanne Darboven eine Besonderheit dar. Die Arbeit wirkt auf den ersten Blick wie eine private Seite ihres Werks, die hinter ihren sonstigen Arbeiten steht und letztlich deren Bedingung bildet. Große Werke, wie zum Beispiel *Schreibzeit, Bismarckzeit, Wende ›80‹*, aber auch ihre Monats- und Jahresrechnungen, basieren auf einem komplexen System eines Um-Schreibens von Daten in visuelle Zeichen. Angereichert zum Teil durch Fotos und Texte entstehen hierdurch Repräsentationen von Zeiträumen. Das Verfahren zeigt durch Handschrift und Materialauswahl einen individuellen Aspekt, der aber zugleich durch eine Systematisierung in grafischen Schemata unterlaufen und weitgehend neutralisiert wird. Hieraus resultiert die paradoxe Wirkung, daß die extrem subjektive Aneignung der Zeit den Status eines objektiven Kommentars erreicht.

Existenz verzichtet auf Transformationen des repräsentierten Zeitraums in neue eigenständige Zeit-Zeichen. Die Notizkalender – ihre Struktur, ihr Objektcharakter – sind selbst schon eine Form der Zeitsystematisierung. Durchs Fotografieren und durch die Reihung der Fotos entsteht das optische Nebeneinander eines Zeitraums, in dem sich Chronos – als gleichmäßiger Ablauf von Zeit – und Kairos – als individuelles Lebensschicksal – durchdringen. Eingebunden in das Medium Notizbuch mit seinen Landkarten, Maßtabellen, praktischen Tips werden die ursprünglich rein privat gedachten Aufzeichnungen zum überindividuellen Bild einer Person, das Privatheit in Allgemeinheit verwandelt. Deshalb findet sich der Betrachter des Werkes auch in beidem wieder: im Lesen der einzelnen Notizen und im Wahrnehmen der Zeit, vermittelt durch die unerbittliche Neutralität des Kalenders, die Zeit für alle gleich macht.

***

Pro Tag schreibe ich nun zwanzig bis dreißig Manuskriptseiten. Auf kleinen Zetteln mache ich Dutzende von Notizen. Ich sehe nicht, wohin mich diese Schreibeuphorie führt. Ich ahne nur, daß es zwischen meinem Schreiben und meinem Erleben eine immer intensiver werdende Symbiose gibt. Ein Prozeß findet statt. Etwas löst sich auf, etwas zeichnet sich ein. Das Schreiben und der Körper. Das Wahrnehmen und das Erinnern. Ich treibe auf etwas zu, das ich nicht kenne.

***

Notizen: Liebe – und tue, was du willst. (Augustinus) – Tat twam asi. – Moments that count. – Wie oben, so unten. – Et quid amabo nisi quod enigma est. – Meister Eckehard. – Kunst, Esoterik, Marina Abramovic. – Intensitäten, Transformationen. – Anti-Ödipus. – Benetton-Werbung. – Leere Transzendenz. – Kunst ohne Kunst. – Systemtheorie. – Cyberspace. – Jahrhundertende/Jahrtausendwende...

* * *

Mangiarsi.

* * *

Mit dem Bus zum Copycenter. An der Haltestelle des 186ers wieder der Wunsch, alles festhalten, notieren zu wollen. Ich akzeptiere ihn. Ich nehme mein Notizbuch heraus und schreibe während des gesamten Wegs bis zum Kopierladen. – »Plakat. Ein Pärchen mit einer riesigen Schüssel Spaghetti: ›Allein schaffen wir die nie... Ruf doch mal an. Telekom‹.« – »ETERNITY. Calvin Klein Parfum.« – Ein Neger geht vorbei. Ein Jogger läuft über die Straße. Eine Lehrerin führt eine Schulklasse über den Zebrastreifen. Eine verstörte Frau im Mantel aus »Leopardenimitat«. Der ältere Schwule, der schon seit Jahren wegsieht. – Gedränge beim Einsteigen in den Bus. – Die Fahrt. – Goldene Herbstbäume am Straßenrand in der Sonne. – Eine Telefonzelle. »Dieses Telefon ist auf das einheitliche deutsche Vorwahlsystem umgestellt.« – Ansage: »Friedrich-Wilhelm-Platz.« – Die Kirche »Zum Guten Hirten«. – »Lucky Strike: Hall of Fame.« – »Ebbinghaus: Die Mode erleben.« – Graffiti: »Deutschland erwache. Deutschland verrecke.« – Pizzeria »Il Camino«. – »Lone Star Moccasins.« – »Bosporus Imbiß.« – »Anaïs, Anaïs.« – Spielsalon-Billard. – TaiChi Studio Stubenrauchstraße. – »Naturkost, Naturwaren: Bio Land.« – »Telefax-Center. Top Copy. T-Shirt-Druck. – Copyshop«. – Ich bin da.

* * *

Chaos und Ordnung. Da meine Computerausdrucke nicht durch den automatischen Einzug der Kopiermaschine laufen – das Papier ist zu dünn –, muß ich jedes Blatt einzeln einlegen. Die Maschine zieht es dann schnell hinein, es geht pausenlos, ich muß nur den richtigen Rhythmus finden. Ich bin wieder begeistert von dieser Technik, die so nah am Menschen ist, Verlängerung seiner Arme, seines Arbeitstaktes, seiner Fähigkeit, zu schreiben, Papier herzustellen, Maschinen zu bauen, elektrischen Strom zu erzeugen... Rechts neben mir sehe ich, wie die fertigen Kopien, präzis aufeinandergeschichtet, in Fächern abgelegt werden. »Das sieht gut aus«, sage ich mir. Als das letzte Blatt durch den Kopierer gelaufen ist, nehme ich den kopierten Stapel und lege ihn auf einen kleinen Tisch. Jetzt fehlt mir nur noch der Stapel der Originale. Doch es gibt keinen Stapel. Am anderen Ende der Maschine waren sie aus dem Kopierer heraus-

gefallen, lagen auf der Erde, völlig durcheinander. Keine Ordnung. »Nach den Gesetzen des Zufalls.«

* * *

»Es gibt keinen Zufall«, sage ich mir. »Eine Tür kann zufallen«, zitiere ich mir Schwitters.

* * *

Die weiteren Kopiervorgänge funktionieren ohne Probleme. Der Inhaber des Geschäfts, ein dicker, jovialer Franzose, bindet die Stapel selbst. Der Laden ist total »verquer«. »Ein Käfig voller Narren!« – Ich komme mit dem Chef ins Gespräch. Er klagt über die hohe Miete, und daß man an Kopien kaum etwas verdienen kann. »Die Konkurrenz ist zu groß. Wir müssen so billig sein, sonst würden wir verhungern.« Angesichts von zwei Zentnern Leibesfülle war das übertrieben. Außerdem weiß ich, daß er seine Angestellten unterbezahlt. 2000,– DM gibt er einem jungen Blonden monatlich, der – immer wenn er da ist – »die Frau am Rande des Zusammenbruchs« spielt. – Der Inhaber erzählt mir, daß er aus Nizza stammt. »Kennen Sie Nizza?« fragt er mich. Ich bejahe. Vor zwei Jahren war ich dort. – Nizza…

* * *

Nizza. »Der Leser weiß nun, was folgt…«, sage ich mir gerade beim Tippen. »Jetzt kommt etwas über Nizza.«

* * *

Doch hier stutze ich. – Da ist er: »der Leser«. – Ich habe ihn noch nie in dieser Weise angesprochen. »Jetzt wird das Buch ein wirkliches Buch«, denke ich. »Doch das willst du ja eigentlich gar nicht.« Ich lasse »den Leser« wieder verschwinden.

* * *

Nizza. Zur Art-Messe in Nizza war ich zu einer »Conference« eingeladen worden. Mit Kritikern aus Großbritannien, den USA, Frankreich. Es ging um »Fotografie als Kunstform«. Ich weiß es nicht mehr so genau. Wir spürten bald, daß wir das intellektuelle Feigenblatt waren für einen schnöden, drittklassigen Kunstmarkt. Bei der Party am Abend, in der Villa eines sehr reichen Ehepaars, blieben wir Kritiker unter uns. Auch der amerikanische Künstler John Baldessari mit seiner Tochter kam mit den französischen »Küßchen hier, Küßchen da«, mit den Dienern in weißen Handschuhen, dem Klappern der hohen Absätze auf dem Marmor, den Frauen à la Cathérine Deneuve, Anouk Aimée, Mireille Darc nicht zurecht. Wir fanden uns zum

Schluß alle in der Küche wieder. Die schicke französische Kunst
an den Wänden der Salons trieb uns zum Küchenpersonal.

***

Saint Paul de Vence.

***

Als ich den Kopierladen verlasse, um zum Essen ins Rathaus zu
gehen, denke ich: »Deine präzise Aufzeichnung vorhin, das ist
das ›Ende der Einzelheiten‹. Durch die Welt der Fülle bist du
hindurch, jetzt kannst du gelassener blicken.«

***

Als ich am Bestattungsinstitut »Grieneisen« vorbeikomme,
blicke ich ins Schaufenster und zücke wieder automatisch mein
Notizbuch. Ich notiere jetzt so »natürlich«, wie ich denke. Eine
Texttafel: »Bestattungsriten anderer Völker. KOREA. Noch
heute werden in ländlichen Gegenden Koreas die Verstorbenen
auf einem Berg beigesetzt, der über viele Generationen im Besitz
der Familie ist. Jedes Jahr, am 5. April, und an einem Sommertag, findet eine Zeremonie zum Andenken an die Verstorbenen
statt.« Fotos der Zeremonie, Trauben, Orangen, Kiwi, Äpfel,
eine Reisschale als Dekoration.

***

»Der Tod muß mir gleichgültig werden«, denke ich.

***

Das Böse. Vor der Bank am Rathaus zwei kleine Kinder. Eines
hockt auf dem Boden, blickt das andere an. Das stehende Kind
hat einen kleinen Pflasterstein in der Hand, prüft sein Gewicht,
zögert einen Moment und wirft den Stein dem hockenden Kind
auf den Kopf. Schreie und Weinen.

***

Rathauskeller. »Sie können gleich wieder gehen«, sagt die
Kellnerin zu mir, als ich hineinkomme. Ich verstehe nicht, was
sie meint. Doch dann fällt es mir ein. Sie weiß, daß ich kein
Fleisch esse, und heute gibt es wohl nur Fleischgerichte. – Ich
bestelle »Zwiebelrostbraten«. – Als die Kellnerin sieht, daß ich
Notizen mache, fragt sie mich: »Sind Sie ein Schriftsteller?« Ich
sage: »Nein, aber ich schreibe ein Buch, und Sie kommen auch
darin vor.« Die Kellnerin ist nicht besonders beeindruckt. Sagt
nur: »Dann wird es kein gutes Buch.«

***

Mein Körper glüht. Meine Hände sind immer noch heiß. Ich habe ein Gefühl wie nach einem Sonnenbrand. Ich trinke zwei Fläschchen Mineralwasser.

* * *

You got to burn to shine.

* * *

Am Nebentisch drei mittelalte Männer. Selten ist dieser Typ in dieser Gegend. Arbeiter oder Angestellte, die noch an die Demokratie glauben. »Verdammte Scheiße, was die Regierung jetzt macht. Aber die Sozialdemokraten könnten es auch nicht besser.«

* * *

Eine Frau kommt an den Tisch. Sie klagt über das schlechte Geschäft in ihrer Buchhandlung. »Seit Juni ist die Luft raus. Wir müssen eben auf Weihnachten warten.«

* * *

Jetzt fällt mir Hans Brockmann ein. Er besitzt die Heine-Buchhandlung in Berlin. Seit vierzehn Tagen habe ich nichts mehr von ihm gehört. Ich werde ihn anrufen.

* * *

Als ich an der »Klappe« am Breslauer Platz vorbeigehe, geht ein alter Mann die Treppe hinunter. Aus seinem Hemdkragen ragt ein Schlauch, der übers Ohr in die Nase geführt ist.

* * *

An der »Kaisereiche«. Ich warte auf den 174er. Leute gehen vorbei. Ein heroinsüchtiges Pärchen mit Hund. Eine schlurfende alte Frau. Zwei dicke Kinder. Ein Blinder, der mit seinem Stock den Boden vor sich abtastet, gegen die Karre des Postboten schlägt, ihr ausweicht. »Er wird überhaupt nicht wissen, was da vor ihm stand«, denke ich. Ein schöner Junge im T-Shirt mit Robert de Niro. Eine ungepflegte Frau im Jackenkleid. Ein älterer Neger. Zwei türkische Schüler. Die Eduscho-Verkäuferin. Ein tuntiger Indonesier. Ein Zimmermann… Ich sehe jetzt nur Menschen, bin davon berührt, werde sentimental. Ich denke an das, was ich heute morgen geschrieben habe. »Es gibt nur ein Leben. Wir sind alle nur Varianten.« – »Varianten der Sehnsucht«, fällt mir noch ein. Und ich finde dies ein bißchen »zu schön«.

* * *

Eins. Zwei. Zehntausend.

* * *

Im Bus ein Plakat: »Über Kunst und Geschmack kann man verschiedener Meinung sein. Nicht über VANDALISMUS. – Jährlich entstehen der BVG durch mutwillige Beschädigungen an ihren Anlagen Schäden in Höhe von mehreren Millionen DM. Für Hinweise, die zur Überführung der Täter führen, zahlen wir mindestens 300,– DM, höchstens 5000,– DM.«

* * *

Im AVK. Herr L'age hat einen Patienten in seinem Sprechzimmer. Ich hole mein Manuskript aus der Tasche, das ich für ihn kopiert habe, schreibe einen kleinen Zettel »Mit freundlichen Grüßen«. Als ich den Satz beendet habe, geht die Tür auf. Herr L'age entläßt einen jungen Mann. Ein Lederkerl, den ich vom Sehen kenne und der bleich und eingefallen aussieht. L'age begrüßt mich. Wir wechseln ein paar Sätze. Der nächste Patient wartet schon. L'age sagt: »Hans Brockmann war heute hier. Es geht ihm gut.«

* * *

Auf dem Gang der ersten Etage frage ich die Schwester nach Gregor. »Wir gehen gerade in sein Zimmer, um den Verband zu wechseln. Sie müssen noch einen Moment warten.«

* * *

Heiteres. – Ich gehe in den »Rauchersalon«. Ein sehr junger Mann sitzt dort im Bademantel. Er sieht hager aus. Ein Kaposifleck auf der Nase. Ich versuche, mit ihm zu sprechen, doch er möchte nicht angesprochen werden. Ein Zettel an der Wand: »AVK-Videoliste '92: Gemischtes, Heiteres, Action!« – »Abuse – Mißbraucht«, »Lärm und Wut«, »Auf keine Distanz«, »Rote Liebe«, »Die Bettwurst«, »Einmal Kudamm und zurück«, »Der weiße Büffel«, »Shaolin«.

* * *

Andrew. – Ich sehe, daß ein großer junger Mann aus Gregors Zimmer kommt. Ich weiß: »Das ist Andrew. Der Freund, mit dem er seit zwei Jahren zusammenlebt.« Ich gehe zu ihm hin, stelle mich vor, frage, wie es Gregor geht. Andrew ist sehr wortkarg, obwohl er ein recht gutes Deutsch spricht. »Ich bin Schotte«, sagt er. Wir sitzen eine Weile schweigend nebeneinander. Dann dürfen wir ins Zimmer. Gregor sieht mich. Strahlt. Ich seufze, ohne es selbst zu bemerken. »Wenn du anfängst zu stöhnen, kannst du gleich wieder gehen«, sagt er lachend. Die Operation ist ohne Komplikationen verlaufen. Man mußte ihm die Lymphknoten in der Leiste entfernen. »Es heilt alles rasch ab«, sagt er. »Und jetzt bin ich auch noch ein ›Süßer‹ geworden. Gerade haben sie mir Traubenzucker in die Wunde getan. Dann soll sie schneller heilen.« Von Traubenzucker in Wunden hatten Gregor und ich noch nie etwas gehört. Andrew besteht darauf, daß es gar kein Traubenzucker ist. »›Glucose‹ steht doch auf dem Glas«, sagt er. »Und das ist Traubenzucker, auf deutsch«, sagt Gregor. Er beißt die Zähne zusammen, guckt verkrampft. »Die Wunde tut sehr weh.« Eine Schwester kommt ins Zimmer, legt eine Infusion an. Gregor: »Das hohe Fieber haben sie noch nicht im Griff. Aber das wird schon werden.«

***

Fairy-tales. Ich erzähle Gregor und Andrew, daß ich ein Buch schreibe und daß es um den Alltag, die Kunst und Aids in dem Buch geht. »Erzähl aber keine Märchen«, warnt Gregor. »Warum nicht! Märchen enden doch immer sehr schön: Und wenn sie nicht gestorben sind, dann leben sie noch heute.« – Ich frage Andrew, wie der Schlußsatz in »britischen« Märchen lautet. Er muß lange nachdenken, dann sagt er: »…and they all lived happily ever after.« Und dann fügt er hinzu: »Es gibt aber auch noch ein schöneres Ende: ›They all lived forever ever and ever after.‹« Er sieht mich mit großen Augen an und sagt dann: »Denn niemand stirbt. Nur der Körper.«

***

Gregor. Jerr 65 eim Schreiben ein, daß ich Gregor überhaupt fo * nicht »Beschrieben« habe

***

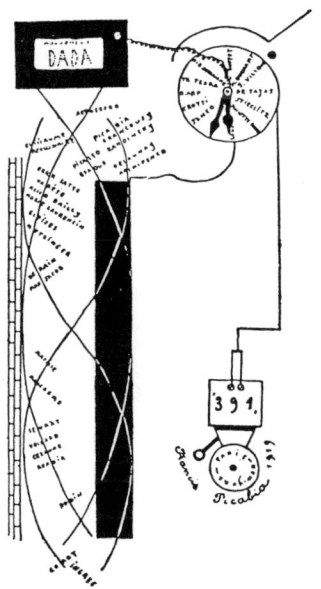

Fehler. Der vorhergehende Satz einer »experimentellen Schreibweise« hat einen banalen Grund. Ich mußte – wegen einer Einfügung in den Abschnitt zuvor – mein Schriftbild auf dem Computer formatieren. Deshalb gab ich den Befehl »rr 65«, was »Rechter Rand 65 Anschläge« bedeutet, und dann den Befehl »fo *«, was »Formatiere alles« heißt. Ich vergaß, vor diesen Befehlen mit dem »Cursor« in »Home« zu schalten. Deshalb stehen die Befehle dort, wo sie jetzt stehen. Mitten im Text.

***

Ich wiederhole: Gregor. – Jetzt beim Schreiben fällt mir ein, daß ich Gregor überhaupt noch nicht beschrieben habe. Die meisten Personen in diesem Buch werden nicht oder nur kaum charakte-

risiert. Frage ich mich, warum das so ist, dann finde ich mehrere
Antworten. Die Welt, die ich im Text erfasse, ist mir so nah, daß
ich sie ohne Distanz, unmittelbar wie sie meine Denk-Welt ist,
beschreibe. Ich habe, wenn ich Personen erwähne, nicht einmal
ihr Bild im Kopf, sondern nur eine Art Gesamteindruck, der für
mich mit dem Nennen ihres Namens aufscheint.

***

»Und er rief ihn bei seinem Namen.« – Gott gab dem Menschen
auf, alles mit Namen zu benennen. Nachdem Gott Adam
geschaffen hatte, schuf er ihm eine Hilfe, die Tiere. »Da bildete
Gott der Herr aus Erde alle Tiere des Feldes und alle Vögel des
Himmels und brachte sie zum Menschen, um zu sehen, wie er sie
nennen würde; und ganz wie der Mensch sie nennen würde, so
sollten sie heissen. Und der Mensch gab allem Vieh und allen
Vögeln des Himmels und allen Tieren des Feldes Namen; aber
für den Menschen fand er keine Hilfe, die zu ihm passte. Da liess
Gott der Herr einen Tiefschlaf auf den Menschen fallen, sodass
er einschlief...« Aus Adams Rippe schafft Gott Eva, die Hilfe,
die zum Menschen gehört. »Und Gott segnete sie und sprach zu
ihnen: Seid fruchtbar und mehret euch und füllet die Erde und
machet sie euch untertan...« – Eva spricht mit der Schlange...
Die Vertreibung aus dem Paradies... Das Leiden an der Sexualität... Die Arbeit... Kain und Abel...

***

(»Adam« heißt Mensch, »Adama« heißt Erde.)

***

Der Name ist die Person. Die Person identisch mit dem Namen.
So wie das Wort »Apfel« ein Apfel ist und keine Birne, kein Auto
oder ein Zitronenfalter. Für Leser ist das schwierig. »Wen
interessiert schon das Sterben von Klaus E.«, höre ich Joachim S.
sagen. Würde ich Klaus ausführlich »literarisch« beschreiben,
würden sich Leser mehr für ihn interessieren. Einfühlung wäre
möglich, Nachschöpfung im Leseakt. Doch ich entdecke jetzt,
daß ich diesen »literarischen Weg« nicht wirklich gehen will.
Wenn ich Klaus Ebbeke, Alf Bold, Christian Borngräber, Gregor
E. erwähne, dann tue ich das so, wie man seine Freunde im
Selbstgespräch erwähnt. Sie sind unmittelbar präsent. »Voller
Energie muß dein Text sein«, denke ich jetzt. »Er muß eine
Intensität besitzen, die mit der Intensität des Erlebens und des
Erinnerns verbunden ist.« Da ich schreibe, was ich denke, gibt es
den Leser für mich kaum. Ich zwinge mich nicht, etwas einzufü-
gen, weil es literarisch so sein sollte. Vielleicht sollte ich sagen,

bei allem, was ich aufzeichne, steht als Grund dahinter: Es ist mir wichtig, und ich erwähne es, weil ich es liebe.

***

Gregor. Er ist jetzt Anfang Fünfzig. Ich kenne ihn seit fünfzehn Jahren. Doch ich weiß gar nicht so viel von ihm. Kaum einem anderen Menschen war ich erotisch so nah. Vor Jahren trafen wir uns fast regelmäßig einmal im Monat. Irgendwann entdeckten wir, daß dies immer »um den Vollmond« geschah. Verabredungen liebte Gregor nicht. Wir mußten uns an dem Tag sehen, an dem ich anrief. Oder wir sahen uns gar nicht. Nachdem dies eine Weile so ging, sagte er immer häufiger, wenn ich mich bei ihm meldete: »Ich wußte, daß du es bist, als gerade das Telefon klingelte.« Gregor ist Meister in einer großen Druckerei. Wie er von seiner Arbeit, seinen Aufgaben in der Gewerkschaft, von seinen Eltern und Brüdern, seinen Freunden spricht, das hat mich immer gefreut. Er ist ganz da in der Welt.

***

»Hoffentlich geht es dir bald wieder besser«, sage ich bei meinem Besuch zu Gregor in seinem Zimmer 129. (Josef lag in diesem Zimmer. Wolfram lag in diesem Zimmer.) »Natürlich geht es mir bald wieder besser. Ich bin doch ein Optimist«, sagt Gregor. – Und dieser Satz war richtig und zugleich völlig sinnlos. »Ich weiß, was ihm bevorsteht«, denke ich. »Aids ist unerbittlich. Die Phasen des Leidens sind – mit Varianten – bei allen gleich. Es ist ein ›Schema F‹. Auch das Sterben ist fast immer derselbe Weg. Gregor ist jetzt in der Phase des ›Noch-nicht-Akzeptierens‹. Dann kommt die Phase des Verhandelns. Die Hoffnung, daß man dem Tod ein Schnippchen schlagen kann. ›Wenn ich dies oder jenes richtig tue, dann gibt der Tod mir noch Zeit. Ich nehme genau meine Medikamente. Ich achte auf meine Gesundheit. Ich stelle meine Ernährung um…‹« Ich denke: »Oder ich schreibe ein Buch.« – Nach dem Verhandeln kommt fast stets die Phase des aggressiven Aufbäumens. Die ersten Symptome, die nur noch mit großen medikamentösen Eingriffen zu bewältigen sind, provozieren einen Widerstand. »Jetzt zeige ich dem Tod, wer der Herr in meinem Körper ist. Ich lasse mich doch nicht unterkriegen.« Erst langsam bereitet sich dann der Ausklang vor. Einwilligung, Annehmen des Todes, Bejahung tauchen auf. Der Gedanke »Ja, das war's, und jetzt geht es mit mir zu Ende.«

***

Auf dem Gang der Station 30 B frage ich einen Pfleger nach Alf Bold. »Er kommt nur morgens in die Tagesklinik.« – »Dann muß es ihm recht gutgehen«, denke ich.

* * *

Der Schlaf. Als ich nach dem Besuch bei Gregor in Christians Zimmer gehe, liegt es im Dämmerlicht. Draußen wird es schon dunkel. Keine Lampe brennt im Raum. »Christian, ich bin da«, sage ich laut. Christian liegt auf dem Bett, schlafend, die elegante Brille vor den geschlossenen Augen. Er wird wach, sieht mich an, fragt: »Wieviel Uhr ist es?« Doch er hört nicht auf die Antwort, sondern schläft sofort wieder ein. Ich setze mich neben sein Bett. Christian liegt völlig ruhig. Sein Gesicht ist entspannt. Er schläft. Die weiße Bettdecke hat er bis unters Gesicht gezogen. Die Hände sind darunter. Er atmet tief. Die Brust hebt und senkt sich unter dem Bettuch. Ich sitze still da, blicke ihn an. Dann bemerke ich, wie er unter der Bettdecke über seinen Penis streicht. Mehrmals, dann ist er wieder ruhig. »Das notierst du dir jetzt«, denke ich. Doch ich tue es nicht. Ich spüre, wie sich »das Buch« in meine Wahrnehmung drängt. Es ist mir unangenehm. »Du bist jetzt bei Christian, weil du bei Christian bist. Vielleicht, weil er dich braucht, aber nicht wegen deines Buches«, denke ich. Ich sehe ihn ruhig liegen. Er atmet tief. Ich spüre, daß er allein sein will. Ein Raum des Alleinseins umgibt seinen Körper. »Vielleicht sollte ich jetzt gehen«, denke ich. Der Gedanke wird so stark, daß ich Christian danach frage, als er wach wird und mich ansieht: »Möchtest du allein sein, soll ich jetzt gehen?« – »Nein, nein, nein«, lallt er und streckt seine Hand nach mir aus. Ich nehme sie, er zieht mich zu sich. Ich lege meine linke Hand über dem Laken auf seinen Unterbauch. Die rechte Hand auf seine Stirn. Sehr behutsam. Er schläft ein und lächelt. Ich lege die linke Hand auf den Solar plexus. Ich lege meine Linke auf sein Herzzentrum. Die Rechte bleibt stets auf der Stirn. Das dauert eine Viertelstunde. Er ist gelöst und lächelt, mit geschlossenen Augen, im Schlaf. Ganz langsam nehme ich meine Hände von seinem Körper, lasse die Energie, die sie ihm gegeben haben, auf ihm zurück. Er ist selbst diese Energie. Ich setze mich wieder auf meinen Stuhl. Eine Krankenschwester kommt ins Zimmer und fragt laut und deutlich: »Willst du dein Kraftpack ›Fortimel‹?« Ich wundere mich über das »Du«, finde es schön. »Ja«, sagt Christian. »Schokolade, Schokolade, Schokolade.« Die Schwester bringt die Trinkpackung, gibt sie mir, lächelnd. Ich stecke den Halm in die vorgesehene Öffnung, beuge mich über Christian. Er sieht die »Schokolade« und sagt nur: »Will ich nicht.« Dann schläft er wieder ein. Ich betrachte

Christians Gesicht. Die tiefliegenden Augen hinter der Brille, die eingefallenen Wangen, die gelb-graue Gesichtsfarbe. »Wie ein Christus von El Greco«, denke ich, und im selben Moment frage ich mich: »Hat El Greco überhaupt einen Christus gemalt?« Ich habe kein Bild im Kopf. – »Wie Christus!« – »Eine schöne Assoziation!« denke ich. Doch es ist Christian. Es ist der Freund, der sich jetzt langsam von mir verabschiedet. Ich sehe jetzt wieder nur ihn. Mitfühlen, Mitleid ist in meinem Körper. Das tut gut, und ich bin »ganz da«. Ich blicke auf ihn, sehe nur noch sein Gesicht, ganz ohne Gedanken, nur sein Gesicht als Gesicht. »Die Gedanken ziehen vorbei wie Wolken«, höre ich mich sprechen. »Halte sie nicht fest.« Ich blicke auf Christian. Er ist in meinem Sehen ganz präsent. Der Blick wird leerer und leerer. Und ich denke: »Du mußt einkaufen gehen. Käse, Butter, Obst, Mineralwasser, Vitamin C, Sensodyne…« Das Abschweifen in diese Gedanken ist kein Nicht-mehr-anwesend-Sein. Ich mache mir deswegen auch keine Vorwürfe. Das Doppelte, Dreifache der Situation – Christian zu sehen, ohne Deutung, ohne »Erzählung« und der Gedanke ans Einkaufen – ist mir angenehm. »Alles ist Eins. Und Eins ist einser«, fällt mir ein. Ich fühle mich frei und unbeschwert. »Das mußt du aber jetzt notieren«, taucht wieder als innere Forderung auf. Ich tue es nicht. »Wenn dir das, was du jetzt erlebst, wichtig ist, wirst du es behalten.« – Frau Borngräber kommt nach kurzem, kräftigen Anklopfen ins Zimmer. Christian wird wach. Er sieht sie lächelnd an, sagt: »Mutter!« Frau Borngräber geht an Christians Bett vorbei. Sie blickt nur zu ihm hin. Sie gibt mir die Hand. Sie geht zum kleinen Tischchen, stellt die »Lenôtre-Tüte« mit dem Windbeutel – »Er hatte sich einen Windbeutel gewünscht, hoffentlich kann er ihn essen« – auf den Tisch. Sie zieht ihre Jacke aus. Alles geschieht seltsam unbeteiligt, fast routinemäßig. Dann erst geht sie zu Christians Bett. Beugt sich über ihn. Er greift mit hastigen Bewegungen nach ihrem Kopf. »Christian, Christian.« – »Mutter.« – Eine kleine intime Szene beginnt. »Wie eine Mutter mit ihrem Baby – ganz Liebe«, denke ich. Ich verabschiede mich und gehe aus dem Zimmer. »Wir sehen uns in den nächsten Tagen, mach's gut.«

***

»Nichts da von heilig«, fällt mir auf dem Weg durch die Station ein. Ich weiß nicht, warum ich es denke. Ich erinnere mich nur daran, daß dies der Schlußsatz einer Zen-Geschichte ist. Wie sie lautet, habe ich vergessen.

***

Lektoren. Im Bus denke ich über mein Buch nach. Sehe die Lektoren vor mir, die es lesen werden. Sehe mich, wie ich die Texte für das »Wolkenkratzer Art Journal«, den »Metropolis«-Katalog redigiere. »Jeder Satz muß nachvollziehbar sein, der Aufbau muß stimmen«, war eine Parole für mein Redigieren. »Die Welt muß in den Wörtern aufgehen.«

* * *

Vox intima.

* * *

»Staunend bist du manchmal in deinem Buch, naiv«, fällt mir ein. Und ich denke an Parzival. An Siegfried. »Warum Siegfried?« Ich erinnere mich an Chereaus »Ring«-Inszenierung, die ich vor Jahren im Fernsehen sah. Siegfried ist darin eigentlich ein eher tumber Tor – ein reiner Tor. »Ob Wagner das gewollt hat?« fragte ich mich damals. »Kann ein Held naiv sein, tumb sein?« Ja, er kann es, aber er muß erlöst werden. Irgend etwas muß sich bei ihm zum Positiven entwickeln. Das ist das unerbittliche Gesetz der guten Literatur. Geschieht das nicht, bleibt nur die Tragik oder das Verlachen. »Bouvard und Pecuchet«, denke ich.

* * *

Siegfried. Die germanischen Sagen zogen mich nie so an wie die griechischen, die ich durch Schwabs »Götter- und Heldensagen« als Kind kennenlernte. Vielleicht lag das auch an der Erotik der Abbildungen, die meine Ausgabe enthielt. Vasenbilder zeigten die Helden nackt, mit winzigen, immer leichterregten Penissen. Nackte Körper kannte ich kaum. Ich hatte meine Eltern nie unbeschwert nackt gesehen. Als ich einmal als Fünf- oder Sechsjähriger ins Badezimmer kam, lag mein Vater in der Wanne. Ich blickte – natürlich – interessiert ins Wasser. Mein Vater steckte im selben Moment seinen Penis zwischen die zusammengeklemmten Beine. Nur die Schamhaare waren noch zu sehen. »Er ist wie eine Frau«, dachte ich. Doch ich wußte genau: »Er versteckt sein Geschlecht.«

* * *

Siegfried. Da ich als Kind unter der Ichthyosis litt, war meine Haut rauh und schuppig. Die Sage von Siegfried faszinierte mich deshalb wohl besonders. Das Drachenblut hatte auch ihn mit einem Hautpanzer versehen. Das Lindenblatt war die verwundbare Stelle. Die Szene seines Todes spielte ich in meiner Phantasie immer wieder durch. So intensiv, daß ich meine Mutter bitten wollte, mir ein kleines Kreuz auf den Rücken des Pullovers zu sticken. Ich sagte es ihr nicht.

***

Ichthyosis. »Esau«, sagte mein Onkel Päule zu mir, als er mich einmal an einem Sommertag in den Arm nahm und meine rauhe Haut spürte.

***

Edeka. »Alles ist Symbol und alles ist kein Symbol«, fällt mir bei »Edeka« ein, als ich die großen Stapel mit Weihnachtsgebäck sehe, die jetzt schon in den Regalen liegen. »Aachener Printen. Lebkuchen. Nuß-Spitzkuchen. Original Dresdner Stollen.«

***

Dresdner Stollen. »Weißt du eigentlich, daß der Dresdner Stollen ein Symbol ist?« fragte mich Eckehard vor einigen Jahren. »Er hat die Form eines kleinen Babys. Der Teig wird ›gewickelt‹. Der weiße Puderzucker, das sind die Windeln. Christus in der Krippe.«

***

Apfel, Nuß und Mandelkern…

***

Abendessen mit Eckehard. Wir hören Nachrichten. Wieder diese widerlichen »Deutschen Szenen« der Ausländerfeindlichkeit und des menschenverachtenden Hasses. Ich sage: »Noch denken alle, das ist nur ein Unfall, nur ein Exzeß der Außenseiter. Wie damals im Dritten Reich, als viele Hitler für ein notwendiges vorübergehendes Übel hielten.« – Stella Baum in Wuppertal erzählte mir einmal: »Hitler, das war der Prolet für uns, den man kurz Ordnung schaffen ließ. Dann wird er wieder abgeschafft, und alles wird wieder normal.«

***

Mémoire involontaire.

***

Mein Vater. Das Dritte Reich wurde für uns ein Trauma in unserer Beziehung. Als ich mit fünfzehn Jahren »Das Tagebuch der Anne Frank« las, war ich völlig aufgelöst. Ich spürte, daß es etwas mit mir zu tun hat, mit meinen Eltern, mit der Umgebung, in der ich lebe. Ich begann, meinem Vater Vorwürfe zu machen. »Wie konntet ihr so etwas zulassen!« – »Du hast damals nicht

gelebt. Du kannst dir solche Situationen überhaupt nicht vorstellen.« Mein Vater war immer »stramm links«. Mein Großvater war in der USPD. 1932 kämpfte mein Vater bei den
Straßenkämpfen in Wuppertal gegen die Nazis. Er half einem
Freund, einem »Vierteljuden«, noch durchs Examen zu kommen. Nach der Machtergreifung fühlte er eine tiefe Ohnmacht.
Resignation machte sich in ihm breit, als er entdeckte, daß seine
Genossen scharenweise zu Hitler überliefen. Er wurde apoli-
tisch, dachte sich sein Teil, machte mit, ohne schuldig zu
werden. Den Krieg durchlebte er, ohne Karriere. Ich weiß heute
nicht, was er überhaupt in Rußland für eine Aufgabe hatte.
Funker war er gewesen, daran erinnere ich mich. Nach 1950
wurde in unserer Familie nicht mehr über den Krieg oder das
Dritte Reich gesprochen. Kriegserzählungen waren tabu. Sie
sollten und mußten vergessen werden. Ich weiß nur, daß mein
Vater schreckliche Träume hatte. Meine Mutter erzählte mir
von solchen schweren Nächten. Ich hatte Mitleid mit ihm.

***

Die Synagoge. Ich wuchs in einem Haus mit vierzehn Familien in
der Straße »Zur Scheuren« in Wuppertal-Barmen auf. Unser
Haus war 1940 errichtet worden. Auf dem Grundstück der alten
Barmer Synagoge, die in der Reichskristallnacht zerstört worden war. Der Chef meines Vaters hatte das Grundstück von der
Jüdischen Gemeinde gekauft, sagte man mir später. Hinter
unserem Haus, das an einem kleinen Abhang lag, gab es die
»Terrasse«. Es war der Boden der früheren Synagoge. Darunter
waren dunkle Kellergeschosse. Wunderbare Orte fürs Verstek-
kenspielen und die ersten Berührungen der anderen kindlichen
Körper. Eines Tages, wir waren vielleicht sieben Jahre alt,
hörten wir davon, daß die Terrasse ein Teil der Synagoge war.
Juden kannte ich nur aus dem Kindergottesdienst. Ich wußte,
daß man sie vertrieben hatte, ich wußte, daß die Synagoge in
Brand gesteckt worden war. In meiner Phantasie sah ich oft
Feuer. Meine Spielkameradinnen und ich steigerten uns hinein
in »den Brand der Synagoge«. Irgendwie hatten wir etwas von
Archäologie gehört, von Ausgrabungen. Wir holten uns Löffel
und gruben neben den Fundamenten der Terrasse. In der Erde
fanden wir kleine geschmolzene Glastropfen. Wir wuschen sie in
der Waschküche, legten sie auf einen weißen Suppenteller und
sahen sie schweigend an. »Judentränen«, sagte meine Freundin
Elke.

***

Nazis. Als ich ein Kind war, hörte ich oft das Wort »Nazis«. Ich konnte mir nichts darunter vorstellen, wußte nur, daß das Menschen waren, mit denen ich nicht verkehren wollte. Einmal zeigte mir meine Mutter ein Foto der Familie meiner Tante, der Schwester meines Vaters. Sie standen »In Swinemünde« unter dem Weihnachtsbaum, 1942. »Damals waren sie Nazis«, sagte meine Mutter. »Jetzt sind sie schrecklich fromm.«

* * *

Nazis. Ebenfalls in meiner frühen Kindheit. Wir wohnten in der Mansarde des Hauses in der Scheurenstraße. Von oben konnte ich auf die Terrasse sehen. Akkordeonmusik. Ich blickte aus dem Fenster. Unter Leitung von Frau Höhn machten etwa dreißig Frauen und Männer einen Volkstanz in holländischen Holzblotschen. Klack, klack, klack, ging der Rhythmus. Meine Mutter kam ans Fenster. »Das waren alle Nazis«, sagte sie. Jetzt wußte ich es: »Nazis sind Leute, die in Blotschen tanzen!«

* * *

Anne Frank. In die Lektüre ihres Tagebuchs vertiefte ich mich so, daß ich ihr Briefe schrieb: »Liebe Anne…«

* * *

Die Mitschuld. Wann ich mich mit meinem Vater wegen seiner »Mitschuld« am Dritten Reich überworfen habe, weiß ich eigentlich nicht. Es gibt keine konkrete Szene dafür. Das Dritte Reich wurde zwischen uns zum Tabu-Thema. Als ich mich an den 68er Revolten beteiligte, ohne je in einer K-Gruppe zu sein, wurde das Thema zwischen uns ausgeblendet. Erst langsam begriff ich, daß Vaters stummes Akzeptieren des Dritten Reichs seine Form des Widerstands war. Alles andere hätte ihn überfordert. Nach dem Krieg hat sich mein Vater nie wieder politisch betätigt. Das ist schade. Er hätte sehr engagiert sein können. Was ihn neben der Resignation davon abhielt, war sein aggressives Temperament. Bei Ungerechtigkeiten rastet er regelrecht aus.

* * *

Die Nerzkappe. Irgendwann Anfang der 70er Jahre wünschte sich meine Großmutter, die Mutter meines Vaters, zu Weihnachten eine Nerzkappe. Sie war schon eine alte, zierliche, kleine Frau geworden. Nach dem Tode meines Großvaters, der herzensgut und zugleich herrisch brutal war, blühte sie auf. In meiner Kindheit hatte ich immer Angst vor ihren grauen Augen. Jetzt mochten wir uns sehr. Als sie die Nerzkappe ausgepackt hatte, ging sie in die Diele vor den Spiegel und sah sich selbstverliebt an. Das war wohl immer ein Traum in ihrem Leben gewesen: »Eine Nerzkappe.« Als ich meine Großmutter im Spiegelbild sah, mußte ich lachen: »Da ist sie, die Sozi-Kämpferin. Mit dem Nerzkäppchen trägt sie stolz die ›Rote Fahne‹.« – »Red keinen Stuß, dumme Jung«, sagte meine Großmutter und kneift mich bei der Umarmung.

***

Der Engel von Elberfeld. »Sie war ein gutes Mensch« wurde immer über eine Verwandte von mir gesagt. »Hanna Faust, geboren am 28. September 1828. Gestorben am 20. Dezember 1903.« – Ich finde das jetzt in einem Büchlein »Berühmte & berüchtigte Wuppertaler«.

Hanna Faust. Sie hat nichts erfunden und nichts entdeckt. Ihren Namen trägt kein Bazillus und keine Eistorte. Sie konnte weder dichten noch malen noch komponieren, ja, sie war noch nicht einmal mit irgendwelchen Prominenten befreundet oder bekannt. Sie wurde nicht geadelt, und sie bekam keine Orden. Sie lebte ein ruhiges, kleinbürgerliches Leben. Und doch: Als sie 1903 beerdigt wurde, da mußte Gendarmerie die Menschenmasse an ihrem Grab zurückdrängen. Sie war, wie man im Wuppertal zu sagen pflegt, »ein gutes Mensch«. – Das Leben dieser »Heiligen von Elberfeld« war Gottesdienst mit Eimer und Schrubber, mit Kaffee und Schnorrerei für die Bedürftigen. – Eines Tages hört sie von den Leuten im Elendstal. Ein Stadtbeamter hat dieses Tal so getauft. Er hatte bei einer Inspektion festgestellt, daß dort von den Leuten nichts zu holen sei. Da hausten arme Knopfmacher und Fabrikarbeiter in roh zusammengezimmerten Buden. Die Mieten für die aus dem Boden schießenden Mietskasernen waren ihnen zu hoch. Ins Elendstal traute sich in den 50er und 60er Jahren des vergangenen Jahrhunderts kaum jemand der Finen, der Feinen. Aber Tante Hanna hat es sich in den Kopf gesetzt, die Leute vor der »gott- und kirchenfeindlichen Sozialdemokratie« zu retten. Sie tut es mit Zigarren. Die verteilt sie erst mal, als sie ins Elendstal kommt. Dann erzählt sie in ihrem Platt biblische Geschichten, organisiert Feste und schafft, indem sie bei den reicheren Leuten in Elberfeld schnorrt, Kaffee heran. Tante Hanna begriff sehr schnell, was heute die Grundthese jeglicher Sozialarbeit ist: Hilfe zur Selbsthilfe.

***

Als ich Eckehard gerade erzählte: »Jetzt zitiere ich ausführlich ›Tante Hanna‹«, sagt er nur: »Dein Buch läuft völlig aus dem Ruder.« – Ich spüre das auch und antworte: »Dann bezeichnen wir es eben als postmodernen Roman.«

* * *

Else Lasker-Schüler. Wer wissen will, was »Wuppertal« für mich bedeutet, muß Else Lasker-Schülers »Die Wupper« lesen. Alles ist darin enthalten.

* * *

Wuppertal.

* * *

Musch Wedekind. Anni Wedekind, eine ältere Dame aus einer bekannten Elberfelder Familie, »den Rittershaus«, lebte in ärmlichen Verhältnissen in ihrer riesigen Backsteinvilla in der Sadowastraße. Ich lernte sie 1961 kennen. »Weiter unten am Berg, Nummer 7, wohnte die Lasker«, sagte sie oft. Ich weiß jetzt gar nicht einmal, ob Musch Wedekind die Lasker je getroffen hat. Doch sie verehrte sie sehr. Nach dem Krieg war die Familie Wedekind verarmt. Sie hatte die ganze Villa unter-

vermietet an Leute, die es nötig hatten. Manchmal verzichtete Musch auf die Miete. »Die haben gar kein Geld.« Musch Wedekind war eine »Rezitatorin«. Sie konnte mindestens 300 Märchen auswendig, den ganzen »Faust«, erster und zweiter Teil, mehrere Shakespeare-Dramen. Aus ihren Rezitationsabenden in Jugendgefängnissen hatte sich ein monatlicher »Kreis« entwickelt mit etwa fünfzehn jungen Teilnehmern. Das Ritual dieser Abende war immer dasselbe. Zuerst gab es »Kunst«. Musch rezitierte, las vor, erzählte eine »Geschichte« aus ihrem Leben. Dann gab es einen scheußlich schmeckenden Fix-Fertig-Pudding. Wir aßen ihn immer voller Zuneigung. Nach dem Pudding gab es die Diskussion. Musch wählte ein Thema oder hatte Gesprächsanreize vorbereitet. Obwohl sie völlig mittellos war, lagen unter ihrem Bett Schätze. Sie besaß Dürer-Holzschnitte, Rembrandt-Radierungen, Lithographien von Rohlfs und Corinth. Wie im Nebenbei erzählte sie, daß sie gerade Goyas »Desastres de la guerra« gegen die »Caprichos« getauscht habe. »Mit den Kriegsgreueln konnte ich nicht mehr leben.« Musch war beeinflußt von den Ideen Rudolf Steiners, doch sie war keine verbissene Anthroposophin geworden. Goethe war der Leitstern ihres Lebens, der »menschliche Goethe«, wie sie immer sagte. Sie verfaßte selbst Gedichte. Wenn sie sie vorlas, tat sie dies mit einer gewissen Scheu. Es hatte dann nicht das Pathos ihrer Rezitationen, die Gewalt der Sprache, die wir immer kurz vor Ostern erlebten, wenn sie den ersten Teil des »Faust« – auswendig – vortrug. – Anni Wedekind. »R.I.P.«

***

Das Blatt. Das welke Blatt. Da löst es sich vom Baum. Fällt. Und verweht.

***

»Wo bin ich jetzt?« Das Schreiben ist kein Schreiben mehr. Es ist nur noch zu einem Erinnern geworden. Bei den letzten Passagen wußte ich gar nicht mehr, daß ich an meinem Buch schreibe. »Ich erzähle mir mein Leben«, denke ich. »Wie schön.«

***

Und dann fallen mir nur noch Szenen ein. Szenen wie Bilder. Ich möchte sie nicht beschreiben. Nur kurz festhalten: »Muschs Absencen. Auf der Straße sieht sie – ganz klar – die Pferde der Camargue.« – »Die Bettszene mit meinem Vater.« – »Die Verführung durch Rita.« – »Der Trennungsschmerz auf Föhr.« – »Der erste Orgasmus.« – »Die Angst vor den Mathematik-  arbeiten.« – »Unser eigenes Haus.« – »Die Phimose-Opera- tion.« – »Der Abschied von meinem Großvater.« – »Meine Großeltern in Columbus, Ohio.« – »Das Spiel in den Ruinen.« – »Die Fahrt nach Hoheleye.« – »Wie mein Vater mich in einen Gänsestall steckt und ich meinen Finger herausstrecken muß.« – »Das Kaffeekränzchen meiner Mutter.« – »Heinrich Böll, Rudolf Hagelstange, Marie Luise Kaschnitz im Carl-Duisberg- Gymnasium.« – »Ein Film über ›Deutschlands dunkelste Zeit‹.« – »Die Phantasien über meinen ›jüdischen Verwandten‹.« – »Erotische Kinderspiele mit Erhard, Bernd, mit Elke.« – »Weih- nachten, immer wieder Weihnachten.« – »Bergwandern am Ortler.« – »Kirchners ›Davos‹ in der Abiturprüfung.« – »Die Immatrikulationsfeier in Göttingen.« – »Brennende Autos bei der Anti-Springer-Demo.« – »Die Promotionsprüfung.« – »Der Anti-Ödipus-Lesezirkel mit Heidi und Peter.« – »Der Sprung von der Zehnmeterklippe.«

***

»Die Wäsche muß ja auch mal gewaschen werden!« Eckehard steckt voller Vorwurf die Wäsche in die Reisetaschen. Es macht mich nicht nervös. Doch ich spüre wieder, daß Eckehard mit meinem Schreiben nicht zurechtkommt. Angst taucht in ihm auf. Nicht nur um mich, sondern um sich selbst. Etwas später sagt er: »Ich habe doch keine Zeit zum Waschen.« – »Dann gehe ich eben waschen«, antworte ich. Ich packe die Taschen um – die Socken waren bei der Leibwäsche – und gehe in den Waschsalon.

....

Nachmittags. Ich setze mich wieder an den Computer, denke: »Du mußt wirklich auf dich aufpassen! Du bist an der Grenze deiner Kräfte.« Und dann fällt mir ein: »Du bist aidskrank. Es kann schon morgen mit dir zu Ende gehen. Du verbrennst dich. Du treibst Raubbau mit deiner Energie.«

* * *

Um nicht völlig zusammenzubrechen im Streß, habe ich in den letzten Tagen kleine Tricks entwickelt, die mich bei Kräften halten. Ich trinke sehr viel Mineralwasser – heute schon fast drei Flaschen –, ich esse viele Kalorien, nehme Vitamin C und trinke »Fresubin – Die ballaststofffreie Standard-Diät«.

* * *

Qualität. »Der Streß, der an deinem Schreiben abzulesen ist, ist noch kein Argument für Qualität!« – Wenn Künstler mir von ihren enormen Arbeitsschwierigkeiten erzählten, konnte ich immer nur sagen: »Schweiß, den man in der Kunst sieht, ist für den Betrachter völlig belanglos.« – Zum Glück will ich kein Kunstwerk machen. Es geht um den Schweiß, um die Schlacke. »Die Qualität deines Buches muß Intensität sein«, denke ich. »Eine Nähe zum Leben mit all seinen Widersprüchen und Brüchen, mit seiner Banalität, seinem Pathos und seinem Kitsch. Ich bin liebenswert, und ich bin oft unerträglich. Genauso will ich mir auch in meinem Text begegnen.«

* * *

Nur keine Literatur-Literatur! – »Vernetzungen, Cross-Culture, Bricolage, Adhocism«, fällt mir ein. Schlagwörter aus der Kunst- und Philosophiediskussion, mit denen ich mich vor Jahren »theoretisch« auseinandersetzte.

»Cross Culture« ist ein Begriff aus der amerikanischen Kultursoziologie. Ursprünglich bezog er sich auf kulturelle »Kreuzungen«, die sich durch das Zusammentreffen verschiedener Ethnien herausbilden. Doch läßt sich der Begriff auf soziale und kulturelle Phänomene erweitern, die sich im »Dazwischen« verschiedener Formulierungen und Kontexte ansiedeln. Cross Culture widerspricht damit der Ideologie vom »großen Einzelnen«. Sie ist vor allem ein Gruppenphänomen, das die Spannung von Differenz und Assimilation sucht. »Cross Culture« in der Kunst: die Verkettung von Kunst, Medien und Alltag, von Kunst und Wissenschaft, Kunst und Technologie, Kunst und »Weltkunst«. Den Begriff »Bricolage« benutzt Claude Lévi-Strauss in seinem Werk »Das wilde Denken«. »Bricolage« heißt Basteln, doch fehlt dem französischen Begriff hier der abwertende Nebensinn, den das deutsche Wort besitzt. »Bricolage« ist eine Verhaltensweise, die Unterschiedliches zusammenfügt, ohne von einem »Generalplan« oder einem zuvor fertig entwickelten Konzept auszugehen. Wichtig ist für den »Bastler«, daß er in seiner Arbeit immer wieder von Vorgefundenem ausgehen kann, das er seinem jeweiligen Zweck entsprechend neu arrangiert. Das unterscheidet ihn vom erfindenden Ingenieur. »Man könnte versucht sein zu sagen, der Ingenieur befrage das Universum, während der Bastler sich an eine Sammlung von Überbleibseln menschlicher Produkte richte, d. h. an eine Untergruppe der Kultur.« Das gilt nicht nur für die Dinge, die er herstellt, sondern auch für die Gründe, die ihr Erscheinen rechtfertigen. Betrachten wir auf dieser Ebene das Verfahren der Bricolage, so erweitert sich die Thematik auf das Verhalten, das hinter dem »Basteln« steht.

Litérature

Lévi-Strauss entwickelt seinen Gedankengang in Beziehung zum »mythischen Denken«, das er mit dem »wissenschaftlichen« konfrontiert. »Die Eigenart des mythischen Denkens besteht, wie die der Bastelei auf praktischem Gebiet, darin, strukturierte Gesamtheiten zu erarbeiten, nicht unmittelbar mit Hilfe anderer strukturierter Gesamtheiten, sondern durch Verwendung der Überreste von Ereignissen: ›odds and ends‹ würde das Englische sagen, Abfälle und Bruchstücke, fossile Zeugen der Geschichte eines Individuums oder einer Gesellschaft. In gewissem Sinn ist also das Verhältnis zwischen Diachronie und Synchronie umgekehrt: das mythische Denken dieser Bastler erarbeitet Strukturen, indem es Ereignisse oder vielmehr Überreste von Ereignissen ordnet, während die Wissenschaft, ›unterwegs‹ allein deshalb, weil sie stets begründet, sich in Form von Ereignissen ihre Mittel und Ergebnisse schafft, dank den Strukturen, die sie unermüdlich herstellt und die ihre Hypothesen und ihre Theorien bilden.« Doch dürfen diese beiden Positionen nicht als zwei Stadien oder zwei Phasen einer Entwicklung gesehen werden. Sie existieren nebeneinander und bilden zwei prinzipielle Möglichkeiten. Indem das Verhalten der Cross Culture bestimmt wird vom Prinzip der »Bricolage«, wird ein Aspekt in der Kunstproduktion sichtbar, der Unmittelbarkeit und Spontaneität mit der Idee des ad hoc aller Konzeptionen und Medien verbindet.

Das hat seine Traditionen. Charles Jencks und Nathan Silver haben schon Anfang der 70er Jahre auf ein zentrales Strukturprinzip im Denken und Handeln der spätkapitalistischen, postindustriellen Gesellschaft aufmerksam gemacht: Adhocismus. Hinter diesem befremdlichen Kunstwort verbirgt sich eine Haltung, die – durchaus in der Nähe der Bricolage – vom Prinzip des ad hoc bestimmt wird.

»Einen Zweck sofort zu erreichen ist das Ideal des Adhocismus. Er durchschneidet die gewohnten Verzögerungen, die durch Spezialisierung, Bürokratie und hierarchische Organisationen hervorgerufen werden. Heute werden wir von Kräften und Ideen bestimmt, die die Erfüllung der menschlichen Zwecke behindern. Große Konzerne standardisieren und begrenzen unsere Wahlmöglichkeiten, Verhaltensphilosophien bringen die Menschen dazu, ihre mögliche Freiheit zu verneinen. Aber eine neue Art der direkten Aktion bildet sich heraus, die Wiedergeburt eines demokratischen Verhaltens und Stils wird sichtbar, wobei jeder seine persönliche Umwelt aus unpersönlichen Subsystemen schöpfen kann, ob sie nun alt oder neu, modern oder antik sind. Indem das Individuum seine unmittelbaren Bedürfnisse realisiert, indem es ad hoc Teile zusammenfügt, erhält und transzendiert es sich selbst. Die unmittelbare Umgebung auf ein Ziel hin zu formen ist der Weg zu geistiger Gesundheit. Die gegenwärtige Umwelt, neutral und stumpf, führt zu Verdummung und Gehirnwäsche.«

Manfred L'age rief an. Er hat das Buch jetzt etwa bis zur Hälfte gelesen und ist völlig verwirrt. »Die Teile, die Sie mir jetzt gegeben haben, sind ja etwas völlig anderes. Wo wollen Sie denn hin? Ich habe das Gefühl, Sie ertrinken.« Ich erkläre ihm, daß er keine Angst um mich zu haben braucht. »Ich fühle mich sehr sicher.« – »Aber einen Verlag finden Sie für so etwas nicht so leicht.«

***

Manfred L'age hat recht. Mein Buch ist so inhomogen, daß es kaum in das Programm eines Literatur-Verlags paßt. »Lektoren-Literatur«, fällt mir als Charakterisierung für die deutsche Literaturszene ein. Endlose Fortführungen des Klischees des »guten Schreibens«.

***

Bildende Kunst. »Die interessanten Arbeiten mit Sprache haben in den letzten Jahrzehnten in der bildenden Kunst stattgefunden«, denke ich. »On Kawara, Lawrence Weiner, Robert Barry, Jenny Holzer, John Baldessari, Barbara Bloom, Hanne Darboven. Oder in der Musik. John Cage. Seine ›Norton-Lectures‹ sind genial!« Und meine Rezeption von ihnen ist absurd. Ich habe immer wieder darin gelesen. Aber viel wichtiger war mir, daß das Buch in meinem Arbeitszimmer lag. Es strahlte Energie aus. Ich mußte es nicht lesen.

***

John Cage besaß keine Schallplatten!

***

Als ich auf dem Weg zum Waschsalon an Eduscho vorbeikomme, lese ich: »*Flauschige* Velour-Duschvorlage«, »*Sportlicher* Damen-Freizeitanzug«, »*Kuscheliges* Frotteetuch«, »*Originelles* Vasenset«, »*Zeitloser* Wandspiegel«. – »Genau so funktioniert für Lektoren ›Literatur‹«, denke ich. Sie muß stets so funktionieren, wie ihre Wertungsadjektive es vorherdenken. – »Gadamers ›Vor-Urteil‹«, denke ich.

***

Klick. Im Waschsalon fülle ich die Wäschetrommel. Eine junge Frau neben mir ist völlig aufgelöst. Das Türschloß der Trommel klemmt. Sie versucht es mit Gewalt. Ich helfe ihr. Doch auch mit vereinten Kräften geht die Tür nicht auf. »Sie müssen die Zentrale anrufen, die schicken dann einen Techniker.« Indem ich dies sage, macht es im Türschloß »Klick!«, und die Maschine läßt sich ohne Probleme öffnen.

***

Der Schmerz. Ich bin hastig, aber konzentriert beim Einlegen der eigenen Wäsche. Als die Maschinen voll sind, bin ich jedoch unaufmerksam, werfe die runde Trommelglastüre zu, auf meinen linken Zeigefinger. Er schmerzt höllisch. »Das gibt einen blauen Fingernagel!«

* * *

Ich fülle das Waschpulver ein, drücke die Programmtasten, werfe die »Polette« ein, drücke »Start«.

* * *

Ich gehe zum Essen ins Rathaus. Die Kellnerin sieht wieder, daß ich Notizen mache. Sie sagt: »Wer schreibt, der bleibt.« Ich esse Kartoffelpuffer mit Apfelmus. Trinke zwei Fläschchen Mineralwasser.

* * *

Beim Verlassen der Kantine spüre ich, daß ich zuviel getrunken habe. Starker Druck auf der Blase. Ich gehe auf die »Klappe« am Breslauer Platz und pisse. Ich pisse mich leer, lang und anhaltend. Und ich denke: »Es ist schön.«

* * *

Ich schreibe das jetzt ein wenig mit Hemmungen. Doch ich will es schreiben. Ich nenne meinen Urin »Pisse«. Als Kind sagte ich dazu »Pipi«.

* * *

Der Buddha ist überall. – Nichts da von heilig!

* * *

Elefantenuhr. Als ich in den Waschsalon zurückkehre, denke ich wieder an Walter Höllerer, an seine Hektik während der Zeit der »Elefantenuhr«. »Auch Intensität ist kein Argument für Qualität«, fällt mir ein. »Vielleicht geht es mir um Authentizität«, denke ich. »Mir geht es um gar kein Konzept, Programm, Stil oder was auch immer«, sage ich zu mir. »Intentionslosigkeit als Projekt – das ist es. Sie führt in alle Richtungen. Es stimmt nur das, was gerade ist, wo ich gerade bin.«

* * *

Zweifel. Der Zweifel drängt sich vor. »Was eigentlich, wenn du aus der Intensität herausfällst? Das kann nicht so unkontrolliert, euphorisch, ungestaltet weitergehen. Es muß eine Phase des Zweifels, der Kritik und der Depression kommen.« – Mir fällt ein, daß alle Zen-Wege den Zustand des Zweifels kennen. »Warum sollte ich ihn auslassen?«

***

»Vielleicht, weil du dir wirklich das Aids aus dem Körper herausschreibst«, sage ich mir. Und hinter dem absurden Gedanken gibt es einen Schimmer Hoffnung, daß das stimmt.

***

Musik. Jetzt beim Tippen. »RED, HOT & BLUE«: I've Got U Under My Skin. – In The Still Of The Night. – You Do Something To Me. – Begin The Beguine. – Love For Sale. – Well, Did You Evah! – Miss Otis Regrets/Just One Of Those Things. – Don't Fence Me In. – All Right With Me. – Ev'ry Time We Say Goodbye. – Night And Day. – I Love Paris. – So In Love. – Who Wants To Be A Millionaire? – Too Darn Hot. – I Get a Kick Out Of You. – Down In The Depth. – From This Moment On. – After You. – Do I Love You?

Musée des Beaux Arts

Über das Leiden wußten sie gut Bescheid,
die Alten Meister: wie kannten sie gut
seine menschliche Rolle; daß es geschieht,
während einige essen, ein andrer ein Fenster öffnet oder
gelangweilt hingeht;
daß, während die Alten ehrfürchtig und gespannt
die wunderbare Geburt erwarten, Kinder immer dabei sind,
denen nicht viel daran liegt, und die
Schlittschuh auf einem Teich am Waldrande laufen;
sie vergaßen auch nie,
daß selbst das Mysterium stattfinden muß
irgendwo abseits, an unsauberem Ort,
wo die Hunde sich hündisch benehmen und des Folterers Pferd
sein Hinterteil unschuldig an einem Baum kratzt.

In Breughels *Ikarus* zum Beispiel: wie alles sich beinah
gelassen vom Unheil abkehrt; vielleicht hat der Bauer
den Aufschlag gehört, den verlorenen Schrei,
aber für ihn war das nichts von Bedeutung; die Sonne
beschien, wie es ihre Pflicht war, die weißen im Wasser
verschwindenden Beine; und das kostspielige, stolze Schiff,
das staunend
etwas gesehen haben mußte, – einen Jungen, der aus dem
Himmel fiel –,
hatte ein Ziel und segelte ruhevoll weiter.

Wystan Hugh Auden

Auf dem Rückweg zum Waschsalon. Am Zeitungskiosk: Der Spiegel: »Deutschland in der Krise: Der Absturz.« – BZ: »Lehrerin im neunten Monat schwanger – nichts gemerkt!« – »Rätselhafte Phänomene. Die neue Monatszeitschrift präsentiert die Welt des Unerklärlichen. Die ersten sechs Karten ihrer Tarotkollektion liegen bei.«

***

»I Ging, Tarot, Astrologie, Esoterik, Zen, Nietzsche, Lacan, Niklas Luhmann – hast du nicht nötig. Jetzt. – Wie steht es eigentlich mit ›der Kunst‹?«

***

Art is to change what you expect from it.

***

Ein Wagen der »GfE – Gesellschaft für Eigentumsschutz mbH« fährt vorbei. – Auf dem 148er: »Gute Nacht, Berlin. – RUTZ. – Lieferant für königlichen Schlaf.«

***

Ich schlafe kaum noch. Allerhöchstens fünf Stunden. Mit »Vivinox N«. Doch ich fühle mich so lebendig wie noch nie zuvor.

***

»Du siehst strahlend aus«, sagte gestern Rosi im »Healing Circle«. Und bei der Übung »Stehen«, die ich mit den 25 Teilnehmern machte, berührte ich die Männer und Frauen auf der Brust und auf dem Rücken. Es war beides: Reiki-Energie und erotisches Verlangen.

***

Im Waschsalon. Vor der Trocknertrommel sitzend, rauche ich eine Zigarette. Mein Schreibzwang hat sich gelegt. Ich beginne, mich zu langweilen. Aus purer Langeweile notiere ich den Text am Trockner: »Wäsche hineinlegen und Tür schließen. Silberpolette einwerfen und START-Knopf drücken. Luke nach Gebrauch schließen. Die Maschine kann auf Wunsch jederzeit durch Aufmachen der Tür zum Stehen gebracht werden – z.B. für Mangelwäsche. Bitte beachten Sie, daß nicht alle Portionen in einer Periode getrocknet werden können – Ihr Wasch-Center.«

***

Als ich mit dem Abschreiben fertig bin, sehe ich auf die Anzeige. »Noch sieben Minuten.« – Ich blicke desinteressiert auf die herumwirbelnde Wäsche. Ich spüre den Schmerz im linken Zeigefinger. Der Finger ist glühend heiß. »Seltsam«, denke ich. »Auch deine linke Körperhälfte tut jetzt weh, wie die rechte, die sich immer noch leicht gelähmt und schwer fühlt.«

* * *

Ich blicke durch die große Scheibe auf die Hauptstraße. Bauarbeiter, kräftige Männer, auf einem Gerüst. Ein Neger geht vorbei. Eine junge Frau, »genau wie Rita«. Gegenüber die »Wohltat'sche Buchhandlung«, die Reinigung, das Geschäft »Blume 2000«.

* * *

Ein junges Pärchen im Waschsalon. Sie faltet die Wäsche. Er steht mit einer Bierdose und einer Zigarette daneben. Wenn eine Partie Wäsche gefaltet ist, umarmen sie sich zärtlich.

* * *

Mein linker Zeigefinger glüht. Ich assoziiere: »Das hat etwas mit ›links und rechts‹, mit ›männlich und weiblich‹, mit ›Rationalität und Emotionalität‹ zu tun. Ich bin jetzt beidseitig im Schmerz. Doch ich fühle mich nicht unglücklich dabei.«

* * *

(»Johannes der Täufer« von Leonardo fällt mir ein. Und die »Paraphrase« von Jeff Koons darauf. Doch ich verfolge diese Erinnerung nicht weiter.)

* * *

Wie in einem zurückgespulten Film geht mir das Zuschlagen der Waschtrommeltür, der heftige kurze Schmerz im Finger, noch einmal durch den Kopf. Und plötzlich denke ich: »Ich schreibe nicht EIN Buch, ich schreibe DREI Bücher. Teil eins bis Teil sieben, das ist das ›Erste Buch‹. Jetzt bist du im ›Zweiten Buch‹. Es ist bald zu Ende, und dann folgt das ›Dritte Buch‹. Es wird anders sein als die ersten beiden Bücher. – Dieser Gedankengang macht mich ganz ruhig. Ich notiere nichts mehr in mein Notizbuch. Packe die getrocknete Wäsche zusammen und fahre mit dem Taxi nach Hause.

Zwei Stunden später. Hilfe. Hilfe. Was ich seit Tagen befürchtet habe, ist jetzt eingetreten. Der Computer warnte mich mit

Blinkzeichen »Noch 212 Zeichen frei«. Da ich seine Bedienung nur in Grundzügen verstehe, machte mich dies nervös. Ich mißverstand seine Warnung. Dachte, daß die Festplatte voll ist. Doch nur diese Datei »da buch16« war voll – wie ich jetzt weiß. Die letzte Stunde Computerarbeit hätte ich mir schenken können. Trotzdem war sie für mich und das Buch sehr wichtig. Ich ging »logisch« vor. »Wenn ich Texte im Computer lösche, dann bekomme ich wieder Platz.« Also druckte ich mir die Dateinamen aus und ging die einzelnen Dateien durch. Mit Hilfe der Taste »Hilfe Hilfe« fand ich heraus, wie man Texte löscht. Der Computer, den ich benutze, stammt noch aus der Redaktion des »Wolkenkratzer Art Journals«. Auf dem Dateiverzeichnis befanden sich so aparte Dateinamen wie »RG.INX«, »Raster«, »Rechnungen«, »Spot1892, »Maske«, »ART91«, »Register«, »D8INTK3«. Ich holte mir die Texte heraus und bekam interessante Einblicke in den »Wolkenkratzer«. Unter dem Dateinamen »Scrapbook« fand ich – ungeordnet – Notizen zur Kunst, zur Kunstszene, zum Verschwinden der Kunst.

Notiz zur Kunst heute: Die innere Logik des Verschwindens. Das autonome Werk eröffnet nicht mehr einen Raum der Freiheit. Seine »Erfindung« war eine Opposition. Loslösung von den religiösen und sozialen Determinanten. Der autonome Künstler: das sich »frei« realisierende Individuum. Das Kunstwerk als Widerspruch. Heute: Autonomie ist funktionalisierbar. Die Freiheit wird zum Zwang. Alles, was gesagt werden kann, ist schon gesagt. Sämtliche Extreme sind erreicht. Varianten ersetzen die Innovationen. Die Kunst wird zur Szene.

Notiz zur Kunstszene: Die äußere Logik des Verschwindens. Kunst heute ist Dekoration des sozialen »glanzvollen Elends«. Dominanz der Ökonomie. Das Kunstwerk als Spekulations- und Prestigeobjekt. Verbrüderung mit dem »großen Geld«. Der Kunstmarkt als Geldwaschanlage. Kunstmarktkunst. Sponsorenkunst. Beschäftigungskultur. – Das Publikum: Eine schicke Horde. – Die Kunstszene-Intellektuellen: Gehirnreplikanten (normiert, angepaßt, voll funktionierend). – Kunstkritiker: Elogenschreiber. – Die neuen Sammler: Menschen, die keinen Schatten werfen.

Notiz Sammler: Die großen Berliner Sammlungen sind Beiprodukte der Immobilienspekulation, der Steuerhinterziehung, der Korruption.

Notiz Sammler: Kapitalfluchtgeld aus trüben italienischen Quellen bildet den Grundstock für eine bekannte deutsche Sammlung. Es wurde in Zürich »gewaschen« und in »Kunstwerke« umgemünzt. Die Heroinopfer von Rom, Florenz, Mailand: Finanziers der »menschlichen Kunst«, die wir in Museen bestaunen?

Notiz Sammler: Kunst als Kompensation. Was man im Leben nicht lebt, will man sich – parasitär – durch Kunst kaufen.

Notiz Joseph Beuys: Würde Beuys noch leben, würde ich ihn über seine Abhängigkeit vom »großen Geld« befragen. Wahrscheinlich würde er antworten, was er 1986 in Berlin zu Hausbesetzern nach der Eröffnung der »Sammlung

Marx« sagte: »Man muß das Geld für die Kunst dort wegnehmen, wo man es kriegen kann.«

Notiz »Die Klingel«: Ein bekannter Berliner Kunstfreund, der es vom »Tellerwäscher« zum gigantischen Firmenimperium schaffte, besitzt in seiner Wohnung überall Telefone und – wie man sich erzählt – mehrere Klingeln, die mit der Nachbarwohnung verbunden sind. Er lebt in der ständigen Angst, ermordet zu werden.

Notiz Galerien: Kaum eine Galerie ohne »doppelte Buchführung«. Ausbeutung der Künstler und falsche Abrechnungen gehören für viele zum Alltag. »Schwarzes Geld« wird zu »weißer Kunst«.

Notiz Mafia: In New York gibt es Galerien, in denen Mafia-Gelder nicht nur gewaschen werden. Sie werden direkt von der Mafia finanziert.

Notiz Sammler: »Herr X empfängt keine Rechnungen, niemals«, ließ ein bekannter Sammler – telefonisch – einer Münchner Galerie mitteilen.

Notiz »großes Geld«: Das Sponsorwesen bestimmt zunehmend die Kunstszene. Die von den Politikern vorgenommene Strangulierung öffentlicher Etats liefert die Kunst dem »großen Geld« aus. Verdeckte Zensur ist die Folge. Der Künstler Hans Haacke tauchte in deutschen Kunstausstellungen nicht auf, die von deutschen Banken gesponsort wurden. Er hatte eine Arbeit über deren Aktivitäten in Südafrika gemacht.

Notiz »Widerstand ist sinnlos«: Wo Hans Haacke in Galerien gezeigt wird, ist man in der Zensur nur einen Schritt weiter. »Repressive Toleranz.« Über »Saatchi & Saatchi«, eine bekannte Londoner »Sammlerinstitution« und Public Relations-Agentur – sie »machte« Maggie Thatcher und ihren asozialen Thatcherismus –, schuf Haacke eine »entlarvende Arbeit«. Sie wurde in einer Galerie gezeigt, hinter der letztlich dieselben Gelder stehen wie bei »Saatchi & Saatchi«.

Notiz »Schere im Kopf«: Die Abhängigkeit der Kunst vom »großen Geld« wird im Kunstbetrieb nur selten zum Thema. Sie gilt als naturgegebene Selbstverständlichkeit.

Notiz Sponsoren: Der Einfluß des »großen Geldes« wird in den nächsten Jahren rapide zunehmen. Großunternehmen – wie American Express, Lufthansa, Siemens, die Deutsche Bank, Philip Morris, AT&T – werden die Kunst »übernehmen«. Wie im Feudalismus darf das Publikum hierfür dankbar sein. Die Künstler werden »konsensfähige« Kunst schaffen.

Notiz Thomas Krens: Der Direktor des Guggenheim-Museums erzählte mir einmal: »Ich verbringe mittlerweile fast mehr Zeit in Vorstandsetagen der Großkonzerne, beim Lunch mit reichen Sammlerinnen und ›Königinnen der New Yorker Kunstszene‹ als im Büro des Museums.«

Notiz Öffentlichkeit: Je präsenter die Kunst heute in der Öffentlichkeit ist, desto weniger wird sie beachtet. Sie ist ein Oberflächenreiz. Sie wird einbezogen in die Geldflüsse des Kapitals, in die Maskierung des ungelebten Lebens, in die Machtinteressen der Großindustrie, in die Selbstdarstellung unwirtlicher Städte, in die Herrschaftsstrukturen der Staaten, in den psychischen Haushalt der Status-quo-Paniker, der Endzeitpropheten, der Mitmachmenschen.

Notiz Kunstwerke/Kunstszene: Das »große Geld« als Phänomen ist letztlich nicht interessant. Daß es ökonomische »Grauzonen« im »real existierenden Kapitalismus« gibt, weiß jeder. Wichtig ist der Einfluß auf die Kunstwerke, die Künstler, die Kunst als Kontext.

Notiz Kunstwerke: Kunst heute ist Kunstbetriebskunst. Ihre soziale und ökonomische Verwertung ist den Werken eingeschrieben. Überproduktion allenthalben. Die Überdehnung der Moderne nutzt deren Erfindungen als Effekt. Andy Warhols »Affirmation« war eine provokative Geste. Heute ist sie Routine. Selbst die Verweigerung dient als Verkaufsstrategie.

Notiz Künstler: »Karriere« war das Zauberwort der 80er Jahre. »High Visibility«. Die Anwesenheit im Markt galt als Qualitätsbeweis. Die Künstler heute: Illusion der Freiheit, zehrend von der Kraft der Moderne. Der Künstler als »ausgezeichnetes Individuum«, als »exemplarischer Sprecher für alle«. Viele ahnen das Verschwinden der Kunst. Großartige Werke des »Dennochs«. Ansonsten: Mitmachen, Weitermachen, Status quo. Wie Kaninchen: blind vor der Schlange. Verzweiflung, Arroganz. Nicht nur die Konzepte, die hinter den Werken stehen, werden mittlerweile zu Klischees von Klischees. Auch der Begriff vom Künstler, den die Künstler leben. Erschreckend reduzierte Persönlichkeiten, deren Reduktionen noch dadurch potenziert werden, daß sie glauben, durch die Anbindung an »Kunst« etwas Besonderes zu sein.

Notiz Marcel Duchamp: »Dumm wie ein Maler« wollte Duchamp – entsprechend einem französischen Sprichwort – um 1909 nicht mehr sein. Er malte sich in einem dreiviertel Jahr durch die Kunstgeschichte seiner Zeit. Danach erfand er das Ready made, den simplen Gegenstand – z.B. einen »Flaschentrockner« –, deklariert zum Kunstwerk. Er erfand das »Ready made-Konzept«, das erste Werk der bildenden Kunst »ganz in Sprache«. (»Einen Rembrandt als Bügelbrett benutzen.«) Seit Duchamp wurden die Schleusen geöffnet, die die Kunst im 20. Jahrhundert zum reißenden Strom werden ließen. Der Strom ist breit geworden, so breit, daß er jetzt träge dahinfließt. In der »Überdehnung der Moderne« mimen die Künstler noch interessante Stromschnellen und Strudel. Doch das wird zur Illusion. Wer heute Kunst macht und den Weg, den die Moderne genommen hat und nimmt, akzeptiert, muß an sich die Forderung stellen: »Ich möchte nicht dumm sein wie ein Künstler.«

* * *

Staunend lese ich jetzt diese »Notizen«, die ich vor wenigen Monaten schrieb. Wieviel Aggression, wieviel Apodiktik, welch starrer Blick! Was ist das Zentrum für diese Aggression? Ich ahne: Meine Feststellung »Die Kunst verschwindet« ist für mich keineswegs eine nüchtern sachliche Beobachtung. Sie ist ein emotionales Ereignis. Liebe, Enttäuschung, Wunschprojektionen hängen damit zusammen.

* * *

Als ich die »Notizen« damals schrieb, war das Verschwinden der Kunst für mich aufgeladen mit dem Gefühl eines Verlusts. Heute sehe ich es vor allem als ein Phänomen der Transformation.

* * *

»Menschwerden wird eine Kunst« – das ist der Gegenpol zum Schmerz des Verschwindens. Um dorthin zu gelangen, muß die Kunst lernen, sich selbst zu verzehren. Jede Form, die dies beschleunigt – Kritik, Aneignung, Affirmation –, ist dabei positiv. Die Kunst heute muß an ihrem eigenen Verschwinden mitarbeiten.

* * *

»Sie muß…« – »Wie kann ich diese Forderung an die Kunst stellen?« fällt mir jetzt ein. Und ich weiß eine Antwort. Ich kann diese Forderung an sie stellen, weil ich keine Angst mehr vor ihr habe. Keine Angst mehr vor ihrem Doppelgesicht, vor ihren inneren Widersprüchen, ihren heute zu erkennenden Momenten eines »Stirb und werde«, ihrer Kraft, die im Verschwinden über sie hinaustreibt.

* * *

Selige Sehnsucht

Sagt es niemand, nur den Weisen,
Weil die Menge gleich verhöhnet,
Das Lebend'ge will ich preisen,
Das nach Flammentod sich sehnet.

In der Liebesnächte Kühlung,
Die dich zeugte, wo du zeugtest,
Überfällt dich fremde Fühlung,
Wenn die stille Kerze leuchtet.

Nicht mehr bleibest du umfangen
In der Finsternis Beschattung,
Und dich reißet neu Verlangen
Auf zu höherer Begattung.

Keine Ferne macht dich schwierig,
Kommst geflogen und gebannt,
Und zuletzt, des Lichts begierig,
Bist du, Schmetterling, verbrannt.

Und so lang du das nicht hast,
Dieses: Stirb und werde!
Bist du nur ein trüber Gast
Auf der dunklen Erde.

Goethe

Widerspruch. – Jean-Christophe Ammann, der meine Überlegungen zum Verschwinden der Kunst vom Tonbandmitschnitt eines Vortrags kennt, schreibt mir einen Brief.

Ich glaube, daß das von Dir diagnostizierte »Verschwinden der Kunst« aus einer für mich zu endzeitlichen Stimmung wahrgenommen wird. Endzeitlich meint: Ich verlängere eine Erfahrung der Vergangenheit (positiver Natur) als eine sich zunehmend degradierende in die Gegenwart und Zukunft, mit eben jenen Erkenntnismitteln, die mir die positive Erfahrung ermöglicht haben. – Du hast Dir das »Verschwinden der Kunst« wie eine fixe Idee in den Kopf gesetzt und dabei, so scheint es mir, vergessen, daß wir mitten in einer ungeheuren Veränderung stecken, die keineswegs das Verschwinden der Kunst postuliert, vielmehr ihre »Veränderung« impliziert.

Es ist jetzt an mir, Dir deutlich zu machen, wie die Situation wirklich ist. Der Turmbau zu Babel ist ein gutes Beispiel, weil die Vielzahl der Sprachen, die Unverständnis schufen, und die divergierenden Meinungen das gigantische, ja, megalomanische Projekt zum Scheitern verurteilten. Die Utopie war nicht realisierbar. Auf unsere heutige Zeit bezogen, meine ich: Gut so! Jeder kehrt zurück nach Hause, trägt die Utopie in sich, das eigene »Prinzip Hoffnung«, und muß es tagtäglich neu aus sich selbst herausprojizieren. Jeder muß, gemäß seiner Identität und Persönlichkeit, seine eigene bildnerische Sprache konstituieren und konstruieren. Das ist der Stand der Dinge, zwanzig Jahre nach dem Ende der Avantgarden. Plötzlich ist der Horizont wieder offen, 360 Grad, jeder muß selbst herausfinden, wo vorne und hinten, links und rechts ist.

Du bist 1944 geboren. Glaubst Du, daß Deine Prophezeiung oder auch Feststellung vom »Verschwinden der Kunst« jemanden interessiert, der 1960 geboren ist? Die jungen Künstler erkennen sehr wohl die Schwierigkeit, Sprache – Inhalt – Ausdruck/Zeichen und Bezeichnetem eine Gestalt zu geben. Auch sie sind, wie die Generationen vor ihnen, mit Zeit, Angst, Tod und Sexualität konfrontiert. – Hat beispielsweise die große Ausstellung über die »Russische Avantgarde« 1992 in Frankfurt/Main die Werte verschoben? Keineswegs. Malewitsch bleibt der Größte. Das »Prinzip Avantgarde« machte deutlich, daß viele einen revolutionären Stil verfolgten, dem sie in der Folge innerlich gar nicht gewachsen waren.

Das Beschleunigungsprinzip, das den Avantgarden zeitimmanent zugrunde lag, ist verschwunden. Jeder muß heute seinen eigenen Weg suchen und finden. Wir müssen lernen, wieder genau hinzuschauen, die Werke nach ihrer Herkunft zu befragen. Wir müssen lernen, die »Banalität des Ästhetischen« auf der Ebene ihrer vergleichbaren Erscheinungen zu durchbrechen. Vor allem deshalb, weil, wie in den Naturwissenschaften, die Chronologie der Linearität längst durch ein »Chaosprinzip« abgelöst wurde, das darin besteht, daß ein Stil nicht mehr die Inhalte vereinnahmt, sondern die Inhalte – drängend und bedrängend – den bildnerischen Form-, Sprach- und Ausdrucksduktus ständig verändern, ja, neu schaffen, ohne deshalb den Identitätsanspruch und die Konsistenz des bildnerischen Denkens in Frage zu stellen.

Du zitierst John Cage, gewissermaßen als Maxime: »Das Leben ist im wesentlichen intentionslos«. Und richtig sagst Du, hierzu müssen wir zuerst das Leben <u>leben</u>, und es nicht gleich in die Kunst verlagern. Aber wie auch immer wir das Leben <u>leben</u>, wir schaffen unweigerlich eine <u>Metapher</u>. – Sicherlich, in dieser Umbruchsituation hat sich etwas Ungewöhnliches ereignet, aber auch dies ist generationsspezifisch: <u>Unsere</u> Generation mußte noch jedes Wissensmoment schrittweise in die Erfahrung umsetzen. Der Generation der heute Dreißigjährigen steht das Wissen als hochangereichertes Erfahrungspotential abrufbereit zur Verfügung. Sie selektioniert es gemäß ihrer Vorstellung, möglicherweise ohne die Erfahrung selbst machen zu müssen. Diesem »digitalen« Vorgang kommt die Funktion eines »Paradigmawechsels« zu. Den verkennst Du! Die Verarmung, die Du mit dem »Verschwinden der Kunst« bezeichnest, entspricht einem »Quantensprung der Kunst«, von dem wir nicht wissen, was er beinhaltet. Ich glaube an die Kraft der Künstler, wie sie seit vielen tausenden Jahren existiert. – Die Spenglersche Vision ist mir fremd.

* * *

»So weit sind wir gar nicht voneinander entfernt«, denke ich nach dem Lesen des Briefs. Auch ich beschwöre nicht einen Untergang, auch ich sehe die »Verwandlung«. Doch zugleich trennen uns Welten. Jean-Christophe will das Kunstwerk als »Artefakt«, die Kunst als eigenen autonomen Erfahrungsraum, den Künstler als das »ausgezeichnete Individuum«. Differenz als Prinzip. Ich sehe die Auflösung der Kategorie des »Werks«, das

The Opening Chord

1964, NYC

Verschwinden der Kunst »im Menschen«, die Herstellung von gelebten Intensitäten und Bezügen. »Alles ist eins. Es gibt keine Trennungen.«

* * *

Kunst und Leben. Ich höre die »Sonate No. 32 in c-moll« von Beethoven, gespielt von Glenn Gould. In der Wohnung über uns beginnt die Tochter mit dem Üben von Liszts »Liebestraum«. Die Werke klingen wunderbar zusammen.

* * *

Kunst und Leben. Mir fällt auf: Kunstrichtungen, die programmatisch Kunst und Leben miteinander verbinden wollen – Fluxus, Happening, Aktionskunstformen – wurden mir nie besonders wichtig. Die anarchischen Momente, die »Mitbeteiligungen« bzw. das »Vormachen« blieben mir immer fremd. Zuviel Kunst, zuwenig Leben. Zuviel Regression, zuwenig Progression. Die Konzepte, der Humor, die Vitalität dieser Kunstrichtungen wirkten auf mich immer »ausgedacht«.

* * *

»Ich denke mit dem Körper«, sage ich mir. Die Erfahrungen, die ich machte und mache, zeigen es mir. Die Ekstase im Tantra, das »Nunc stans« in der Sexualität, der Durchbruch zu einem veränderten »Sehen, Schmecken, Riechen, Tasten, Hören« – das bestimmt jetzt auch meinen Umgang mit Kunst. Und dann: »Aids hat deinen Blick verändert. Die Gewißheit des Sterbens weitet sich als Erfahrung aus. Sie trennt mich nicht vom Leben, im Gegenteil, sie führt mich hin zum Leben. Je intensiver ich das Sterben begreife, desto intensiver werde ich das Leben wissen.«

* * *

Christian. Meine Manie des Schreibens und Abschreibens, die Hektik der Arbeit, das Eintauchen in die Erinnerungen, all das – so spüre ich – entstammt jetzt der Angst, an Christian zu denken.

* * *

Canetti: »Manchmal glaube ich, sobald ich den Tod anerkenne, wird sich die Welt in Nichts auflösen.«

Ich komme nicht zur Ruhe. Als ich vorhin mit dem Tippen aufhörte, klingelte pausenlos das Telefon.

Anruf Stella Baum. An sie dachte ich heute morgen bei der Nazi-Passage. Seit Monaten habe ich nichts von ihr gehört. Nun ruft sie wegen einer Todesanzeige in der »Frankfurter« an. »Kennen Sie eine Vereinigung ›Schwule Juristen‹? In der FAZ war eine Anzeige zum Tod eines Stefan Raseny. Als Unterzeile steht dort nur ›Aus den 50er Jahren gebürtig‹. Dann noch ›Die schwulen Juristen‹.« Ich kenne die Gruppe nicht. Doch mir fällt ein, daß ich Stella Baum 1976 zum Schreiben überredete. Damals hatte sie eine Sammlung von Todesanzeigen angelegt und fragte mich eines Tages: »Wollen Sie nicht das Material für ein Buch verwenden?« Ich überredete sie, das Buch selbst zu schreiben. Doch es kam anders. Damals hatte ich meine Tonbandedition »Anonyme Selbstdarstellungen« veröffentlicht. Ich schlug Stella Baum vor, das Thema »Tod« ebenfalls in Form von Interviews zu behandeln. Daraus entstand ihr Buch: »Der verborgene Tod«.

* * *

Drei Phasen. Als wir übers Bücherschreiben sprechen, erzähle ich Stella Baum, daß ich mich gerade entschieden habe, drei Bücher in einem zu machen. Ich charakterisiere kurz die beiden ersten. Sie antwortet, nachdem sie erfahren hat, daß ich aids-krank bin: »Dann sind die Bücher ja die typischen drei Phasen des Sterbens: ›Rebellion‹, ›Ekstase‹, ›Ruhe‹.«

* * *

Anruf von Frau Kutschbach vom Prestel-Verlag. Sie fragt, wie es mit der Arbeit am Katalogprojekt »Amerikanische Kunst im 20. Jahrhundert« steht. Ich sage, daß ich mit Prestel noch nicht einmal einen Vertrag habe. Außerdem weiß ich gar nicht, ob ich den Katalog machen will. »Finanziell ist es nicht interessant. Und im Moment schreibe ich mein eigenes Buch. Das ist Streß genug.«

* * *

Frau Kutschbach fragt, worum es in meinem Buch geht. (Ich hasse den Konjunktiv. Im Leben und in der »indirekten Rede«!) Ich antworte ihr: »Es geht um Alltag, Kunst, Aids.« – Sie fragt: »Alte Niederländer, alte Deutsche?« Ich verstehe diese Frage nicht so recht. Dann klärt sich das Mißverständnis auf. Frau Kutschbach hatte gehört: »Es geht um alte Kunst und Aids.«

Anruf von Nicolaus Schafhausen. Ich vertröste ihn auf später.

* * *

Anruf von Gudrun Weiss aus Stuttgart. »Kommen Sie zur Salvo-Eröffnung. Die Ausstellung wird wunderschön.« Ich sage ab. Mit Bedauern.

* * *

Anruf von Olaf Metzel aus Hamburg. »Bist du morgen abend bei meiner Eröffnung? Wir hätten dich gerne hier. Dein Text zum ›Verschwinden der Kunst‹ beschäftigt mich noch immer. Er hat so viel mit meiner Arbeit zu tun.« Ich sage ab, erzähle von meinem Buch. Olaf: »Schade, aber ich kann dich verstehen.«

* * *

Anruf meiner Mutter. Ich spreche mit ihr wie selten zuvor. So frei, so offen. »Was macht dein Buch?« – Ich erzähle von der Energie in meiner Arbeit. Ich spüre, sie möchte das Buch lesen. Ich sage: »Ich glaube, ihr solltet es lesen. Doch manches ist hart, wirklich schockierend.« Meine Mutter: »Mach dir darum keine Sorgen. Vor dreißig Jahren schon habe ich Henry Miller heimlich gelesen.«

* * *

Anruf von Roman Soukup aus Frankfurt. Zusammen mit Lothar Krauss besaß er den Verlag »Wolkenkratzer Art Journal«. »Ich bin regelrecht in einer Krise«, sagt er. »Mit der ganzen Werbebranche will ich eigentlich gar nichts mehr zu tun haben. Ich konzentriere mich wieder ganz auf meine Fotografie. – Fotos, keine ›Kunst-Fotos‹, präzises Sehen. So präzise wie meine Kamera. Deren Namen habe ich mir als Fotografen-Ich gewählt. Als ›P. Machina‹ fotografiere ich wie eine zweite Person.« Ich sage: »Das hat viel mit dem Buch zu tun, an dem ich gerade schreibe.«

* * *

Ich zitiere mich: »Fünf alte Damen auf dem Renée-Sintenis-Platz. Alle tragen Sommerkleider mit Blumen. Ein Mann im grauen Anzug kommt hinzu.« – »Das ist eigentlich ›ein Foto in Sprache‹.«

* * *

Ich denke: »Ich bin nicht Zwei, ich bin mindestens Fünf.«

* * *

Am Abend kommt Michael, um mit Eckehard zu kochen. Als er in der Türe steht, umarmen wir uns wie schon lange nicht mehr. – Ich gehe wieder an den Schreibtisch. Nach fünfzehn Stunden am Computer verwirren sich die Finger beim Tippen. – Aus der Küche würziger Essensgeruch.

***

»Ich höre jetzt auf mit dem Schreiben des ›Zweiten Buches‹. Zu essen gibt es…«

***

Ich weiß gar nicht, was es gibt. Ich gehe in die Küche, frage Michael. Er antwortet: »Es gibt ›Grünen Salat mit frischen Kräutern, Reis mit Safran und Kalbsgoulasch à la Femme fatale‹.«

***

Beim Essen mit Eckehard und Michael sage ich: »Ich weiß überhaupt nicht, wie es jetzt mit meinem Buch weitergehen wird. Es muß ein ganz anderes ›Drittes Buch‹ geben. Vielleicht sollte ich Theorie verfassen. Doch davon habe ich mich – ›so wie wir sie kennen‹ – verabschiedet. Vielleicht soll ich ›literarisch‹ werden, schiere Fiktion. Doch das zieht mich nicht an. ›Nonsense‹. ›Ein leeres weißes Blatt‹.« Plötzlich weiß ich, was ich machen werde. Heute morgen las ich Willy Brandts Rede, die er für die »Sozialistische Internationale« geschrieben hat. »Man sollte sie kennen«, sage ich. – »Man sollte wissen, was ›Aids‹ aus der Perspektive der Medizin ist. Man sollte ›Alltag, Kunst, Literatur, Aids‹ wahrnehmen aus Quellen, die mir etwas bedeuten. Ich werde fremde Texte präsentieren. Mit Berichten dazwischen aus meinen Leben. Ich werde die Texte alle selbst abtippen, selbst in den Computer geben. Sie müssen durch mich hindurch.«

***

Und dann erinnere ich mich: »Deine drei Bücher, das sind die drei Seminare, die du 1976/1977 an der Technischen Universität im ›Institut für Sprache im technischen Zeitalter‹ durchgeführt hast. Das ›Erste Buch‹ ist: ›Das erschwiegene Wort. – Die Grammatik des Schweigens‹. Das ›Zweite Buch‹ ist ›Literatur der Ekstase – Erotik und Sexualität in der Schrift‹. Das ›Dritte Buch‹ ist: ›Das montierte Wort. – Montage-Technik und Montage-Bewußtsein in der Literatur‹.«

DAS DRITTE BUCH

Mittwoch, 16. 9. 92. Strahlende Sonne, weiße Wolken

Heute morgen bin ich nüchtern, klar, ekstatisch. Das Konzept für das »Dritte Buch« hat mich sehr beruhigt. Als ich gestern abend mit Michael und Eckehard darüber sprach, waren sie sehr skeptisch, »ob so etwas funktioniert«. Plötzlich sagte Michael: »Dann will ich aber auch einen Text auswählen! Ich bringe ihn dir morgen vorbei. Du kommst nie darauf, was das für ein Text ist.« – Ich hielt dies für eine großartige Idee. »Sieben Texte sind von Menschen, die mir nahe sind.« – »Wie viele Texte sollen es denn werden?« fragt Eckehard. – »Vierundzwanzig«, antworte ich und weiß gar nicht, wie ich auf die Zahl komme. »Vielleicht mehr, vielleicht weniger.«

***

Food for Thought.

***

Anruf bei Bernd Barde. Er war sehr distanziert. »Wann kann ich denn nun endlich das Manuskript sehen?« Ich beschließe, das »Dritte Buch« als Konzept mitzuschicken. Damit Barde sieht, wie es werden wird, suche ich mir einige Texte heraus. Die ersten acht wurden auf diese Weise ausgewählt. Oder besser: Sie wählten sich selbst aus. Ich ging an meinen Bücherregalen entlang und fand, was ich brauchte. Ich war angestrengt und gleichzeitig völlig desinteressiert. Was ich zuerst selbst nicht akzeptieren wollte: Die Auswahl geschah so automatisch, daß ich mir noch nicht einmal die Stellen in de Sade, Ariès, Thoreau durchlas. Ich habe die »Upanishaden« nie vollständig gelesen. Doch ich weiß: Die Stelle, die ich ausgewählt habe, ist genau die richtige. Ich habe es nach dem Kopieren nicht kontrolliert.

***

Für die anderen Textausschnitte machte ich mir nur Notizen. – »In den nächsten Tagen wirst du sie alle selbst in den Computer eingeben«, sage ich mir. »Du wirst noch Abbildungen aussuchen, die dir wichtig sind.«

***

»Das Konzept ist jetzt fertig«, denke ich. Und dann – ohne daß es mich sonderlich erregt: »Wenn du jetzt stirbst, können andere dein Buch beenden. Und das wäre auch sehr schön.«

* * *

Du wirst sehen, daß du am Ende als unfertiger Mensch dastehst. – Seneca

....

16. 9. 92, spätabends

»Erstens kommt es anders, zweitens als man denkt.«

* * *

Der Tag war angefüllt mit Drucken, Korrekturlesen, Zitate-Kopieren. Das Buch macht sehr viel Arbeit. Einiges verändert sich dadurch. Das Handwerk bekommt plötzlich eine andere Bedeutung und formt die Konzeption mit. Ich habe in den letzten Tagen so viel getippt, daß ich eine Sehnenscheidenentzündung im rechten Handgelenk habe. Außerdem schmerzt der rechte Schultermuskel neben dem Hals. Als ich mit dem Abschreiben des Willy Brandt-Textes begann, gelang es mir kaum noch. Ich dachte: »Die Idee, alle Texte selbst einzugeben, ist sehr schön. Doch eigentlich brauchst du das nicht. Sie sind durch dich hindurchgegangen, indem du sie gelesen hast. Außerdem ist deine Auswahl deine Form der ›Aneignung‹. Du bist nicht Hanne Darboven, die riesige Texte abschreibt. Existentiell ist das Tippen für dich nicht wichtig. Andere können es für dich tun.«

....

Das Grußwort des scheidenden Präsidenten der Sozialistischen Internationale (SI), Willy Brandt, an den SI-Kongreß in Berlin:

Liebe Freunde, muß ich sagen, wie gern ich gerade dieser Tage unter Euch gewesen wäre?
Es sollte nicht sein. Und so grüße ich Euch auf diesem Wege.
Muß ich sagen, mit wieviel Freude und Stolz es mich erfüllt, Euch in Berlin zu wissen?
Zahlreiche Stätten der neuen Demokratien im Osten wären würdige Tagungsorte gewesen. Doch warum nicht einräumen: Es hat mir viel bedeutet, als Felipe Gonzalez Berlin vorschlug.
Und warum nicht hinzufügen: Ich fand, daß – wenn schon Berlin – wir im Reichstag zusammenkommen sollten. Jenem Ort in Deutschland, an dem es so oft um Krieg und Frieden in Europa ging. Jenem Ort, an dem so viel von Freiheit und Knechtschaft die Rede war.
Ich hatte vor geraumer Zeit gebeten, die Führung unserer Internationale in jüngere Hände zu legen. Denn sechzehn Jahre an ihrer Spitze zu stehen, hielt ich für eine lange Zeit. Doch was sind in der Jahrhunderttradition, in der wir stehen, sechzehn Jahre?

Immerhin, in dieser kurzen Spanne haben sich diese Stadt, dieses Land, dieser Kontinent verändert. Mehr noch – die Welt ist nicht mehr die, die sie 1976 war, als ich in Genf dieses Amt übernahm.

Den Frieden sichern, das war nicht unser einziges, aber doch unser erstes Anliegen. Jenen Frieden zwischen zwei Blöcken, die atomar gerüstet waren und die wir für festgefügt hielten. Jenen Frieden, der unverzichtbar war, um Freiheit möglich zu machen. Heute, nur anderthalb Jahrzehnte später, sorgen wir uns nicht mehr, den einen Frieden zu bewahren. Wir sorgen uns, an vielen Orten dieser weithin befreiten und doch so unruhigen Welt Frieden überhaupt erst wiederherzustellen.

Die Parteien, die sich in unserer Gemeinschaft zusammengefunden haben, sind ihrem Land und sie sind der Welt verpflichtet – dem Teil und dem Ganzen. Daß wir über Europa hinausgegriffen haben und eine wahrhaft weltweite, damit auch vielfältige Gemeinschaft geworden sind, ist meine – unsere – besondere Genugtuung. Aber die Zahl unserer Mitglieder und die Zahl derer, die es werden möchten, sind nicht Wert an sich, sondern Verpflichtung.

Wo immer schweres Leid über die Menschen gebracht wird, geht es uns alle an. Vergeßt nicht: Wer Unrecht lange geschehen läßt, bahnt dem nächsten den Weg.

Die Vereinten Nationen zu stärken ist uns ein altes und vertrautes Bestreben. Jetzt, da sich Fortschritt abzeichnet und den UN wenn nicht Macht, so doch Einfluß zuwächst, lohnt es, eine große Anstrengung zu machen. Helfen wir den Vereinten Nationen die Mittel zu geben, deren sie bedürfen, um Einfluß auch ausüben zu können.

Auch nach der Epochenwende 1989 und 1990 konnte die Welt nicht nur »gut« werden. Unsere Zeit allerdings steckt, wie kaum eine andere zuvor, voller Möglichkeiten – zum Guten und zum Bösen. Nichts kommt von selbst. Und nur wenig ist von Dauer. Darum – besinnt Euch auf Eure Kraft und darauf, daß jede Zeit eigene Antworten will und man auf ihrer Höhe zu sein hat, wenn Gutes bewirkt werden soll. Ich danke allen, die geholfen haben. Mögen Eure Beratungen fruchtbar werden. Meinem Nachfolger wünsche ich eine starke und, so möglich, glückliche Hand.

Unkel, den 14. September 1992

....

Der Tod in mir. Als gestern abend Eckehard nach Hause kam, war ich in einer seltsamen Stimmung. Sehnsüchtig hatte ich darauf gewartet, daß er kommt. Meine Stimmung war widersprüchlich. »Wenn ich mit Eckehard spreche, wird sie mir erst klarwerden.« Als er erschöpft an meinen Schreibtisch trat, sagte ich: »Ich spüre in mir ›gemischte Gefühle‹. Bin ganz da, bin ganz woanders. Bin glücklich, daß mein Buch ›im Prinzip‹ beendet ist. Zugleich macht mir das Angst.« Und dann: »Ich bin ganz nah am Tod. Es klingt verrückt. Aber vielleicht sterbe ich schon diese Nacht. Vielleicht im nächsten Moment.«

***

Eckehard schwieg. Er reagierte zum Glück nicht so, wie ich es oft erlebe. Wenn ich erzähle, daß ich »positiv« bin und daß es jederzeit »losgehen« kann, dann kommt oft der Satz: »Wir sind alle immer nah am Tod. Jeder von uns kann im nächsten Moment von einem Auto überfahren werden…« Heute weiß ich, daß dies »im Munde hergestellt« ist, daß ich es mir selbst im Munde herstellte. Ich bin nicht stolz darauf, daß ich jetzt etwas anderes »weiß«. Im »Bild des Autos« ist jedoch nur eine Ahnung dessen enthalten, was es heißt, den Tod in sich zu wissen.

***

Ich weiß den Tod in mir. Er ist so sehr zum Teil von mir geworden, daß ich jetzt wirklich mit ihm lebe. Wer diesen Zustand nicht kennt, wird ihn intellektuell nicht nachvollziehen können. – »Der Tod ist eine Erfahrung des Körpers. Der Körper ›denkt‹ ihn. Nicht der Kopf. – Jeder sollte sich öffnen, den Tod in sich zu begrüßen.«

***

Vita nuova.

***

Paradox: »Ich bin jetzt Tod und Leben, Leben und Tod.« Das erzeugt Angst und zugleich Sicherheit. Als ich Eckehard erklärte: »Ich habe das Gefühl, ich sterbe vielleicht schon heute, vielleicht in den nächsten Tagen«, blickte er mich nur an. Er stellte keine Fragen. Er gab mir den Text, den er für das »Dritte Buch« ausgewählt hat.

....

Als Mitarbeiter aber ermahnen wir euch, daß ihr die Gnade Gottes nicht vergeblich empfangt. Denn er spricht: »Ich habe dich zur Zeit der Gnade erhört und habe dir am Tage des Heils geholfen.« Siehe, jetzt ist die Zeit der Gnade, siehe, jetzt ist der Tag des Heils!
Und wir geben in nichts irgendeinen Anstoß, damit unser Amt nicht verlästert werde; sondern in allem erweisen wir uns als Diener Gottes: in großer Geduld, in Trübsalen, in Nöten, in Ängsten.
in Schlägen, in Gefängnissen, in Verfolgungen, in Mühen, im Wachen, im Fasten.
in Lauterkeit, in Erkenntnis, in Langmut, in Freundlichkeit, im heiligen Geist, in ungefärbter Liebe.
in dem Wort der Wahrheit, in der Kraft Gottes, mit den Waffen der Gerechtigkeit zur Rechten und zur Linken.
in Ehre und Schande; in bösen Gerüchten und guten Gerüchten, als Verführer und doch wahrhaftig;
als die Unbekannten, und doch bekannt; als die Sterbenden, und siehe, wir leben;
als die Gezüchtigten, und doch nicht getötet;
als die Traurigen, aber allezeit fröhlich;
als die Armen, aber die doch viele reich machen; als die nichts haben, und doch alles haben.

....

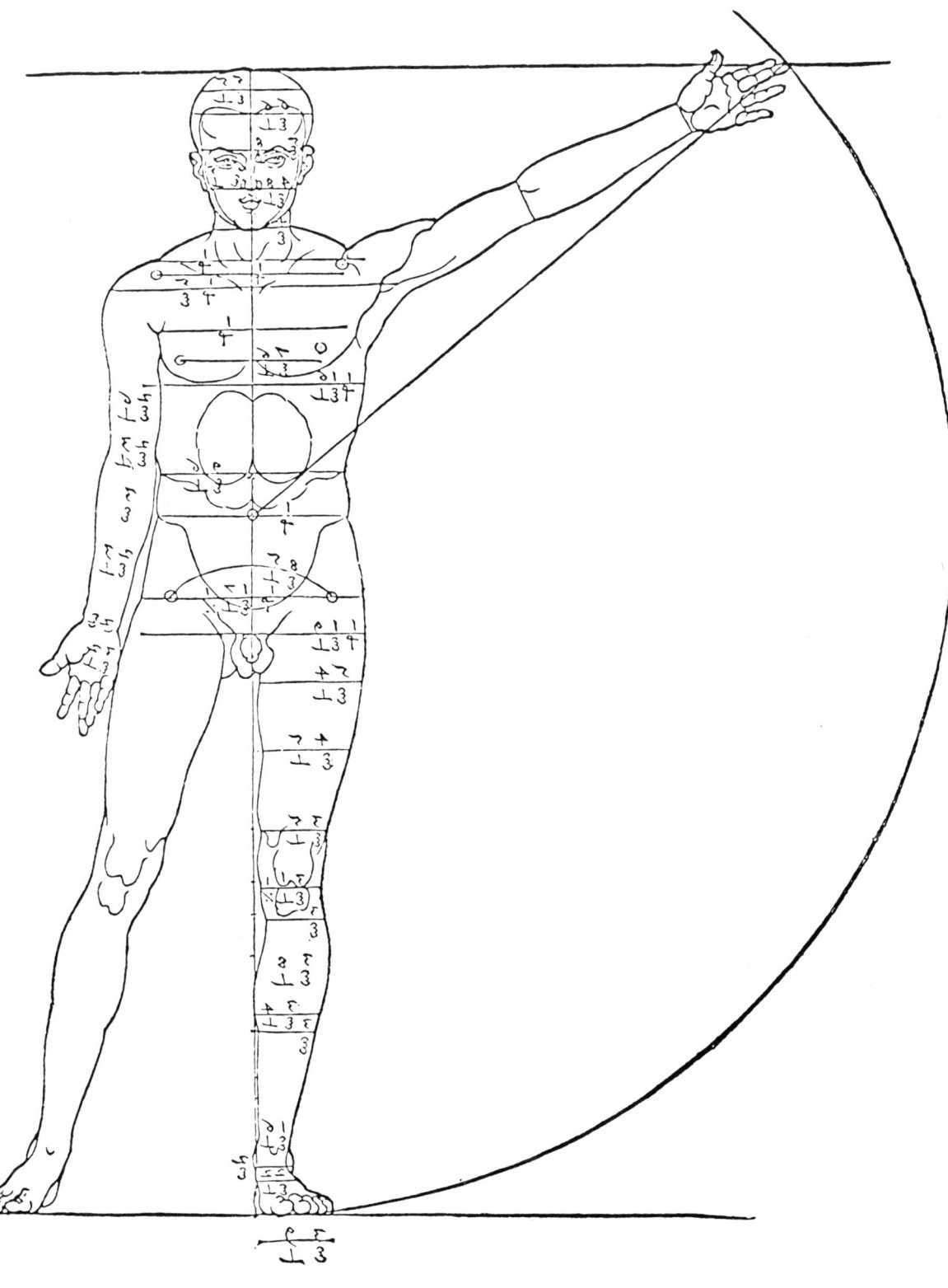

Bis spät in die Nacht habe ich gestern mehrere Texte für das »Dritte Buch«
kopiert. Einige Kopien konnte ich nicht mehr anfertigen. Mein Kopierer ist zu
schlecht geworden. Die Farbpatrone muß erneuert werden. Auch das Farbband
meines Druckers ist verbraucht.

***

Jederzeit.

***

Ich bereite das Buch jetzt so präzise vor, daß Gerd es mit Hilfe anderer Menschen
zu Ende führen kann. Das Buch braucht mich nicht mehr. Es wäre dann – als eine
Art »Lesebuch« – nicht mehr mein Buch, aber es wäre ein Buch von mir. Ich
delegiere damit nicht die Verantwortung für das Buch an andere. Ich zeige nicht,
»daß jeder Mensch ersetzbar ist«. Ich zeige, daß wir alle an dem »einen Buch«
arbeiten.

***

LE LIVRE.

***

»Geist, der nicht erscheint, ist nicht«, sagt Hegel. Wir sind in der Welt, um zu
erscheinen. Das Erscheinen meines Buches möchte ich noch erleben. Deshalb
arbeite ich so konzentriert an einer Form, die für mich schon »vollendet« ist,
obwohl sie – in diesem Moment – noch nicht das ist, was sie werden könnte.

***

»Das Haus ist bestellt«, fällt mir jetzt ein. Darum geht es. Doch nicht im Sinne
eines »Abschlusses«. Das Haus muß in jedem Moment bestellt sein. Jeder
Moment, den wir leben, sollte die Würde des letzten Moments haben. Das hat
nichts Dramatisches oder Tragisches an sich. Es ist mit einer großen Freude
verbunden.

***

»Es gibt keine Vergangenheit und keine Zukunft. Es gibt nur Gegenwart.«

***

»Und die ist ewig«, tippe ich jetzt. Die Buchstaben »fließen« mir aus den Fingern.
»Die Sprache spricht durch mich«, denke ich wieder. »Es lebt mich. Es denkt
mich.«

Die Grenzen der Zeit

Es zeigt sich mir, daß jene Dinge, welche am meisten die tägliche Aufmerksamkeit der Menschen in Anspruch nehmen, wie zum Beispiel die Politik, zwar

lebenswichtige Funktionen der menschlichen Gesellschaft sind, das ist wahr; aber sie sollten unbewußt verrichtet werden, in gleicher Weise wie die lebensnotwendigen Tätigkeiten des Leibes. Es ist, wie wenn ein Denker sich unterwerfen wollte, durch den großen Magen der Schöpfung hindurchgeraspelt zu werden. Die Politik ist gleichsam der Magen der Gesellschaft, voll von Sand und Kieselsteinen, und die zwei politischen Parteien sind die beiden einander gegenüberliegenden Hälften, welche sich aneinander reiben. Nicht bloß Individuen, sondern auch Staaten leiden dadurch an einer chronischen Verdauungsschwäche, und ihr könnt euch vorstellen, in welcher Art Beredsamkeit sie sich äußert. Unser Leben ist nicht nur ein Vergessen, sondern auch in hohem Grade ein Erinnern an solche Dinge, die uns vielleicht nie hätten bewußt werden sollen und denen es nicht erlaubt sein dürfte, die wachen Stunden eines Menschen zu beunruhigen. Warum sollten wir uns nicht manchmal als Gesunde begegnen, anstatt immer nur als Schwächlinge? In unserem Umgang halten wir uns nicht an die wahre und uneingeschränkte Bedeutung der Dinge, sondern es werden stets wieder kleinliche Rücksichten auf Menschen, auf die Gesellschaft, ja sogar auf das Christentum genommen. Ich komme vom Begräbnis der Menschheit her, um meine Aufmerksamkeit irgendeinem Ereignis in der Natur zu schenken. Der Sinn irgendeiner Tatsache in ihr, die Bedeutung von Sonne, Mond und Sternen ist um so viel großartiger, wenn sie nicht mit dem Menschen und seinen Bedürfnissen in Verbindung gebracht, sondern ohne irgendwelche Einschränkung betrachtet werden. Dann vernimmt unser Ohr Töne, welche über die Grenzen der Zeit zu uns hergeweht werden.

Henry David Thoreau

....

Donnerstag, 17. 9. 92. Es ist noch dunkel.

Goethe schreibt: »In jedem Abschied ist ein Hauch von Wahnsinn.« – Der Wahnsinn der Trauer. Der Wahnsinn der Schönheit. Der Wahnsinn des Glücks. – Vielleicht aber auch der Wahnsinn des Schmerzes. Ich ahne es, doch ich weiß es jetzt noch nicht.

* * *

Als ich Christian beim letzten Besuch anlächelte, wußte ich: »Wir sind Werden und Vergehen, Halten und Loslassen.«

* * *

»Habent sua fata libelli.« – Des Büchermachens ist kein Ende.

* * *

Kein Buch ist zu Ende. Kein Leben ist zu Ende. Wir leben weiter in der Erinnerung anderer Menschen. Und wenn sie uns vergessen, dann ist das auch ein Teil des Lebens. Vergessen gehört zum Leben.

* * *

Alles ist jetzt Wunder und Tatsächlichkeit. Ich nehme es ruhig an. – Als ich gestern Gita Dornes wegen ihrer Textauswahl anrufen wollte, landete ich mit einer falschen Vorwahlnummer in Australien. »The number you have dialed has been disconnected.« – Ich rief die Auslandsauskunft an. Langes Warten. »Hier ist die Auslandsauskunft. Zur Zeit sind alle Plätze mit Anrufen beschäftigt. Bitte legen Sie nicht auf. Sie werden bedient, sobald ein Platz frei ist.« – Ich wartete. Dann eine freundliche junge Frau, die mich über den Australien-Irrtum aufklärt. »Ist das nicht verrückt«, sage ich ihr. »Ich schreibe gerade ein Buch. Und darin geht es auch um den Zufall.« Auf die Frage der Frau, was dies für ein Buch ist, sage ich: »Es geht um ›Alltag, Kunst, Aids‹.« Sie stutzt. »Das ist ein tolles Thema. Ich schreibe gerade einen ›Lesbenroman‹.« Gabriele, so heißt die junge Frau, gab mir ihre Telefonnummer. In den nächsten Wochen wollen wir uns in Hamburg einmal treffen.

***

In den nächsten Wochen…

***

Das Handwerk des Lebens.

***

Das Handwerk des Schreibens. – Seit einiger Zeit liegt Hervé Guiberts Buch »Mitleidsprotokoll« neben meinem Bett. Vor dem Einschlafen blättere ich ab und zu darin. Vieles, was Guibert über sein Leben mit Aids beschreibt, erlebe ich ebenfalls. Doch das Buch interessiert mich letztlich nicht. Es ist »Literatur«, »Stil«, das Leiden in schönen Sätzen. Guiberts Buch ist ehrlich. Er hat sein Leben so erlebt. Doch ich spüre, sein Leben ist durch »Literatur« verformt. Das Amorphe von Aids, das »Mitten wir im Leben sind mit dem Tod umfangen«, das Zerfallen der Person, das Durchleiden der Extreme, die Freude am Tod: all das hat er sich – im Text – verweigern müssen, weil er »ein Buch«, ein Kunstwerk, eine geschlossene Form erfüllen wollte.

***

»Mein ›Drittes Buch‹ soll ein ›Patchwork‹ werden.« Bis zum Druck wird es sich ständig wandeln. Es gibt keine Einteilung in »Teile« mehr. Doch für mich besteht es aus »sieben« Teilen. Mein Buch hat 21 Teile. Drei mal sieben.

***

Jetzt habe ich gerade gerechnet. Das letzte Buch beginnt mit dem »Vierzehnten Teil«. Also enthält es acht Teile! – »Nach Adam Riese.« – Doch das macht nichts. Für mich sind es sieben Teile. – So, wie die Sonne »aufgeht« für uns, obwohl uns die Naturwissenschaftler gesagt haben, daß sie das gar nicht tut. »Die Erde dreht sich, und dadurch entsteht die Illusion des Sonnenaufgangs.« – Der Mensch wird nie sagen: »Jetzt dreht sich die Erde der Sonne entgegen.« Doch er wird immer vom »Sonnenaufgang« sprechen – und vom »Sonnenuntergang«.

***

Un coup de dés n'abolira le hasard.

* * *

Der Kaffee in der Küche ist »alle«. – Das Klopapier in der Toilette ist »alle«.

* * *

»Deadline« – heißt der Termin der endgültigen Manuskriptabgabe im Englischen.

JERUSALEM

Gott baute aus Seinem Rückgrat: Palästina
aus einem einzigen Knochen: Jerusalem.

Ich wandele wie durch Mausoleen –
Versteint ist unsere Heilige Stadt.
Es ruhen Steine in den Betten ihrer toten Seen
Statt Wasserseiden, die da spielten: Kommen und Vergehen.

Es starren Gründe hart den Wanderer an –
Und er versinkt in ihre starren Nächte.
Ich habe Angst, die ich nicht überwältigen kann.

Wenn du doch kämest...
Im lichten Alpenmantel eingehüllt –
Und meines Tages Dämmerstunde nähmest –
Mein Arm umrahmte dich, ein hilfreich Heiligenbild.

Wie einst wenn ich im Dunkel meines Herzens litt –
Da deine Augen beide: blaue Wolken.
Sie nahmen mich aus meinem Trübsinn mit.

Wenn du doch kämest –
In das Land der Ahnen –
Du würdest wie ein Kindlein mich ermahnen:
Jerusalem – erfahre Auferstehen!

Es grüßen uns
Des »Einzigen Gottes« lebendige Fahnen,
Grünende Hände, die des Lebens Odem säen.

Else Lasker-Schüler

Freitag, 18. 9. 92, abends

Christian. Ich habe ihn heute nicht im AVK besucht. Doch in meinem Denken und Fühlen ist er ganz in mir. Wenn das Telefon klingelt, denke ich: »Jetzt!« – Und: »Christian will allein sein. Allein mit seinem Sterben. Vielleicht mit seiner Mutter, seinem Freund.« Doch morgen möchte ich Christian noch einmal sehen. »Noch einmal« – tippe ich ganz automatisch.

* * *

Der Tag verlief völlig konzentriert. Arbeitsrituale. Auch um mich zu vergessen. »Der Tod ist in mir. Solange du schreibst, berührt er dich nicht.« Bernd Bardes Aufforderung: »Nun legen Sie mir mal was vor!« hat mir geholfen. Ich schicke ihm die bisherigen Teile.

* * *

Der Alltag.

* * *

»Verurteilt nicht andere, damit Gott euch nicht verurteilt. – Jesus in Matthäus 5« steht auf dem Glas mit rein pflanzlichem »Zwiebelschmalz« der Firma Bruno Fischer.

* * *

Heine-Buchhandlung: Um Hans Brockmanns Heine-Buchhandlung im Bahnhof Zoo ist ein Kulturkampf entbrannt. Der Text von Heiner Müller – etwas später – erzählt davon. Müller hat recht: Wir leben in einer Umbruchszeit. Nach der Auflösung des »Ostens« zersetzt sich jetzt der Westen. Ohne Feind, ohne Gegner wird der Westen hemmungslos.

* * *

»Feinkost Jaletzke«. Der Laden an unserer Ecke mußte aufgeben. Die Miete war verdreifacht worden. Nun wird eine »Spielbank« darin eingerichtet. – »Vielleicht bekommen aber auch wir die Räume«, sagte der Prokurist meiner Filiale der Deutschen Bank zu mir.

* * *

Darmkrämpfe. Seit gestern habe ich starke Darmkrämpfe. »Die Verdauung klappt nur nicht«, sage ich mir. – »Agiolax!«

* * *

Eckehard: »Du mußt mir einmal zeigen, wie der Computer funktioniert.« – Fünf Jahre lang wollte er bisher davon nichts wissen.

Der Tagesspiegel: »Europas Währungssystem steckt tief in der Krise.« – »Eng-
holm: Den radikalen Kräften muß Einhalt geboten werden.« – »KSZE: Internierungslager auf allen Seiten des Bürgerkriegs.« – »Aktienmarkt uneinheitlich.« –
»Künftig schnellere Abschiebung von abgelehnten Asylbewerbern.« – »Rückzug
Chinas von der Rüstungskontrolle.« – »Das Wetter am Freitag ist überwiegend
heiter und trocken.«

....

Freitag, spät abends

»Schläft ein Lied in allen Dingen…« – Im Reclam-Heft des »Sandmanns« finde
ich gerade eine Analyse des Eichendorff-Gedichts. Ich notierte 1977 darauf:
»Begreifen, was uns ergreift.«

* * *

Das Telefon klingelt. »Christian!« geht es mir durch den Kopf. – Doch es ist
Conrad. Morgen kommt er mit einem Entwurf für seine Stipendienbewerbung
vorbei. »Wirf doch einmal einen Blick darauf.«

* * *

Das Telefon. Wieder der Gedanke: »Christian!« – Es ist Marlies. Die Heileurythmie habe ich heute verpaßt. Ich erzähle Marlies vom »fast fertigen Buch«. Sie sagt:
»Ich glaube, du hast im richtigen Moment was geboren.«

* * *

Schwarze Tasse. Heute nachmittag trank ich Kaffee aus unserer eleganten
schwarzen Tasse. Eckehard hat sie mir zu Weihnachten geschenkt. Als ich sie
damals auspackte, sagte ich zu ihm: »Daraus werde ich nie trinken!« – Vorhin
geschah es. Ich hatte es gar nicht bemerkt, als ich sie aus dem Schrank nahm. Es
war die einzige Tasse, die noch darin stand.

* * *

Aids ist permanente Unsicherheit. »Jeden Moment kann es losgehen!« Wer das
Sterben seiner Freunde erlebt hat, weiß es. Doch Aids ist anders als alle anderen
Krankheiten. Bei ihnen weiß man wenigstens in etwa, was einen erwartet. Aids ist
bei jedem Menschen verschieden. Otmar ist verhungert. Klaus starb an einer
Pneumose. Peter hatte eine Toxoplasmose. Sein Gehirn zersetzte sich. Wolfram
bekam eine Zytomegalie. Sie zerstörte seinen Darm. Uwe bekam einen Magen-
krebs. Michael hatte eine Tuberkulose – in der Lunge, im Darm, im Magen, im
Hirn. Jürgen erblindete. Bernd bekam ein Non-Hodgkin-Lymphom, Krebs in
allen Lymphknoten. Manfred starb an einer nicht mehr zu stillenden Magenblu-
tung. – Die Leidens- und Todesarten sind unzählig. Viele halten dieses Damokles-
schwert nicht aus. Dietmar L. stürzte sich im Treppenhaus eines Schweizer Hotels

zu Tode. Josef nahm Tabletten. Der Arzt Alexis S. gab sich die Todesspritze. –
»R.I.P.«

....

Er nahm sie wieder in seine Arme und zog sie an sich, und plötzlich wurde sie
klein in seinen Armen, klein und schmiegsam. Alles war verflogen, und sie
schmolz in herrlichem Frieden dahin. Und während sie in seinen Armen verging,
klein und wunderbar, wurde sie unendlich begehrenswert für ihn; all seine
Blutgefäße siedeten vor wallender, doch zärtlicher Begierde nach ihr, nach ihrer
Sanftheit, nach der schmerzvollen Schönheit, mit der sie in seinen Armen lag
und die in sein Blut überfloß. Und sanft, mit herrlicher, schwindelerregender
Liebkosung, glitt seine Hand in reiner, zärtlicher Begierde über den seidigen
Hang ihrer Hüften, hinab zwischen ihre weichen, warmen Schenkel, näher,
immer näher dorthin, wo sie am lebendigsten war, wo ihr Leben war. Und sie
spürte ihn wie eine Flamme des Begehrens, eine zärtliche doch, und sie fühlte,
wie sie hinschmolz in der Flamme. Sie ließ sich davontreiben. Sie fühlte seinen
Penis sich mit schweigender, wunderbarer Gewalt und Sicherheit gegen sie
erheben, und sie überließ sich ihm. Sie ergab sich ihm mit einem Schauer, der
wie der Tod war, öffnete sich ihm ganz. Und wenn er jetzt nicht zärtlich mit ihr
wäre – wie grausam; denn sie war ganz geöffnet für ihn und wehrlos.
Sie erschauerte wieder unter dem zwingenden, unerbittlichen Eindringen in
ihren Leib, das so seltsam war und so schrecklich. Es mochte mit dem Stoß eines
Schwertes in ihren weich geöffneten Schoß kommen, und das würde der Tod sein.
In jäh aufsteigender Angst klammerte sie sich an ihn. Doch er drang mit einem
seltsam ruhigen Stoß des Friedens in sie, mit dem dunklen Stoß des Friedens und
einer schweren, uranfänglichen Zärtlichkeit, die zum Anbeginn die Welt
erschaffen hatte. Und die Angst in ihrer Brust wich zurück; sie wagte es, sich
diesem Frieden zu überlassen – sie hielt nichts zurück. Sie wagte es, alles
hinzugeben, ihr ganzes Selbst, und sich von der Flut davontragen zu lassen.

D. H. Lawrence

....

18. 9. 92, um Mitternacht

Eckehard hat heute abend den Vorspann zum »Dritten Buch« gelesen. »Wenn
man das so liest, denkt man, du wirst gleich sterben. Dabei siehst du gar nicht so
schlecht aus. Du hast doch drei Kilo seit Kassel zugenommen!«

* * *

»Ich werde noch nicht sterben«, antworte ich. »Doch der Tod ist in mir. Damit
muß ich jetzt erst einmal zurechtkommen. Wenn ich jetzt sterbe, dann weißt du,
wie das Buch zu Ende geht. – Über meinen Tod könnt ihr ja dann ›kursiv‹
berichten.«

* * *

348

Darmkrämpfe. Die Darmkrämpfe nehmen zu.

* * *

Frösteln am ganzen Körper. »Wie Kälteschauer«, denke ich.

* * *

Ohrensausen. – »Tinnitus«, denke ich. »Wie bei Otmar.«

* * *

Otmar. Ein halbes Jahr vor seinem Tod mußte man ihm wegen einer nicht mehr zu behandelnden Parodontose sämtliche Zähne ziehen. Er erhielt ein Vollgebiß. Wenige Tage vor seinem Tod besuchte ich ihn. Beim Essen geriet ihm ein Krümel unter das Gebiß. Er war so schwach, daß er mit der Situation nicht mehr zurechtkam. »Traust du dir zu, mir beim Gebißrausnehmen zu helfen?« fragte er scheu.

* * *

Manfred L'age ist für zwei Wochen verreist.

* * *

Die Kellnerin im Ratskeller verabschiedete sich ebenfalls für zwei Wochen. »Endlich habe ich Ferien!«

* * *

Hans Brockmann rief heute abend an. Wegen der Artikel über die »Heine-Buchhandlung« in der FAZ und im Tagesspiegel ist er ganz aufgeregt. »Ob ich noch die Kraft haben werde zu kämpfen, weiß ich allerdings nicht.«

* * *

Das Wesentliche ist nicht das, was man aus dem Menschen gemacht hat, sondern das, was er aus dem macht, das man aus ihm gemacht hat. Was man aus ihm gemacht hat, sind die »ensembles signifiant«, die die Humanwissenschaften studieren. Was er macht, ist die Geschichte selbst, das wirkliche Überholen dieser Strukturen in einer totalisierenden Praxis. – Jean-Paul Sartre

* * *

Hautprobleme. Der Hautpilz in den Handinnenflächen ist immer noch nicht abgeheilt. An den Fersen habe ich wieder diese schmerzenden Hautaufbrüche. – Vor einigen Wochen war mein ganzer Körper von einem schrecklich juckenden Ekzem überzogen.

....

Der Blick in den Spiegel. Im Bad blicke ich in den Spiegel. Ich sehe schlecht aus. Schwarze Ringe unter den Augen. Hohle Wangen. Ich sehe mich als einen Sterbenden. »Ja, das bist du! Mitten im Tod.« – Und dann: »Ja, ich habe Aids.« Der Satz macht mich ganz ruhig.

* * *

Michel Foucault. Ich denke, es war Klaus W., der mir über Foucault erzählte: »Als er wußte, daß er Aids hat, flog er nach San Francisco. In den schwulen Saunen ließ er sich die Seele aus dem Leib ficken.«

***

Foucault. In einem Interview sagte er: »Das Glück existiert nicht, und das Glück des Menschen existiert noch weniger.« Und auf die Frage des Interviewers nach einem Gegenbegriff zu »Glück« antwortete er: »Man kann dem Begriff des Glücks nichts entgegenstellen: Nur dem, was existiert, kann man etwas entgegenstellen.«

***

Eckehard ging heute abend auf den Balkon. »Ich glaube, wir haben Südwind. Es riecht nach Schokolade.«

***

Der Wind vom Meer. Im Carl-Duisberg-Gymnasium spielten wir Camus' »Der Belagerungszustand«. Barbara Nüsse war meine Tochter. »Der Wind vom Meer«, das ist in diesem Stück »die Pest«.

***

Floating Signifier. Oft mußte ich bei meinem Schreiben an die umstrittene Benetton-Werbung denken. Sie zeigt ein Foto mit einer Sterbeszene eines Aids-Kranken und darauf war eingeblendet: »United Colours of Benetton«. – Diese Werbung ist einer der Höhepunkte unserer heutigen Zivilisation. Aus mehreren Gründen. Zum einen ist es die Großindustrie, die heute die Macht über die Zeichen in der Öffentlichkeit besitzt. Was früher die Kirche oder der Adel durften, erlaubt sie sich jetzt. Zum anderen beweist die Werbung: »Alles ist mit allem zu verbinden.«

***

Der fließende Signifikant begegnet uns überall. »Sonnenuntergänge« für die Deutsche Bank. »Pferde, nichts als Pferde« für den Werbefilm für Marlboro Light. – »Die erste Zigarette für Pferde!« rief ein Mann aus dem Publikum, als ich letztens im Kino war und »Grüne Tomaten« sah.

***

Mein Buch und der fließende Signifikant. Meine Texte »schwimmen« über dem Leben. Das Leben selbst – das Grundmuster des »Schemas F« – ist das verborgene Bezeichnete. Das Bezeichnende sind meine Texte, ist die Fülle ihrer Erscheinungen. Die Sternchen zwischen den Texten: Hier liegt die wahre Bedeutung meines Buches. »Die Sternchen muß der Leser sehr genau lesen«, denke ich. »Dann entsteht das Buch – das Leben – in seinem Kopf.«

***

Oberfläche und Symbol.

* * *

»Halloween.« – In New York 1987 hatte ich einmal so starke Kreislaufprobleme, daß ich im Trubel der Halloween-Parade in Greenwich Village fast ohnmächtig wurde. »Man stirbt nicht im Karneval«, sagte ich mir.

* * *

Karneval = Carne, vale!

* * *

Bildauswahl. Heute vormittag vervollständigte ich die Bildauswahl für das »Zweite Buch«. Die Bilder fielen mir sofort beim Lesen meines Textes ein. Kunst – das ist ein elementarer Teil meines Lebens. Ich habe sie »in mir«. Plötzlich – beim Suchen in über hundert Kunstbüchern – merke ich, daß die Bilder dokumentieren: »Alle Epochen, alle Länder, alle Kulturen.«

* * *

Zweckmäßigkeit ohne Zweck = Struktur der Schönheit. Gesetzmäßigkeit ohne Gesetz = Struktur der Freiheit. – Herbert Marcuse (nach Kant)

* * *

Imaginäres Museum. Erst jetzt kommt mir die Idee des »Imaginären Museums« von André Malraux »in den Kopf«.

* * *

Museum und Sterben. »Museen halten die Bilder lebendig«, denke ich. Und dann: »Sie sind auch eine Form des Sterbens.« In den beiden letzten Jahrzehnten gab es in Deutschland einen Bauboom neuer Museen. Eine sterbende Zivilisation rettet, was vom Traum des gelingenden Lebens erzählt. – In den 50er und 60er Jahren wurden überall neue Theater gebaut. Menschen wollten sich begegnen. Es ging um »Kommunikation«. – Museen sind stumm. Trotz des Rummels der Museumspädagogik, der Führungen, der Parties für »American Express«, die »Deutsche Bank« oder die »Freunde der Nationalgalerie«. Vereinzelt steht letztlich der Betrachter vor den Werken.

* * *

Der Bauboom der Museen: Mausoleen der Kunst. Mausoleen des Lebens.

....

Ein Apfelmännchen ist eine mathematisch-geometrische Figur, die Komplexität in einer Weise sichtbar macht, die bislang ohne Computer undarstellbar war: es ist die bildliche Darstellung der Lösung einer rückgekoppelten Gleichung. Apfelmännchen sind Teile einer – nach ihrem Entdecker so benannten – »Mandelbrot-Menge« und der sie umgebenden Julia-Mengen. Das Verblüffende daran ist nun, daß ein Computerprogramm trotz »deterministischer« Gebrauchsanweisung im voraus nicht weiß, welcher (Farb-)Wert sich für einen Punkt bei einer beliebig häufigen Selbstanwendung ergibt: es entstehen immer neue Bilder. Die kleinste Änderung der Anfangsbedingungen, d. h. eines Zahlwertes, hat eine völlig andere »Welt« zur Folge. Verblüffender noch ist die Tatsache, daß sich beim tieferen Eindringen in diese fraktalen Bereiche immer komplexere Strukturen ergeben, in denen aber wieder inselartige Moleküle sichtbar werden, die sich als Apfelmännchen zu erkennen geben. Ein fraktales Gebilde ist also aus »Teilen« (Frakta) aufgebaut, die selbstähnlich sind, d. h. »von ihrer eigenen Verkleinerung nicht unterschieden werden können«. Wolken z. B. wirken aufgrund ihrer fraktalen Struktur vom Flugzeugfenster aus undefinierbar weit entfernt bzw. nahe. Fraktale Strukturen sind jedoch nicht nur mathematische Verwirrspiele und Abbildungen rückgekoppelter Gleichungen oder Computerprogramme. Sie sind zugleich Strukturen der Welt.

Gert Scobel

....

Samstag, 19. 9. 92, morgens um sechs Uhr

Der Computer. Als ich vergangene Nacht den letzten eigenen Text in den Computer eingab – meine Texte werden jetzt fast zu »Zwischentexten« –, löschte ich aus Versehen die vorhergehende Datei. Ich weiß, sie ist – irgendwo, irgendwie – noch auf der Festplatte vorhanden. Doch ich finde sie nicht. – »Heute rufst du Howard an.«

* * *

Erinnerungen.

* * *

Howard. Howard stellte im »Wolkenkratzer« die Programme für unsere Computer zusammen. Er ist der typische Computer-Freak. Was das ist, ahnte ich diese Nacht. Nach anderthalb Stunden saß ich immer noch fasziniert vor dem Bildschirm und staunte über das, was ich da vor mir sah, und über das, was mit meinen Befehlen nicht klappte, obwohl es mir logisch erschien.

* * *

Die Mauer. Howard ist ein Mischling, ein »Besatzerkind«, wie er einmal sagte. Geboren in West-Berlin, aber dann in Ost-Berlin aufgewachsen. Ein echter Berliner irgendwie, einer von der liebenswürdigen Sorte. In Ost-Berlin hielt er es nicht aus. Vor fünfzehn Jahren machte er den ersten Fluchtversuch, kam ins Gefängnis, wurde entlassen. Jahre später gelang dann die Flucht. Als wir vor vier Jahren an der Stelle standen, an der er »rübermachte«, blickten wir für eine lange Zeit stumm auf die bunten Graffitis der Mauer. – Die Stelle lag genau neben dem Springer-Gebäude an der Kochstraße.

* * *

Das Messer. Howard erzählte oft von seiner Zeit im Gefängnis. Die Gesetze des Zusammenlebens haben dort ihre eigene Logik. Er erzählte von den »Knastschwulen«, von der Liebe unter Männern. Er hat diese Liebe nie erlebt. Einmal hatte sich ein junger Mann »unsterblich« in einen anderen verliebt. »Wenn sie bumsten, wurden einfach Handtücher vor ihr Bett gehängt. Die anderen Männer in der Zelle spielten dann Karten.« Doch der Geliebte fängt mit einem anderen Mann ein Verhältnis an. Der Verlassene läuft seelisch Amok. Beim gemeinschaftlichen Duschen dann die Schreckensszene. Mit einem Messer trennt der Verlassene seinem Geliebten den Penis vom Körper.

* * *

Rainer Fetting: »Another murder at the ›Anvil‹.« – Das Bild zeigt die gleiche Szene, wie sie sich vor Jahren im »Darkroom« einer New Yorker Schwulenkneipe abgespielt hat.

* * *

Die Wüste wächst, weh' dem, der Wüsten bringt. – Nietzsche

....

Samstag, morgens, etwas später

Es wird hell draußen. Ich mag diese frühe Morgenzeit. Fürs Schreiben ist sie ideal. Der Kopf ist frisch und vor allem leer.

* * *

Zigarettenkaufen. Ich habe noch nie so viele Zigaretten geraucht wie bei der Arbeit in den letzten zehn Tagen. Doch das verrückte ist: Ich habe es bejaht. Jetzt habe ich das Gefühl, ich könnte jederzeit aufhören.

* * *

Rauchen. Vor acht Jahren habe ich erst angefangen zu rauchen! In San Francisco. Am Highway nach Berkeley gab es eine große Reklametafel. Ein Journalist saß an einer altmodischen Schreibmaschine. Eine Szene aus den 30er Jahren. Er tippte und rauchte. – Im Flughafengebäude von Saint Louis zog ich einige Tage später die erste Packung Zigaretten aus dem Automaten.

* * *

Memories are made of this…

* * *

Saint Louis. Die Neue Welt.

* * *

Ich könnte jetzt endlos USA-Stories erzählen: Vom jungen Matrosen auf dem Flug nach Atlanta. – Von den Saunen in San Francisco. – Von meinem Vortrag in

Newport Harbour. (Die Millionärin: » I understood you so well. I loved your aggression against the consumer society. – In a way I am a socialist!«) – Von Bill Berkson, Greg Edmundson, von Dirk Hoevener. – Von den Goethe-Instituten. (Der Leiter der Sprachabteilung in Chicago: »Der Titel Ihres Buches ›Hunger nach Bildern‹ ist grammatikalisch nicht korrekt! Es muß ›Hunger auf Bilder‹ heißen!«) – Von Barbara Kruger, von Gräfin Baudissin, von Claudia Hahn-Raabe. Von Herrn Ohlau im Goethe-Haus New York. (Er hat keinen einzigen meiner Vorträge gehört. Noch nicht einmal den im Museum of Modern Art.) – Von Dita Sixt, vom Krankenhaus in San Francisco, von David Salle, Mary Boone, Jonathan Borofsky, Donald Baechler, von Andrew Larson, von Keith Haring. Von den Besuchen im Getty-Museum in Malibu. Von der Nacht mit einem lieben Jungen in Calgary. (»Es ist schön, mit dir nur zu reden…«) – Von Jeremy B. in Montreal, San Francisco, New York. (»Ich liebe SS-Spiele«, sagte er zu mir, »handfesten Sadomasochismus. Sex ist eine eigene Welt. Er hat nichts mit dem Alltag zu tun.« – Jeremy ist Jude. Die »Spiele« konnte ich nicht mit ihm spielen.) – Vom Abendessen mit Eckehard im Dachrestaurant des World Trade Center. – Von Richard Fitzpatrick und dem »Drama« eines Telefonanrufs. (Nach langem Across-Country-Telefonieren erreichte ich ihn in einem Militärhospital in Houston. Richard: »Ich nehme an einem Experiment teil. Irgendwas mit Radioaktivität und Rückenmark. In einem Monat bin ich aus dem Hospital. Dann habe ich 30 000 Dollar.« – Ich weiß nicht, ob Richard jetzt noch lebt.) – Von dem Versuch, nach Columbus/Ohio zu gelangen, um die Spuren meiner Familie zu finden. – Vom Flug über den Vulkan »Mount Saint Helens«. Vom Blick auf den Mississippi. Von Sausalito und der Fahrt in einem »Lotus-Rennwagen«. – Vom St. Vincent Hospital in New York. (Eckehard mußte wegen einer Rippenprellung in die Notaufnahme. Nach drei Stunden im Warteraum – eine schwarze Drogensüchtige sprang mir dort auf den Schoß und sang »Dirty ol' man« – durfte ich endlich in den Saal der Notaufnahme. Der Pfleger führte mich in ein durch Vorhänge abgetrenntes Abteil. »Hier ist Ihr Freund!« Es war ein alter Mann, der im Sterben lag.) – Vom »Frühstück bei Tiffany«, vom TaiChi im Central Park, von den Berlin-Events, die ich für »Goethes« produzierte. (Christian hielt an der »Parsons School of Design« einen grotesk-schönen Vortrag. Ich unterrichtete an der »New School for Social Research«.) – Von Boston, Vancouver, den Victoria-Islands, von Los Angeles, von Oakland, von Greens Restaurant…

***

Ich gehe jetzt frühstücken. Im Radio Frank Sinatra »On the sunny side of the street…«

***

Ich nehme AZT, DDC, Acetylcystein, Vitaminpillen, Mineralpillen, Eleukokk, Padma 28.

***

Ich fühle mich schwach. Die Darmkrämpfe werden stärker.

***

Since the world drives to a delirious state of mind, we must drive to a delirious point of view.

***

Sich halten.

***

Fett. Filz. Kupfer.

....

2 Susan, wer bist du?
1 Brian, wer bist du?
2 Susan, wer bist du?
1 Brian, wer bist du?
2 Susan, wer bist du?
1 Brian, wer bist du?
2 Susan, wer bist du?
1 Brian, wer bist du?
2 Susan, wer bist du?
1 Brian, wer bist du?
2 Susan, wer bist du?
1 Brian, wer bist du?
2 Susan, wer bist du?
1 Brian, wer bist du?
2 Susan, wer bist du?
1 Brian, wer bist du?
2 Susan, wer bist du?
1 Brian, wer bist du?
2 Susan, wer bist du?
1 Brian, wer bist du?
2 Susan, wer bist du?
1 Brian, wer bist du?
2 Susan, wer bist du?
1 Brian, wer bist du?
2 Susan, wer bist du?
1 Brian, wer bist du?
2 Susan, wer bist du?
1 Brian
2 Susan

Robert Wilson

....

»Erwartungshorizont« heißt der »implizite Leser« in der neueren Literaturwissenschaft. Man geht davon aus, daß jeder Text gleichsam an einen fiktiven Leser denkt. Doch diesen Leser gibt es für mich nicht. Deshalb ist dieses Buch ein verwildertes Buch. Es kennt nicht die eine Intention. Wenn Leute nicht weiterlesen, wenn sie Passagen überspringen, nur darin blättern, es unerträglich finden, zu privat, ermüdend, dann sind das alles »richtige« Reaktionen.

***

Jetzt fällt mir Diedrich Diederichsen ein. Er hielt vor einiger Zeit in Berlin in der Galerie Bruno Brunnet einen Vortrag. Es ging um »PoMo und MultiKulti«. Er stellte zu Recht einen Wandel in der aktuellen Kulturszene fest. Nach der »Postmoderne« folgt nun »multikulturell« als Schlagwort. Diederichsen beschrieb dies in einem brillanten Text. Sein Vorbild ist die Rap-Musik. Doch plötzlich dachte ich: »Das finde ich gut. Doch für ›Rap‹ bist du zu alt. Du willst keine ewige Akne.«

***

»Die Jugend hat immer recht« war ein Slogan von mir und Gerd vor einigen Jahren. »Auch in der Kunst.«

***

Auch in der Kunst. – »Seltsam vergreist wirkt die Kunst der jungen Generation heute«, denke ich. »Die Überdehnung der Moderne raubt ihr die Jugend. Leben aus zweiter Hand. Überall ein Reflex auf das, was schon war.«

***

(Neue Perspektiven. – Beim Kunstmarkt »Art Cologne« in Köln: Die etablierte Messe zeigt, was es heute so gibt. Die Gegenmesse »Unfair 92« bietet dasselbe. Nur angestrengter, liebloser, schmuddeliger. – Um den »Friesenwall« – vom Gerling-Konzern zur Verfügung gestellt – entmietete Geschäfte mit den Aktivitäten der »ganz Jungen«: »Gegenöffentlichkeit, Computervernetzungen, Informationspools«. – »Inhalte« wollen nicht mehr zur goutierbaren Galeriekunst werden. Gesucht wird ein Fließen der Erfahrung zwischen Menschen und Medien, gesellschaftlichen Formationen, Hobby und Wissenschaft. – »Geniale Dilettanten.«)

....

19. 9. 92, etwas später

Vollbild Aids. Gestern schrieb ich zum erstenmal in einem »offiziellen Brief«: »Ich habe ›Vollbild Aids‹ und werde vielleicht nicht mehr lange leben.« – Ich weiß, daß ich mich damit angreifbar mache. In Köln sagte man schon vor drei Jahren: »Der hat ja Aids.« Und das hieß: »Man kann ihn nicht mehr ernst nehmen.«

***

AIDS: Akronym als Bez. für – virusbedingte – »erworbene Immuninsuffizienz« (engl. = **a**cquired **i**mmuno**d**eficiency **s**yndrome); Störung des zellulären Immunsystems mit ausgeprägter Verminderung (bis Fehlen) der T-Helferzellen, gemäß »Arbeitsgruppe AIDS« des Centers for Disease Control (CDC) wie folgt definiert: »erworbenes Immundefektsyndrom, charakterisiert durch das Auftreten von persistierenden oder rezidivierenden Krankheiten, welche auf Defekte im zellulären Immunsystem hinweisen, wobei keine anderen bekannten Ursachen dieser Immundefektsymptomatik nachzuweisen sind«.
Erstmals 1981 (GOTTLIEB et al.) in den USA beschriebene Erkrankung. Seit 1982 auch in Europa erfaßt. Rasche Ausbreitung infolge Mangels spezifischer Therapiemöglichkeiten; ist durch hohe Sterblichkeit belastet; wird verursacht durch zum Typ C gehörige Retroviren: LAV (**L**ymphadenopathie-**a**ssoziiertes **V**irus; Erstbeschreibung MONTAGNIER et al.) = HTLV III (**h**umanes **T**-Zell-**L**eukämie-**V**irus III; GALLO et al.) = ARV (**A**IDS-assoziiertes **R**etrovirus; LEVY) = HIV-1 (**h**uman **i**mmunodeficiency **v**irus; internat. Nomenklaturkomitee; jetzt gültige Bez.); ferner wurde in Westafrika ein sich unterscheidendes Virus entdeckt: HIV Typ 2 (MONTAGNIER 1986). Die Core- = Kernproteine des HIV weisen – verglichen mit denen anderer Retroviren – eine sehr konstante Primärstruktur auf. Das HIV-Genom enthält beidendig je eine kontrollierend fungierende Sequenz (= long-terminal repeat = LTR) sowie die 3 typischen Strukturgene »gag« (für Kernproteine), »pol« (für Protease + reverse Transcriptase + Integrase) u. »env« (für Hüllen- = Membranproteine [Glykoproteine]); sämtliche Genprodukte sind immunogen; geringe Kontagiosität u. große Empfindlichkeit gegenüber Umwelteinflüssen oder Desinfektionsmitteln; Übertragung über kleine Haut- oder Schleimhautverletzungen oder durch Blut oder Blutprodukte (Faktor VIII u. XI); Vermehrung in Zellen, die den CD4-Rezeptor tragen (v.a. T-Helfer-Lymphozyten, Makrophagen, Gastrointestinal-Ganglienzellen). Die Viren knospen aus den befallenen Zellen aus u. gelangen durch den Blutstrom in den ganzen Körper; Ausscheidung vom Virusträger über Blut, Speichel, Ejakulat bzw. Scheidensekret, aber auch Muttermilch (auch intrauterine Infektion zu 10–20%). Das Immunsystem reagiert auf das Eindringen des Virus mit der Bildung von Antikörpern (AK), die gegen die Kern- u. die Hüllproteine gerichtet sind (v.a. auf dem Nachweis dieser AK beruht die heutige AIDS-Diagnostik). Hohe Infektionsrate bei promisken männlichen Homosexuellen, bei Drogenabhängigen (»Fixern«), Empfängern von HIV-haltigem Blut bzw. dessen Präparationen (v.a. Bluter; inzwischen durch Vorsorgemaßnahmen der Blutspendezentralen weitgehend geschützt); in den USA ferner Immigranten aus der Karibik; gefährdet sind heterosexuelle Intimpartner infizierter Personen, Neugeborene HIV-infizierter Mütter. Häufigste Übertragung durch Inokulation infektiöser Körperflüssigkeiten bei Sexualkontakten. Als Antwort auf die dauernde Zerstörung der T-Helferzellen kommt es zeitweise zur Proliferation des lymphatischen Systems. Verlauf in 4 Phasen; Frühsymptome ähnlich der infektiösen Mononukleose (1. Stadium); dann asymptomatische Phase von Monaten bis zu 10 Jahren, in welcher jedoch die HIV-spezifischen Antikörper nachweisbar bleiben (welche meist 3–8 Wochen nach der Inokulation auftreten). Die 3. Phase (2. Krankheitsstadium) ist gekennzeichnet durch eine aus der dauernden Zerstörung der T-Helferzellen u. der Proliferation des lymphatischen Systems resultierende Lymphadenopathie (»Lymphadenopathie-Syndrom«, LAS); diese kann lokalisiert sein (mindestens 2 befallene extragenitale Körperregionen [v.a. Hals-Nacken-Bereich] u./oder eine unklare Splenomegalie gelten als sehr verdächtig), kann aber auch generalisiert vorliegen; dieses Stadium wird als ARC (**A**IDS-**r**elated **c**omplex) bezeichnet (auch Exazerbationen von Hautkrankheiten [z.B. seborrhoisches Ekzem, ausgedehnte Pityriasis versicolor, multiple Verrucae vulgares] können auf eine HIV-Infektion hinweisen). Bei der Mehrzahl der mit HIV infizierten Menschen entwickelt sich das Vollbild von AIDS: breite klinische Symptomatik mit Leistungsabfall, Fieber(schüben), Hyperhidrosis u. Nachtschweiß, Gewichtsverlust u. Durchfällen, oraler Haarzell-Leukoplakie (der Zunge), neurologischen Symptomen (»AIDS-Enzephalopathie«) sowie rezidivierenden Infektionen der Haut u. Schleimhäute (z.B. hämorrhagischer ulzerierender Herpes zoster). Opportunistische Erreger: Candida, Pneumocystis carinii, Zytomegalievirus = CMV und andere Viren der Herpes-Gruppe, Toxoplasma, Aspergillus, atypische Mykobakterien; ↗Tab.
Als weitere Komplikation treten Neoplasmen auf, z.B. die aggressive disseminierte kutane u. viszerale Form des KAPOSI* Sarkoms (das ohne Immunschwäche selten erst nach dem 60. Lj. auftritt), u. zwar als multilokuläre knötchen- bis plaqueartige, bräunliche bis livide Gebilde v.a. in den Hautspaltlinien, aber auch im Bereich des Gaumens, des Magen-Darm-Traktes u. der Lymphknoten, anfangs etwa linsengroß, evtl. konfluierend; gelegentliches Auftreten von Hodgkin- u. Non-Hodgkin-Lymphomen. Nach Ausbildung des AIDS-Vollbildes überleben nur 60 bis 70% der Patienten das nächste Jahr.
Therapie: Behandlung der Sekundärkrankheiten. Eine Verbesserung der Grundsymptomatik scheint mit Azidothymidin (hemmt die reverse Transcriptase des HIV) erreichbar zu sein, jedoch mit zytostatischen Nebenwirkungen; ansonsten versuchsweiser Einsatz von Immunmodulatoren.
Für die Diagnostik steht heute als Screening-Test der Anti-HIV-EIA bzw. -ELISA im Vordergrund; positive Proben bedürfen aber der Bestätigung, u. zwar über die Immunfluoreszenz oder den Immunoblot (Western-Blot) oder den Radioimmunopräzipitations-Assay = RIPA. Auch der direkte Virusnachweis ist möglich. Epidemiologische Daten sprechen dafür, daß HIV-positive Träger mehr als 5 Jahre symptomlos u. ohne Beeinträchtigung ihres Gesundheitszustandes leben können; sie gelten jedoch als potentielle Virusausscheider. Weitere Diagnostika: Blutbild, Blutsenkungsreaktion, Enzymbestimmung (alkalische Phosphatase, Transaminasen), Serumelektrophorese, quantitative Bestimmung der Immunglobuline,β_2-Mikroglobulin, Intrakutan-Tests auf zellvermittelte Immunität, Untersuchung der Lymphozyten-Subpopulationen im Frischblut (quantitative Bestimmung der T-Helfer- u. der T-Suppressor-Zellen. T-Helferzellen bei Gesunden 800–1200/µl; Werte unter 400/µl sprechen bei Nachweisbarkeitsdauer über 3–6 Monate für AIDS); ferner Bestimmung der In-vitro-Stimulierbarkeit von Lymphozyten durch Antigene oder Mitogene; evtl. auch Lymphknotenbiopsie; die diagnostisch wertvolle Virusisolierung stellt erhebliche technische Anforderungen.

Kunstszene. In kaum einem anderen sozialen Subsystem liegen Glücksverspre-
chen und Brutalität so nahe beieinander wie in der Kunstszene.

***

Kunstszene. Eine der unangenehmsten und für die Gegenwart symptomatischen
Situationen erlebte ich bei einem luxuriösen Abendessen. Ein Jurist, der »sein
Leben ändern wollte«, plante einen privaten Kunsthandel. »Private Dealing«
heißt so etwas. Er erzählte detailliert, wie er sechs Jahre lang mit Millionenumsät-
zen sein Geschäft betreiben kann, ohne einen Pfennig Steuern zu zahlen. »Danach
muß man in L. erst die Bilanz eröffnen. Und dann findet man immer einen
Kunsthistoriker an einem Museum, der einem bestätigt, daß der Baselitz, der
Kiefer, der Keith Haring usw. ›unverkäuflich‹ sind. Man beginnt also faktisch bei
Null.«

***

Marken meines Lebens.

***

Karriere. »Warum sind Sie eigentlich nicht Professor?« fragte eine junge Frau in
Kassel. Eine berechtigte Frage. Nach meiner Assistentenzeit an der TU Berlin habe
ich mich dreimal auf eine Stelle beworben. Unterschwellig wußte ich, daß ich
nichts für Institutionen bin. Ich hasse Abhängigkeiten. – In der »Hochschule der
Künste, Berlin« wurde ich aus den Bewerbungen regelrecht ausgetrickst. Die Stelle
war – schon vor der Ausschreibung – »verschoben«. Als ich darüber mit meinen
Studenten, die mich zum größten Teil mochten, diskutierte, wurde diese Diskussion den Künstlerprofessoren berichtet. Sie verhinderten, daß meine Mitbewerber
und ich eine »Probevorlesung« halten konnten.

***

Hochschule der Künste, Berlin. Unter ihrem früheren Präsidenten Ulrich Roloff-
Momin ist diese Institution völlig heruntergekommen. Mittelmaß in der Lehre.
Chaos in der Verwaltung. Die Absagen auf die Bewerbungen kamen dreizehn
Monate, nachdem sie eingereicht worden waren. Meinen Brief erhielt ich im Juni
1991. Auf dem beiliegenden Schreiben stand als Datum »20. Dezember 1990«.

***

Künstlerprofessoren. Im »Fachbereich 6« der Hochschule der Künste habe ich
keinen Künstlerprofessor kennengelernt, der seinen Studenten die Wahrheit sagt.
Johannes Geccelli einmal ausgenommen. Alle täuschen ihre Schüler. Unter vier
Augen erzählen sie einem, was sie wirklich über sie denken. »Das bleibt aber unter
uns«, heißt es dann.

***

Aggression. Ich spüre jetzt Aggressionen in mir aufkommen. Dämpfe sie nicht.
Das »Schluß mit den Halbwahrheiten« tut weh – im eigenen Körper.

***

Gerade dachte ich an Cage: »Wenn wir die Welt von unseren Schultern nehmen und merken, daß sie nicht fällt, dann fühlen wir uns wohl.«

* * *

Die Darmkrämpfe nehmen zu. Ein Kribbeln im ganzen Körper. Ich bekomme Kreislaufstörungen. Der Atem flattert ängstlich. Die Hände werden weiß. Ich kann kaum noch tippen.

* * *

Angst.

* * *

Eckehard macht sich für eine Radtour fertig. Ich bitte ihn, in der Wohnung zu bleiben. »Vielleicht muß ich in die Notaufnahme.« – Eckehard: »Hör endlich auf mit dem Schreiben. Du bist total erschöpft.

....

Gegen »Wilhelm Meisters Lehrjahre«. Es ist im Grunde ein fatales und albernes Buch – so prätentiös und preziös – undichterisch im höchsten Grade, was den Geist betrifft – so poetisch auch die Darstellung ist. Es ist eine Satire auf die Poesie, Religion etc. Aus Stroh und Hobelspänen ein wohlschmeckendes Gericht, ein Götterbild zusammengesetzt. Hinten wird alles Farce. Die ökonomische Natur ist die wahre – übrig bleibende.
Goethe hat auf alle Fälle einen widerstrebenden Stoff behandelt. Poetische Maschinerie.
Friedrich verdrängt M[eister] v[on] d[er] Philine und drängt ihn zur Natalie hin. Die Bekenntnisse sind eine Beruhigung des Lesers – nach dem Feuer, Wahnsinn und wilden Erscheinungen der ersten Hälfte des dritten Teils.
Das viele Intrigieren und Schwatzen und Repräsentieren am Schluß des vierten Buchs verrät das vornehme Schloß und das Weiberregiment – und erregt eine ärgerliche Peinlichkeit. Der Abbé ist ein fataler Kerl, dessen geheime Oberaufsicht lästig und lächerlich wird. Der Turm in Lotharios Schlosse ist ein großer Widerspruch mit demselben. Die Freude, daß es nun aus ist, empfindet man am Schlusse im vollen Maße. Das Ganze ist ein nobilitierter Roman. (...)
»Wilhelm Meisters Lehrjahre« sind gewissermaßen durchaus prosaisch – und modern. Das Romantische geht darin zu Grunde – auch die Naturpoesie, das Wunderbare – er handelt bloß von gewöhnlichen menschlichen Dingen – die Natur und der Mystizism sind ganz vergessen. Er ist eine poetisierte bürgerliche und häusliche Geschichte. Das Wunderbare darin wird ausdrücklich, als Poesie und Schwärmerei, behandelt. Künstlerischer Atheismus ist der Geist des Buchs. Sehr viel Ökonomie – mit prosaischem, wohlfeilem Stoff ein poetischer Effekt erreicht.

Novalis

....

19. 9. 92, einige Stunden später

Ich bin in einem seltsamen Zustand. Immer noch schwach, immer noch Kreislaufprobleme. Als es mir vorhin nicht gutging, habe ich eine Flasche Mineralwasser
getrunken. Dann ging es mir besser. So gut, daß ich Eckehard sagte: »Du kannst
jetzt doch radfahren. Nimm noch das Päckchen für Gerd und Paul mit.« Er fährt
los.

Ich fühle mich wohler, gehe unter die Dusche, creme mich ein, nehme einen
frischen Schlafanzug. Ich lege mich ins Bett, und ein Frösteln geht über den ganzen
Körper. Ich schließe die Augen. Bilder, ganz abstrakte Muster. Schwarzweiße
präzise geometrische Pattern. Für Momente bleiben sie starr stehen. Dann lösen
sie sich auf. Andere Konfigurationen folgen. Flächen mit kleinen schwarzen und
weißen Dreiecken, pulsierend, Punkte, energetische Op Art-Felder. Und dann
Licht. Große Flecken von hellem Licht. Wirbelnde Flecken. »Karoshi« fällt mir
ein, der Streßtod der Japaner. Der Atem verändert sich. Wird tief und zugleich
hastig. Ich fühle keine Angst. Doch ich hoffe, daß Peter kommt. Er will heute die
Türen streichen. Ich sehe Licht. Denke: »Jetzt schlafe ich ein.« Das Zimmer ist
voller Sonne. »In Schönheit sterben…«, sage ich mir. »Ganz allein. Es ist so
leicht.« Ich bin voller Freude. Denke an meine Eltern, an Eckehard.

Dann werde ich ohnmächtig. Ein langes schwarzes Loch. Nach einer seltsam
zeitlosen Unendlichkeit komme ich wieder zu mir. Alles fühlt sich fremd an.
Zugleich spüre ich eine große Erleichterung.

Es klingelt. Ich stehe auf, gehe verkrampft gebückt, »so alt«. Es ist nicht Peter. Es
ist der Postbote. Er bringt den Katalog für Olaf Metzels Hamburger Ausstellung.
Ich lese meinen Text »Notizen für Olaf Metzel« in der Küche. Das Lesen fällt mir
schwer. Die Buchstaben tanzen vor meinen Augen. Ich zwinge mich, den Text
Wort für Wort zu lesen. »Der Katalog ist sehr solide. Wie Olafs Werk«, denke ich.
»Mein Text ist gut.« Ich trinke Mineralwasser, gehe wieder an den Computer.
Tippe die obige Passage.

Jetzt kommt Peter. Ich freue mich darüber. Doch ich fühle mich wie erschlagen.
Ich gebe Peter Instruktionen, mich ins Krankenhaus zu bringen – wenn etwas
geschieht. Peter: »Du siehst schlecht aus. Du mußt sofort ins Bett.«

Ich gehe wieder ins Bett. Was geschehen wird, weiß ich nicht. Ich bin ruhig und
jetzt auch – voller Angst.

....

19. 9. 92, einige Stunden später

Wieder im Bett, spüre ich erneut das Frösteln. Ich atme tief, doch der Atem hält
mich nicht. Ich nähere mich wieder dem Zustand der Ohnmacht. Wieder

Lichtflecken. Wieder ein Wegsein. Plötzlich sehe ich in einem hellen ovalen Fleck Szenen. Ich weiß nicht mehr, welche. Ich weiß nur noch, daß ich dachte: »Das ist der ›Film‹ vor dem Ende.« Neugierig ängstlich betrachtete ich diesen Film. Es waren einzelne Szenen, die irgendwie gar nichts mit mir zu tun hatten. Dann kam eine Szene bei hellgrauem Tageslicht auf dem Kudamm/Ecke Fasanenstraße. Ich denke: »Das ist die Taxifahrt mit Alexander, als du ihn vor Jahren vom Bahnhof Friedrichstraße ›auf dem Weg nach Westen‹ abgeholt hast.« Damals sah auch ich West-Berlin mit seinen Augen. »Es ist Wahnsinn«, sagte Alexander. »Ich kenne das alles. Habe alles schon x-mal im Fernsehen gesehen. Und jetzt ist es Realität.« Doch so lang, wie ich es hier schildere, dauerte die Vision nicht. Sie war ein einziger großer Schwenk über die Kudamm-Kreuzung. Als ich sie ganz plastisch vor mir sah, dachte ich: »Das war's! – Jetzt wirst du sterben.«

Im selben Moment löste sich die Verkrampfung im Körper. Die fest zusammenge-preßten Backenknochen entspannten sich. Ich spürte das. Es war angenehm. Ich schlief ein. Im Hintergrund hörte ich Musik. Peter hatte das Radio in der Küche angestellt. Ich schlief mehrere Stunden. Als ich wach wurde, waren meine Hände und Füße wieder warm.

»Nichts Besonderes.« – »Was du erlebt hast, ist nichts Besonderes«, fiel mir ein. »Hanne hat dir davon erzählt, doch du hast es nur ›im Ohr‹ gehört.« Wenn sie extrem lange arbeitet, fällt sie in eine Art Ohnmacht. Ihr Arzt gibt ihr dann Kalziumspritzen.

Ich stehe wieder auf. – »Das möchtest du alles für dein Buch festhalten«, denke ich. »Und niemand wird es glauben.«

»Möchtest du ein ›Mars‹?« fragt mich Peter, als ich in die Diele komme. – Er lächelt mich freundlich an, und wir umarmen uns. »Ja, ein ›Mars‹«, antworte ich.

Und da sind sie wieder, die »Grünen Tomaten«. Die Heldin des Films stopft sich voll mit Schokoriegeln.

* * *

»Du wirst nicht heute sterben und auch nicht morgen«, geht es mir durch den Kopf. »Doch wenn der Tod kommt, möchtest du eigentlich, daß er noch ein bißchen ›schöner‹ ist als der heutige Tag.«

Ich trinke eine Tasse Kaffee. Esse mein »Mars«. (Seit sieben Monaten habe ich so etwas nicht mehr gegessen. – Prompt »ziehen« die Zähne.) Rauche eine Zigarette. (Das ist genau das falsche!)

»So, jetzt wirst du auf dich aufpassen. Mit den Kräften haushalten. Der Schreibstreß ist absurd.«

* * *

[CÉZANNE]

The Irish lady can say, that to-day is every day. Caesar can say that every day is to-day and they say that every day is as they say.

In this way we have a place to stay and he was not met because he was settled to stay. When I said settled I meant settled to stay. When I said settled to stay I meant settled to stay Saturday. In this way a mouth is a mouth. In this way if in as a mouth if in as a mouth where, if in as a mouth where and there. Believe they have water too. Believe they have that water too and blue when you see blue, is all blue precious too, is all that that is precious too is all that and they meant to absolve you. In this way Cézanne nearly did nearly in this way. Cézanne nearly did nearly did and nearly did. And was I surprised. Was I very surprised. Was I surprised. I was surprised and in that patient, are you patient when you find bees. Bees in a garden make a specialty of honey and so does honey. Honey and prayer. Honey and there. There where the grass can grow nearly four times yearly.

Gertrude Stein

19. 9. 92, früher Nachmittag

»Die Vermählung mit dem Tod.«

* * *

Dorith kommt vorbei – mit sechzehn Trinkpackungen »Fresubin Kraftnahrung«. Ich freue mich, daß sie da ist. – Sie blättert in meinem Buch. Mir fällt ein, daß ich heute die Ausstellung »Die Hormone des Mannes« im Berliner »Schwulen Museum« eröffnen soll. – Ich rufe dort an, sage, daß ich nicht kommen kann. »Ich bin zu schwach.« Man soll meinen Text zum »Verschwinden der Kunst« aus dem Metzel-Katalog vorlesen. Ich rufe Wolfgang Müller an, erkläre ihm meine Situation. Er wird den Vortragstext mit dem Taxi abholen. Am Computer schreibe ich als Vorspann einen Brief:

Liebe Freunde und Freundinnen! Eigentlich sollte ich heute bei Euch eine Führung durch die Ausstellung machen. Doch ich habe nicht die Kraft dazu. In den vergangenen beiden Monaten habe ich ein 300-Seiten-Buch geschrieben zum Thema »Alltag, Kunst, Aids«. Zuletzt habe ich jeden Tag sechzehn Stunden am Computer gesessen. Heute morgen bin ich zusammengebrochen. Es hört sich sicher seltsam an: Aber ich war ganz nah am Tod.

Während ich dies schreibe, liegt ein Freund von mir, Christian Borngräber, im AVK. Es geht wohl zu Ende mit ihm. Er bereitet sich seit Tagen darauf vor. Der Abschied fällt mir schwer.

Ich grüße Euch sehr herzlich. Mein Buch hat sich aus einem Artikel entwickelt, den ich beilege und den jemand von Euch vielleicht vorlesen kann.

Was mir in den letzten Wochen klar wurde: <u>Es geht in der Kunst nicht mehr um Kunst. Es geht um unser Leben.</u>

Ich grüße Euch alle, ängstlich und heiter zugleich.

Euer

Wolfgang Max Faust

***

Etwas später. Ich rufe Wolfgang R. an. Er ist Arzt. Es geht ihm selbst nicht gut. Mit Magenkrämpfen liegt er im Bett. Ich schildere ihm meinen Zustand. Beim Sprechen am Telefon werde ich so schwach, daß ich mich auf den Boden legen muß. Ich kann kaum noch atmen. Die Brust schmerzt. Der Kreislauf versagt. Ich breche das Gespräch ab. Dorith bringt mich ins Bett.

....

Berlin, 18. 8. 1985

Lieber Michael!

Es ist Sonntagnachmittag. Herrlicher Sonnenschein. Ich sitze auf dem Balkon. Du bist jetzt in Stockholm. Ich denke an Dich, und natürlich ist es wieder ein Kreuz- und Querdenken. – Vor sieben Jahren haben wir uns kennengelernt. Seitdem hat sich vieles verändert, und vieles ist gleichgeblieben. Ein einfaches Verhältnis gab es nie zwischen uns und wird es wohl auch nie geben. Die Umstände sind schwieriger geworden. Die Arbeit in der Aids-Hilfe fängt an, mich zu verändern. Ich denke an Dich, an uns, again, und ich denke über Deinen 30. Geburtstag nach und was sich alles getan hat, seitdem wir uns auf Santorin beim Campari kennenlernten. Du bist sehr selbstbewußt geworden, und in der letzten Zeit gab es viele gute Gespräche zwischen uns. Daß es jetzt wieder einmal zur Krise kam, hängt mit dem zusammen, was immer wieder für Probleme sorgte. Wir können uns, glaube ich, nicht frei machen von dem Körperglück, das wir miteinander erleben durften. Mich bestimmt es immer noch, und daß es nicht mehr zwischen uns existiert, macht mich traurig. So wie es war, wird es nie wieder sein: Das Schmusen und die Geilheit sind Erinnerungen geworden, die ich nicht missen möchte. Wir haben im Sex/durch den Sex viel begriffen, und wir würden uns nicht mehr kennen, wenn er nicht eine so elementare Basis in unsere Beziehung gebracht hätte. Im Sex (und sehr stark mit Dir) gab es die Möglichkeit, sich hinzugeben, ohne sich zu verlieren. Schöner Sex bestätigt, schafft Vertrauen in die Welt, gibt Sinn. Deshalb ist die Aids-Situation für mich jetzt so schwierig. Was mich elementar mit einem anderen Menschen verschmelzen ließ, besitzt jetzt

Züge der Angst. Für viele schafft dies nicht mehr Bewußtheit, sondern das genaue Gegenteil: zwanghaftes Ausleben, Stärkung der masochistischen Lust. Heraus aus diesem wohlig-negativen Bestätigen kann nur Verantwortung führen. Deshalb ist die Arbeit in der DAH für mich so wichtig. Daß auch Du Dich dort engagierst, freut mich. Ich hoffe, daß wir vieles zusammen machen können. Wir sollten produktiv miteinander umgehen und – wo es möglich ist – gemeinsam etwas auf die Beine stellen. Abbauen sollten wir, was Probleme schafft. Und wenn es Probleme gibt, sollten wir sofort darüber sprechen. Wir müssen uns nicht durch gegenseitige Verletzungen bestätigen, wie nah wir uns sind. Wir sollten es durch Zuneigung tun. Denn ich gehe immer noch davon aus, daß wir nicht einfach irgendwelche Freunde füreinander sind.

Du bist auf einem guten Weg. Du bist selbständiger geworden. Du übernimmst Verantwortung für Dich. Es gibt viele Leute, die zu Dir stehen, und das hilft. – In Gedanken bin ich jetzt bei Dir in Stockholm. Mit gemischten Gefühlen. Ein wenig stolz, daß Du für den TU-Asta in Schweden bist, und mit ein wenig Angst, weil Du genau das tun wirst, was man jetzt nicht mehr machen sollte. Es gibt Möglichkeiten, auf sich aufzupassen, ohne daß der Spaß vergeht. (Hört! Hört!) Es wäre schön, wenn Du Dir selbst entsprechend wichtig wärst. Das schreibe ich zugleich sehr egoistisch: Ich habe Dich immer noch sehr gern! Für die Zukunft wünsche ich Dir alles Gute, und ich schließe mich in den Wunsch für diese Zukunft ein. – Auch in Deinem Sinne? – Sei umarmt!

Dein Freund Wolfgang
(Ein Text ausgewählt von Michael.)

....

Zwei Stunden später

Im Bett – Dorith sitzt bei mir – Das Bewußtsein pulsiert – Ich bin ganz da und ganz woanders – Angst, große Angst – Ich halte den Rosenquarz fest in meiner Hand – Dorith umarmt mich – Ein Weinkrampf – »Wo ist Eckehard? Wo ist Eckehard!« – Dorith: »Er fährt jetzt Rad. Und vielleicht denkt er jetzt an dich.« – Ich liege zusammengekrümmt – Weine, weine – Ich sehe Flecken und Bilder – »Der Tod ist leicht...« – »O, du fröhliche, o du selige...« – »Man singt keine Weihnachtslieder im Sommer«, höre ich meine Mutter sagen, »dann stirbt jemand.« – Ich singe nicht weiter – Ein Krampf im ganzen Körper – Immer wieder, immer wieder – Ich liege in Embryostellung – Die Hände werden starr – Der Körper wird starr – Das Leben »steht« – Und dann: ein seltsam ernstes befreiendes lautes Weinen – »Wer die Schönheit angeschaut mit Augen...« – Im Hof spielen die Kinder Tischtennis – Dorith bringt mir einen Tee – Sie redet ruhig mit mir – Ich höre ihr zu – Doch ich begreife nicht, was sie mir sagt – Ihre Stimme ist schön – Eckehard kommt nach Hause – Viel früher als geplant – Er hat einen großen Beutel mit selbstgesammelten Pilzen mitgebracht – »Frische Maronen«, sagt er – Wir reden, nur um zu reden – Dorith verabschiedet sich – Eckehard erzählt von seiner Radtour – Ich höre wieder nur zu – Angst macht sich in mir breit – Angst – Panische Angst – Dann ein

Wegsacken – Kälteschauer – Ich spüre Eckehards liebende Nähe – Weinkrämpfe
– Ich weine mich frei – »Rotz und Wasser« – Ich komme wieder zu mir – Gebe mir
Reiki, die »Universale Lebenskraft durch Handauflegen«... – Ich sage zu
Eckehard: »Mein Leben war sehr schön.« – Und dann: »Ist sehr schön.«

***

Später stehe ich auf. Ich bin immer noch sehr schwach. Rufe Wolfgang an.
Telefoniere mit dem AVK. »Kommen Sie sofort in die Notaufnahme. Wir haben
ein Bett für Sie frei.« – In diesem Moment fühle ich mich besser. Ich fahre nicht in
die Klinik.

***

Ich beschließe, zwei Tage nicht am Computer zu arbeiten. Wenn ich ans Tippen
denke, kommen wieder die Angstzustände.

***

»Den Vater ausatmen« heißt jetzt: »Mein Buch ausatmen.« – »Das Buch hat keine
Macht über mich! – Ich werde es in den nächsten Tagen in Ruhe und Gelassenheit
beenden.«

....

Das horizontale ebenerdige Grab

Der andere Typus des mittelalterlichen und modernen Grabes ist horizontal, flach
und ebenerdig ausgerichtet. Das Grab besteht aus einer schlichten rechteckigen
Steinplatte, deren Dimensionen variabel sind, im allgemeinen aber den Größen-
verhältnissen des menschlichen Körpers entsprechen und selten ausladender,
sondern im Gegenteil eher kleiner sind. Man bezeichnet ihn auch mit neuen
Ausdrücken. *Tumulus, monumentum, memoria* oder auch *sarceu* im Sinne von
Sarg verschwinden und werden im allgemeinen Sprachgebrauch durch »Platte«
(lame), »Grube« *(fosse; »cy-git sous cette fosse«)*, Grab und Grabplatte ersetzt.
Tumba war, im Sinne von *tumulus,* aus dem Griechischen entlehnt. In der
lateinischen Form dürfte es im 5. Jahrhundert zum ersten Mal von Prudentius (37)
benutzt worden sein; es hatte im Mittelalter jedoch eine große Zukunft vor sich,
denn man begegnet ihm in allen abendländischen Kernsprachen wieder, im
französischen *tombe*, im englischen *tumb* oder im italienischen *tomba*.
Lame bezeichnet den Stein, der den Grabhügel oder das Grab bedeckt, in dem der
Leichnam beigesetzt worden ist. Dieser Grabtypus läßt also zunächst an die
Einsenkung des Leichnams in die Erde denken, im Unterschied zur »Sarkophagi-
sierung«. Sicher kommt es selten vor, daß die Grabplatte mit der genauen Stelle
der Grablegung zusammenfällt, an der der Leichnam denn auch wirklich zur Ruhe
gebettet liegt. Aber das verschlägt wenig. Sie ist das sichtbare Zeichen dieser
unsichtbaren Heimstatt, und dieses Symbol genügt vollauf. Sie ist Bestandteil des
Steinbodens, sie wird eins mit den Fliesenplatten und ein Stück von ihnen. Sie ist

dann die harte und dauerhafte Grenze, die die überirdische von der unterirdischen Welt trennt.

Philippe Ariès

....

Sonntag, 20. 9. 92, morgens. Hochnebel, dahinter die Sonne

Ich habe neun Stunden fest geschlafen – dank »Vivinox«.

* * *

Bizzarie di varie figure.

* * *

Die Heizung. Um fünf Uhr wurde ich wach. Ein lauter Pfeifton in der Heizung. Seitdem in einer Wohnung – unerlaubterweise – ein Ventil ausgebaut wurde, pfeift es ab und zu auch bei uns. Das geht schon seit drei Jahren so. – Ich gehe im Schlafanzug in den Heizungskeller. »Von Heizungsanlagen verstehe ich mittlerweile etwas«, denke ich. – Ich stelle die Pumpe um. Gehe zurück in die Wohnung. Das Pfeifen ist immer noch da. Ich nehme Ohropax. Doch auch dadurch höre ich den Ton. Ich gerate nicht in Panik – wie früher. »In den nächsten Tagen sorge ich dafür, daß endlich eine neue Pumpe eingebaut wird. Koste es, was es wolle.« – Ich schlafe wieder fest ein.

* * *

Die Heizung. Die Mutter. Der Tod. – Als mir Dieter H. – »mein 45-Minuten-Psychoanalytiker« – sagte: »Die Heizung ist deine Mutter«, habe ich nur gelacht. Als ich früher im Bett Panikzustände wegen meiner Schlaflosigkeit bekam, dachte ich: »Die Heizung ist der Tod.«

* * *

Es stimmt. »Die Heizung ist der Tod. Die Heizung ist meine Mutter. Und die Heizung ist die Heizung.«

* * *

Notiz zum Verschwinden der Kunst. – Beim Wachwerden morgens um sechs notiere ich auf dem großen Block, im Bett liegend, mit geschlossenen Augen. »Notiz zum Verschwinden der Kunst: Das Verschwinden der Kunst heute ist nur <u>ein</u> Aspekt des Verschwindens in der westlichen Zivilisation. Sie ist zu einer Zivilisation des Sterbens geworden. Ihr Leben haucht sie nun aus. Um schön zu sterben, kultiviert sie die Kunst. Doch diese Kunst ist selbst ein Moment des Sterbens. Kunst war immer ein Paradox. Von der Steinzeit an: Zeugnis des Lebens und Zeugnis des Todes. Und sie war immer auch Verwandlung. Heute fehlt ihr die Kraft, die Vision dazu. Wenigstens bei den meisten Künstlern. Deshalb ihr

erstarrtes Weitermachen. Deshalb die beunruhigende Schönheit in den Werken, die vom Verschwinden sprechen, indem sie an die lebendige Vergangenheit der Kunst erinnern. Der Westen muß jetzt durch den Tod hindurch. Er wird die ganze Welt in dieses Sterben hineinreißen. Doch das ist kein Ende. Alles wird umgeschmolzen. – Oder die Menschheit wird an sich selbst ersticken.«

* * *

»Ich glaube an das Leben«, sage ich mir. Und in diesem Moment »weiß« ich es.

* * *

Ablenkungen.

* * *

Gestern abend sahen Eckehard und ich im Fernsehen »Harold und Maude«. Auf SAT 1. Ein typischer Film der Zeit um 1970. Der Film war brutal gekürzt worden. An den schönsten Stellen »Werbeblöcke«: »Le Tatare«, »Choclait Chips«, »Jacobs Krönung«, »TicTac«, »Livio Delikatess Pflanzenöl«, »Citroën ZX«, »Wick Blau«.

* * *

»Überall die Sehnsucht nach gelebtem Leben. Überall das Versprechen des Paradieses«, sage ich zu Eckehard.

* * *

Der Tod heute in dieser Zivilisation hat viele Gesichter. Er ist George Bush und die »Schaubühne«. Er ist das Ozonloch und Klaus E. Er ist das Werk von Clemente, das »Classic radio«, die Waffenindustrie. Er ist die Ausbeutung der Dritten Welt und meine Putzfrau Dorota, die Tasche von »Mandarina Duck« und mein Rosenquarz. Er ist dieses Buch und die Datura auf dem Balkon.

* * *

»Das Sterben ist nichts Besonderes, wenn man anfängt zu leben.«

* * *

Daß das Sterben – mein Sterben – auch noch etwas anderes sein könnte, ahne ich.

* * *

Ich denke: »Alles, was ich jetzt erlebe, dient vielleicht nur dazu, die Angst vor dem Sterben zu mildern.«

* * *

Homo sum. Nil humani a me alienum puto.

Der 18. Februar

97. Ein Sodomit reißt einem Knaben und einem jungen Mädchen die Eingeweide heraus und bringt die Eingeweide des Knaben in den Körper des Mädchens, und jene des Mädchens in den Körper des Knaben; darauf vernäht er die Wunden, fesselt die beiden Rücken an Rücken an einen Pfeiler – der sich zwischen ihnen befindet und sie stützt – und sieht so zu, wie sie sterben.

An diesem Abend setzt man Michette der Wut der Libertins aus; sie wird zuerst von allen vieren geschlagen, dann reißt ihr jeder einen Zahn aus, man schneidet ihr vier Finger ab (jeder einen), man sengt ihr die Schenkel von vorn und hinten an vier Stellen an, und der Herzog malträtiert ihr eine Brust, bis sie ganz blutunterlaufen ist; dabei sodomiert er Giton.

Hernach erscheint Louison auf dem Plan; man läßt sie scheißen, verabreicht ihr 800 Schläge mit dem Ochsenziemer, reißt ihr alle Zähne heraus, versengt ihr die Zunge, den After, die Scheide, die übriggebliebene Brust und die Schenkel an sechs Stellen.

Sobald sich alle schlafen gelegt haben, holt der Bischof seinen Bruder; sie nehmen die Desgranges und Duclos mit sich und bringen Aline zu viert in den Kerker hinunter; der Bischof sodomiert sie, der Herzog ebenfalls, man kündigt ihr den Tod an und gibt ihn ihr unter grenzenlosen Martern, die bis zum Tage andauern. Beim Aufstieg beglückwünschen sie sich zu den beiden Erzählerinnen und raten den zwei anderen, sich ihrer bei Folterungen stets zu bedienen.

Marquis de Sade

....

20. 9. 1992

Die Angst gehört zum Leben wie das Atmen. Und das Atmen ist eine einzige große Freude.

***

Zum Frühstück im Radio: Joseph Haydn »Die kleine Orgelmesse«.

***

Peter kommt zum Streichen. Er freut sich, daß es mir wieder bessergeht. »Mit Mathe komme ich überhaupt nicht zurecht. Ich glaube, ich kapituliere. Es ist alles viel zu hoch. Ich muß weiter ›unten‹ anfangen.«

***

Die Berliner Kritikerin Karena Niehoff ist gestorben. Ich mochte sie immer sehr. – »R.I.P.«

***

In der Badewanne. »Was fehlt eigentlich noch in deinem Buch? Was gehört zu einer Biographie?« Ich komme ins Tagträumen.

***

Meine Zeugung. Als Kind – Erzählungen meiner Mutter weiterspinnend – phantasierte ich mir immer meine »Zeugung im Bombenhagel Wuppertals«. – Mutter: »Unser Haus auf dem Scharpenacken wurde von einer Phosphorbombe getroffen. Vater war gerade zum Heimaturlaub da. Es war spät nachts. Er wollte gar nicht in den Keller. Doch dann brannte das Haus lichterloh. Wir flüchteten in die Garage. Nur mit Mühe gelang es uns, das Garagentor hochzuschieben. Draußen überall Feuer. Ein riesiger, schwarzer Flugzeugflügel ragte vor uns in den Himmel. Vor unseren Füßen lag tot der Pilot. Ein junger Engländer. Ich hatte Mitleid mit ihm.«

***

Meine Geburt. Da das Haus meiner Eltern in Wuppertal »ausgebombt« war, brachte mein Vater meine Mutter nach Landstuhl in der Pfalz. Mein Vater war Bauingenieur am Westwall gewesen. »Über 600 Bauarbeiter hatte ich unter mir.« Eine Wohnung in Landstuhl war deshalb leicht zu bekommen. – Als die Wehen begannen, ging meine Mutter – spät in der Nacht – in die Klinik. Ein Bombenangriff auf Landstuhl. Die Schwestern kümmerten sich um die Verdunklung. Die Wehen wurden stärker. Meine Mutter erzählte mir immer, als ich klein war: »Ich wollte dich haben. Du solltest leben. Ich preßte dich aus mir heraus. Ganz allein. Doch beinahe wäre ich bei deiner Geburt verblutet.«

***

Erst nach sechs Tagen hielt mich meine Mutter im Arm.

***

Dichtung und Wahrheit. Im »Tagesspiegel« ist ein Artikel meiner ehemaligen Studentin Ursula Escherig erschienen: »Rackern für Goethe. Zum 200. Geburtstag von Johann Peter Eckermann«.

***

Eckehard versorgt die Blumen auf dem Balkon. »Heute müssen sie gedüngt werden.«

***

Gib mir Honig.

Die Leibesfrucht liegt zehn Monate oder wie lange es grade dauert in ihrer Hülle verborgen und wird dann geboren.
Ist einer geboren, so lebt er, solange er eben lebt. Wenn er gestorben ist, tragen sie ihn von hier zum Feuer, aus dem er gekommen ist, aus dem er entstanden ist.

Die, welche so wissen und im Walde Glauben und Kasteiung üben, die gehen in die Flamme (des Scheiterhaufens) ein, aus der Flamme in den Tag, aus dem Tage in die lichte Hälfte des Monats, aus der lichten Hälfte des Monats in die sechs Monate, während denen die Sonne nordwärts geht.

Aus den Monaten in das Jahr, aus dem Jahr in die Sonne, aus der Sonne in den Mond, aus dem Monde in den Blitz. Da bringt sie ein geistiger Mann zum Brahman. Das ist der Pfad, auf dem die Götter gehen.

Die, welche im Dorf Opfer, fromme Werke, Spenden üben, diese gehen in den Rauch ein, aus dem Rauch in die Nacht, aus der Nacht in die dunkle Hälfte des Monats, aus der dunklen Hälfte des Monats in die sechs Monate, während denen die Sonne südwärts geht; diese erlangen nicht das Jahr.

Aus den Monaten in die Welt der Manen, aus der Welt der Manen in den Äther; aus dem Äther in den Mond. Das ist König Soma. Das ist die Speise der Götter. Ihn essen die Götter.

Wenn sie in ihm bis zum letzten Rest (ihrer früheren Werke) gewohnt haben, kehren sie auf demselben Wege, wie sie gekommen sind, wieder in den Äther zurück, aus dem Äther in den Wind; zu Wind geworden, werden sie zu Rauch; zu Rauch geworden, werden sie zu Nebel. Zu Nebel geworden, werden sie zur Wolke; zur Wolke geworden, regnen sie herab und werden als Reis oder Gerste, Pflanzen oder Bäume, Sesam oder Bohnen geboren. Daraus ist schwer zu entkommen. Wenn einer Speise ißt und Samen ergießt, dann entstehen sie aufs neue.

Die, welche hier lieblichen Wandels sind, haben die Aussicht, daß sie in einen lieblichen Schoß gelangen; in den Schoß eines Brahmanen, Kshatriya oder Vaishya. Die aber, die einen anrüchigen Wandel führen, haben Aussicht, daß sie in einen anrüchigen Schoß gelangen, den eines Hundes, Schweines oder Cândâla.

Aber auf keinen dieser beiden Pfade gehen diese kleinen, oftmals wiederkehrenden Wesen. ›Werde und stirb‹: das ist der dritte Ort. Darum wird jene Welt nicht voll. Darum soll man sich hüten. Hier sagt ein Shloka:

›Einer, der Geld stiehlt, der Surâ trinkt, das Lager seines Lehrers besteigt, einen Brahmanen tötet, diese vier gehen ihrer Kaste verlustig. Zu fünft der, der mit ihnen verkehrt.‹

Upanishaden

....

Sonntag, 20. 9. 92, mittags

Ich denke an Christian im AVK, denke: »Den Weg, den Christian geht, werden viele meiner Freunde und Bekannten gehen.«

***

Alf Bold wird ihn gehen und Hans Brockmann. Klaus E. und Albert B., Peter H. und Herbert B., Fred R. und Hans S., Dieter S. und Charles M., Wolfgang K. und

Gregor E., Nat W. und Gabriella K., Paco P. und Andrew M. – Viele, sehr viele werden den Weg in den nächsten Stunden, Tagen, Wochen, Monaten, Jahren gehen.

* * *

Auch ich werde diesen Weg gehen. Ich bin schon unterwegs.

* * *

Ich trinke Mineralwasser. Viel Mineralwasser.

* * *

Gleich werden Eckehard und ich einen Spaziergang machen.

* * *

Die letzten Texte habe ich alle »mit der Hand« geschrieben. Meine Handschrift ist klar und präzise. Jeder kann sie lesen.

Sonntag, 20. 9. 92, spätnachmittags

Ausflug mit Eckehard nach Glienicke. Mit dem Taxi bis zur Glienicker Brücke. Es regnet.

* * *

Während der Fahrt bekomme ich einen Schwächeanfall. Wieder dieses kalte Kribbeln. Ich denke: »Jetzt sage ich, das Taxi soll zum AVK fahren.« – Doch ich atme tief durch. Denke plötzlich: »Prana, Prana, Prana...« – Es geht mir wieder besser. Ich reibe kräftig meine Hände. Sie werden wieder warm. Ich sage Eckehard nicht, was ich gerade erlebe.

* * *

Im Glienicker Schloß gehen wir essen. »Rinderbouillon, Spanferkel mit Salat«. – Ein Spaziergang entlang der Havel zum »Schloß Cecilienhof«. Wo früher der Todesstreifen und die Mauer waren, wird nun ein schöner Park angelegt. »Man rekonstruiert sogar die Sichtachsen«, sagt Eckehard. – Im Schloßrestaurant auf der Terrasse »Kaffee und Cognac«.

* * *

»Cognac ist auch ›Eau de vie‹«, sagt Eckehard. – Eine schwarze Katze streicht um meine Beine. Ich streichle sie nicht. »Toxoplasmose«.

* * *

Ein Spaziergang durch den »Neuen Garten«. An der »Pyramide« vorbei. Über der »blinden Tür« des Eingangs die Zeichen der sieben Planeten. Ich weiß nicht,

373

welche Zeichen zu welchen Gestirnen gehören. »Gerd würde es wissen«, sage ich zu Eckehard.

***

Sonne. Mond. Mars. Merkur. Jupiter. Venus. Saturn.

***

Zurück zur Glienicker Brücke, die bis zur Einheit Deutschlands die unüberwindliche DDR-Grenze war und den Namen »Brücke der Einheit« trug. – Ich erkläre Eckehard: »Mein Buch ist in Sprache das, was Hanne Darboven in ihrem Haus sammelt. – Doch ich brauche nichts mehr zu besitzen.«

***

Im Bus. Der neue elektronische Fahrkartendrucker begrüßt uns mit der Schrift WILLKOMMEN. – »Merhaba«, sage ich zum Busfahrer. – »Merhaba«, antwortet er.

***

In der Hand halte ich eine Kastanie. Eckehard hat sie mir im Park geschenkt. – »Gegen Rheuma.«

***

United Colours of Benetton. – Vom Bus aus sehen wir das neue Plakat der Bekleidungsfirma. Ein Wasserhuhn im Schlick einer Ölpest. Darauf der Schriftzug: »United Colours of Benetton«. – Das Huhn und das Wasser sind ölig pechschwarz. Das Auge des Huhns ist strahlend rot. Es wurde in das Foto hineinretuschiert. Ohne dieses Rot würde man das Plakat nicht ertragen, könnte Benetton seine Pullover nicht verkaufen. – Der Mensch will Hoffnung. Die Industrie gibt sie ihm.

***

»...sponsored by Daddy« steht auf einem schicken Auto, das vor uns fährt.

***

Im kleinen Park vor unserer Landauer Straße breche ich für Eckehard eine rote Rose ab.

....

Mein Angebot

Wie ich höre, glaubt die Deutsche Bundesbahn, bei der Neugestaltung des Bahnhofs Zoologischer Garten auf die *Heinrich Heine Buchhandlung* verzichten zu können, die seit Jahrzehnten zu den kulturellen Hauptschlagadern Berlins gehört, des geteilten erst und jetzt der Hauptstadt, die mehr oder weniger erwartungsfroh unter den Messern der Bau-Chirurgen liegt. Die *Heinrich Heine Buchhandlung* sollte unter Denkmalschutz gestellt werden. Ihre Abschaffung zugunsten einer Bestsellerfabrik wäre ein Vorgriff auf die Barbarei.

William Faulkner sagte vor dreißig Jahren beim Anflug auf São Paulo: *I dunno want to land in Chicago*. Wir sollten versuchen, den Tag hinauszuzögern, an dem dieser Satz beim Anflug auf Berlin gesagt werden kann. Auch der Verkehrsminister, obwohl er nicht so aussieht, liest nicht nur Akten und Fahrpläne. Für die Erhaltung der *Heinrich Heine Buchhandlung* im Bahnhof Zoologischer Garten bin ich bereit, jede Lokomotive zu küssen oder jeden Triebwagen, den die Deutsche Bundesbahn zu diesem Zweck mir zur Verfügung stellt.

Heiner Müller

....

Zurück in der Wohnung. Peter streicht noch immer die Türen. Sie werden sehr schön, strahlend weiß.

***

Die junge Tochter in der Wohnung über uns spielt den »Liebestraum« von Liszt.

***

Ich gehe ins Bett. Eigentlich bin ich gar nicht müde. Beim Einschlafen denke ich: »Unsterblich, unsterblich ist der Mensch.«

***

Im Bett. Ich habe tief und fest geschlafen. Noch im Halbschlaf höre ich den Regen. Er prasselt gleichmäßig und kräftig auf das Fensterbrett. – Ich denke: »Jeder Moment deines Lebens ist jetzt kostbar. Du mußt behutsam damit umgehen.« Und dann: »Was du jetzt gedacht hast, ist richtiger Kitsch. Unerträglich. Wie eine Bild-Postkarte aus der Claudius-Buchhandlung.«

***

Sonnenuntergänge. Der Ortler im Morgenlicht. Die Rocky Mountains. Schnee in Hoheleye. Der Blick von Notre-Dame. Lands End. Die Zeus-Höhle in Dikti. Ein Abend an der Havel.

***

Die Überraschung. Als ich zum Schreibtisch zurückkehre, liegt auf meinem Manuskript ein wunderschöner Schmetterling. Ich rufe: »Eckehard!« – Ich bin völlig fasziniert. Eckehard kommt zu mir und sagt: »Ist der nicht schön! Ein ›Kleiner Fuchs‹. – Ich fand ihn im Treppenhaus. – Er ist tot.« – »Er hat viel mit meinem Buch zu tun«, sage ich. »Ich weiß«, sagt Eckehard. »Verwandlung.«

***

Der Schmetterling. Als ich vor einigen Wochen in Köln in Gerds Küche den »Kassel-Wuppertal-Köln-Teil« verfaßte, kam abends ein Pfauenauge ins Zimmer geflogen. Während ich schrieb, flog es leise um mich herum. Dann ließ es sich etwa zwanzig Zentimeter neben meinem Schreibblock auf der weißen Tischplatte nieder. Es war so schön! Ich habe noch nie etwas so Schönes so in Ruhe betrachten können. – Ab und zu legte der Schmetterling seine Flügel zusammen. Dann waren sie pechschwarz.

Was ein Garten ist, kann man definieren, man kann auch seine Gewächse katalogisieren. Was aber ein Garten seinem Besitzer bedeutet, entzieht sich jeder Beschreibung. Das Frühstück unterm Kirschbaum, das Mittagessen unterm Birnbaum, das Sonnenbad neben der Schwarzkiefer, die nach jedem Winter sorgenvolle Betrachtung des Gingko Biloba, ob ihm der Frost nicht geschadet hat: Das alles sind Details, die man beweisen kann, weil sie einem etwas bedeuten, aber sie sind eben doch nur Teile, aus denen sich ein ganzes Bild fügt. Gelegentlich kann man lesen, der Garten sei ein Stück gezähmter Natur und damit Triumph menschlichen Gestaltungswillens. Aber wer seinen Garten bestellt, hegt schwerlich Triumphgefühle, nicht einmal gegenüber dem Unkraut. Ich glaube eher, das Glück liegt im Umgang mit der Individualität des Gartens und seiner Gewächse. Denn so schön ein Wald ist: Es bleibt die Anonymität der Bäume. Im Garten aber hat jeder Baum seine Persönlichkeit. Manchen hat man selbst gepflanzt und Jahr um Jahr in seiner Entwicklung begleitet. Andere waren schon da, bei mir unter den Obstbäumen zwei ehrwürdige Greise. Ihr Ertrag ist bescheiden, aber sie deshalb umhauen? Die Eiben vorm Haus nehmen den Räumen der Südseite viel Licht, aber deswegen opfern und Vögeln den seit Jahren angestammten Nistplatz nehmen? Am Ende von Voltaires klugem Roman »Candide« (1759), der so viele Scheußlichkeiten menschlichen Schicksals versammelt, steht die Confessio seines Helden: »Wir müssen unseren Garten bestellen.« Der Mensch wird, nach allen Katastrophen, auf seinen Ausgangspunkt zurückverwiesen, denn mit dem Garten hat die Kultivierung der Welt begonnen. Die Geschichte vom Paradies als Garten ist darum von tiefster Symbolik. Und es kann kein Zufall sein, daß sowohl Platon wie Epikur ihre Philosophie in Gärten entwickelten und Luther das tiefgründige Wort sprach, er würde noch einen Tag vor dem Weltende ein Apfelbäumchen pflanzen.

Eckart Klessmann. (Ausgewählt von meinen Eltern.)

Nach einer Kaffeepause. – Der Tagesspiegel. »Die Bürger Frankreichs entscheiden heute über die Zukunft Europas.«

***

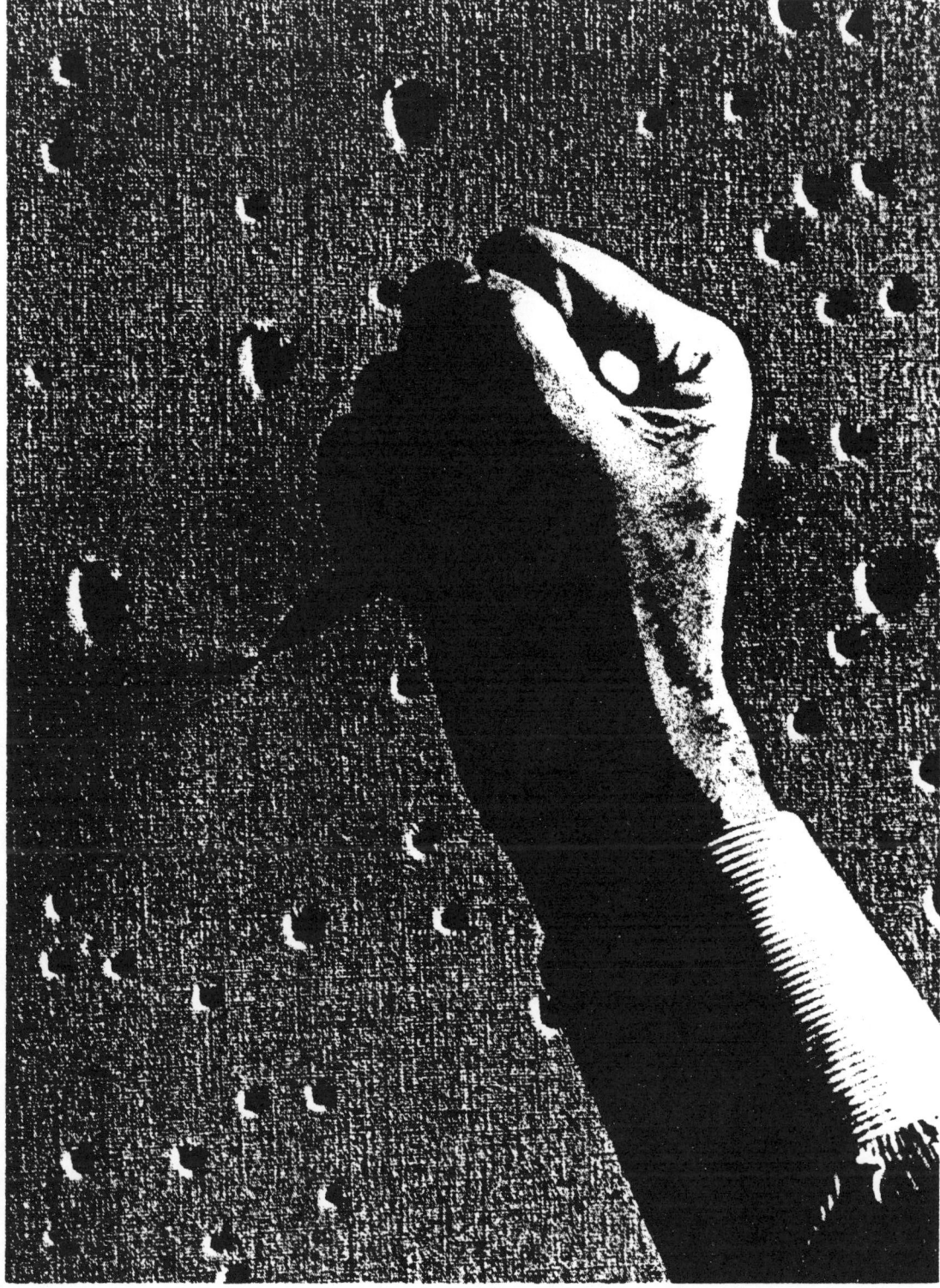

Kunst. Peter hat von der Küchentür ein schönes »Rotes Herz mit Weltkarte« – ein »Kunstwerk von Jiri Georg Dokoupil« – abgekratzt.

***

Kunst. Als es vorhin an der Tür klingelte – es war Ali, doch ich hatte keine Zeit für ihn – ging ich so hastig durch mein Schlafzimmer, daß ich über die »Deutsche Gitarre« – ein grellbuntes Holzrelief von Walter Dahn und Jiri Georg Dokoupil – stolperte. Sie liegt im Schlafzimmer, weil ich die Wände in den Wohnräumen neu dekoriert habe. Ich stieß mit dem Schuh gegen die »Deutsche Gitarre«. Ein Stück von ihr brach ab. »Das kann man wieder reparieren«, dachte ich.

***

»Nichts da von heilig – alles ist heilig.«

***

Die Menschen werden nicht durch die Dinge, die passieren, beunruhigt, sondern durch die Gedanken darüber. – Epiktet

***

Ich sitze schon wieder am Computer. Fühle mich nicht wohl dabei. Schmerzen in der Brust. Die Nähe einer Ohnmacht. Doch jetzt weiß ich, wie ich damit umzugehen habe. »Atmen, atmen, atmen…«

***

Das Hemd. Ich trage das schöne grüne Flanellhemd, das ich vor einigen Jahren in New York in Greenwich Village – in der Christopher Street – im Geschäft »All American Boy« kaufte.

***

Im Schlafzimmer beginne ich wieder mit dem Spritzen von »Stibium metallicum D6«.

***

Aids, Börsenkrach, elektronische Viren und Terrorismus sind nicht austauschbar, aber sie sind irgendwie miteinander verwandt… Und die Verbindung all dieser endemischen Formen und ihr fast gleichzeitiger Übergang in den Zustand galoppierender Anomalien schaffen eine besondere Situation. – Baudrillard

***

Ich spüre eine große Kraft in mir.

***

Später, im Bett, die Erinnerung an mein gestriges »Wegsein«, an die Nähe des Todes. Ich denke: »Du bist wirklich allein.« Und dann: »Niemand ist allein – auch wenn er allein ist.«

* * *

»Eschatologischer Kitsch«, sagte einmal ein Kollege von mir über den Schluß meines Buches »Bilder werden Worte«.

* * *

Piu tempo in meno spazio.

* * *

Aufhören. Enden. Sich verabschieden.

Msg#: 991 ★DEBATTE★
08-02-92 09:07:45
From: WOLFGANG STAEHLE
To: ALL
Subj.: SOMMERLOCH
Wo geht s denn hier zur Debatte?
Als ich mich das letzte mal eingelogt hatte gab s nur ne Menge Fragezeichen. Ich hab dann etwas im Feuilleton geblaettert und die schoenen Erlebnisberichte (Capitaeneroeffnung etc.) gelesen. Es ist doch immer wieder beruhigend zu erfahren dass wenigstens noch im Koelner Kulturleben die bewaehrten, traditio-nellen Praktiken (Publicity Geier etc.) gepflegt werden. Vielen Dank an R. Schumacher fuer die News Bytes. Aus NY gibt s nicht so viel zu berichten, trotz wiederholter Nachfragen von Michael nach dem dernier cri, jetzt, wo doch Colin, Papiertiger und diverse Aktivismusgrueppchen ihre 15 Minuten gehabt haben. Naja, Blum-Helman, so hoert man, haben den Bankrott angemeldet und im ArtistSpace gibt s passend zur Jahreszeit einen Minigolfplatz. Vorgestern endlose Debatte mit Steve Ellis (hatsein Studio upstairs von ThingHQ) ueber Sinn und Nutzen von this ThingBusiness. Kann einfach nicht verstehen wie man als Kuenstler zum Designer verkommen kann. Wo bleibt denn da die Poesis, die Einmaligkeit etc., ich musste immer an Poesiealben denken (es war auch etwas Alkohol imSpiel). Ich versteh ueberhaupt nicht warum so gewisse Leute so aggressiv und hyperkritisch reagieren. Es ist doch keine Frage von entweder oder, die duerfen doch weitermalen, ich schau s mir auch gerne an. Im Radio spielt z.B. gerade Freddie Hubbart, die Musiker haben es irgendwie leichter als die Maler, die bezichtigt keiner einer subjektiven aesthetischen Ideologie zu froehnen. Schon wieder nach 3 Uhr, der Glenmorangie ist auch alle, und da mir hier keinerwas anbietet gehe ich noch auf n Sprung ins Max Fisch. Bis die Tage.

(Aus der Dokumentation »The Thing«.)

----

20. 9. 92, abends

Der Sonntagsanruf meiner Mutter. Sie erzählt ausführlich von ihrem Tag, vom Sohn des Anstreichers, der in Berlin Theaterwissenschaft studiert, vom Besuch der »Ursula-Ausstellung« im »Von der Heydt-Museum« in Wuppertal, vom Spaziergang durch Wermelskirchen und durchs »Bergische«. – Dann erzähle ich von mir, von Glienicke, der Kastanie, vom Buch. Sie sagt: »Weißt du, was ich in den letzten Tagen oft gedacht habe? – Ich habe gedacht: Jetzt schreibt der Wolfgang sich gesund.«

* * *

»Ich bin jetzt gesund«, antworte ich. »Aber es ist eine ganz andere Form von Gesundheit, als wir sie kennen. – Ich habe jetzt den Tod in mir. Und ich lebe!«

* * *

Eckehard flippt durch unsere Schallplatten. Er sucht Backgroundmusik für einen Dia-Vortrag in seinem Altenkreis. – Mahler, Vivaldi, Schubert…

* * *

Hans Brockmann ruft an. Um die Heine-Buchhandlung wird jetzt öffentlich gekämpft. »Unseld spricht mit Dürr!« Er ahnt, daß viele »Retter« ihn für ihre eigenen Interessen mißbrauchen wollen. – Ich sage: »Sieh ihnen einfach in die Augen. Die Augen lügen nicht.«

....

Montag, 21. 9. 92. Frühmorgens. Herbstanfang, für mich

Die Einladung. Gestern abend ein Essen bei Dorith und Fridolin. Bei der Begrüßung umarmt sie mich. »Es geht dir gut!« sagt Dorith. »Es geht mir gut. Alles überstanden. Ich bin wieder ›ganz da‹.« – Mehr sprechen wir nicht über meinen Zusammenbruch am Samstag.

* * *

Eckehard kocht in Doriths Küche die Pilze, die er in der Schorfheide gesammelt hat. Fridolin hilft ihm dabei.

* * *

Das Pilzgericht ist köstlich. Eckehard erzählt, »wie man richtig Pilze sammelt«. – Plötzlich fällt mir ein: »John Cage war ein leidenschaftlicher Mykologe, ein Pilzfachmann. Im italienischen Fernsehen – der RAI – gewann er einmal in einem Pilzquiz.«

* * *

Ich sage: »An Cage als Mykologen habe ich bei meinem Schreiben des Buches nie gedacht. Jetzt fällt es mir zufällig ein.« – »Zufall oder Notwendigkeit?« fragt

Fridolin. »Die uralte Frage.« – Fridolin erzählt von seiner Arbeit bei der Firma PSI, einer großen Agentur für Kommunikationsberatung. »Wir sind sehr erfolgreich. Gegründet wurde unser Laden von einem ›strammen 68er‹. – Ich kannte damals auch nur Marx. Heute lese ich Clausewitz, Tao, Sun Shu Wu.« – »Und Asterix«, sagt Dorith. – »Und Asterix«, wiederholt Fridolin.

***

Die PSI sponsert in Berlin die »Berliner Aids-Hilfe«.

***

»Grüne Tomaten«. Dorith und Fridolin haben »Grüne Tomaten« gesehen. Ich frage, wie ihnen der Film gefallen hat. Denke an mein bizarres Sehen des Streifens. – »Naja«, sagt Fridolin. »Tiefsinn, Wie-das-Leben-so-spielt, gemischt mit ›Southern Comfort Reklame‹. Daß du in deinem Zustand den Film völlig anders gesehen hast, kann ich verstehen. Als ich einmal verliebt war, spielte das Radio nur ›meine‹ Platten. Der Höhepunkt war: ›Ich weiß, es wird einmal ein Wunder geschehn...‹«

***

Wir sprechen über mein Buch. Ich sage: »Es wird üppig illustriert.« – Fridolin geht ohne Kommentar zum Bücherregal und nimmt ein Buch heraus: »Das üppige Weib. Sexualleben und erotische Wirkung, künstlerische und karikaturistische Darstellung der dicken Frau vom Urbeginn bis heute.«

***

Baudrillard. Vor Jahren nahm ich in Berlin an einer Tagung »Die Wiederkehr des Körpers« – organisiert von Dietmar Kamper – teil. Der französische Philosoph Jean Baudrillard hielt einen Vortrag über das »Dicksein«. Es war typisch neuere französische Philosophie. Schickes Denken, »prêt-à-penser«. Wenn alle Menschen sagen: »Mohnblüten sind rot«, sagen die populären Franzosen: »Mohnblüten sind grün.« Es ist einfach aparter. – Baudrillard behauptete: »Dicke Menschen fressen sich dicker und dicker, nicht um in der Welt ›anwesend‹ zu sein, sondern um zu verschwinden.« – Irgendwie stimmt das natürlich auch. Doch es blieb für mich – als ich Baudrillard erlebte – ein »ausgedachter« Gedanke. »Baudrillard weiß das auch«, sagte ich mir. Sein autoritäres Gehabe, sein »falscher Blick«, sein Heischen nach Beifall aus der »Szene« – all das zeigt es.

***

Bauchtanz. Fridolin erzählt von seinem Chef. Er ist Iraner. Einmal im Jahr gibt er ein Fest. Dann tanzt seine üppige Frau einen Bauchtanz. Und er umtänzelt sie – als Gockel.

***

Dorith und Fridolin berichten von ihrem Tango-Club. Sie führen uns einen »Vals criollo« und eine »Milonga« vor.

***

»Mittwoch gehen wir alle zusammen zum Tango-Abend ins Spiegelzelt«, sagt Dorith. – Eckehard: »Wenn es nicht so spät wird, gerne.«

***

Arthrose. Fridolins rechtes Bein ist fünf Zentimeter kürzer als das linke. Trotzdem tanzt er – mit Spezialschuhen – leicht und elegant mit Dorith den Tango. »Die Hüftkopfarthrose wird irgendwann einmal operiert werden müssen. Aufzuhalten ist sie nicht. Dann werde ich nie mehr tanzen können.«

....

Der Weg des letzten Künstlers des Jahrtausends zieht sich in die Länge, immer entlegener sind die Ausbuchtungen seiner Aufgabe, die er selbst ist, der Lärm schwillt an, droht seinen Klang zu ersticken. Kaum hebt er den Fuß über eine neue Tabuschwelle, kaum entschleiert er eine neue Vision, rufen die Warner »Halt« und wähnen ihn verloren. Andere glauben an den Narren in ihm, aber diese Rolle muß er jetzt endlich zurückweisen, er ist kein weltfremder Spinner, nein, er will die Welt mit seinen Augen umarmen, er ist ein ruheloser Wanderer. Kaum noch wollte man seinem Tun, auf dessen Nützlichkeit er nicht besteht, keinen Glauben schenken, ertönen vielleicht die Fanfaren der Anerkennungszeremonie, die priesterlose Gesellschaft rennt herbei, versucht, ihn unter Amt oder Würden zu ersticken. Alle diese Stimmen sprechen jedoch immer nur von einem Teil, von einem einzelnen Aspekt, er aber muß das Ganze im Auge haben. Setzt sich das Ganze zusammen, wenn er stirbt? Der Zweifel aller nagt an ihm. Er – die ununterbrochene Kettenreaktion seiner Widersprüche – übt das Ritual, sich selbst immer wieder aufzugeben, was ihn in nächste Todesnähe führt. Im letzten Schwindel seiner Entfesselung, nur dort, wächst ihm Souveränität zu in seinem Bild. Das Fegefeuer der Souveränität über seinem Abgrund, dem Abgrund aller, ertanzend, schwankt sein Körper, kaum noch ein Schatten, über dem entstehenden Bild, das er mit dem Aufruhr seines Chaos behaucht kraft seines Klanges. Für den Augenblick eines Schreckens schießt seine Seele über Hände und Fingerspitzen ins gewöhnliche Papier, in die Leinwand – der Körper in panischer Not – saugt sie gierig wieder in sich zurück, um nicht ganz von ihr getrennt zu werden, um nicht zu sterben. Dieses authentische Erlebnis, Teil der Alchemie seines Bildes, ist die Initiation des letzten Künstlers des Jahrtausends. Langsam, die Ketten fremder Auftraggeber abschüttelnd, erhebt er sich aus seinem vielfältigen Kerker, um sein eigener Auftrag zu sein. Ein neues Bild wächst aus ihm, er schleudert es aus seinem Innersten, es straft das Bild der Werbung und Propaganda und das elektronische Bild der Kontrolle Lügen. Er läßt sich fallen im Tanz, er ist die Brennlupe für einen Lichtstrahl von außerhalb, durchlässiges Gefäß für die unausgesöhnten Gegensätze, die er kraft einer Anstrengung im Bild vereint, die ihm den Boden unter den Füßen wegreißt. Das Bild kommt zu ihm, wenn er sich selbst überschreitet. Denn er hat nicht den Klang noch den Weg um seiner selbst willen. Er ist ein Schlachtfeld, auf dem sich aller Phantasmen, aller Leid und Lust und Leidenschaften paaren. Er wird zerfetzt durch eine in immer mehr Bilder auseinander-berstende Gegenwart, zerrissen in Gestern und Morgen und kann doch nur ganz

*und jetzt sein. Demütig schürt er das Feuer im Bild, dazu bestimmt, die herumwir-
belnden Fetzen und Knochensplitter des in Frage gestellten, des sich selbst in
Frage stellenden Menschen, neu zusammenzusetzen. Er – der von sich lachend
sagt, – ich bin frei (obwohl er jeden Gefangenen der ganzen Welt in seinem
Blut an die Wände klopfen hört) – wird von einem mächtigen Klang gezwungen,
sein Lied in das Bild hineinzuschütten.*

*Meine Damen und Herren, Sie sind zusammengekommen zu beraten, wie dieses
Bild, für das auch Sie nur vorläufiger Bewahrer sind, unternehmenswirtschaftlich
eingesetzt werden kann in den Raster Ihres Apparates. Sie haben viel vor mit dem
letzten Bild des letzten Künstlers des Jahrtausends. Sie möchten es integrieren –
doch es bleibt eine Enklave des freischweifenden Geistes – ein störender
Fremdkörper in Ihrer Rechnung.*

*Ob Sie aus seinem Bild eine Investition machen, eine unfreiwillige Augenweide
für die bildschirmgestörten Augen der Angestellten, ob Sie daraus gar nur eine
Ausrede machen, einen immerwährenden, propagandistischen Effekt, vielleicht
zur Vertuschung Ihres Gesichts – dieses Bild wird in demjenigen lebendig, der es
vor den Spiegel seiner Seele stellt. Es ist geschrieben von einem Körper, der sich
aufgab, um es zu finden. Es überschreitet jede Kontrolle, kein Computer kann es
entschlüsseln, es nimmt keine Befehle an, es ist, es reist nach seinem eigenen
Klang.*

*Aus dieser Sicht rufe ich Ihnen im Namen des letzten Künstlers des Jahrtausends,
der gewillt ist, eine mitleidende Linie des verwalteten Menschen zu zeichnen,
fröhlich zu:*

*»Erwerben Sie!
Erwerben Sie!«*

Er aber muß verschwenden, verschwenden.

*Martin Disler. Aus einem Vortrag vor Unternehmern zum »Art Opening« der »Art
Basel«, 1988.*

....

21. 9. 92, etwas später

Beim Abendessen gestern erzähle ich Dorith, Eckehard und Fridolin von meinem
Kopiererlebnis im Copycenter. Ich sage: »Chaos und Ordnung.« Fridolin führt
mich in sein Arbeitszimmer und zeigt mir ein wunderschönes Plakat: »Quellen.
Das Wasser in der Kunst Ostasiens«. Meine Freunde »Ott + Stein« haben es
entworfen. »Selbstgenerierende Systeme«, sagt Fridolin über die Wellenformen
bei Hokusai. »Hat das nicht auch etwas mit deinem Buch zu tun?« fragt er mich. –
»Ja«, antworte ich, »es könnte auch ›Der notwendige Zufall‹ heißen.«

***

*Das postmoderne Selbst kann nicht länger als zentriert, sich selbst beherrschend
und kreativ gesehen werden, man muß es als dezentriert begreifen, konstruiert aus*

denselben sozialen Kräften, die es einst zu beherrschen beanspruchte. – Kate Linker

* * *

Titel. Nachdem ich vom Einklemmen meines Zeigefingers in der Tür der Waschtrommel erzählt und die Assoziation »Johannes der Täufer« von Leonardo zum besten gegeben habe, meint Fridolin: »Ich weiß einen schönen Titel für dein Buch: ›Wie sich Johannes der Täufer im Waschsalon den Finger klemmte‹.«

* * *

Wir kommen ins Erzählen. Ich bin entspannt aufgedreht. Erzähle Geschichten von Christos Joachimides und Hanne Darboven. Von Elke Lenz (»Meine Ernährungs-beraterin!«) und Heiner Bastian (»Kaufen, kaufen, kaufen!«), von Pina Bausch und Harald Szeeman. Und mir fallen – jetzt beim Tippen – Anekdoten ein von Liliana Cavani (»Walzer auf Capri«), Judith Ammann (»Erecta prompt«) und Lucio Amelio (»Santa Lucia«). Von Gerhard Merz (»Kiefer, das ist Umweltver-schmutzung!«) und Anita Pichler (»Meine Dame Dichterin«). Von Manfred Giesler (»Du, hier! Auf der Peyerhütte in 3300 Meter Höhe!«), Gilbert & George und Anthony d'Offay. Von Daniel Buren, Lawrence Weiner und Mario Merz (»I kill you! I kill you!«). Von Ileana Sonnabend und ihrer »Terraklon-Perücke«. Von Mimmo Paladino, Sabine B. Vogel und Botho von Portatius. Von Isabelle Graw (»Ist mein Vater nicht süß!«), Salomé und dem »geilen Typ« auf der Fähre nach Dänemark. Von Dan Cameron und Silvia Menzel, Hans Senkel und Ingrid Sischy. Von Don McLachlan, Zdenek Felix und Sören Frydenlund. Von Rudolf Schoofs und der Putzfrau von Paul Maenz (»Man gewöhnt sich an allem, selbst am Dativ.«). Von Eugen Schönebeck, Mapplethorpe, Elfriede Sachtschale und Oswald Wiener (»Vergiß den Sex, Faust, konzentriere dich auf Mathematik!«). Von Marius Babias, Padma von Mühlendahl (»Atmen, Max, immer atmen!«) und Frau Dahlhaus (»Sie sollten Steptanz lernen!«). Vom Essen bei »Endart«. Vom Sommertag bei Hannah Hoech (»Ich bin keine Dada-Tante!«). Von Kippenber-ger, Marian Goodman und Cady Noland. Von Walter Dahn, Regine Schaper, Barry Graves und Helga Grünebaum…

* * *

»Schreib die Anekdoten doch alle auf«, sagt Eckehard. »Das wird dann dein erster Roman: ›Blaue Tomaten‹.«

* * *

Überfall. Als Eckehard und ich nach Hause gehen, sehen wir am Taxistand, wie zwei junge Männer von anderen jungen Männern verfolgt werden. Plötzlich sind fast zwanzig Leute zusammen. Sie stehen da wie vor einem Kampf. Ein Taxifahrer im Fahrzeug neben uns ruft die Polizei. Wir fahren in die Landauer Straße.

Und ich, ein Mensch, der nicht heißblütig nach Art starker Löwen und auch nicht von dem, was sie aussagen, unterrichtet war, sondern zart wie eine zerbrechliche Rippe blieb, sah, von geheimnisvollem Hauch befruchtet, ein helleuchtendes Feuer, unendlich, unauslöschlich, ganz lebendig und voller Leben. Es hatte eine himmelblaue Flamme in sich, die in sanftem Hauch glühend brannte. Sie war so untrennbar mit diesem leuchtenden Feuer verbunden, wie es die Eingeweide mit dem Menschen sind. Und ich sah, wie diese blitzende Flamme weißglühend wurde. Und plötzlich entstand eine dunkle Luftkugel von gewaltiger Größe, der diese Flamme mehrmals entgegenschlug und jedesmal einen Funken hervorbrachte, bis die Luftkugel vollendet war und Himmel und Erde in vollständiger Ausstattung erstrahlten. Dann züngelte diese Flamme inmitten von Feuer und Glut in Richtung eines kleinen Lehmklumpens, der am Grunde dieser Luftkugel lag, und erwärmte ihn. So wurde er zu Fleisch und Blut. Sie hauchte ihn an und es erhob sich ein lebendiger Mensch. Als das geschehen war, bot das leuchtende Feuer dem Menschen mittels der in sanftem Hauch glühend brennenden Flamme eine blendendweiße Blüte an; sie hing – wie Tau am Grashalm – an dieser Flamme. Der Mensch verspürte zwar ihren Duft mit der Nase, doch er verkostete sie nicht mit dem Mund, noch berührte er sie mit den Händen. Er wandte sich nämlich ab und fiel in die dichteste Finsternis, aus der er sich nicht mehr zu erheben vermochte. Diese Finsternis aber wuchs und breitete sich in dieser Luftkugel mehr und mehr aus. Dann erschienen in dieser Finsternis in einem Glanz drei sehr große Sterne, und nach ihnen viele andere, kleine und große, in hellem Schein funkelnd, und schließlich ein riesengroßer Stern, der wunderbaren Glanz verbreitete und sich blitzend der erwähnten Flamme zuwandte. Doch auch auf der Erde erschien ein Licht wie Morgenröte. Die Flamme wurde ihm auf wunderbare Weise eingesenkt, trennte sich jedoch nicht von dem erwähnten leuchtenden Feuer. Und so entzündete sich in diesem Licht des Morgenrots ein ganz großer Wille. Und als ich diesen heraufsteigenden Willen genauer betrachten wollte, hielt man mich von dieser Schau durch ein geheimes Siegel ab und ich hörte eine Stimme aus der Höhe zu mir sprechen: »Von diesem Geheimnis kannst du nicht mehr erblicken, als dir mit Rücksicht auf das Wunder des Glaubens gestattet wird.« Und ich sah aus dem Licht der besagten Morgenröte einen ganz lichten Menschen hervorgehen; er goß seinen Glanz über die erwähnte Finsternis aus, wurde aber von ihr so zurückgestoßen, daß er, blutrot und erbleichend, die Finsternis mit so großer Kraft zurückschlug, daß der andere Mensch, der in ihr darniederlag, durch diese Berührung sichtbar aufleuchtete und aufrecht aus ihr hervorging. Und so erschien der Lichtmensch, der aus der erwähnten Morgenröte hervorging, in so großer Herrlichkeit, daß es eine menschliche Zunge nicht ausdrücken kann. Er gelangte auf den höchsten Gipfel unermeßlicher Herrlichkeit, wo er in der Fülle erhabener Fruchtbarkeit und des Wohlgeruchs wunderbar erstrahlte.

Hildegard von Bingen

....

21. 9. 92, mittags. Strahlende Sonne, weiße Wolken

Heute morgen beim Frühstück Nachrichten im Radio. »Erleichterung in Europa nach Votum in Frankreich für Maastricht-Verträge.«

***

Die obige Meldung notiere ich in der Küche auf einem Abreißblock, den ich von meinem Apotheker geschenkt bekam. »Die Technik der Raucherentwöhnung.« Ich habe das früher einmal probiert. Seit Monaten bin ich bei dem Blatt: »Heute ist mein 18. Tag ohne Zigarette. Ich will. Weitermachen.« – Auf der Rückseite lese ich: »Wir sollten das Unmögliche verlangen, damit wenigstens ein Teil davon ermöglicht wird. – Robert Jungk.«

* * *

Am Computer. Die letzten Texte habe ich wieder alle handschriftlich auf einzelnen Zetteln notiert. Nun tippe ich sie ab. Vor dem Computer habe ich keine Angst mehr. Kein Anflug von Ohnmacht. Ich bin ganz ruhig. »Wenn du diese Notizen eingegeben hast, bist du mit deinem Buch fast fertig«, denke ich. Doch dann kommt das Groteske: Ich finde die letzte Seite meines Manuskripts nicht mehr. Sie ist verschwunden. Ich suche und suche. Doch der Schluß des Buches fehlt. »Ihn jetzt so ›offen‹ zu lassen«, denke ich, »das wäre richtig große Avantgarde-Literatur. Ein Hauch Duras, Sarraute, Robbe-Grillet, Butor…«

* * *

Ich gebe das Suchen nach der Seite auf. Mir fällt ein: »Vielleicht hast du sie auch gar nicht geschrieben, vielleicht hast du sie Eckehard beim Frühstück nur erzählt.« Ich glaube, so ist es. »Ich habe sie nur erzählt!«

* * *

Gettare via.

* * *

Die Erzählung. Ich sage Eckehard: »Ich kann nicht mehr. Die Handgelenke sind geschwollen. Auch mit Gymnastik bekomme ich die Schmerzen in der Schulter nicht mehr weg. Weißt du, was ich jetzt denke? Ich denke: Das Buch wird mir jetzt langsam nur noch lästig.«

* * *

»Und wahrscheinlich deinen Lesern auch«, meint Eckehard.

* * *

Meine Leser. – Ich weiß nicht, wer sie sein könnten. Ich weiß noch nicht einmal, ob ich das Buch überhaupt veröffentlichen werde.

* * *

(»Laß es!« schrieb mir ein Freund, der das Manuskript gelesen hat. »Ich bin für Deinen Text, aber ich bin gegen seine Veröffentlichung als Buch. Dein Text ist künstlich, herbeiredend, eitel und gefallsüchtig, um Liebe und Anerkennung flehend. Keine Lebensgeschichte, die sich nicht von ihrem Autor zu trennen vermag, geht jemanden etwas an, der den Autor nicht als Person kennt.«)

Eine Stunde später. – Beim Zusammenlegen der Manuskriptseiten finde ich gerade das »verlorene letzte Blatt«. Es lag im Metzel-Katalog. In etwa steht darauf, was ich oben geschrieben habe. Doch der Vorsatz lautet: »Ich glaube, ich bin jetzt fertig. Wenn ich jetzt noch etwas schreibe, dann <u>kann</u> ich es schreiben, aber ich <u>muß</u> es nicht mehr schreiben.«

....

Zwei Stunden später

Eckehard kommt nach Hause. »Guck mal, was ich hier habe!« sagt er und gibt mir ein schmales Büchlein: »Pilze – Die besten Speisepilze und gefährliche Giftpilze – kennen- und unterscheiden lernen leicht gemacht«, erschienen im »Verlag Gräfe und Unzer«. – »Wir haben verdammt Glück gehabt«, sagt Eckehard. »Schau mal auf Seite 13 nach.« – Ich blättere. Auf Seite 13 ist der Pilz abgebildet, den Eckehard vorgestern zwischen seinen Maronen hatte und von dem er nicht so sicher war, ob man ihn essen kann. Ich sagte vorgestern: »Bitte, wirf ihn sofort weg. Diese violett-schwarze Farbe auf seiner Kappe gefällt mir überhaupt nicht.« – In dem Büchlein lese ich nun:

»Kahler Krempling«: Tödlich giftig! – Wissenschaftlicher Name: Paxillus involu-tus. – Merkmale: Hut bis 15 cm breit, meist flach mit eingerolltem, filzigem Rand, alt trichterförmig, gelb- bis olivbraun, feucht schmierig. Lamellen holzgelb, bei Berührung dunkel rotbraun fleckend, dichtstehend und weit am Stiel herablau-fend. Stiel wie der Hut gefärbt. Bei Berührung braun fleckend, ziemlich schlank. Fleisch holzgelb, bei Druck fleckend, geruchlos. – Vorkommen: In Laub- und Nadelwäldern, auf dem Waldboden oder an Stümpfen, sehr häufig. – Verwechs-lung: Unverwechselbar. – Wichtig: Auch roh sehr giftig! Löst eine zunächst unbemerkte Abwehrreaktion (Antikörperbildung im Blut) aus, die dann aber schlagartig zu mitunter tödlichen Vergiftungen führen kann. – Besonders gefähr-licher Giftpilz, da gut abgekocht wohlschmeckend!

....

27. September 1979. Kuta

Im Garden-Restaurant essen wir ein „special Omelett". Mit „Magic Mushrooms". Danach gehen wir hinunter zum Strand, laufen durchs Wasser. Anita ist happy und hüpft herum. Ich fühle mich elend und habe das starke Bedürfnis, mich einfach fallenzulassen und im Sand liegenzubleiben. Mein ganzer Körper ist schwer, und ich bin unendlich müde. Ich zwinge mich weiterzugehen und reiße mich zusammen, so gut es geht. Es gelingt auch halbwegs, trotzdem bin ich gänzlich alleine auf der Welt und tue mir sehr leid. An der Strandböschung liegt ein dicker Baumstamm, auf den will ich mich setzen. Er ist herrlich warm, und es sitzt sich gut darauf. Breitbeinig dasitzend, die Arme rechts und links aufgestützt, hoffe ich nicht umzufallen, denn irgend etwas will mich mit magischer Kraft zu Boden ziehen. Vorher konnte ich während der ganzen Zeit nicht zum Meer hinsehen, denn die Sonne und die viel zu intensiven Farben taten meinen Augen so weh, daß sie tränten. Jetzt ist die Sonne ein roter Ball am Horizont, der Himmel färbt sich langsam in Rot-, Lila- und Blau-Tönen, das Licht wird milder. Langsam beruhige ich mich, der Schwindel vergeht, die Übelkeit bleibt, aber ich habe langsam Arme und Beine wieder unter Kontrolle. Ich fühle mich sicher und ruhig; mir wird nichts passieren. Der Sand, in den ich meine Füße grabe, ist warm. Mein schöner, großer Baumstamm faßt sich gut an. Mir kann gar nichts passieren! Langsam werde ich still und zufrieden. Ein Balinese geht vorne am Strand entlang und lacht mir zu. Ich lache zurück. Die Sonne verschwindet am Horizont, und der Himmel färbt sich in den unglaublichsten Farben. Noch nie habe ich solche Farben gesehen. Das Meer und der Himmel sind nur für mich da. Ich fühle mich wohl und gehe zu den anderen zurück. Eine Frau sitzt unbeweglich im Sand, die Beine gekreuzt und blickt aufs Meer. Eine zweite Frau steht da. Sie ist völlig in das warme Licht des Sonnenunterganges getaucht. Ihre langen blonden Haare hängen offen herab, sie trägt ihren Sarong über der Brust geknotet, und sie tanzt. Ich weiß genau, daß sie TaiChi-Übungen macht, wie es viele Leute hier am Strand tun. Sie steht auf einem Bein, das andere ist angewinkelt, wie im Schneidersitz. Arme und auch abwechselnd die Beine bewegt sie in fließenden, langsamen, schönen Bewegungen. Sie erinnert mich an die vielarmigen, tanzenden indischen Götter. Die Bewegungen scheinen zu einer schönen Musik zu gehören, sie sind flüssig und elegant bis in die Fußspitzen. Sie blickt geradeaus aufs Meer, wo die Sonne schon untergegangen ist. Sie scheint eins zu sein mit der Welt, mit Meer, Strand und Himmel. Ich weiß nicht, wie lange ich ihr zusehe – irgendwann höre ich einen Ruf von Peter und gehe zu den beiden. Sie sitzen auf seinem Sarong, und neben ihm ist noch ein Platz für mich. Der Himmel färbt sich noch immer intensiver. Die Sonne ist längst untergegangen, aber sie strahlt gewissermaßen von hinten die Wolken oben am Himmel an. Alle Farben – vom kräftigen Rosa bis zum intensiven Blaulila – am leuchtenden Himmel. Die Frau hat aufgehört zu tanzen, sie geht jetzt am Strand entlang, und ich folge ihr mit den Blicken. Langsam wird mir kühl. Ich lege mich hin, und der Sand ist warm. Ich schmiege mich in den weichen Sand, und die Wärme des Sandes geht über in meinen Körper. Ich fühle mich eins mit der Erde – harmonisch, ein Teil des Ganzen. Die Erde, das Meer, der Himmel – alles gehört zu mir, ich gehöre zu allem. Ich recke und strecke mich wohlig. Dabei betrachte ich meinen Arm, der im Sand ausgestreckt liegt. Er sieht schön aus, und ich freue mich darüber. Im hellen Mondlicht wirft er einen Schatten auf den glitzernden, jetzt dunklen Sand. Das helle Braun des Armes, das dunklere des Sandes, der Schimmer meines Armbandes – und über allem das leichte Glitzern des Sandes. Es ist, als gehe mit der Wärme des Sandes die Kraft der Erde in mich über.

(Ein Text aus Doriths »Reisetagebuch 1979«. Von ihr selbst ausgewählt.)

....

Die Spirale. – Nun habe ich heute nachmittag mein Buch bis zu dieser Stelle durchgelesen. Ganz ruhig, oft staunend, lachend, ängstlich, wieder ruhig. Und ich erinnere mich an Gespräche mit Gerd vor zehn oder mehr Jahren. »Vielleicht ist das Leben eine Spirale. Auf immer höheren Ebenen muß man dasselbe neu begreifen.« – Neu begreifen… Beim Lesen entdecke ich nun, daß alles, was ich erlebt und beschrieben habe, schon immer in mir war. Und daß es auch andere schon immer wußten. »Dein Buch, das sind zwanzig, dreißig Zitate.« Ich zitiere sie mir: »Die Vergangenheit muß neu erfunden, die Zukunft zum besseren verändert werden. Beides macht die Gegenwart aus. Erfindungen hören niemals auf. – Tun, was zu tun ist. – Seit den frühen ›Upanishaden‹ betrachtet die indische Philosophie die Gleichsetzung Atman = Brahman (das persönliche Selbst ist dem allgegenwärtigen, allesumfassenden Selbst gleich) keineswegs als Gotteslästerung, sondern ganz im Gegenteil als tiefste Einsicht in das Weltgeschehen. – Panta rhei. – Die Dinge sind Erfahrungskomplexe. – So ist also die Sterbekunst die Kunst aller Künste? Ja, freilich. Der Tod ist die letzte Zeile im Buch des Lebens. Erst wenn das Ende gut ist, dann ist alles gut. – Initiation, das ist Schmerz. – Ein Individuum kann auch etwas anderes tun, als denselben Beruf auszuüben von seinem zwanzigsten Lebensjahr bis zu seinem Tode. – Erstens kommt es anders, zweitens als man denkt. – Wunschlos werden. – Heu-wä-gel-chen. – Lebenskunst ist, wenn es sie gibt, die Kunst, das Nichtkönnen zu handhaben, die Kunst des Indirekten, die Philosophie, die in ihrem Scheitern glückt. – ›Wu-wei‹, wörtlich ›ohne Tun‹, ist einer der beliebtesten Termini sämtlicher taoistischer Schriften. Die Anhänger solcher Thesen dürften von Anfang her ein weltflüchtiges Dasein mit meditativen, sexuellen und Atem-Praktiken geführt haben. – Zeit für ein Wunder ist jetzt. – Aids kennt keine Grenzen. – Die Kunst der Moderne ist eine Kuh. In der Gegenwart käut sie wieder. – Felix qui potuit rerum cognoscere causas. – Findet die Stellen in einem Buch, mit denen ihr etwas anfangen könnt. Wir lesen und schreiben nicht mehr in der herkömmlichen Weise. Es gibt keinen Tod des Buches, sondern eine neue Art des Lesens. – Das Leben lebt sich selbst. – Klatsche in die Hände und höre auf den Ton der Einen Hand. – Der Tod ist groß. Wir sind die Seinen lachenden Munds. Wenn wir uns mitten im Leben meinen, wagt er zu weinen mitten in uns. – Warum gibt es in Deutschland keine Mafia? Wir haben die FDP. – Alles ist Eins. Und Eins ist einser. – Es ist, was es ist, sagt die Liebe. – Wer die Schönheit angeschaut mit Augen, ist dem Tode schon anheimgegeben. – Ich bin ein Ich. – Stirb und werde. – Jeder von uns ist eine Art Straßenkreuzung, auf der sich Verschiedenes ereignet. Die Straßenkreuzung selbst ist völlig passiv; etwas ereignet sich darauf. – Ihr werdet sein ein Fleisch. – Mitten wir im Leben sind mit dem Tod umfangen. – Geh aus, mein Herz, und suche Freud…«

....

Tantra sagt, daß jeder gut geboren wird, daß das Gute eure Natur ist. Das ist tatsächlich so! Ihr seid bereits gut. Was ihr braucht, ist natürliches Wachstum. Ihr braucht keinerlei Zwang. Darum gilt nichts für schlecht. Wenn Wut da ist, wenn Sex da ist, wenn Gier da ist, dann sind, so sagt Tantra, auch diese Dinge gut. Alles was fehlt, ist dies: daß ihr nicht in euch selbst zentriert seid; darum wißt ihr diese Dinge nicht zu nutzen. Nur deshalb!

Wut ist nichts Schlechtes. Das wahre Problem ist, daß ihr dann nicht bei euch seid; nur darum richtet Wut Unheil an. Wenn ihr dabei in euch anwesend seid, wird Wut zu einer gesunden Energie, wird Wut etwas Gesundes. Wut, zu Energie transformiert, wird gut. Alles was es gibt, ist gut. Tantra glaubt an das innewohnende Gute von allem. Alles ist heilig. Nichts ist unheilig und nichts ist böse. Für Tantra gibt es keinen Teufel, sondern nur göttliche Existenz.

Die Religionen können ohne den Teufel nicht auskommen. Sie brauchen einen Gott, und sie brauchen auch einen Teufel. Laßt euch nicht täuschen, wenn in ihren Tempeln nur ein Gott zu finden ist. Gleich hinter dem Gott versteckt ist der Teufel, und keine Religion kann ohne Teufel auskommen.

Irgend etwas muß verdammt werden, etwas muß bekämpft werden, etwas muß zerstört werden. Das Ganze wird nie akzeptiert, sondern immer nur ein Teil. Das ist grundsätzlich so. Keine Religion akzeptiert euch total, sondern immer nur teilweise. Es heißt: »Wir akzeptieren eure Liebe, aber nicht euren Haß. Rottet den Haß aus.« Und das ist ein sehr tiefes Problem, denn wenn ihr den Haß völlig zerstört, wird dabei auch die Liebe zerstört, weil es nicht zwei verschiedene Dinge sind. Es heißt: »Wir akzeptieren eure Friedlichkeit, aber wir akzeptieren nicht eure Wut.« Zerstört die Wut, und alle Lebendigkeit wird mit zerstört. Dann wird man ein stiller, aber kein lebendiger Mensch – eine bloße Leiche. Eine solche Stille ist nicht Leben. Sie ist Kirchhofsstille.

Bhagwan Shree Rajneesh. (Ausgewählt von Gita Dornes.)

....

21. 9. 92, später Abend

Notiz zum Verschwinden der Kunst: Neben den »Zitaten« besteht mein Buch auch aus Bildern. Erst beim Schreiben entdeckte ich das wunderbare »Imaginäre Museum« in meinem Kopf. Seitdem mein Vater mich als Sechsjährigen in eine Kunstausstellung – »Willi Baumeister« in der Ruine der »Ruhmeshalle« in Wuppertal-Barmen – mitnahm, gehört Kunst zu meinem Leben. Als Neunjähriger malte ich – unter der Anleitung von Herrn Köhler in der Scheurenstraße – eine »Landschaft« von Paula Modersohn-Becker »in Öl« nach. Das Bild hatte mich im Von der Heydt-Museum magisch angezogen. Ich kaufte mir eine Postkarte davon. Doch mein Gemälde gelang mir nicht. Ich habe nie wieder in meinem Leben »in Öl« gemalt.

Wenn ich heute das Verschwinden der Kunst konstatiere, dann steht dahinter meine gesamte Biographie. Das Verschwinden schmerzt. Doch es ist zugleich

verbunden mit Hoffnung. Kunst, »wie wir sie kennen«, wird sich auflösen und verwandeln. Denn es geht in unserer Zivilisation nicht mehr um Kunst. Es geht um unser Leben. »Das Leben aber ist im wesentlichen intentionslos«, höre ich Cage sagen. Unter dieser Prämisse wird jede Kunst – der Vergangenheit, der Gegenwart – für uns zur lebendigen Erfahrung. »Menschwerden wird eine Kunst.« Das ist die Zukunft. – Oswald Spengler entwarf den – reaktionären – »Untergang des Abendlandes«. J. M. Roberts produzierte als Antwort darauf eine – überhebliche – BBC-Serie »Der Triumph des Abendlands«. Beides ist umzudeuten und miteinander zu verbinden. »Der Westen« – und damit die gesamte Welt – treibt gegenwärtig hin auf ein Szenario des Verrottens. Doch wenn er in diesem Verrotten – unter Schmerzen und im Sterben – die Kraft des Untergehens als einen Prozeß der Verwandlung entdeckt, dann wird das zum »Triumph«. Anlaß zum Stolz gibt es dabei nicht. Es ist schlichtweg eine Frage des Überlebens.

Woher das Blau der Luft entsteht

Das Luftblau entsteht durch die körperliche Dichtigkeit der Luft, die zwischen der oberen Finsternis und der Erde lagert. An und für sich hat die Luft keine Art von Geruch, Geschmack oder Farbe, allein sie nimmt den Schein aller Dinge an, die sich hinter ihr befinden. Sie wird von um so schönerer Bläue werden, je größer die Finsternis hinter ihr ist, dabei darf sie selbst weder zu viel räumliche Dicke haben, noch zu dichte Feuchtigkeit enthalten. – Man sieht in der Ferne an Bergen das Blau da am schönsten, wo sie am meisten Schatten haben, wo sie aber am hellsten beleuchtet sind, zeigen sie mehr die Bergfarbe als die des Blaues, das ihnen von der zwischen sie und das Auge eingeschobenen Luft angeheftet wird.

Leonardo da Vinci

-----

21. 9. 92, um Mitternacht

Irgendwo früher schrieb ich, daß mein Arzt Manfred L'age von »Emotionskontingenz« spricht. Ich hatte mich verhört. Er meinte »Emotionsinkontinenz«. L'age: »Der Tod meiner Patienten geht mir oft so nah, daß ich hemmungslos heule. Ich verliere völlig die Kontrolle über meine Emotionen.«

* * *

Als er mir das letztens erzählte, dachte ich: »Emotionsinkontinenz, das ist dein Buch. Geschrieben im Zeichen von Aids zeichnet es die Krankheit nach. Zerfall und Verwandlung meiner Person. Rebellion, Ekstase, Verzweiflung, Trauer, Freude, Mitleid, Angst, Verweigerung, Ruhe – all das ist jetzt in mir und in meinem Buch. Ich bin der Wissende, und ich bin das kleine staunende Kind. Ich bin der Liebende, und ich bin der sich Verabschiedende. Ganz in der Gegenwart bin ich Viele. Mein Buch ist mein Sterben. Viele Szenen sind nichts anderes als ›der letzte Film‹.«

***

»Schluß mit den Halbwahrheiten!«

Das Zufällige hat also darum keinen Grund, weil es zufällig ist; und ebensowohl hat es einen Grund darum, weil es zufällig ist. – Alles Sichtbare haftet am Unsichtbaren – das Hörbare am Unhörbaren – das Fühlbare am Unfühlbaren. Vielleicht das Denkbare am Undenkbaren. – Das Wesentliche an jeder Erfindung tut der Zufall, aber den meisten Menschen begegnet dieser Zufall nicht. – Kein Sieger glaubt an den Zufall. – Ein *zufälliges* Zusammentreffen zweier Worte oder eines Wortes und eines Schauspiels ist der Ursprung eines neuen Gedankens. – Menschen, welche viel *Zufälliges* haben und gerne herumschweifen, andere, welche nur auf den *bekannten Wegen* nach Zwecken gehen. – Den Zufall benützen und *erkennen* heißt Genie, das Zweckmäßige und Bekannte benützen – Moralität? – *Saugt* eure Lebenslagen und Zufälle aus – und geht dann in andere über! Es genügt nicht, *Ein* Mensch zu sein, wenn es gleich der notwendige Anfang ist! Es hieße zuletzt doch, euch aufzufordern, beschränkt zu werden! Aber aus Einem in einen Anderen übergehen und *eine Reihe von Wesen* durchleben! – Ausnützung des Zufälligen – Vieldeutigkeit als Bedingung vieler Arten Leben – folglich Indifferenz zum Wesen. – Als ich den Zweck dachte, dachte ich auch den Zufall und die Torheit. – Wenn ihr den Zweck denkt, müßt ihr auch den Zufall und die Torheit denken. – Wir *wählen* die facta *aus,* wir interpretieren sie – unbewußt. Die Wünsche, die an uns hängen bleiben. – Gegen unsere *Zwecke* gerechnet und gegen alles *bewußte Wollen,* gibt es eine gewisse größere *Vernunft,* in unserem ganzen Handeln, viel mehr Harmonie und Feinheit als wir bewußt uns zutrauen. – Den Zufall überlisten und an der Hand führen – lasset den Zufall zu mir kommen, er ist unschuldig wie ein Kindlein. – Daß die Würfel gegen uns fallen können, ist dies ein Grund, nicht Würfel zu spielen? Vielmehr – hier ist der Pfeffer. – So wenig Vernunft als möglich – das ist, artiger geredet: Zufall. Auf den Füßen des Zufalls laufen alle Dinge hinweg und zurück. – Dem Zufall eine schöne Seele *geben.* – Ziel: die Einheit des Vielfachsten, die Schönheit des Häßlichsten, die Notwendigkeit des Zufälligsten *persönlich darstellen.*

Aus einer Zitatmontage von Rainer Riehn. (Ausgewählt von Gerd de Vries.)

Dienstag, 22. 9. 92. Morgens. Ein sehr heller verschleierter Himmel

Vor dem Frühstück spritze ich mir »Stibium metallicum D6«. Die letzte Ampulle. »Du mußt wieder zu Herrn Girke.«

***

Frühstück. Eckehard: »Das frisch geschrotete Korn fürs Müsli muß man doch vorher einweichen. Die Körnchen bleiben mir immer zwischen den Zähnen hängen.«

***

Im Radio: »Heute um 18.32 Uhr beginnt meteorologisch der Herbst. Das ist für viele von Ihnen, liebe Hörerinnen und Hörer, sicherlich eine traurige Nachricht. Dieser Sommer war sehr schön.«

***

Im Radio: »Rias Nightline. Sie reden. Wir hören. Sie reden über alles, was Ihnen wichtig ist: Ausländerfeindlichkeit, Beziehungen, Heiraten, Steuern, Blumenpflege, Aids, Sterben. – Rufen Sie uns an.«

***

Computer. Fridolin hat mir erklärt, wie ich meinen verschwundenen Text mit dem »Suchbefehl« finden kann. Zum erstenmal in meinem Leben sehe ich in das Handbuch zu meinem Computerprogramm: »Profitext + Kartei. Mehr als nur ein Textprogramm.« Ich finde alle möglichen Stellen, die sich aufs »Suchen« beziehen. In meinem verlorenen Text gibt es das Wort »Agiolax«. Ich tippe es ein, doch der Computer findet nicht den passenden Text.

Der Tagesspiegel: »Nach dem knappen ›Ja‹ Frankreichs bestimmt die EG ihren Kurs neu.« – »Sieg der Vernunft.« – »Bush will Rolle der UNO stärken.« – »Unionsfraktion beschließt neue Asylformulierung.« – »Alte Vorurteile und neuer Antisemitismus in Europa.« – »Wiederaufnahme der Hilfskonvois nach Sarajevo.« – »Unsichere Börsen.« – »Überwiegend heiteres Wetter.« – »Berlin: Für 1,1 Milliarden DM sollen 41 neue Schulen gebaut werden.« – »Berliner gewinnt 7,5 Millionen.« – »Documenta-Bilanz: Riesenerfolg.« – »Kunst zum Drübergucken.« – »Große Gefühle.« – »Astronomen protestieren gegen ›Lichtverschmutzung‹.« – »Britischer Arzt wegen Todesspritze verurteilt.« – »Reiselust ist ein Billionen-Geschäft.«

Michaels Geburtstagsband.

***

Meine Zigaretten rauche ich kaum noch. Sie verglühen im Aschenbecher.

***

Auf dem Balkon. Jetzt erst blüht die weiße Mirabilis. Eckehard hatte ihren Samen aus Soweto mitgebracht.

***

Küche. Ich spüle das Geschirr, »so wie es gespült werden muß«.

***

Ich nehme ein: AZT, DDC, Acetylcystein, Eleukokk, eine Vitaminpille. – Ich trinke: »Fresubin. Geschmack: Mokka.«

***

Gegengedanke: nicht wunschlos werden.

***

Peter kommt zum Streichen in die Wohnung. Er ist deprimiert. Er hat Streit mit seiner Freundin Nicole.

***

Notiz zum Verschwinden der Kunst:

***

Ich fahre ins AVK. Im Blumengeschäft am Südwestkorso kaufe ich noch einen Blumenstrauß für Christian. Weiße Margeriten. Als die Floristin ihn mir zusammenbindet, beobachte ich aufmerksam ihre routinierten Handgriffe. Ich bin sehr ruhig. – Weiße Margeriten: Ich sehe ihre Schönheit. Und ich weiß alles, was sie – für mich – bedeuten.

Dienstag, am frühen Nachmittag. Herbstsonne

Zimmer 150 im AVK. Als ich ins Zimmer komme, liegt Christian in seinem Bett und blickt zur Türe. Das Bett ist sehr hochgestellt. Christian lacht mich an, aus klaren, hellen Augen. Er freut sich, daß ich da bin, und streckt die Arme nach mir aus, als ich ans Bett komme. Wir umarmen uns lange. Ich lege meine Hand auf sein Herz. Ich brauche nicht zu sprechen. Er beginnt mit einer klaren männlichen Stimme zu reden. Er erzählt mir, daß es ihm gutgeht und daß er sich schon lange nicht mehr so wohl gefühlt hat. »In der vorigen Woche, da ging es mir ganz schlecht. Da hatte ich das Gefühl, jetzt geht es gleich mit mir zu Ende. – Die Schmerzen waren fürchterlich. Ich konnte sie nur aushalten mit...« Er weiß den Namen des Medikaments nicht mehr. Er sucht angestrengt und lange danach. »Ich komme nicht darauf. Überhaupt, vieles fällt mir jetzt gar nicht mehr ein. – Ist auch nicht schlimm.« Dann erzählt er von seinem Freund Jeff. »Ich muß ihn auf den Abschied vorbereiten. Er will ihn nicht wahrhaben. Ich muß das ganz behutsam machen. Das fällt mir nicht schwer.« – Und dann: »Aber eigentlich ist das nur sein Problem. Er muß allein damit fertigwerden. Ich kann ihm dabei nur etwas helfen.« Christian erzählt und erzählt und erzählt. Ich höre nur zu. Helfe ihm dann und wann mit fehlenden Wörtern. »Mit meiner Mutter ist es einfacher. Sie kennt mich ja so gut. Und irgendwie haben wir dieselbe schlichte Gottgläubigkeit.« Dann berichtet er von einem Drama am Samstag. »Ich hatte alles beschmutzt, und die Krankenschwester machte daraus eine Riesenszene. Sie zwang mich sogar unter die Dusche. Ich brach zusammen. Und sie wurde selbst ganz naß.« Er lacht darüber. Eine Putzfrau kommt ins Zimmer: »Ich muß mal eben Staub aufwirbeln.« Christian: »Wenn wir Sie nicht hätten!« Die Putzfrau hatte mir, als ich auf die Station kam, für meine Blumen eine scheußlich schöne Vase gegeben. Aber es war die einzige Vase in der richtigen Größe. Ich sagte zu ihr: »Ob die Herrn Borngräber gefällt, möchte ich bezweifeln.« Jetzt fragt sie Christian: »Gefällt Ihnen die Vase?« – »Nein«, antwortet er, »aber das macht nichts.« Die Putzfrau hilft mir, das Bett niedriger zu stellen. Nun kann ich neben Christian sitzen. Die rechte Hand lege ich auf sein Herz, die linke in seine Rechte. Er erzählt und erzählt und erzählt. Er erinnert mich an New York. An seinen Auftritt bei den Goethe-Events. Dann klärt er mich ausführlich über Zytomegalie auf. Plötzlich sagt er: »Ich muß lernen zu gehen.« Und: »Ich will nach Hause. Vielleicht in einer Woche. Meine wunderbare Mutter hat ein richtiges Krankenbett in meinem Wohnzimmer aufstellen lassen.« Dann eine lange Pause des Schweigens. – »Zu essen brauche ich gar nicht mehr. Ich trinke nur noch.« Ich frage ihn, ob er etwas »Fortimel« trinken möchte. »Oh, ja«, sagt er. »Es ist im Kühlschrank im Rauchersalon. Meine Zimmernummer steht auf der Packung.« – Ich gehe in den Rauchersalon. Zwei junge Aids-Kranke sehen »Der weiße Büffel«. Ein kräftiger Mann kommt im Jeansanzug in den Raum. Wir kennen uns vom Sehen. Ich frage ihn: »Sind Sie auch hier stationär?« – »Nein«, antwortet er, »noch nicht.« – Ich bringe das »Fortimel« in Christians Zimmer. Ich wärme die Packung mit meinen Händen. Ich gebe Christian zu trinken. »Mokka«, sagt er, »das schmeckt gut. Seit Wochen schmeckt mir das Zeug zum erstenmal wieder.«

Er erzählt und erzählt und erzählt. Ganz ruhig und oft lächelnd. Ich spüre, daß es sehr wichtig für ihn ist, alles so genau und klar wie möglich mitzuteilen. Plötzlich hält er inne, wird schwach. »Ich habe wieder Schmerzen.« Er verzieht sein Gesicht. Er greift unter die Decke, holt einen Tampon hervor und gibt ihn mir. »Wirf ihn weg.« Dann wieder Schmerzen. »Bitte, klingle«, sagt er. Ich klingle. »Ich brauche mein…« Der Name des Medikaments fällt ihm nicht ein. »Gib mal die kleinen gelben Blöckchen da her. Da steht der Name des Medikaments drauf.« Doch bevor er sie in Händen hält, sagt er: »MST – das ist Morphium. An solche Rauschmittel muß man sich erst gewöhnen. Ich weiß aber jetzt, wie ich damit umzugehen habe. Früher habe ich viel zu oft danach verlangt.« Wieder ein Krampf, ein Schmerz über den ganzen Körper. Eine Schwester kommt ins Zimmer. Christian bittet um »sein MST«. Die Schwester geht es holen. »Weißt du, ich möchte leicht sterben«, sagt er. »Ich glaube, das gelingt.« Die Schwester kommt zurück mit den Pillen. Im selben Moment erscheint die Krankengymnastin. »Herr Borngräber, möchten Sie jetzt einmal das Gehen versuchen oder erst später, wenn Ihr Besuch fort ist.« – »Nein, jetzt natürlich«, antwortet Christian. – Ich sage: »Ich gehe jetzt kurz in den Rauchersalon, ein Mineralwasser trinken.« – »Kein Problem, kein Problem«, meint Christian. – Meine Lippen sind heiß und trocken. Als ich im Treppenhaus eine Zigarette rauche, kommt Herr Dr. Arastéh vorbei. Ich sage ihm, daß ich Samstag versucht habe, ihn anzurufen, als es mir so schlechtging. Ich erzähle ihm, was mit mir passiert ist und wie ich mir durchs Atmen helfen wollte. »Das war genau das falsche«, sagt er. »Man muß in einem solchen Zustand ›Minderatmung‹ machen, ganz flach atmen, zur Not in eine Plastiktüte. Sonst beginnen Sie zu krampfen. Im Jargon heißt das ›Pfötchenstellung‹.« – Während wir sprechen, sehe ich durch die Glastüre, wie Christian im Bademantel und mit einer Gehhilfe, gestützt von der Krankengymnastin, aus seinem Zimmer kommt. Selbst aus der Entfernung erkennt man, daß er ganz stolz über sein »Gehen« ist. – Ich verabschiede mich von Herrn Arastéh. Er gibt mir seine Privatnummer. »Für alle Fälle.« – Ich gehe zurück in Christians Zimmer. Ich helfe der Schwester, ihn ins Bett zu legen. Es ist eine schwierige Prozedur. Bis wir den Gummiring unter seinem Gesäß, das Kissen unter den Knien haben, dauert es eine ganze Weile. Wir sprechen kaum dabei. Christian ist bis aufs Skelett abgemagert. Ich habe so etwas noch nie gesehen. Die schrecklichen Bilder aus den Konzentrationslagern, die sterbenden Menschen in Somalia… Christian liegt schräg im Bett. Das Hemd ist hochgerutscht. Aus seinem Penis der dicke Schlauch des Dauerkatheters. Es gibt keine Scham. Alles ist jetzt natürlich. Alles will so getan werden, wie es getan werden muß. Wir helfen Christian, gerade zu liegen. Er hilft uns dabei, ihm zu helfen. Er ist völlig erschöpft. Wir decken Christian mit einer leichten Decke zu. Die Schwester geht aus dem Zimmer. Wir sitzen lange einfach nur so da. Und schweigen. Dann kommt das Mittagessen. »Quetschkartoffeln mit Sauce.« – »Ja, davon möchte ich essen«, sagt Christian. Ich bereite alles vor. Er beginnt mit dem Essen. Er ist sehr konzentriert dabei, nimmt den Vorgang des Essens genau wahr. »Eigentlich esse ich ja gar nichts mehr. Ich trinke nur noch«, wiederholt er sich. Wenn er die Gabel mit dem Kartoffelpüree und der Sauce in seinen Mund führt, dann tut er das immer mit einem kleinen anstrengen-

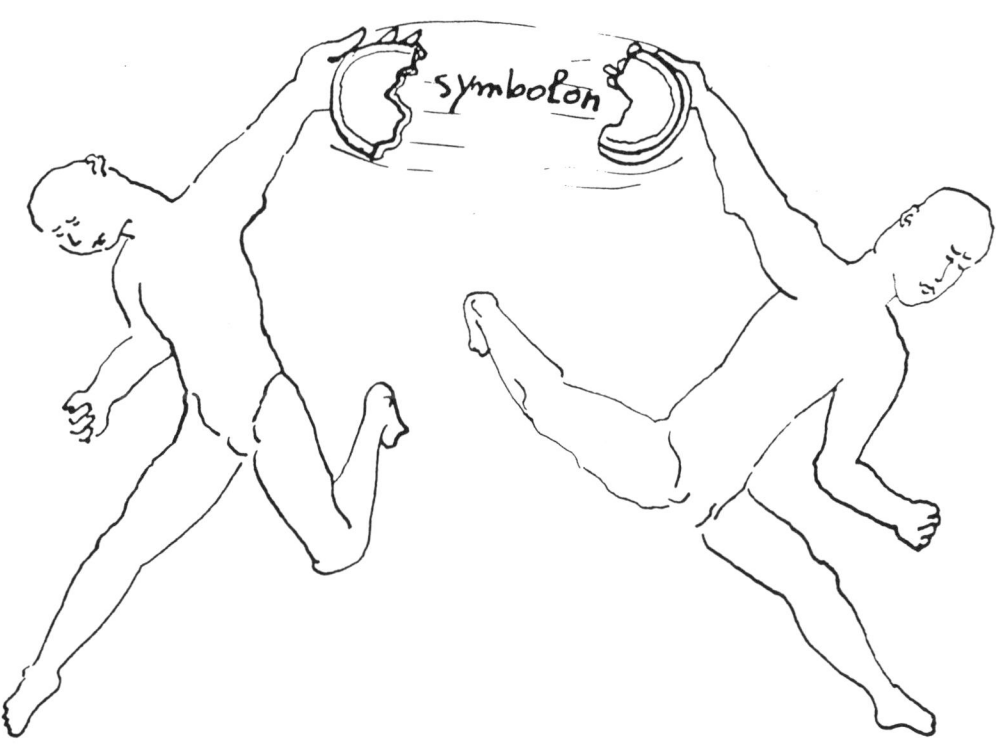

den Ruck. Voller Energie. Doch schon nach wenigen Malen wird er schwach. Er schließt die Augen einen Moment, öffnet sie wieder und beginnt wieder zu essen. Als er damit fast fertig ist, fällt mir ein: »Ein Löffel für die Mutti, ein Löffel für den Vati.« Ich sage es ihm nicht. Die Pfirsichscheiben mache ich ihm klein, damit er sie besser essen kann. »Ganz frisch«, sagt er. »Sie schmecken ganz frisch.« Doch er ißt nur wenige Stückchen. Er liegt wieder ruhig. Er lächelt mich an. Ich erzähle ein wenig von meinem Buch. Ich sage ihm, daß er darin eine wichtige Rolle spielt. Er sagt: »Ich weiß.« Und dann: »Wirst du noch ein Buch schreiben?« Ich antworte: »Mal sehen.« Ich lege wieder meine rechte Hand auf seine Brust, mit der linken streichle ich seine Hand. Wir sprechen jetzt nicht mehr. Er sieht nur. Er sieht nicht durch mich hindurch. Er sieht mir ganz ruhig in die Augen. Er atmet sehr tief. Dann wieder ganz flach. Ohne Dramatik. »Es atmet ihn«, denke ich. Christian schließt die Augen. Dann öffnet er sie wieder. Er weiß genau, wo er jetzt ist. So sitzen wir noch über eine Stunde beisammen. Dann fragt er plötzlich: »Wo ist eigentlich mein kleines lila Kissen? Gib es mir.« Ich suche das Kissen. Es liegt unter der zweiten Bettdecke. Er nimmt das Kissen, streichelt es zärtlich, legt es sich unter seinen Kopf. Entspannt lehnt er sich zurück. Dann nimmt er – ohne etwas zu sagen – die Brille ab und gibt sie mir. Ich lege sie auf das kleine Schränkchen. Christian schließt die Augen. »Möchtest du jetzt schlafen?« frage ich. »Ja«, antwortet er. »Soll ich noch etwas hier bleiben?« frage ich. »Nein«, sagt er. Ich schiebe das Schränkchen an sein Bett, hänge die Klingel in Griffnähe, stelle das benutzte Geschirr zusammen, ordne die Decken auf dem Stuhl. Ich suche meine Brille und ziehe meine Jacke an. Ich gehe zu Christian ans Bett. Ich umarme ihn, küsse seine Stirn und seine Hände. Ich weiß, daß er sich darüber freut. Er öffnet nicht mehr seine Augen. Als ich aus dem Zimmer gehe, sage ich: »Bis dann.« – »Bis dann«, antwortet Christian leise, ohne noch einmal nach mir zu sehen.

Christian Borngräber starb am 15. Oktober 1992. – »R.I.P.«
Klaus Ebbeke schied am 14. Oktober 1992 aus dem Leben. – »R.I.P.«
Albert B. starb am 20. Januar 1993. – »R.I.P.«

ANHANG

TEXTNACHWEISE

S. 22 f. Aus: Tagtraum und Theater. Anmerkungen zu Robert Wilsons »Death Destruction & Detroit« in der Berliner Schaubühne. – In: Sprache im technischen Zeitalter. Heft 69/1979. S. 30 ff. * S. 28 f. Entwurf zum Nachwort für »Hunger nach Bildern. Deutsche Malerei der Gegenwart.« (DuMont Buchverlag). Köln 1982 * S. 37 f. Aus: Sich schneidende Parallelen. Notizen zu On Kawaras »Date paintings«. – In: On Kawara. 1976 – Berlin – 1986. (Katalog DAAD). Berlin 1987. S. 13 * S. 46 f. Aus: Die enthauptete Hand. 100 Zeichnungen aus Italien. Chia, Clemente, Cucchi, Paladino. – In: Die enthauptete Hand. (Katalog). Bonn, Wolfsburg, Groningen 1980 * S. 53 f. Aus: Kunst mit Fotografie heute. – In: Wolkenkratzer Art Journal. Heft 1/1989. S. 24 f. * S. 65 Aus: Zwischen Schwarz & Weiß. – In: Zwischen Schwarz & Weiß. (Katalog Neuer Berliner Kunstverein). Berlin 1988. S. 50 * S. 67 Aus: Mitten wir im Leben sind… Notizen zum Thema Kunst und Aids. – In: Kunst in Berlin. (Kiepenheuer & Witsch). Köln 1989. S. 275 * S. 74 f. Aus: Metropolis und die Kunst unserer Zeit. – In: Metropolis. Internationale Kunstausstellung Berlin 1991. (Katalog »Edition Cantz«). Stuttgart 1991. S. 19 * S. 90 f. Aus: Salvo. (Katalog Galerie Kaess – Weiss). Stuttgart 1992 * S. 99 Aus: Die Macht der Visionen. – In: Magnus. Heft 12/1991. S. 40 * S. 105 Aus: Der Künstler als exemplarischer Alkoholiker. Anmerkungen zu einem peinlichen Thema. – In: Wolkenkratzer Art Journal. Heft 3/ 1989. S. 20 f. * S. 156 f. Aus: Kunst bleibt nicht Kunst. – In: Fluxus da capo. (Katalog Nassauischer Kunstverein). Wiesbaden 1992. S. 22 * S. 165 f. Aus: Zwischen Erschrecken und Glück. Der Beuys-Block in Darmstadt. – In: ART. Heft 7/1990. S. 76 f. * S. 175 f. Aus: Elfriede S. trudelt. – Unveröffentlichtes Manuskript. 1980 * S. 195 f. Aus: Neue Energien für den Raum. – In: ART. Heft 7/ 1991. S. 49 f. * S. 197 Aus: Symbolon. Faszination und Vor-Urteil. Zur Malerei von Sandro Chia, Francesco Clemente, Enzo Cucchi. (Katalog Kunsthalle Bielefeld). Bielefeld 1983. S. 13 f. * S. 207 ff. Aus: Schwarz und Weiß. Bild und Text. Robert Mapplethorpe und Frantz Fanon. – In: Wolkenkratzer Art Journal. Heft 1/1987. S. 74 * S. 219 f. Aus: Arte Cifra. (Katalog Galerie Paul Maenz). Köln 1979 * S. 227 f. Aus: Die bleiernen Flügel des Anselm Kiefer. – In: ART. Heft 5/1991. S. 48 ff. * S. 239 f. Aus: Wozu noch Theater? Das glanzvolle Sterben einer Kulturinstitution. – In: Wolkenkratzer Art Journal. Heft 3/1987. S. 42 f. * S. 252 f. Aus: Denk-Erfahrungen. – Unveröffentlichtes Manuskript. 1990 * S. 269 f. Aus: Es gibt das Glück! Zu Keith Haring. – In: Keith Haring »Subway-Drawings«. (Katalog Galerie Nikolaus Sonne). Berlin 1991 * S. 282 Aus: Die stumme Poesie der sprechenden Bilder. Anmerkungen zur Bildergeschichte als Längerem Gedankenspiel. Max Klinger, Max Ernst, Urs Lüthi. – In: Sprache im technischen Zeitalter. Heft 64/1977. S. 336 * S. 297 Aus: Existenz. – In: Paul Maenz Köln. 1970–1980–1990. Eine Avantgarde-Galerie und die Kunst unserer Zeit. (DuMont Buchverlag). Köln 1991. S. 203 * S. 315 f. Aus: Cross Culture. Eine neue Tendenz in der Kunst. – In: Kunstforum International. Band 77/78. 1985. S. 165 f.

LITERATURANGABEN

S. 7 Kurt Tucholsky. – In: Kurt Tucholsky, Gesammelte Werke, Bd. 6, S. 211. © Rowohlt Verlag GmbH, Reinbek 1960 * S. 15 Aus: Konrad Bayer, der sechste Sinn. – In: Konrad Bayer, Das Gesamtwerk, S. 420. Rowohlt Verlag GmbH, Reinbek 1977 * S. 58 f. Walter Benjamin. – In: Walter Benjamin, Gesammelte Schriften, Bd. 1, hrsg. v. Rolf Tiedemann u. Hermann Schweppenhäuser, S. 697 f. © Suhrkamp Verlag Frankfurt am Main 1974 * S. 72 Paul Celan. – In: Paul Celan, Ausgewählte Gedichte, S. 162. © Suhrkamp Verlag Frankfurt am Main 1970, entnommen dem Gedichtezyklus »Lichtzwang«. © Suhrkamp Verlag Frankfurt am Main 1970 * S. 112 Hans Arp. – In: Hans Arp, Gesammelte Gedichte, Bd. 1. © Limes Verlag, Wiesbaden – München. Mit Genehmigung der F. A. Herbig Verlagsbuchhandlung GmbH, München 1963 * S. 131 Kosmisches Gebet. – In: Gebete der Menschheit. Religiöse Zeugnisse aller Zeiten und Völker, hrsg. v. Alfonso M. di Nola, S. 371 f. Insel Verlag Frankfurt am Main 1977 * S. 250 Timothy Leary. – In: Timothy Leary, Politik der Ekstase, S. 107. God's Press Amsterdam – Kathmandu * S. 256 Else Lasker-Schüler. – In: Else Lasker-Schüler, Gesammelte Werke in drei Bänden, S. 107. © Kösel-Verlag, München 1959 * S. 295 Ramon Llull. – In: Ramon Llull, Das Buch vom Freunde und vom Geliebten, S. 106. © Artemis & Winkler Verlag, Zürich 1988 * S. 312 Hanna Faust. – In: Helmut Böger, Berühmte & berüchtigte

Wuppertaler. 27 Portraits, S. 31. Peter Hammer Verlag GmbH, Wuppertal 1975 ∗ S. 342 f. Henry David Thoreau, Die Grenzen der Zeit. − In: Henry David Thoreau, Ausgewählte Texte, S. 148 f. München 1987 ∗ S. 345 Else Lasker-Schüler, Jerusalem. − In: Else Lasker-Schüler, Gesammelte Werke in drei Bänden. © Kösel-Verlag, München 1959 ∗ S. 348 D. H. Lawrence. − in: D. H. Lawrence, Lady Chatterley. © Rowohlt Verlag GmbH, Reinbek 1960 ∗ S. 352 f. Aus: Gert Scobel, Chaos, Selbstorganisation und das Erhabene, S. 286 ff. − In: Das Erhabene, hrsg. v. Christine Pries. Sparte Acta humaniora. © VCH Verlagsgesellschaft Weinheim 1989 ∗ S. 356 Aus: Robert Wilson, Death Destruction & Detroit. − In: Programmbuch der Berliner Schaubühne am Halleschen Ufer 1979, S. 69 ∗ S. 358 Aus: Artikel »Aids«, verfaßt v. Prof. Dr. Lutz Gürtler, München. − In: Roche Lexikon Medizin, 3. Aufl., S. 30 ff. © Urban & Schwarzenberg, München − Wien 1993 ∗ S. 363 Gertrude Stein, Cézanne. − In: Selected Writings of Gertrude Stein, hrsg. v. Carl van Vechten, S. 329. New York 1972 ∗ S. 366 f. Philippe Ariès, Das horizontale ebenerdige Grab. − In: Philippe Ariès, Geschichte des Todes. Aus dem Französischen v. Hans-Horst Henschen u. Una Pfau, S. 305. © Carl Hanser Verlag, München Wien 1980 ∗ S. 370 Aus: Marquis de Sade, Die 120 Tage von Sodom. − In: Marquis de Sade, Ausgewählte Werke 1, hrsg. v. Marion Luckow. © Merlin Verlag, Vastorf 1962 ∗ S. 371 f. Upanishaden. − In: Upanishaden − Die Geheimlehre der Inder, übertragen u. eingeleitet v. Alfred Hillebrandt, S. 96 f. Erschienen in Diederichs Gelber Reihe Nr. 15. © Eugen Diederichs Verlag, München 1979 ∗ S. 376 Aus: Eckart Klessmann, Wie ich meinen Garten fand. − In: Architektur & Wohnen, Heft 2, 1980 ∗ S. 379 The Thing. − In: THE THING interactivities. Köln, New York 1992 o. S. ∗ S. 385 Hildegard von Bingen. − In: Hl. Hildegard, Scivias. Wisse die Wege, S. 104 f. © Pattloch Verlag im Weltbild Verlag, Augsburg 1991 ∗ S. 391 Bhagwan Shree Rajneesh. − In Bhagwan Shree Rajneesh, Das Buch der Geheimnisse, S. 208. München 1981, Thames & Hudson, London ∗ S. 394 Aus: Rainer Riehn, Weder dies, noch jenes, noch irgend etwas oder Der Zufall der Zufälle. − In: John Cage. Programmheft WDR, 19. 9. 1992. Köln 1992, S. 43 f.

ZU DEN ABBILDUNGEN

Die Abbildungen in diesem Buch sind bearbeitete Nachzeichnungen des Autors. Dem Charakter des Werks entsprechend erscheinen Titel − sofern angegeben − in Kurzform.

Umschlag: Die Abbildung zeigt die Hand des italienischen Künstlers Lucio Fontana, der um 1960 seine »Concetti spaziali« − monochrome weiße Leinwände mit eingebohrten Löchern − schuf. ∗ Frontispiz: Walter Dahn: Ohne Titel (»Ex voto«), 1988/89. ∗ S. 12 General Idea Ausstellung, New York 1988. ∗ S. 14 Kouros von Volomandra, Mitte 6. Jahrhundert v. Chr. ∗ S. 16 Robert Smithson: The Spiral Jetty, Utah 1970. ∗ S. 17 Tantra-Zeichnung: Kosmologie. ∗ S. 19 John Cage: Partitur, 1960. ∗ S. 21 Oberrheinischer Meister: Das Paradiesgärtlein, um 1410. ∗ S. 22 Robert Wilson: Bühnenbildskizzen zu »Death Destruction & Detroit«, 1979. ∗ S. 23 Nan Goldin: Alf in Hospital, 1991. ∗ S. 24 David Hammons: Cold Shoulders, New York 1990. ∗ S. 25 Musikanten beim Karneval in Venedig. ∗ S. 27 Jeff Koons: St. John the Baptist, 1989. ∗ S. 28 Die Künstlergruppe »Mülheimer Freiheit«, 1980. ∗ S. 29 Comenius: Dreieck der Weisheit. Aus: Triertium catholicum, 1681. ∗ S. 29 Pressefoto aus Vietnam. ∗ S. 30 Joseph Beuys in seiner Installation »Plight«, London 1985. ∗ S. 32 Salvo: Ottomania, 1985. ∗ S. 32 Elaine Sturtevant: Duchamp Bicycle Wheel, 1971. ∗ S. 34 Taoistisches Schema. ∗ S. 35 Adolf Erbslöh: Schwebebahn, 1928. ∗ S. 37 Sylvie Fleurie: Ohne Titel (Hairpins on Floor), 1992. ∗ S. 38 On Kawara: Date painting, 1984. ∗ S. 39 Salvador Dalí und Luis Buñuel: Szene aus »Der andalusische Hund«. ∗ S. 42 Olaf Metzel: 13.4.1981, 1987. ∗ S. 44 Ludwig Meidner: Apokalyptische Landschaft, 1913. ∗ S. 45 Werner Heldt: Sonntagnachmittag, 1952. ∗ S. 46 Römisches Graffiti. ∗ S. 47 Enzo Cucchi: Zeichnung, 1977. ∗ S. 47 Henri Matisse: Zeichnung, 1944. ∗ S. 49 Walter Leistikow: Hohe Kiefern am Grunewaldsee, um 1901. ∗ S. 51 Alexej von Jawlensky: Tragische Maske, 1932. ∗ S. 52 Tantra-Zeichnung: Lingam. ∗ S. 53 Das erste Foto: Nicephore Niepce, 1839. ∗ S. 54 Hans Baldung Grien: Hexen, 1514. ∗ S. 55 Joseph Kosuth: Four Colours Four Words, 1965. ∗ S. 56 Jörg Schlick: Keiner hilft keinem, 1991. ∗ S. 59 Paul Klee: Angelus Novus, 1920. ∗ S. 62 Elaine Sturtevant: Warhol Flowers, 1964. ∗ S. 64 Victor Brauner, André Breton, Jacques Hérold, Yves Tanguy: Le Cadavre exquis, 1935. ∗ S. 65 John Cage: Mesostics, 1971. ∗ S. 66 Picasso: Les Demoiselles d'Avignon, 1907. ∗

S. 67 Klaus Nomi. Nach einem Foto von Rolf von Bergmann, 1979. ∗ S. 70 Bauhaus, Dessau. ∗ S. 73 Rosemarie Trockel: What – If Could – Be, 1990. ∗ S. 74 Die »Kathedrale« in der Höhle von Lascaux. ∗ S. 75 Haim Steinbach: Untitled (shoes with braces, wooden boots), 1987. ∗ S. 75 Comic-Umschlag. ∗ S. 77 Sacrow: Heilandskirche. ∗ S. 78 Dom zu Magdeburg. ∗ S. 79 Monument in Goethes Garten an der Ilm in Weimar. ∗ S. 80 Rudolf Steiner: Wandtafelzeichnung, 1922. ∗ S. 84 Kloster Neuzelle. ∗ S. 87 Sigmar Polke: Moderne Kunst, 1969. ∗ S. 88 Henri Matisse: Luxus, 1907. ∗ S. 90 Salvo: Salvo è vivo/ Salvo è morto, 1970. Gravierte Marmorplatte. Während zu Lebzeiten Salvos die hier abgebildete Seite der Platte (»Salvo lebt«) gezeigt wird, soll nach seinem Tod die jetzige Rückseite (»Salvo ist tot«) zur Vorderseite werden. ∗ S. 91 Aus ABR Stuttgart: Generateur Modèles/Der Musterbrüter, 1988. ∗ S. 94 Heinz Emigholz: Zeichnung. ∗ S. 95 Teilchenbahnen, sichtbar gemacht in der Nebelkammer des Teilchenbeschleunigers im Fermilab in Chicago. ∗ S. 96 Rousseaus Sarkophag im Panthéon, Paris. ∗ S. 98 Szene aus Pina Bauschs »Bandoneon«. ∗ S. 99 Tom of Finland. ∗ S. 102 Venus von Willendorf. ∗ S. 105 Cover von »241«. ∗ S. 106 Albrecht Dürer: Feldhase, 1502. ∗ S. 108 John Cage backt Brot, 1985. ∗ S. 110 Francesco Clemente: Wenn die Löcher im Körper neun oder zehn sind, 1977. ∗ S. 117 Giovanni Battista Braccelli: Bizzarie di varie figure, 1624. ∗ S. 118 Rainer Fetting: Portrait WMF, 1983. ∗ S. 120 Dennis Hopper: Paul Newman. ∗ S. 123 Piero Manzoni: Farblos, 1958. ∗ S. 126 William Blake: Glad Day or The Dance of Albion, etwa 1794. ∗ S. 127 Allan McCollum: Surrogates, 1987. ∗ S. 128 Das Labyrinth in der Kathedrale von Chartres. ∗ S. 132 Paul Gauguin: E Haere oe i hia (Wohin gehst Du?), 1892. ∗ S. 134 Jonathan Bragdan: Single Art Work Project. ∗ S. 135 Paula Modersohn-Becker: Mutter mit Kind, 1907. ∗ S. 137 Jacques-Louis David: Marat assassiné, 1792. ∗ S. 138 James Ensor: Selbstbildnis, 1883. ∗ S. 139 Max Neuhaus: Klanginstallation im AOK-Gebäude, Kassel 1992. ∗ S. 139 Luciano Fabro: La naissance du Vénus, 1992. ∗ S. 142 »Denk-Raum«. Ein Aids-Memorial von Tom Fecht vor den Eingangsstufen des Fridericianums in Kassel, 1992. ∗ S. 142 Umberto Boccioni: Gemütszustände. Der Abschied, 1911. ∗ S. 143 Figur der Heiligen Elisabeth von Thüringen. ∗ S. 144 Das Rad des Lebens, Mitte 16. Jahrhundert. ∗ S. 149 Anselm Kiefer: Sulamith, 1983. ∗ S. 151 Giulio Paolini: Mimesi, 1976. ∗ S. 154 Malewitsch: Schwarzes Quadrat, 1914. ∗ S. 155 Adolf Wölfli: St. Adolf mit Brille, zwischen den großen Städten Niess und Mia, 1924. ∗ S. 156 Kinderzeichnung. Junge, 2 Jahre, 4 Monate. ∗ S. 159 Ephesische Artemis, 2. Jahrhundert n. Chr. ∗ S. 162 Joseph Beuys mit James Lee Byars. Nach einem Foto von Benjamin Katz. ∗ S. 162 Elaine Sturtevant: Duchamp Eau & Gaz, 1970. ∗ S. 166 Joseph Beuys: Darmstädter Block. ∗ S. 167 Salvador Dalí: Zeichnung zu Lautréamonts »Les Chants du Maldoror«, 1934. ∗ S. 174 Jean-Frederic Schnyder: Stigma, 1989. ∗ S. 176 Kouros »Kroisos«, um 525 v. Chr. ∗ S. 177 Arno Breker: Die Partei, 1938. ∗ S. 179 Blüte der Datura stramonium. ∗ S. 180 Georges Braque: Stilleben mit Krug und Violine, 1909/ 1910. ∗ S. 185 Grünewald: Auferstehung Christi. Isenheimer Altar, 1512–16. ∗ S. 190 Joachim Beuckelaer: Schlachterladen. ∗ S. 191 Leonardo da Vinci: Zeichnung. ∗ S. 191 Stephan Balkenhol: Mann, 1991. ∗ S. 194 Caspar David Friedrich: Die gescheiterte Hoffnung/Das Eismeer, 1823/24. ∗ S. 195 Olaf Metzel: 112:104. Installation in der Metropolis-Ausstellung, Berlin, 1991. ∗ S. 196 Höhlenzeichnungen. ∗ S. 198 Yves Tanguy, Man Ray, Max Morise, Joan Miró: Le Cadavre exquis, 1926. ∗ S. 203 Picasso-Postkarte. ∗ S. 203 Werbung der Lufthansa für »The New York School«. ∗ S. 205 Entwurf des Castri Doloris in der alten Schloss Capell, Berlin 1713. ∗ S. 207 B.J.Blume: Zeichnung. ∗ S. 208 Rainer Fetting: Studie Michael, 1984. ∗ S. 210 Paul Cézanne: Das Haus des Gehängten, 1873. ∗ S. 210 Francesco Clemente: Zeichnung, 1987. ∗ S. 214 Hans Sebald Beham: Die Geometrie, 1519. ∗ S. 214 Giulio Paolini: Lo spazio, 1967. ∗ S. 218 Taoistisches Schema der Wandlung. ∗ S. 219 Francesco Clemente: Zeichnung, 1976. ∗ S. 220 Aus: Horapollo, Hieroglyphica, 1551. ∗ S. 222 Barnett Newman: Entwurf für eine Synagoge, um 1963. ∗ S. 223 Sol LeWitt: Incomplete open cube, 1974. ∗ S. 224 Installation von Warhols »Thirteen Most Wanted Men«. New York State Pavillon, 1964. ∗ S. 225 Kouros »Aristodikos«, um 500 v. Chr. ∗ S. 228 Marcel Duchamp: Das Große Glas, 1915–23. ∗ S. 229 Piranesi: Carceri, 1745. ∗ S. 235 Georg Baselitz: Dreieck zwischen Arm und Rumpf, 1973. ∗ S. 237 Postkarten von On Kawara. ∗ S. 238 Victor Brauner, André Breton, Jacques Hérold, Yves Tanguy: Le Cadavre exquis, 1935. ∗ S. 241 Endart: Zeichnung, 1984. ∗ S. 245 Don Cherry. ∗ S. 247 Ueli Etter: Scherenschnitt, 1992. ∗ S. 248 Omphalos, Delphi. ∗ S. 250 Tantra-Zeichnung. ∗ S. 253 Jiri Georg Dokoupil: Zeichnung, 1981. ∗ S. 255 Aztekische Kosmologie. ∗ S. 257 Konrad Klapheck: Die Ahnen, 1960. ∗ S. 259 André Thomkins: Zeichnung. ∗ S. 260 Ina Barfuss: Die gescheiterte Hoffnung, 1984. ∗ S. 261 Agnes Martin: Ohne Titel, 1961. ∗ S. 263 Albrecht Dürer:

Selbstbildnis als Akt, um 1520. ✳ S. 264 Else Lasker-Schüler: Zeichnung aus »Der Malik«, 1919. ✳ S. 265 Maurice Henry: Zeichnung, 1930. ✳ S. 269 Keith Haring in der Galerie Paul Maenz, Köln 1984. ✳ S. 273 Gerhard Richter: Stuhl, 1965. ✳ S. 275 Hans Arp: Zeichnung. ✳ S. 279 Aus der Offenbarung Johannes, 1545. ✳ S. 282 René Magritte: Die großen Reisen, 1926. ✳ S. 282 Max Ernst. Aus »La femme 100 têtes«, 1929. ✳ S. 284 Nach Magritte. ✳ S. 287 Jiri Georg Dokoupil: Zeichnung, 1981. ✳ S. 288 Nach Man Ray »Marcel Duchamp als Rrose Selavy«, 1921. ✳ S. 290 Yves Klein: Anthropometrie, 1958. ✳ S. 291 Tantra-Zeichnung. ✳ S. 296 Hanne Darboven mit Ileana Sonnabend und Leo Castelli. ✳ S. 297 Hanne Darboven. Aus: »Existenz«, 1989. ✳ S. 298 Nam June Paik: Simple. Fluxus Festival 1. Wiesbaden 1962. ✳ S. 300 Fondation Maeght, Saint Paul de Vence. ✳ S. 303 Francis Picabia: Zeichnung, 1919. ✳ S. 305 Die Umarmung der Apostel Peter und Paul. Griechische Ikone aus dem 16. Jahrhundert. ✳ S. 307 El Greco: Kreuztragung, um 1600. ✳ S. 308 Griechisches Vasenbild. ✳ S. 310 Max Beckmann: Die Synagoge, 1919. ✳ S. 311 Albrecht Dürer: Dürers Mutter, 1514. ✳ S. 313 Goya: Der Schlaf der Vernunft gebiert Ungeheuer. Aus: »Los Caprichos«, 1799. ✳ S. 316 Francis Picabia: Zeichnung, 1922. ✳ S. 317 Jenny Holzer: Truisms. Times Square Installation, New York 1982. ✳ S. 322 Leonardo da Vinci: Johannes der Täufer, um 1513. ✳ S. 324 Ina Barfuss und Thomas Wachweger: Zeichnung, 1986. ✳ S. 325 Marcel Duchamp: Ready made-Notiz. ✳ S. 329 La Monte Young: The Opening Chord from the Well-Tuned Piano, 1964. ✳ S. 332 Georg Flegel: Frühstück, um 1615. ✳ S. 341 Albrecht Dürer: Proportionsstudie aus »Vier Bücher von menschlicher Proportion«, 1528. ✳ S. 349 Ein »Trudelblatt« von Elfriede S. ✳ S. 368 Sumerische Maske aus Uruk, Mesopotamien, um 3200 v.Chr. ✳ S. 377 Lucio Fontana. ✳ S. 387 Albrecht Dürer: Ausschnitt aus dem Akt-Selbstbildnis. ✳ S. 392 Jonathan Borofsky: Ballerina Clown, 1989. ✳ S. 397 Olivier Messiaen: Sieben Stimmen aus »Saint Francois d'Assise«, 1983. ✳ S. 401 Francesco Clemente: Zeichnung, 1977.

NACHBEMERKUNG

»Das erste Buch« entstand zwischen dem 9. Juni und dem 8. September 1992, »Das zweite Buch« zwischen dem 8. und 15. September und »Das dritte Buch« zwischen dem 16. und 22. September. Das Manuskript wurde im November/Dezember 1992 überarbeitet. – Zahlreiche Personen und Situationen wurden anonymisiert. – Ich danke allen, die mir bei der Arbeit an diesem Projekt geholfen haben.

IMPRESSUM

Gesamtherstellung
Dr. Cantz'sche Druckerei,
Ostfildern bei Stuttgart

© 1993 edition cantz

Alle Rechte vorbehalten

ISBN 3-89 322-523-4

1. Auflage

CIP-Titelaufnahme der
Deutschen Bibliothek

Dies alles gibt es also :
Alltag, Kunst, Aids /
Wolfgang Max Faust. –
1. Aufl. – Stuttgart :
Ed. Cantz, 1993
   ISBN 3-89322-523-4
NE: Faust, Wolfgang Max